令和4年版

国土交通白書

国 土 交 通 省

目　次

第Ⅰ部　気候変動とわたしたちの暮らし

第Ⅱ部　国土交通行政の動向

第7章　安全・安心社会の構築 ……………………………………………………………… 233

第8章　美しく良好な環境の保全と創造 …………………………………………………… 299

第9章　戦略的国際展開と国際貢献の強化 ……………………………………… 333

第10章　ICT の利活用及び技術研究開発の推進 …………………………… 353

コラム

インタビュー

※本白書に掲載した我が国の地図は、必ずしも、我が国の領土を包括的に示すものではない。

令和4年版　国土交通白書　はじめに

　近年、紀元後2000年の歴史に例を見ない地球温暖化が進行しており、この影響による大雨や短時間強雨の頻発等により、世界中で洪水や土砂災害等の気象災害が激甚化・頻発化し、我が国も例外ではない状況にある。他方、進行する気候の変化の要因として、人間の活動による温室効果ガスの排出等の影響が指摘されている。仮に、今後も温室効果ガスの排出が高いレベルで続いた場合、今世紀末の我が国では、20世紀末に比べ、気温の上昇とともに、強雨の発生頻度の増加・海面水位の上昇・台風強度の強まり等、気象災害リスクの高まりが予測されている。

　このような状況下、気候変動による気象災害リスクに的確に対応していくためには、防災・減災対策に加え、気候変動そのものの緩和策として、国際的枠組みも踏まえた脱炭素化に向けた取組みが必要不可欠である。この動向を踏まえ、我が国においては、2050年カーボンニュートラルを目指し、脱炭素化に向けた温室効果ガスの削減等の取組みを推進している。また、このうち、特に、住まい・交通・まちづくり等の国土交通分野における取組みは、我が国全体の二酸化炭素排出量の動向に大きく寄与するとともに、国民一人ひとりの暮らしそのものに密接に関わるものである。このため、カーボンニュートラル目標の達成に向け、同分野における国・自治体・企業等の取組みとともに、国民一人ひとりの取組みも視野に入れ、わたしたちの暮らしの脱炭素化に向けた動向や今後の展望について考察することが肝要である。

　こうした背景等を踏まえ、令和4年版国土交通白書の第Ⅰ部では、「気候変動とわたしたちの暮らし」をテーマとし、気候変動に伴う災害の激甚化・頻発化や社会情勢の変化を踏まえ、暮らしの脱炭素化に向けた国土交通分野の取組みの課題と方向性を整理し、気候変動時代のわたしたちの暮らしを展望する。

　また、第Ⅱ部では、国土交通行政の各分野の動向を政策課題ごとに報告する。

　是非、この白書を手に取っていただき、国土交通行政に関する理解の向上や情報収集などに役立てていただきたい。

第Ⅰ部
気候変動とわたしたちの暮らし

　第Ⅰ部「気候変動とわたしたちの暮らし」では、まず、気候変動に伴う災害の激甚化・頻発化の状況と気象災害リスクへの適応策を記述し（序章）、カーボンニュートラル宣言や脱炭素化による経済と環境の好循環など脱炭素社会の実現に向けた動向を概説する（第1章）。次に、住まい・交通・まちづくり等の国土交通分野における暮らしの脱炭素化に向けた取組みとともに、再生可能エネルギー等への転換に向けた取組みや脱炭素型ライフスタイルへの転換に向けた取組みを整理する（第2章）。さらに、気候変動時代を見据えた新しい地域づくりについて、住まい・移動・まちづくり等の局面から国内外の先駆的な取組み事例を紹介するとともに、これらの先にある今後のわたしたちの暮らしについて展望する（第3章）。

序章　気候変動に伴う災害の激甚化・頻発化

　序章では、紀元後2000年の歴史に例を見ない地球温暖化の進行の状況、気候変動に伴う災害の激甚化・頻発化の状況、そして今後の気象災害リスクの高まりとそれに対応する対策について概説する。

1 気候変動に伴う災害の激甚化・頻発化

（地球温暖化の状況）

　地球は、近年、温暖化が進んでおり、2011年～2020年の世界の平均気温は、工業化以前（1850年～1900年）と比べ、1.09℃高かった[注1]。1850年～2020年の期間における温暖化は紀元後（直近2000年以上）前例のないものであり、このままの状況が続けば、更なる気温上昇が予測される。

図表 I-0-1-1	世界年平均気温の変化

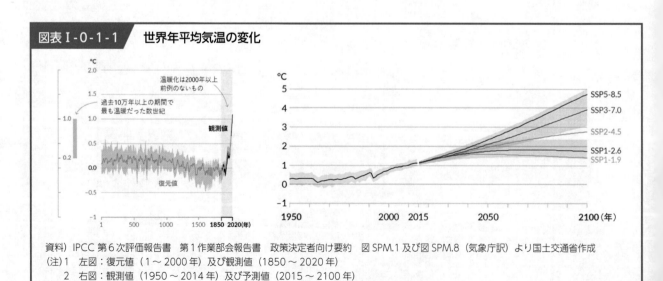

資料）IPCC 第6次評価報告書　第1作業部会報告書　政策決定者向け要約　図SPM.1及び図SPM.8（気象庁訳）より国土交通省作成
（注）1　左図：復元値（1～2000年）及び観測値（1850～2020年）
　　　2　右図：観測値（1950～2014年）及び予測値（2015～2100年）

注1　IPCC 第6次評価報告書　第1作業部会報告書　政策決定者向け要約 A.1.2 の記述による。

また、これら気候の変化の要因について、人間の影響が大気、海洋及び陸域を温暖化させてきたことには疑う余地がないことが指摘[注2]されている。長期的な世界の平均気温について、観測値と自然起源の要因のみを考慮したシミュレーション結果との差異から、人為起源の要因による温暖化の進行がうかがえる。

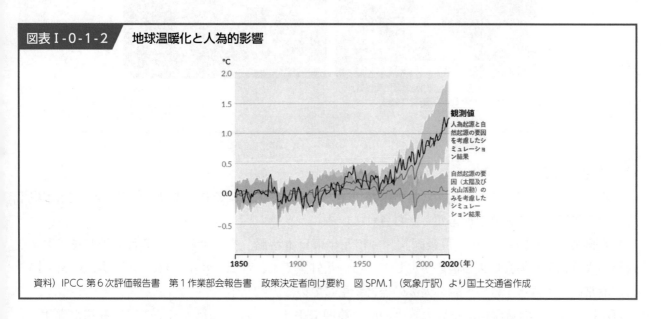

図表 I-0-1-2　地球温暖化と人為的影響

資料）IPCC 第6次評価報告書　第1作業部会報告書　政策決定者向け要約　図 SPM.1（気象庁訳）より国土交通省作成

（地球温暖化がもたらす異常気象の激甚化・頻発化）

　近年、異常気象は激甚化・頻発化しており、水害・土砂災害等の気象災害をもたらす豪雨には、雨の強度や頻度などに特徴があり、長期的な傾向として雨の降り方が変化しているといえる。気象庁の観測によれば、1日の降水量が200ミリ以上の大雨を観測した日数は、1901年以降の統計期間において有意な増加傾向にあり、その最初の30年と直近の30年とを比較すると、約1.7倍に増加している[注3]。また、1時間降水量50ミリ以上の短時間強雨の発生頻度は、1976年以降の統計期間において有意な増加傾向にあり、その最初の10年と直近の10年を比較すると、約1.4倍に増加している[注4]。

　このような気象災害をもたらす大雨・短時間強雨の頻発化の背景には、自然変動の影響による異常気象に加え、地球温暖化の影響があると考えられている。

　気象庁では、気候モデルによる数値シミュレーションを用いて、温暖化が極端な気象現象の頻度や激しさをどの程度変化させたかを定量的に推定するイベントアトリビューション[注5]に取り組んでいる。この結果、近年の顕著な災害をもたらした異常気象について、一定程度、地球温暖化の影響があったことが指摘されている。例えば、「令和元年東日本台風」については、1980年以降の気温上昇（約1℃）により、総降水量が10.9%増加したものと評価されている。また、「平成30年7月豪雨」については、50年に1度の大雨の発生確率が地球温暖化によって約3.3倍になったことによるものであり、同月の猛暑（高温・熱波）については、温暖化が無ければ起こりえなかったものと評価されている。

注2　IPCC 第6次評価報告書　第1作業部会報告書　政策決定者向け要約 A.1 の記述による。
注3　全国51の観測地点。
注4　全国約1,300の観測地点。
注5　イベントアトリビューションは異常気象の原因を特定するものではなく、気候変動の影響を評価するもの。

図表Ｉ-0-1-3	地球温暖化の影響が評価された異常気象による気象災害

左：「平成 30 年 7 月豪雨」による被害状況（岡山県倉敷市真備町）
右：「令和元年東日本台風」による被害状況（長野県長野市）
資料）国土交通省

（気象災害の激甚化・頻発化）

　近年、世界中で災害をもたらす異常気象が毎年のように発生し、これにより、世界各地で豪雨災害等の気象災害による大きな被害がもたらされている。

　我が国でも、「平成 30 年 7 月豪雨」、「令和元年東日本台風」や「令和 2 年 7 月豪雨」をはじめ、毎年のように豪雨災害による被害が生じている。諸外国でも、台風・サイクロンや豪雨による洪水被害、異常高温による干ばつ・森林火災の被害が生じている。

　2021 年の年平均気温は、世界の陸上の広い範囲で平年より高く、世界各地で異常高温が発生し、我が国でも全国的に気温の高い状態が続いた。このなかで、我が国では 2021 年 8 月の大雨により、西日本から東日本は記録的な大雨に見舞われ、甚大な被害が発生した。また、南アジア及びその周辺では、5 月〜 11 月の大雨により合計で 2,200 人以上が死亡するなど甚大な被害が発生し、ドイツ及びベルギー周辺では、7 月中旬の大雨により 240 人以上が死亡し、417 億米国ドルにのぼる経済被害が発生したと伝えられた。

図表Ｉ-0-1-4	世界の主な異常気象・気象災害（2015 年〜 2021 年発生）

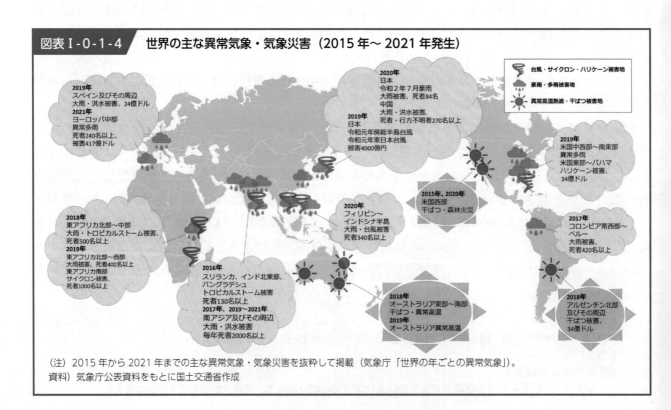

（注）2015 年から 2021 年までの主な異常気象・気象災害を抜粋して掲載（気象庁「世界の年ごとの異常気象」）。
資料）気象庁公表資料をもとに国土交通省作成

今後、地球温暖化の傾向が続いた場合、気象災害の更なる激甚化・頻発化が予測される。近年、大雨や台風等によりもたらされる気象災害により、我が国でも甚大な人的被害・物的被害が既に発生し、国民の生命・財産が脅かされている中、今後の気象災害リスクの更なる高まりに適切に備えていくためにも、気候変動とその影響を予測し、科学的知見を蓄えていくことが重要である[注6]。

② 気候変動に伴う気象災害リスクの高まり

（1）気候変動による気象災害リスクへの影響

地球温暖化等の気候変動により、将来的にも世界的に異常気象が増加する可能性が指摘されている。

気象庁によれば、今後、温室効果ガスの排出が高いレベルで続く場合、我が国において、1日の降水量が200ミリ以上となる日数や短時間強雨の発生頻度は、全国平均で今世紀末には20世紀末の2倍以上になると予測されている。

また、気候変動により、気温上昇、雨の降り方の変化、海面水位上昇等が生じ、熱中症や気象災害等のリスクが高まっていくことが懸念されている。

近年、我が国における熱中症による死者は年間1,000人を超えているが、「日本の気候変動2020」[注7]によれば、猛暑日[注8]・熱帯夜[注9]の日数は、過去約100年間で増加した[注10]と指摘されている。また、21世紀末の日本を20世紀末と比べた場合、年平均気温の上昇、猛暑日・熱帯夜の日数の増加[注11]、日本沿岸の海面水位の上昇、激しい雨の増加、日本付近における台風の強度の強まりが予測されている。

注6　気候変動の適応策を検討するため、将来の予測が不可欠である。気象庁では気候モデルを用いて将来予測を提供するとともに、その検証や改善に必要となる気候・海洋や温室効果ガス等の観測を行なっている。
注7　【関連リンク】「日本の気候変動2020」
　　　出典：文部科学省・気象庁
　　　URL：https://www.data.jma.go.jp/cpdinfo/ccj/index.html
注8　猛暑日とは、日最高気温が35℃以上の日のこと。
注9　熱帯夜は夜間の最低気温が25℃以上のことを指すが、ここでは日最低気温が25℃以上の日を便宜的に熱帯夜と呼んでいる。
注10　全国（13地点平均）の猛暑日の年間日数は統計期間1910～2021年で100年あたり1.9日増加、熱帯夜の年間日数は100年あたり18日増加している。
注11　猛暑日・熱帯夜の年間日数は、2℃上昇シナリオによる予測で約2.8日・約9.0日増加し、4℃上昇シナリオによる予測で約19.1日・約40.6日増加することが予測されている。

図表 I-0-1-5	気候変動の影響の将来予測

気温の上昇

・青字：2℃上昇
・赤字：4℃上昇

- 年平均気温が約1.5℃/約4.5℃上昇

猛暑日や熱帯夜はますます増加し、
冬日は減少する

強い台風の増加

- 台風に伴う雨と風が強まる

海面水位の上昇

- 沿岸の海面水位が
　　　約0.39m/約0.71m上昇

激しい雨の増加

- 日降水量の年最大値は
　　約12%(約15mm)/約27%(約33mm)増加
- 50mm/h以上の雨の頻度は約1.6倍/約2.3倍増加

資料）文部科学省・気象庁「日本の気候変動 2020」より国土交通省作成

　また、「日本の気候変動 2020」によれば、平均海面水位の上昇が浸水災害のリスクを高めるとともに、東京湾、大阪湾及び伊勢湾の高潮の最大潮位偏差が大きくなることが予測されている。
　今後、気候変動が進行し、それに対する十分な対策が講じられない場合、気象災害による人的・物的被害等の気象災害リスクの高まりが懸念される。

地球温暖化など気候変動がもたらす影響への関心

近年、地球温暖化など気候変動がもたらす影響に対する人々の関心が高まっている。内閣府世論調査によれば、洪水、高潮・高波などの自然災害の増加をはじめ、災害時の停電や交通マヒなどインフラ・ライフラインへの影響や、農作物への影響や工場・生産設備への被害等に対する関心も高く、災害発生後の電力や交通サービスの維持といった地域の強靭性が必要であると考えられる 注12 。

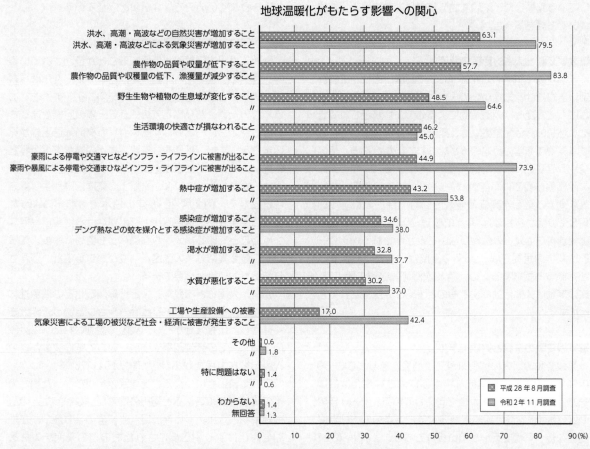

地球温暖化がもたらす影響への関心

1.「平成28年8月調査」では、「わが国でも、すでに地球温暖化による猛暑や豪雨などが観測されており、将来にわたって自然や人間生活に様々な影響を与えることが予測されています。あなたは、どのような影響を問題だと感じますか。この中からいくつでもあげてください。」と聞いている。
2.「令和2年11月調査」では、「地球温暖化などの気候変動は、将来にわたって自然や人間生活に以下のような様々な影響を与えることが予測されています。あなたは、どのような影響を問題だと思いますか。（○はいくつでも）」と聞いている。
3. 平成28年8月調査は調査員による個別面接聴取法、令和2年11月調査は郵送法で調査を実施しており、単純比較はできない点に留意が必要。
資料）内閣府「令和2年度 気候変動に関する世論調査」、同「平成28年度 地球温暖化対策に関する世論調査」より国土交通省作成

注12 地域の強靭性の観点については、第Ⅰ部第3章第1節参照。

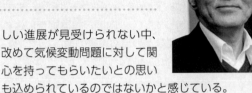

インタビュー Interview　気候変動分野の科学的知見の蓄積について
（気象研究所客員研究員・鬼頭昭雄氏）

気候変動分野では科学的知見の蓄積が進展している。気象の研究とともに、これまで約30年、IPCC（気候変動に関する政府間パネル）^{注13}に執筆者として関与している鬼頭氏に、気候変動分野の科学的知見の状況についてお話を伺った。

■気候変動と人為的影響の評価

気候変動の科学的知見はIPCCに蓄積があり、その評価報告書では、気候変動の人為的影響についての確からしさ（気候変動は人間活動によるものか）が示されてきた。当初の評価報告書では、気候変動が起きていることは事実である旨の記述のみがなされていたところ、その後、気候変動への人為的影響について、2001年の第3次評価報告書では可能性が高い（66%の確からしさ）、2013年の第5次評価報告書では可能性が極めて高い（95%の確からしさ）、そして直近2021年の第6次評価報告書では疑いの余地がないことが示されている。一般に科学の世界では、95%の確度が得られた時点で確かであると認識するため、第5次評価報告書の時点で、気候変動は人間活動によるものとIPCCで認識されたことになる。

■気候変動の予測と気候モデル

気候変動の研究には将来予測が必要であり、この30年間、その予測の基本的な枠組みに大きな変化はない一方で、予測の精度は大きく向上している。1990年のIPCCの第1次評価報告書から大気と海洋の双方の温度変化を扱う気候モデルが用いられており、これは2021年ノーベル物理学賞を受賞された真鍋氏の研究内容をベースとするものである。現在は、予測精度が向上し、SSP1-2.6シナリオやSSP5-8.5シナリオなどの精密なシナリオにより、2100年までに気候がどう変わっていくかなどが予測されている。

なお、2007年、IPCCはノーベル平和賞を受賞しており、この受賞について、個人的には気候変動問題への取組みは安全保障上の重要な課題であり、人類の平和のためには気候変動への取組みは欠かせないというメッセージだったと考えている。今回の物理学賞についてはその意図はわからないものの、個人的な受け止めとしては、2007年以降、気候変動の緩和策の取組みに目覚ましい進展が見受けられない中、改めて気候変動問題に対して関心を持ってもらいたいとの思いも込められているのではないかと感じている。

■我が国における気候変動の影響

今後、世界的に気温が上昇することが予測されている中、世界の気温変化と比較して、日本の気温変化は相対的に大きいことが予測されている点に留意すべきである。このため、パリ協定での1.5℃上昇の目標が達成された場合でも、日本では1.5℃よりも高い気温上昇が見込まれる。また、平均的な気温上昇と極端な気温上昇との違いについても注意が必要である。平均気温の1℃上昇は、極端なケースではこれ以上の気温上昇が生じ得ることとなる。例えば2018年の日本での熱波のような極端な現象も、地球温暖化の影響がなければ起こり得なかったことである。大雨や強風なども含め、今後、気候変動に伴う異常気象の頻度と強度が高まることが予測されており、対策が必要である。

また、大雨などの異常気象と地球温暖化との関係性については、イベントアトリビューションという近年大きく進展した研究分野があり、実際に観測された異常気象について、その発生確率や強度に対して気候変動がどの程度影響を与えたかの評価が試みられている。例えば、特定の気象災害について、地球温暖化がなかった場合の雨の降り方を想定すると河川の氾濫が少なかったとの研究結果や、気象災害に伴う経済的被害のうち幾つかが地球温暖化により引き起こされたものとの研究結果もあり、ランダムに起きた現象に対する計算機能力の向上等がこれら研究結果に寄与している。

■気候変動の緩和策と適応策の両輪に向けて

気候変動による影響は将来発生するように捉えられる向きもあるが、熱波による熱中症など、既に異常気象による被害が生じていることから、現在進行形の課題である。また、今後災害リスクが高まることが予測されており、例えば2050年に気温が大きく上昇したケースを想定すると、昼間は熱中症を気にして屋外で働けないといった状況も考えられ、労働生産性や経済損失の観点からも大きな課題になっていくと思う。

注13 IPCC（Intergovernmental Panel on Climate Change）は、世界気象機関（WMO）及び国連環境計画（UNEP）により1988年に設立された政府間組織。IPCCの目的は、各国政府の気候変動に関する政策に科学的な基礎を与えることであり、世界中の科学者の協力の下、出版された文献（科学誌に掲載された論文等）に基づいて定期的に報告書を作成し、気候変動に関する最新の科学的知見の評価を提供。

また、IPCCでは、気候変動によるリスクの大小は、ハザード、曝露、脆弱性の3つの要素によって決まると説明しており、その報告書では、気候変動のリスク管理に向けて、気候変動の緩和策によりハザードの軽減に取り組むとともに、気候変動の適応策により曝露や脆弱性を軽減することで、そのリスクを許容可能な範囲に抑制することが大事であるとのメッセージを発出している。

このため、気候変動の緩和策及び適応策の両方に取り組んでいく必要がある。今から対策を行わないと間に合わないとの危機感をもって、行政や企業など関係者が連携して取り組んでいく必要があると思う。

（2）気象災害リスクの現状と課題

気候変動により我が国においても気象災害リスクが高まっているところ、当該リスクは、ハザード（自然現象による災害外力）、脆弱性、曝露の3要素[注14]が相互に作用して決定するという考え方がある。

従来の災害対策は、脆弱性を減少させる対策、すなわち、堤防整備や防災教育など災害発生前にハード・ソフト両面の備えを充実させるとともに、災害発生後に救援活動を行うこと等に重点が置かれてきた。他方、ハザードについては、気候変動の影響により、雨の降り方が変化し、海面上昇が進展することにより、例えば、破壊力のある高潮の発生頻度が高まるなどの懸念がある。今般、都市化の進展によりハザードに晒される（曝露対象の）人口や資産が増大するなどの状況下、従来型の脆弱性対策に加え、気候変動の影響がもたらす気象災害リスクに適切に対応していくためには、曝露対象となるいわゆるリスクエリアについての現状も考察する必要がある。

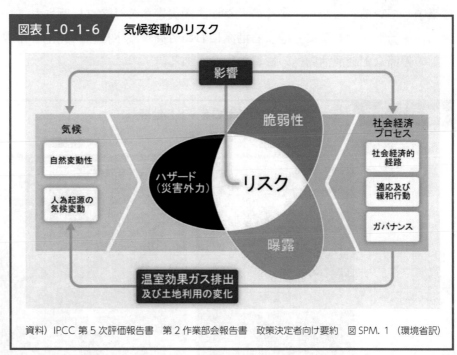

図表 I-0-1-6　気候変動のリスク

資料）IPCC 第5次評価報告書　第2作業部会報告書　政策決定者向け要約　図 SPM.1（環境省訳）

（洪水・土砂災害のリスクエリア）

国土が急峻な我が国では、洪水・土砂災害リスクの高いエリアに多くの人々が居住しており、人々が洪水・土砂災害へのリスクに晒されている。また、我が国では、65歳以上の単独世帯が増加傾向にあり、今後も増加するとの推計がある。近年、コミュニティの機能低下など地域の防災力の低下が指摘されている中、65歳以上の単独世帯の増加は、避難の遅れなど社会的な課題も懸念される。

注14　ハザード（Hazard）とは極端に暑い日、強い台風、豪雨の頻度などを指し、脆弱性（Vulnerability）とはハザードに対する感受性の高さや適応能力の低さを指し、曝露（Exposure）とはハザードの大きな場所に人や資産が存在していることなどを指す。

図表I-0-1-7	リスクエリア面積・居住人口割合と65歳以上の単独世帯数の推移・予測

対象災害	リスク地域面積 (国土面積に対する割合)	リスク地域内人口 (2015年) (全人口に対する割合)	リスク地域内人口 (2050年) (全人口に対する割合)
洪水	約19,500 km² (5.2%)	3,703万人 (29.1%)	3,108万人 (30.5%)
土砂災害	約10,800 km² (2.9 %)	595万人 (4.7%)	374万人 (3.7%)

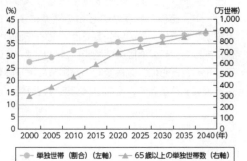

凡例: ━●━ 単独世帯（割合）（左軸）　━▲━ 65歳以上の単独世帯数（右軸）

資料）左：国土交通省
　　　右：総務省「平成30年版情報通信白書」

(高潮リスクエリア)

　近年、高潮被害が発生しているとともに、気候変動により今後、平均海面水位の上昇等による高潮リスクが高まることが予測されている。東京湾、伊勢湾、大阪湾などは高潮が起こりやすい地形的条件を有しているとともに、首都圏、中部圏、近畿圏には海抜ゼロメートル地帯が広がっており、人口も集中していることから、多くの人々が高潮災害へのリスクに晒されていることがわかる。また、東京湾、伊勢湾、大阪湾に立地する港湾において高潮浸水被害が発生した場合、物流や立地企業の生産活動の停滞など経済活動への影響の懸念もある。

図表I-0-1-8	三大都市圏におけるゼロメートル地帯

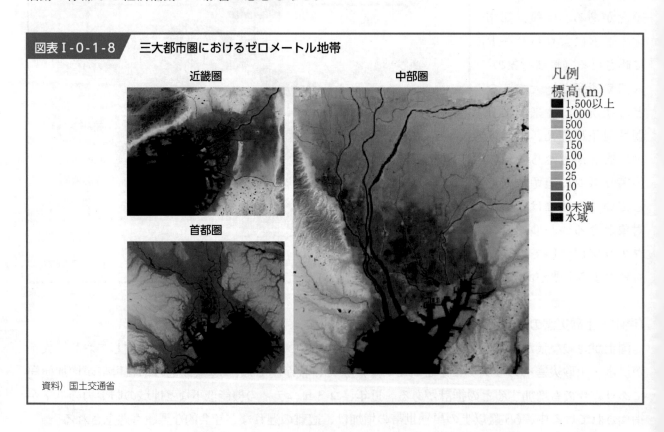

資料）国土交通省

コラム
Column

水害発生時における浸水推定図の作成について

国土地理院では、台風や豪雨発生時に、災害対策等に必要な基礎資料として、浸水や崩壊地等の被害エリアに関する情報を公開している。

これは、地図など国土に関する地理空間情報を提供する基本業務に加え、災害対策基本法の指定行政機関として、明治期以降100年以上にわたる測量技術や地形・土地の変化を把握する技術を防災・減災対策に役立てている。

近年、豪雨災害が激甚化・頻発化しており、洪水ハザードマップなどにより、災害発生前に、住まいの地域の災害リスク情報を踏まえ、防災・減災対策に役立てることが必要であるが、発災直後に国や被災自治体等が救命活動を含む応急対応やライフラインなどの復旧活動を適切に計画・実施するためには、どの地域がどの程度浸水したかを迅速に把握することも重要である。

このような中、国土地理院は、「平成30年7月豪雨」以降、発災後の浸水エリアを示す手段として、浸水範囲における水深を色の濃淡で表現した「浸水推定図」の公表に取り組んでいる。

従来、「推定浸水範囲」という、浸水した範囲の縁を線で示す地図を、空中写真や国土交通省の防災ヘリ画像から得られる情報を元に作成し、当該地図が被災自治体の排水活動等に役立てられていたものの、天候等により着手までに時間がかかる課題があった。

「平成30年7月豪雨」では、悪天候が続き、「推定浸水範囲」の作成に必要となる空中写真の取得に日数を要したため、若手職員の発案により、SNS情報を含む被災地の画像と標高データを用いて、迅速に浸水の範囲と深さを推定し、視覚的に図示する「浸水推定図」を新たに発信した。

推定浸水範囲（左）と浸水推定図（右）

以降、「浸水推定図」を、大規模水害時に発災直後の被災自治体に向けて発信しており、「令和2年7月豪雨」時には、7月3日からの大雨による浸水推定として、国土地理院が7月4日10時までに収集した情報から浸水推定図を7月4日16時に発信した。当該地図は、第一報としての時点情報のため、浸水範囲が必ずしも正確ではない可能性について留意すべき旨の注釈を伴いつつ、被災自治体における被害エリアの情報収集に当たり、おおむねの浸水被害状況を視覚的に把握し、応急対応の判断に役立てる目的で発信した。また、2021年8月の大雨の際にも浸水推定図を発信した。

「浸水推定図」は、これまで更新してきた標高データとSNS画像との組合せによる新たな主題図であるが、気候変動により激甚化・頻発化する災害への迅速な対応のため、国土地理院は今後とも実社会に真に役立つ地図情報の提供等に取り組んでいく。

資料）国土地理院

「令和2年7月豪雨」による浸水推定図

❸ 気象災害リスクへの適応策

　気候変動による気象災害リスクに対応するため、脆弱性に対応するインフラ計画（治水計画、高潮対策）や曝露にも対応するハード・ソフト一体となった流域治水の取組みなどの防災・減災対策の重要性が増大している。

（気候変動を考慮した治水計画・高潮対策等）

　気候変動の影響による将来の降雨量の増大を考慮して治水計画を見直し、堤防整備や河道掘削、ダム、遊水池等の整備を加速化するとともに、現況施設能力や河川の整備の基本となる洪水の規模を超える洪水に対しても氾濫被害をできるだけ軽減するよう、対策を推進することが重要である。

図表Ⅰ-0-1-9	気候変動の影響を踏まえた河川整備

＜地域区分毎の降雨量変化倍率＞

地域区分	2℃上昇	4℃上昇	短時間
北海道北部、北海道南部	1.15	1.4	1.5
九州北西部	1.1	1.4	1.5
その他（沖縄含む）地域	1.1	1.2	1.3

※ 4℃上昇の降雨量変化倍率のうち、短時間とは、降雨継続時間が3時間以上12時間未満のこと　3時間未満の降雨に対しては適用できない
※ 雨域面積100km2以上について適用する。ただし、100km2未満の場合についても降雨量変化倍率が今回設定した値より大きくなる可能性があることに留意しつつ適用可能とする。
※ 年超過確率1/200以上の規模（より高頻度）の計画に適用する。

※ 出典：気候変動を踏まえた治水計画のあり方提言（令和3年4月改訂）

※ 箱書き：気候変動を踏まえた河川整備基本方針への変更済水系

資料）国土交通省

　また、激甚化・頻発化する土砂災害による被害を防止、軽減する砂防関係施設の整備をすることや、高潮・波浪等の災害から国民の生命・財産を守るべく、気候変動の影響を踏まえた海岸保全基本計画への見直しを推進し、堤防、護岸、離岸堤、津波防波堤等の海岸保全施設の新設、改良等による対策を進めるとともに、潮位観測結果や気象情報等の提供を強化していくことが重要である[注15]。

図表Ⅰ-0-1-10	高潮対策（護岸の嵩上げ・補強）

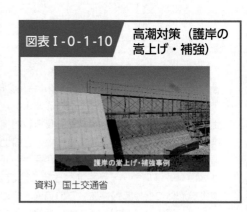

護岸の嵩上げ・補強事例

資料）国土交通省

注15 高潮等の具体的な取組みについては、第Ⅱ部第7章第2節2（4）参照。

（水災害リスクの増大への対応）

　気候変動による水災害リスクの増大に対応するために、集水域と河川区域のみならず、氾濫域も含めてひとつの流域ととらえ、流域に関わるあらゆる関係者により、地域特性に応じて、ハード・ソフトの両面から流域全体で治水対策に取り組む「流域治水」の推進が重要である[注16]。

| 図表 I-0-1-11 | あらゆる関係者が協働して行う「流域治水」 |

資料）国土交通省

　また、曝露への対策として、氾濫域における土地利用や住まい方についての対応も必要である。例えば、災害リスクを抱えた地域において発災前の段階からより安全なエリアへの住居や施設の移転、人口動態や土地利用等を踏まえた居住誘導、立地適正化計画の防災指針に基づく居住の安全性強化等の防災対策を推進し、安全なまちづくりを促進していくことが重要である。

　さらに、被害の軽減のため、浸水想定区域図やハザードマップの水害リスク情報の空白域解消に取り組むほか、浸水範囲と浸水頻度の関係をわかりやすく図示した「水害リスクマップ（浸水頻度図）」を新たに整備し、水害リスク情報の充実を図ることで、防災・減災のための土地利用等を促進する。また、このような水害リスク情報の提供を通じて、民間企業における「気候関連財務情報開示タスクフォース」（TCFD）[注17]への対応等の気候変動リスク開示の取組みを支援する。

注16 流域治水の具体的な取組みについては、第II部第7章第2節1（2）参照。
注17 TCFDについては、第I部第1章第2節3（2）参照。

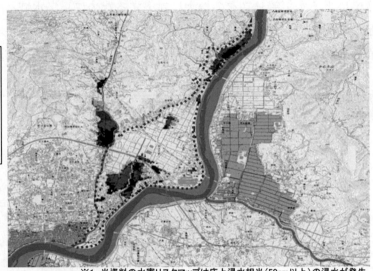

図表 I-0-1-12　水害リスクマップ（浸水頻度図）

水害リスクマップの凡例　※2

■ ：高頻度(1/10)
■ ：中・高頻度(1/30)
■ ：中頻度(1/50)
■ ：低頻度(1/100)
□ ：想定最大規模

※2　上記凡例の（）内の数値は確
率規模を示していますが、これは
例示です。

••••• 内水氾濫浸水解析対象範囲

※1　当資料の水害リスクマップは床上浸水相当（50cm以上）の浸水が発生
する範囲を示しています。（暫定版）

資料）国土交通省

　このように、気候変動による災害の激甚化・頻発化に対して、多くの対策が必要であり、国土交通省では、災害による被害を最小限とするべく、各種の取組みを総合的かつ横断的に進めている。例えば、「総力戦で挑む防災・減災プロジェクト」[注18]により、関係者間の連携を強化した取組みを一層強化しているほか、流域治水の取組みをさらに加速するため、関係省庁の緊密な連携・協力のもと、流域治水の推進に資する連携施策等について「流域治水推進行動計画」[注19]としてとりまとめた。

注18【関連リンク】総力戦で挑む防災・減災プロジェクト
　　　出典：国土交通省
　　　URL：https://www.mlit.go.jp/sogoseisaku/sosei_point_tk_000034.html
注19【関連リンク】流域治水の推進に向けた関係省庁実務者会議
　　　出典：国土交通省
　　　URL：https://www.mlit.go.jp/river/kasen/suisin/renkei001.html

　都市化の進展とヒートアイランド現象

　地球温暖化に加え、都市化に伴い、ヒートアイランド現象[20]による気温上昇も生じている。ヒートアイランド現象とは、都市化の進む東京、大阪、名古屋などの大都市圏において、アスファルトやコンクリート等に覆われた地域の拡大や、植生域の縮小、人間活動による熱の影響から、都心部の気温が郊外部と比較して高くなる現象をいう。大都市圏では、都市化の影響の比較的小さいとみられる地点に比べ、長期的な気温上昇幅が大きく、都市化の影響によるヒートアイランド現象がうかがえる。例えば、1927年から2021年の約100年に

おいて、都市化の影響の比較的小さい地点では気温が100年あたり約1.6度上昇している一方、東京では約3.3度上昇している。
　熱中症リスクの極めて高い気象条件が予測された場合には、予防行動を促すために、気象庁と環境省が連携して「熱中症警戒アラート」[21]を発表している。今後、気温上昇、猛暑日、熱帯夜の増加が見込まれる中、特に、都市化によるヒートアイランド現象が顕著な都心部において、芝生化や緑化等により、涼しく快適な空間の創出等を図ることが必要である。

大都市の年平均気温の長期的な変化

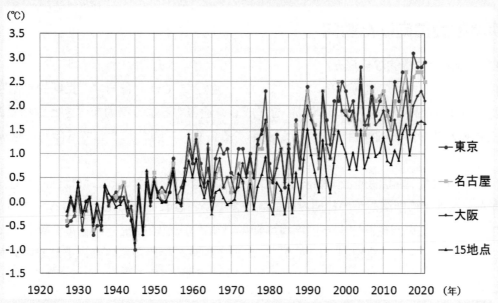

（注）1　年平均気温偏差は、1927年～1956年平均値からの差を表す。
　　　2　都市化の影響が比較的小さいとみられる15地点とは、全国の地上気象観測地点の中から、観測データの均質性が長期間確保でき、かつ都市化等による環境の変化が比較的小さい地点から、地域的に偏りなく分布するように選出（網走、根室、寿都、山形、石巻、伏木、飯田、銚子、境、浜田、彦根、宮崎、多度津、名瀬、石垣島）。
　　　3　東京、大阪、名古屋と都市化の影響が比較的小さいとみられる15地点との年平均気温偏差の経年変化を表す。
資料）気象庁

④ 気候変動に対応した脱炭素化に向けた取組みの必要性

　前述のとおり、気候変動による世界的な気象災害の激甚化・頻発化は世界的な課題であり、長期的かつ国際的な取組みが欠かせない。このため、気候変動への適応策としての防災・減災等の自然災害対策等に加え、地球温暖化の緩和策として、脱炭素化に向けた温室効果ガスの削減への取組みが必要不可欠である。

注20　ヒートアイランド対策については、第Ⅱ部第8章第6節4参照。
注21　熱中症警戒アラートとは、暑さ指数の予測値、予想最高気温と併せて、外出を控える、エアコンやクーラーを使用し涼しく過ごすなど積極的な熱中症予防行動を取ることを促すもの。

I

第1章

脱炭素社会の実現に向けた動向

第1章　脱炭素社会の実現に向けた動向

　序章に記述したとおり、気候変動は世界的な社会課題であり、気候変動の緩和策として、脱炭素社会の実現に向けた取組みが必要不可欠である。

　第1章「脱炭素社会の実現に向けた動向」では、第1節「脱炭素化を取り巻く動向」、第2節「脱炭素化による経済と環境の好循環」の順に、気候変動を取り巻く社会経済情勢を概説する。

第1節　脱炭素化を取り巻く動向

1　脱炭素社会に向けた動向

（温室効果ガス削減と国際的な枠組み）

　気候変動に対応するための国際枠組みとしてのパリ協定[注1]では、各国は、長期的な温室効果ガスの低排出型の発展のための戦略（長期戦略）を作成し、通報するよう努力すべきとされており、全ての国が温室効果ガスの排出削減目標を「国が決定する貢献（NDC）」として5年毎に通報する義務がある。

　一方で、NDCには、国際海運と国際航空については含まれていない。これは国際間輸送を担っていることから、国別での削減対策の枠組みには馴染まないとされているためである。このため、国際海運は海事分野の国連専門機関である国際海事機関（IMO）が国際統一ルールを設定しており、国際航空については国際民間航空機関（ICAO）において削減の手段が示され、それぞれの分野で対策を進めている。

（1）諸外国・地域におけるカーボンニュートラル宣言

　諸外国・地域では、カーボンニュートラルを宣言している（COP26（2021年11月）終了時点150箇国以上）。また、主要国は、2050年カーボンニュートラルとともに、2030年目標（NDC）を表明している。

注1　パリ協定とは、2015年に採択され、2016年に発効された、京都議定書に代わる2020年以降の温室効果ガス排出削減等のための新たな国際枠組みである。世界共通の長期目標として 2℃目標の設定、1.5℃に抑える努力を追求すること、主要排出国を含む全ての国が削減目標を 5 年ごとに提出・更新すること等が定められている。

図表Ⅰ-1-1-1	パリ協定に基づく主要国の目標	
	2030年目標（NDC）	2050年目標
日本	▲46%（2013年度比） ※2021年4月、50%の高みに向け、挑戦をつづけていく旨と併せて表明	排出実質ゼロ
EU	▲55%以上（1990年比）	排出実質ゼロ
英国	▲68%以上（1990年比）	排出実質ゼロ
米国	▲50〜52%（2005年比）	排出実質ゼロ
カナダ	▲40〜45%（2005年比）	排出実質ゼロ
中国	2030年までに 排出量を削減に転じさせる	2060年 排出実質ゼロ

（注）2021年9月末時点
資料）内閣官房「気候変動対策推進のための有識者会議報告書」（2021年10月）に基づき国土交通省作成

（2）我が国におけるカーボンニュートラル宣言

　2020年10月、日本政府は「2050年までに、温室効果ガスの排出を全体としてゼロにする、すなわち2050年カーボンニュートラル、脱炭素社会の実現を目指す」ことを宣言した。また、温室効果ガス削減目標として、「2050年カーボンニュートラルと整合的で、野心的な目標として、2030年度において、温室効果ガスを2013年度から46%削減することを目指す。さらに、50%の高みに向け、挑戦を続けていく。」こととし、2021年10月にNDCとして国連に提出した。また、同年10月に2050年カーボンニュートラルを踏まえた対策の方向性等を記載した、更新版の長期戦略を国連に提出した。

　ここで「排出を全体としてゼロ」とは、二酸化炭素をはじめとする温室効果ガスの排出量から、植林、森林管理などによる吸収量を差し引き、実質的にゼロにすることを指している[注2]。カーボンニュートラルの達成に向けては、温室効果ガスの排出量の削減とともに、排出せざるを得なかった温室効果ガスの排出量を相殺する吸収量等を確保すべく、吸収源の強化にも取り組む必要がある。

図表Ⅰ-1-1-2	カーボンニュートラル

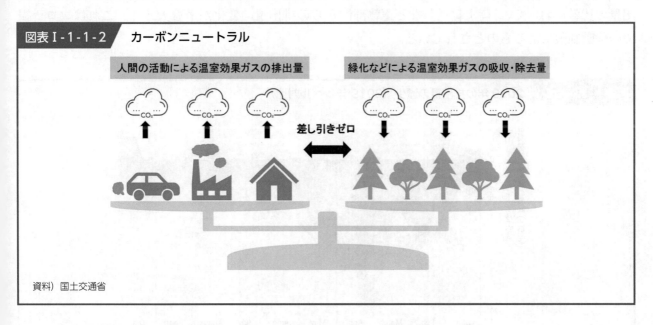

資料）国土交通省

注2　温室効果ガスの排出量・吸収量は、いずれも人為的なものを指す。

② 世界における新型コロナウイルス感染拡大の影響も含めた二酸化炭素排出動向

　世界の二酸化炭素排出量はこれまで増加傾向にあった。世界全体の二酸化炭素排出量の内訳をみると、エネルギー転換（電気・熱、その他）で約5割、輸送は約3割を占めている。

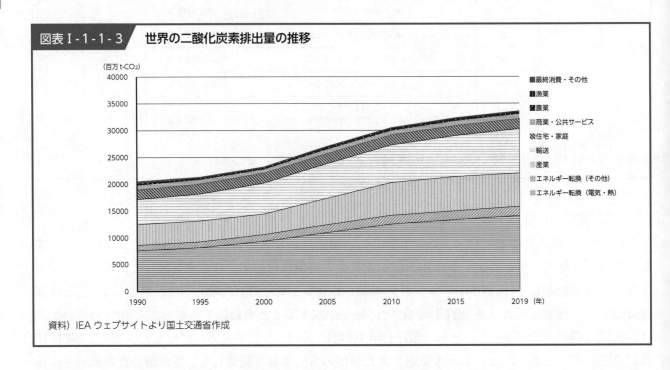

図表 I-1-1-3　世界の二酸化炭素排出の推移

資料）IEA ウェブサイトより国土交通省作成

　2020年はコロナ禍で暮らしや産業活動など人間活動が停滞したことなどにより、二酸化炭素排出量は世界的に落ち込んだ。国連環境計画（UNEP）の「Emissions Gap Report 2021」によれば、コロナ禍により、世界の化石燃料由来の二酸化炭素排出量は、2020年には5.4%減少したとされている。

　また、同計画の「Emissions Gap Report 2020」によれば、2020年と2019年の二酸化炭素排出量の比較において、「陸上輸送」など運輸部門からの排出量の変化が最も大きく、これはコロナ禍での移動制限によるものとされている。

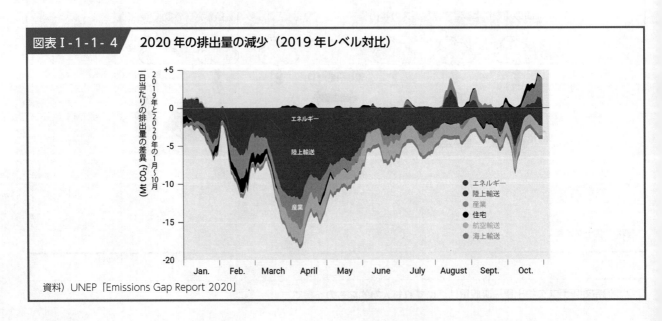

図表 I-1-1-4　2020年の排出量の減少（2019年レベル対比）

資料）UNEP「Emissions Gap Report 2020」

　「Emissions Gap Report 2021」によれば、国別での二酸化炭素排出量について、主要各国は、2020年は前年比で二酸化炭素排出量が減少したものの、中国、ブラジル、ロシアなど一部の国で、2021年前半には二酸化炭素排出量は対2019年比で既に増加に転じたとされている。

図表 I-1-1-5　各国の二酸化炭素排出量の変化

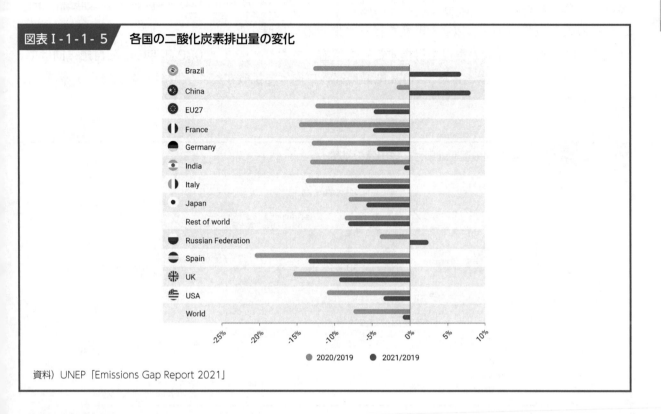

資料）UNEP「Emissions Gap Report 2021」

コラム Column　グリーンリカバリー

　コロナ禍からの経済回復に向けた世界的な復興支出について、従来の輸送やエネルギーなど高炭素イニシアチブのみならず、クリーンエネルギーやクリーン輸送といった低炭素イニシアチブへも多くの資金が充当されている。
　コロナ禍からの経済回復に向けた対応や復興を機会と

して、世界的に低炭素イニシアチブなど環境に重視した投資等も行われているが、コロナ禍からの経済再生とともに脱炭素化を図るグリーンリカバリーとして、単に以前の状況に戻るのではなく、新たな未来の創造に向けた復興として持続可能な社会を目指すことが重要である。

<各セクター・地域別の2021年5月時点での世界の復興支出>

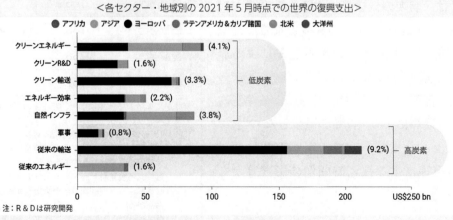

注：R＆Dは研究開発

（注）資料）UNEP「排出ギャップ報告書2021」（エグゼクティブサマリー日本語翻訳 IGES）

I

第1章 脱炭素社会の実現に向けた動向

③ 我が国における新型コロナウイルス感染拡大の影響も含めた二酸化炭素排出動向

　我が国では、従来より時機を捉えて温室効果ガスの削減目標を設定し、その削減に向けて取り組んでいる。1990年度からの温室効果ガス削減の推移では、2009年度に金融危機により一時的に減少したものの、以降増加し、2013年度をピークにその後は減少傾向にある。他方、1.（2）のとおり、我が国は脱炭素社会の実現を目指すことを宣言しており、今後、2030年度の削減目標に向けて、2013年度比で46％削減、さらに50％削減の高みに向けて挑戦すべく、取組みを加速化することが必要である。

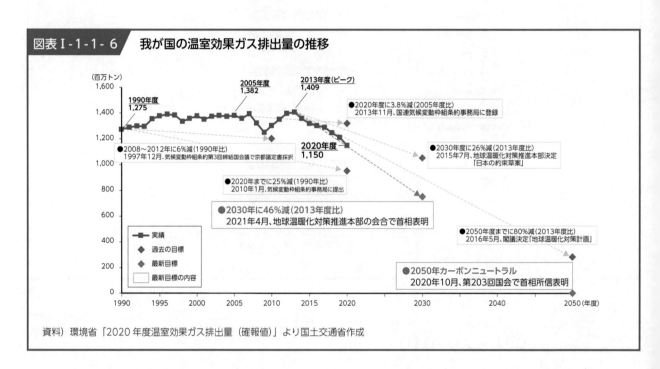

図表 I-1-1-6　我が国の温室効果ガス排出量の推移

資料）環境省「2020年度温室効果ガス排出量（確報値）」より国土交通省作成

（コロナ禍の影響を受けた2020年度の動向）

　2020年度における二酸化炭素総排出量は、新型コロナウイルス感染拡大の影響等により対前年度比5.8％の減少となったとともに、各部門において、新型コロナウイルス感染拡大の影響が生じている。

　産業部門では、需要の低迷等による製造業における生産量の減少等により8.1％の減少となり、運輸部門では人流抑制・生産活動の落ち込みによる旅客・貨物輸送の減少等により10.2％の減少となった。また、業務部門では、外出自粛等による第三次産業の活動の低迷等により4.7％の減少となった。

　各部門で減少となった一方で、家庭部門については、外出自粛等による在宅時間増の影響等から4.5％の増加となった。

図表 I-1-1-7　二酸化炭素排出量（2020年度）

	排出量（百万t）※	対前年度比（%）
総排出量	1,044	▲5.8
家庭部門	166	4.5
運輸部門	185	▲10.2
産業部門	356	▲8.1
業務部門	182	▲4.7

※ほかにエネルギー転換部門、非エネルギーCO2からの排出量を算定している。
（注）「確報値」とは、我が国の温室効果ガスの排出・吸収目録として気候変動に関する国際連合枠組条約事務局に正式に提出する値という意味である。
　今後、各種統計データの年報値の修正、算定方法の見直し等により、今回取りまとめた確報値が再計算される場合がある。
資料）環境省「2020年度温室効果ガス排出量（確報値）」より国土交通省作成

（近年の部門別動向）

　また、近年、二酸化炭素排出量は各部門で減少傾向にあり、特に産業部門及び業務部門では、対2013年度比で2020年度は約23%の削減となっている。

　一方で、運輸部門及び家庭部門では、対2013年度比の削減率は2割に達しておらず、一層の取組みが必要である。以下では、家庭部門と運輸部門の2013年度以降の部門別内訳を整理する。

I

第1章

脱炭素社会の実現に向けた動向

図表 I-1-1-8　部門別二酸化炭素排出量の推移

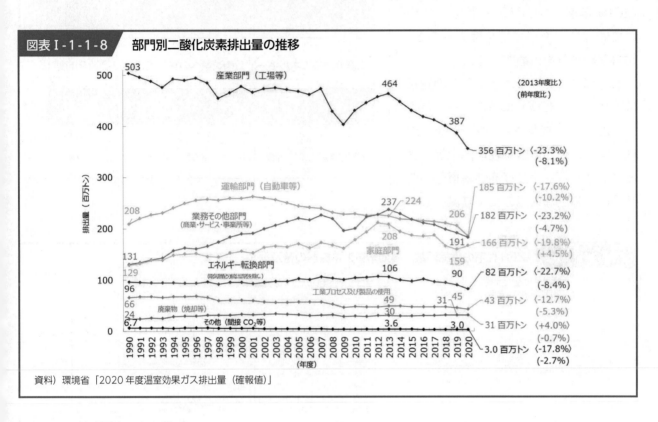

資料）環境省「2020年度温室効果ガス排出量（確報値）」

（家庭部門の二酸化炭素排出動向）

　近年、電力の二酸化炭素排出原単位の改善とともに、住宅の省エネルギー化や高効率な省エネルギー機器の普及により、エネルギー消費が減少し、二酸化炭素排出量が減少傾向となっている。しかし、2017年度は厳冬の影響により、2020年度は前述のとおりコロナ禍による在宅時間の増加等により、それぞれ対前年度比で排出量が増加した。

図表 I-1-1-9　家庭部門の二酸化炭素排出量（推移）

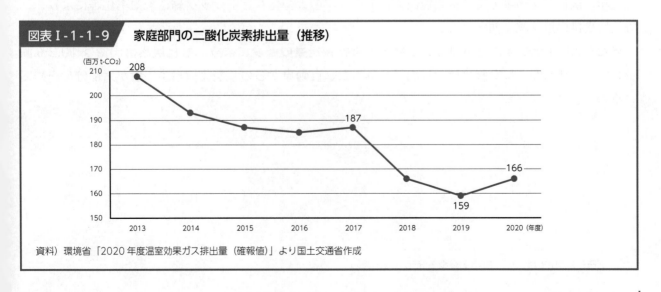

資料）環境省「2020年度温室効果ガス排出量（確報値）」より国土交通省作成

　また、二酸化炭素排出の削減量（2019年度、対2013年度比）について、用途別の寄与度では、照明・家電製品等が約4分の3を占めている。

　一方で、エネルギー消費の削減量（2019年度、対2013年度比）について同様に用途別に寄与度をみると、暖房が約半分を占めている。

　家庭部門におけるエネルギー消費量は、ネット・ゼロ・エネルギー・ハウス（ZEH）[注3]普及やトップランナー制度による、住宅の断熱性能向上等による省エネルギー化及び高効率機器の普及等の一体的な取組みにより減少している。

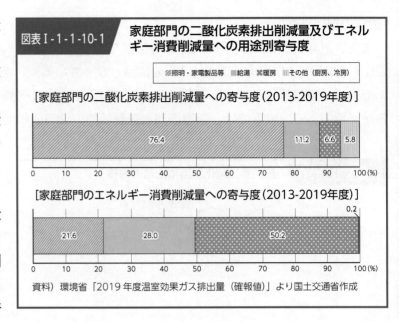

図表Ⅰ-1-1-10-1　家庭部門の二酸化炭素排出削減量及びエネルギー消費削減量への用途別寄与度

凡例：照明・家電製品等　給湯　暖房　その他（厨房、冷房）

［家庭部門の二酸化炭素排出削減量への寄与度（2013-2019年度）］
76.4 / 11.2 / 6.6 / 5.8

［家庭部門のエネルギー消費削減量への寄与度（2013-2019年度）］
21.6 / 28.0 / 50.2 / 0.2

資料）環境省「2019年度温室効果ガス排出量（確報値）」より国土交通省作成

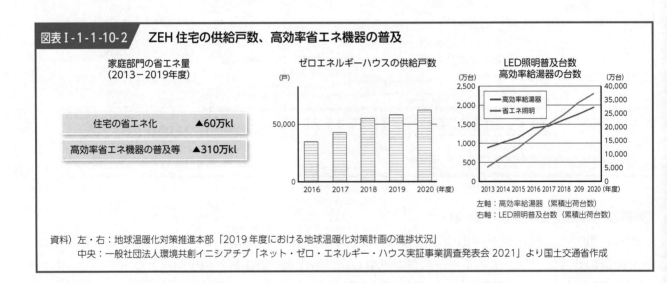

図表Ⅰ-1-1-10-2　ZEH住宅の供給戸数、高効率省エネ機器の普及

家庭部門の省エネ量
（2013－2019年度）

住宅の省エネ化　　　▲60万kl
高効率省エネ機器の普及等　▲310万kl

ゼロエネルギーハウスの供給戸数

LED照明普及台数
高効率給湯器の台数
高効率給湯器
省エネ照明
左軸：高効率給湯器（累積出荷台数）
右軸：LED照明普及台数（累積出荷台数）

資料）左・右：地球温暖化対策推進本部「2019年度における地球温暖化対策計画の進捗状況」
　　　中央：一般社団法人環境共創イニシアチブ「ネット・ゼロ・エネルギー・ハウス実証事業調査発表会2021」より国土交通省作成

（運輸部門の二酸化炭素排出動向）

　近年、次世代自動車の普及や燃費改善、トラックの大型化などトラック輸送の効率化等により、二酸化炭素排出量は減少傾向にある。

　また、2020年度は、前述のとおり旅客・貨物輸送量の減少により二酸化炭素排出量は10.2%減少した。輸送機関別に二酸化炭素排出量をみると、自動車からの二酸化炭素排出量が大部分を占めている。

注3　ZEHについては、第Ⅰ部第2章第1節1（3）参照。

| 図表Ⅰ-1-1-11 | 運輸部門の輸送機関別二酸化炭素排出量（推移） |

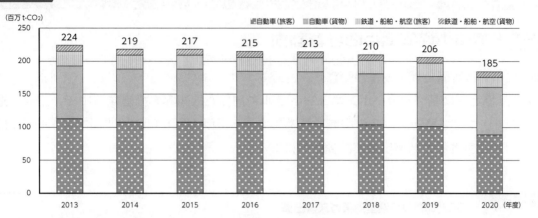

（注）1　自動車（貨物）：営業用貨物自動車・トラック、自家用貨物自動車・トラック
　　　2　自動車（旅客）：乗用車（自家用車、営業用・タクシー）、バス（自家用・営業用）、二輪車
資料）環境省「2020年度温室効果ガス排出量（確報値）」より国土交通省作成

コラム Column　タクシーにおける二酸化炭素排出量の動向

　近年、タクシーにおける二酸化炭素排出量は減少傾向にある。タクシーにおけるハイブリッド車の導入が進展しており、2015年度の24千台（10%）から2020 年度には64千台（31%）となっている。またタクシーの新車販売におけるハイブリッド化率は約9割となっている。

＜タクシーにおける二酸化炭素排出量の推移、ハイブリッド車保有台数＞

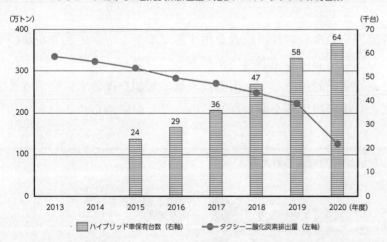

〈ハイブリッドのタクシー〉

（注）文中の括弧内の数値は、タクシー保有台数に占めるハイブリッド車保有台数の割合

資料）
左：国土交通省データ、環境省「2020年度温室効果ガス排出量（確報値）」より国土交通省作成
右：トヨタ自動車株式会社

第2節　脱炭素化による経済と環境の好循環

1 経済と環境の好循環に向けた動向

（1）温室効果ガス削減と経済成長の両立

　各国がパリ協定等に基づきカーボンニュートラルに向けた取組みを推進する中で、主要先進国は、経済成長を図りつつ温室効果ガスの削減を進めており、例えばOECD加盟国では、この約30年、GDP当たりの温室効果ガス排出量が減少傾向にある。

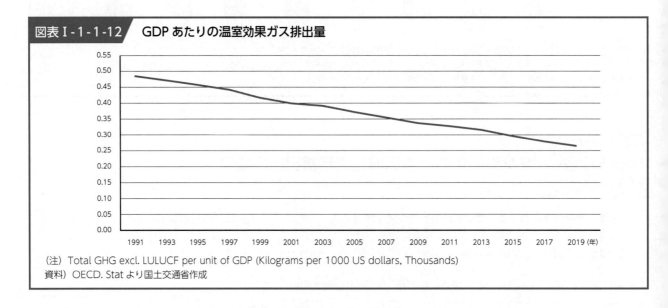

図表 I-1-1-12　GDPあたりの温室効果ガス排出量

（注）Total GHG excl. LULUCF per unit of GDP (Kilograms per 1000 US dollars, Thousands)
資料）OECD. Stat より国土交通省作成

　他方、我が国では、温室効果ガス排出量当たりの経済成長を示す指標である炭素生産性がかつて世界最高水準だったものの、近年、その世界における位置付けが低下しつつある。

　このため、炭素生産性を考慮した気候変動対策として、炭素投入量の増加を伴わずに経済成長を実現するとともに、省エネルギー等により炭素投入量を減少させていくことが求められる。

図表 I-1-1-13　炭素生産性を考慮した気候変動対策の考え方

資料）国土交通省

　炭素生産性を計る際の参考となる一人当たりのGDPと二酸化炭素排出量の推移は、国により差があり、例えばアメリカやスウェーデン、ドイツなどでは、GDPが増加する一方で二酸化炭素排出量は減少している。中国や韓国では、GDPとともに二酸化炭素排出量も増加している。我が国においては、二酸化炭素排出量・GDPともに、近年、増減傾向が安定していない傾向にあり、二酸化炭素排出量の削減とともにGDPが増加する取組みが求められる。

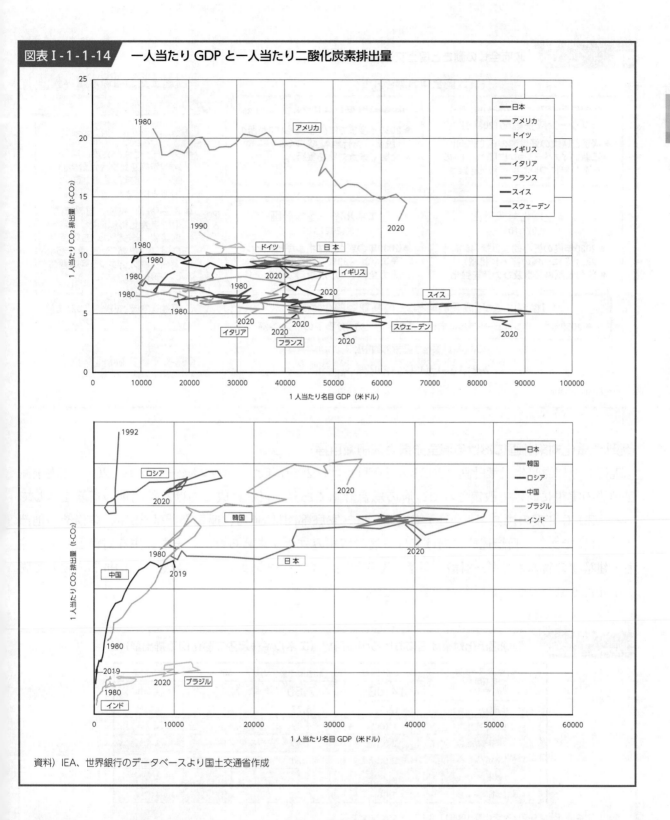

図表 I - 1 - 1 - 14　　一人当たり GDP と一人当たり二酸化炭素排出量

資料）IEA、世界銀行のデータベースより国土交通省作成

❷ 経済と環境の好循環に向けた政府の動向

　我が国における二酸化炭素排出量削減と経済成長の両立に向けて、「2050年カーボンニュートラルに伴うグリーン成長戦略」を策定したとともに、「地域脱炭素ロードマップ」、「地球温暖化対策計画」、「エネルギー基本計画」を策定し、これらの戦略等に基づき、取組みを推進している。

図表Ⅰ-1-1-15　政府全体の動きと国土交通省の取組み

《政府全体の動き》

2050年カーボンニュートラルに伴う グリーン成長戦略（2021.6）
● 経済と環境の好循環の確立に向け、革新的イノベーションに関わる14の重要分野について実行計画を策定

地域脱炭素ロードマップ（2021.6）
● 2030年度までに少なくとも100か所の「脱炭素先行地域」をつくる
● 全国で重点対策を実行

反映

地球温暖化対策計画 （2021.10）
● 2030年度の野心的な目標（46％削減、さらに50％の高みに挑戦）
● 部門別削減目標及び対策を強化

エネルギー基本計画 （2021.10）
● 2030年の新たなエネルギーミックス 再エネ36〜38％、原子力22〜20％、火力全体41％、水素・アンモニア1％

パリ協定に基づく成長戦略としての長期戦略（2021.10）
● 2050年カーボンニュートラルに向けた基本的考え方、分野別のビジョン等

NDC（国が決定する貢献）提出
2021.10.31-11.12　COP26

《国土交通省の取組み》

国土交通 グリーンチャレンジ（2021.7）
● グリーン社会の実現に向け、2030年度を見据えた分野横断・官民連携の重点プロジェクトをとりまとめ
● 民生（家庭・業務）・運輸部門の脱炭素化等に向け、住宅・建築物、まちづくり、自動車・鉄道・船舶・航空、交通・物流、港湾・海事、インフラ等の幅広い分野に対応
●「国土交通省グリーン社会実現推進本部」を設置（2021.7）

反映

国交省環境行動計画（2021.12）

資料）国土交通省

（地球温暖化対策計画における温室効果ガス削減目標）

　現行の地球温暖化対策計画（2021年10月）は、2050年カーボンニュートラル、2030年度削減目標等の実現に向けて改定された政府の総合計画であり、目標達成に向けた部門別の道筋を示している。2030年度の削減率（2013年度比）は、家庭部門は66％、運輸部門は35％、業務その他部門は51％であり、目標達成に向けては一層の取組み強化が求められる。また、主な対策として、住宅・建築物の省エネルギー対策、産業・運輸部門のイノベーション支援、分野横断的取組みとして脱炭素先行地域での地域脱炭素の推進が位置付けられている。

図表Ⅰ-1-1-16　地球温暖化対策計画における削減目標（エネルギー起源二酸化炭素排出量）

温室効果ガス排出量・吸収量（単位：億t-CO_2）		2013排出実績	2030排出量	削減率	従来目標
		14.08	7.60	▲46%	▲26%
エネルギー起源CO₂		12.35	6.77	▲45%	▲25%
部門別	産業	4.63	2.89	▲38%	▲7%
	業務その他	2.38	1.16	▲51%	▲40%
	家庭	2.08	0.70	▲66%	▲39%
	運輸	2.24	1.46	▲35%	▲27%
	エネルギー転換	1.06	0.56	▲47%	▲27%

資料）環境省「地球温暖化対策計画（概要）」より国土交通省作成

　地球温暖化対策計画で示された「2030年度46％削減目標」は、原油換算にして、6,240万klの削減である。これを部門別にみると、家庭部門は1,208万kl（19％）、運輸部門は2,306万kl（37％）、業務その他部門は1,376万kl（22％）である。

　このうち、例えば、家庭部門におけるわたしたちの暮らしに直結する「新築住宅における省エネルギー性能の向上」及び「既存住宅の断熱改修」のみで全体の約5％（削減量344万kl）を占めてお

り、個人の住まい方にも密接な関わりがあるといえる。

　また、運輸部門における、「次世代自動車」は全体の16％（削減量990万kl）を占めており、次世代自動車の普及促進も重要な課題であるといえる。

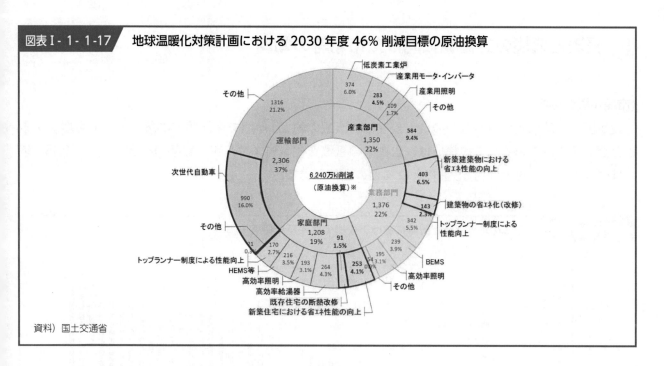

図表I-1-1-17　地球温暖化対策計画における2030年度46%削減目標の原油換算

資料）国土交通省

（2050年カーボンニュートラルに伴うグリーン成長戦略）

　2021年6月、政府は2050年カーボンニュートラルに伴うグリーン成長戦略を具体化した。気候変動への対応について、経済成長の機会と捉え、積極的に対策を行うことにより、産業構造や社会経済の変革をもたらし、経済と環境の好循環を目指すものである。具体的には、予算、税制、規制改革・標準化、民間の資金誘導など、政策ツールを総動員するとともに、グローバル市場や世界のESG投資[注4]を意識し、国際連携を推進することとし、自動車・蓄電池産業、住宅・建築物・次世代電力マネジメント産業、物流・人流・土木インフラ産業、洋上風力・太陽光・地熱産業、船舶産業、航空機産業等を含む14分野に計画的に取り組むこととしている。

　特に政策効果が大きく、社会実装までを見据えて長期間の継続支援が必要な領域において、官民で野心的かつ具体的な目標を共有した上で、これに経営課題として取り組む企業に対して、革新的技術の研究開発から社会実装までを継続して支援するべく、2021年3月、新エネルギー・産業技術総合開発機構（NEDO）に2兆円の「グリーンイノベーション基金」を造成した。審議会での議論等を通じて、洋上風力、水素、燃料アンモニア、船舶分野などのプロジェクトの組成を進めている。

（国土交通省環境行動計画等）

　現行の地球温暖化対策計画の策定を受け、国土交通省では、2021年12月「国土交通省環境行動計画」を策定し、脱炭素社会の実現に向けて、2030年度までに取り組むべき国土交通行政の方向性を示している。

注4　ESG投資とは、投資の意思決定に環境、社会、ガバナンスの要素を取り込み、リスク管理を向上させ、持続可能で長期的なリターンをあげることを目指す投資手法をいう。

　また、2021年5月に改定した、第5次社会資本整備重点計画（社会資本整備審議会計画部会）や第2次交通政策基本計画（交通政策審議会計画部会）、同年6月に策定した、国土の長期展望（国土審議会計画推進部会）等においても、脱炭素化に向けた方向性を示している。

③ 経済と環境の好循環に向けた市場等の動向

（1）脱炭素関連市場の動向等

（市場規模の動向）

　我が国の地球温暖化対策分野の市場規模は、直近の約20年間で増加傾向にあり、今後も増加することが見込まれている。その構成は、自動車の低燃費化、省エネルギー建築の割合が高く、2050年には同分野の市場規模は約63兆円となるとの指摘がある。

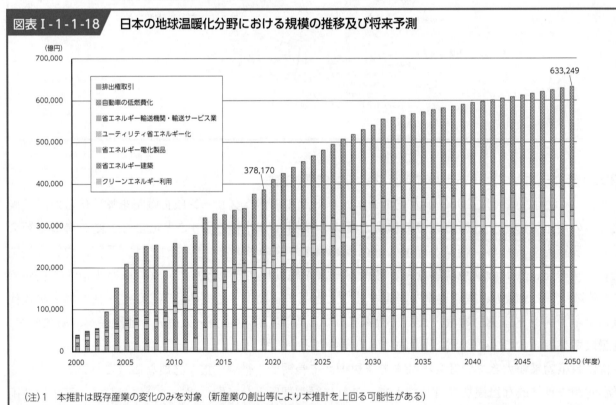

図表 I - 1 - 1 - 18　日本の地球温暖化分野における規模の推移及び将来予測

（注）1　本推計は既存産業の変化のみを対象（新産業の創出等により本推計を上回る可能性がある）
　　　2　2019年度までが実績値、2020年度以降は将来予測値である。
資料）環境省「令和2年度　環境産業の市場規模・雇用規模等に関する報告書」より国土交通省作成

（グリーンプロジェクトの資金調達の動向）

　グリーンボンドは、企業や自治体等が国内外のグリーンプロジェクトに要する資金を調達するために発行する債券である。環境改善効果のある事業に充当されるものであり、グリーンボンドによる資金調達は、世界的に近年増加傾向にある。再生可能エネルギーや建築物の省エネルギー改修、次世代自動車の環境整備など、国土交通分野でも、グリーンボンドの活用等の動きが進んでいる。

図表 I-1-1-19	グリーンボンド発行額（国内、世界）の推移

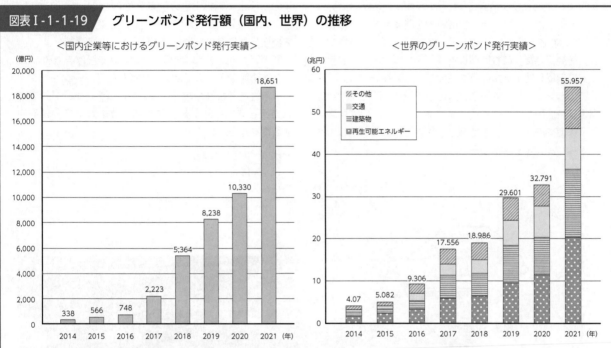

（注）1　左：外貨建て発行分については、1米ドル＝110円、1ユーロ＝135円、1豪ドル＝90円にて円換算
　　　2　右：1米ドル＝110円にて円換算。その他には、水資源管理、廃棄物処理、土地利用、産業情報、通信技術を含む。
資料）左：環境省「グリーンファイナンスポータル」より国土交通省作成
　　　右：Climate Bonds Initiative ウェブサイトより国土交通省作成

I

第1章　脱炭素社会の実現に向けた動向

コラム Column

グリーンボンドによる環境に優しい交通体系の整備例 （神奈川東部方面線）

独立行政法人鉄道建設・運輸施設整備支援機構（以下、JRTT）では、鉄道ネットワークや海上輸送ネットワークなどの整備を行っている。事業実施に必要な資金調達のために2004年以降、機構債券を定期的に発行しているが、2017年、都市鉄道利便増進事業である「神奈川東部方面線」(注) の建設にあたり「グリーンボンド」を発行した。これは環境省グリーンボンドガイドラインに準拠したモデル発行事例の第一号案件である。

この事業により、鉄道連絡線の新設及び新駅の設置が実現すれば周辺住民の利便性が向上し、バスや自家用車から鉄道へ旅客がシフトすることが見込まれる。このよ

うに同路線へ旅客が転移することにより、二酸化炭素や窒素酸化物（NOx）の排出量削減といった環境改善効果が期待されるが、JRTTの推計では、約1,500tCO$_2$/年の二酸化炭素排出量の削減を見込んでいる。これは、杉の木約170ha（東京ドーム約36個分とほぼ同等）を植樹した場合の二酸化炭素吸収量に相当する。

JRTTは2019年に厳格な環境基準を設けるCBIプログラム認証をアジアで初めて取得し、グリーン性とソーシャル性を兼ね備えた「サステナビリティボンド」を継続発行しており、本邦SDGs債市場において、先駆的な役割を担っている。

資料）独立行政法人鉄道建設・運輸施設整備支援機構
（注）「神奈川東部方面線」は、相鉄・JR直通線、相鉄・東急直通線として、相鉄本線西谷駅からJR東日本東海道貨物線横浜羽沢駅付近までの連絡線（約2.7km）、JR東日本東海道貨物線横浜羽沢駅付近から東急東横線日吉駅までの連絡線（約10km）を新設し、この連絡線を利用し、相鉄線とJR線、相鉄線と東急線が相互直通運転を行うものであり、「グリーンボンド」による資金を活用し、2019年11月に一部が開業し、2023年3月に全面開業となる予定である。

（脱炭素化に向けたイノベーションの推進）

脱炭素化に向けて、関連分野でのイノベーションについては、経済成長への効果とともに、二酸化炭素削減への効果もあり重要である。「気候変動緩和技術」に対する特許件数については、主要国では我が国が最も多くなっている。特にエネルギーに関連する特許が多く、次いで「輸送」関連技術の特許件数が多く、このうち、電気自動車や環境に配慮したガソリン車などの特許件数が多かった。また、他のOECD諸国と比べて、日本の労働生産性は低い状況にあり、イノベーションは労働生産性の向上にも寄与するため、経済成長との両立への効果が期待される。

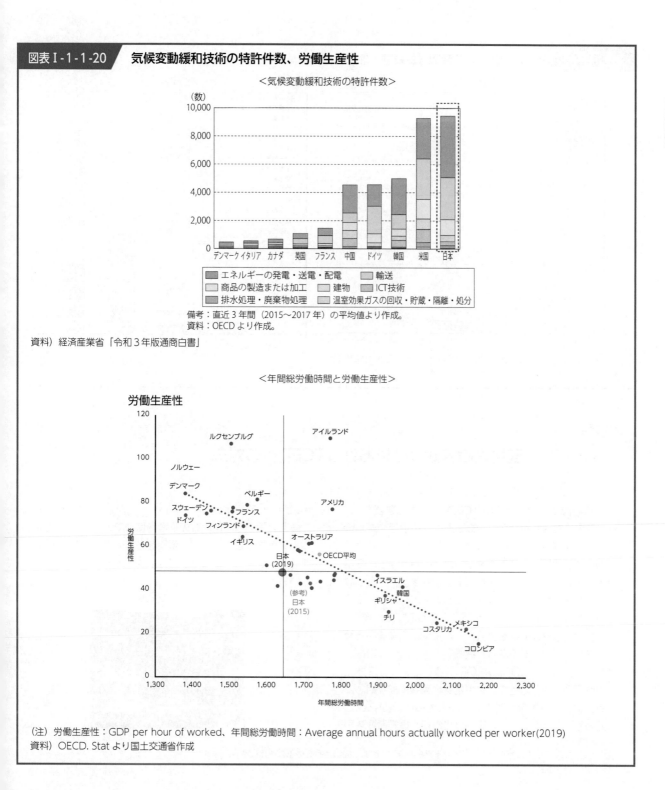

図表 I-1-1-20　気候変動緩和技術の特許件数、労働生産性

＜気候変動緩和技術の特許件数＞

凡例：
- エネルギーの発電・送電・配電
- 商品の製造または加工
- 排水処理・廃棄物処理
- 輸送
- 建物
- 温室効果ガスの回収・貯蔵・隔離・処分
- ICT技術

備考：直近3年間（2015〜2017年）の平均値より作成。
資料：OECDより作成。

資料）経済産業省「令和3年版通商白書」

＜年間総労働時間と労働生産性＞

（注）労働生産性：GDP per hour of worked、年間総労働時間：Average annual hours actually worked per worker(2019)
資料）OECD. Stat より国土交通省作成

（2）企業活動における気候変動に関連する取組み

　気候変動に対する関心は、民間レベルにおいても世界的に高まっており、気候変動対策が企業に
とって経営上の重要課題となっている。国際的なビジネス・金融の分野においても、企業の年次財
務報告において、財務に影響のある気候関連情報の開示を推奨する「気候関連財務情報開示タスク
フォース」（TCFD）の提言に基づいた情報開示の取組みが世界的に広がりを見せるなど、企業活動
における気候変動に関連する取組みの強化が求められる状況となっている。

　我が国のTCFD賛同企業数は急増している。また、国内における賛同企業の業種は、資本財や金
融が多くのシェアを占めているが、不動産業なども含まれている。

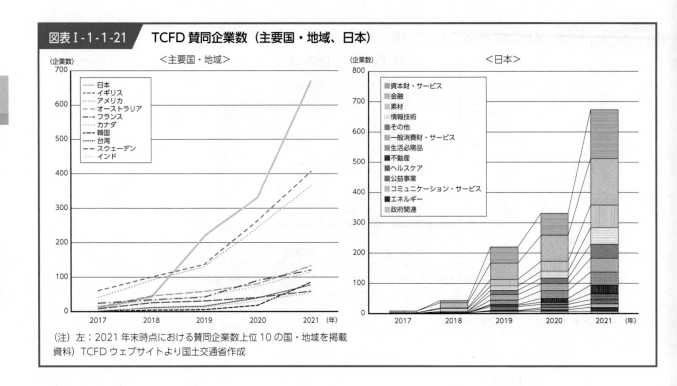

図表 I-1-1-21　TCFD 賛同企業数（主要国・地域、日本）

（注）左：2021 年末時点における賛同企業数上位 10 の国・地域を掲載
資料）TCFD ウェブサイトより国土交通省作成

コラム Column　鹿島建設株式会社におけるTCFDへの対応

　鹿島建設株式会社では、TCFD への賛同を表明し、気候変動に関連するリスクや機会に関する項目や対応策についての情報開示を実施している。

　例えば、建設業は屋外作業が多いとの特性から、気温上昇によるヒートストレスが労働生産性を低下させるなどの労働条件への影響をリスクとして特定し、省人化施工技術の開発等により対応することとしている。また、国別排出量目標達成等を要因とした脱炭素化関連の各種制限をリスクとして特定し、建設関連の二酸化炭素排出量削減に向けて、CO₂-SUICOM（注）といった二酸化炭素固定建材やその他の低炭素建材の開発に取り組んでいる。他方、災害の激甚化は BCP の観点からリスクとして特定するとともに、防災・減災需要や復興需要を事

業機会として特定している。

　鹿島建設では、建設業の社会的使命である防災・減災への貢献をはじめとして、事業を通じて気候変動に関連する社会課題の解決に貢献できるよう取り組むこととしている。

〈CO₂-SUICOM〉

（注）CO₂-SUICOM：コンクリートが固まる過程で二酸化炭素を吸い込み貯める二酸化炭素固定建材
資料）鹿島建設株式会社

第2章　脱炭素社会の実現に向けた国土交通分野における取組み

（暮らしの脱炭素化に向けた取組みの必要性）

　第1章で記述したとおり、2050年カーボンニュートラルの実現に向け、我が国の二酸化炭素排出量の約5割を占める民生・運輸部門での対策の加速化が急務である。また、足元では民生部門のうち家庭部門からの二酸化炭素排出量が2020年度に対前年度比で増加に転じたことや、運輸部門では二酸化炭素排出量の大部分が自動車に起因していること等を踏まえ、わたしたちの暮らしの脱炭素化に向けた取組みが必要不可欠である。

　このため、住まい・建築物、交通・物流、まちづくりなど、暮らしに密着し、脱炭素化と関連する行政分野を担っている国土交通省は、脱炭素社会の実現に向けた取組みを推進している。

（脱炭素社会の実現に向けた国土交通分野における取組み）

　そこで本章では、民生・運輸部門での対策や暮らしの脱炭素化に欠かせない再生可能エネルギーの利用拡大に加え、わたしたちの暮らしそのものを脱炭素型に変えていく取組みについて、課題と方向性を整理する。

　具体的には、まず第1節「わたしたちの暮らしの脱炭素化に向けた取組みの課題と方向性」では、民生・運輸部門での温室効果ガス削減目標の達成に向けた課題と今後の方向性を示す。

　次に、第2節「再生可能エネルギー等への転換に向けた取組み」では、特にインフラを活用した再生可能エネルギーの利活用拡大について整理する。

　最後に、第3節「脱炭素型ライフスタイルへの転換に向けた取組み」では、わたしたちの暮らしの質を確保しつつ、脱炭素型の暮らし方を取り入れていくためには、どのような方法・課題があるのかについて整理することとする。

第1節　わたしたちの暮らしの脱炭素化に向けた取組みの課題と方向性

　脱炭素社会の実現に向けて、住まい・建築物、交通・物流、まちづくりなど、あらゆる分野において、暮らしの脱炭素化に向けた取組みを推進するとともに、産学官民連携した技術革新や社会実装の加速化を通じ、脱炭素化を戦略的に推進することが必要である。

　本節では、わたしたちの暮らしに焦点を当て、「1.住まい・建築物」（民生部門）、「2.交通・物流」（運輸部門）、これらを面的に支える「3.まちづくり」の3つの局面ごとに、暮らしの脱炭素化に向けた取組みについて、現状と課題、今後の方向性を整理するとともに、技術革新・社会実装に向けた足元の動きについて紹介する。

❶　住まい・建築物の脱炭素化に向けた取組みの課題と方向性

　民生（家庭・業務）部門において温室効果ガス削減目標達成に向けて、住宅・ビル等での対策といったハード面とともに、住まい方といった運用面での対応も考慮した総合的な取組みが必要であ

る。また、優良なストックを長く使うなど、ライフサイクルコストを見据えた中長期的な視点での取組みも重要である。

　ここでは、住まい・建築物について、特にわたしたちの暮らしに直結する住まいに焦点を当て、脱炭素化に向けた取組みの課題と方向性を整理する。

（1）民生部門のエネルギー消費の動向

①現状と課題

　第1章で記述したとおり、家庭部門のエネルギー消費量は住宅の省エネルギー化や高効率な省エネルギー機器の普及等により減少傾向にある。住まい・建築物の脱炭素化に向けて、以下、エネルギー消費の動向について、経年推移をみていく。

（エネルギー消費の経年推移）

　エネルギー消費（家庭部門・業務部門）は、対1990年度比で増加し、現在では全エネルギー消費量の約3割を占めている。

　このうち、家庭部門のエネルギー消費[注1]は、生活の利便性・快適性を追求する国民のライフスタイルの変化、世帯数増加などの影響を受け、1990年度以降拡大傾向が続き、同年度を100とした場合、2005年度には129.5となったものの、以降、省エネルギー技術の普及や東日本大震災以降の節電・省エネルギー意識の高まりもあって減少傾向となり、2019年度には108.1となっている。

　また、業務部門のエネルギー消費[注2]は、1980年代後半からのバブル経済期は増加傾向が続き、1990年度を100とした場合、2005年度には128.9となったものの、2000年代後半からはエネルギー価格の高騰などにより減少傾向となり、2019年度には109.9となっている[注3]。

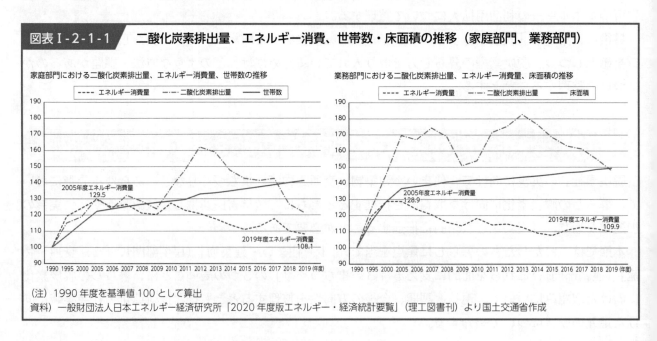

図表 I-2-1-1　二酸化炭素排出量、エネルギー消費、世帯数・床面積の推移（家庭部門、業務部門）

（注）1990年度を基準値100として算出
資料）一般財団法人日本エネルギー経済研究所「2020年度版エネルギー・経済統計要覧」（理工図書刊）より国土交通省作成

注1　ここでの家庭部門のエネルギー消費は自家用自動車等を除く家庭におけるエネルギー消費を対象としている。
注2　ここでの業務部門のエネルギー消費は事務所・ビル、ホテル・旅館等のエネルギー消費を対象としている。
注3　2020年度の二酸化炭素排出量については、第 I 部第1章第1節3参照。

（エネルギー消費内訳の推移）

　エネルギー消費の内訳は、その用途別に、冷房、暖房、給湯、厨房、照明・動力等に分類され、推移の傾向は、家庭・業務部門で差異がある。

　家庭部門のエネルギー消費量は、家電製品の普及や生活様式の変化等により「照明・動力等」等が増加し、1960年代以降増加したものの、LED照明や省エネルギー家電の普及等により、近年、減少傾向にある[注4]。

　一方で、業務部門のエネルギー消費量は、「照明・動力等」についてOA化の影響などによりエネルギー消費量全体に占める割合が高い状態が続き、2019年度には約5割となっている。「冷房」は空調機器の普及により拡大したものの、普及が一巡し、エネルギー消費効率も上昇したことにより、横ばいで推移している。また、「暖房」は1965年度時点ではエネルギー消費全体の約5割を占めていたが、省エネルギー対策の進展等により、2019年度には約1割にとどまっている。

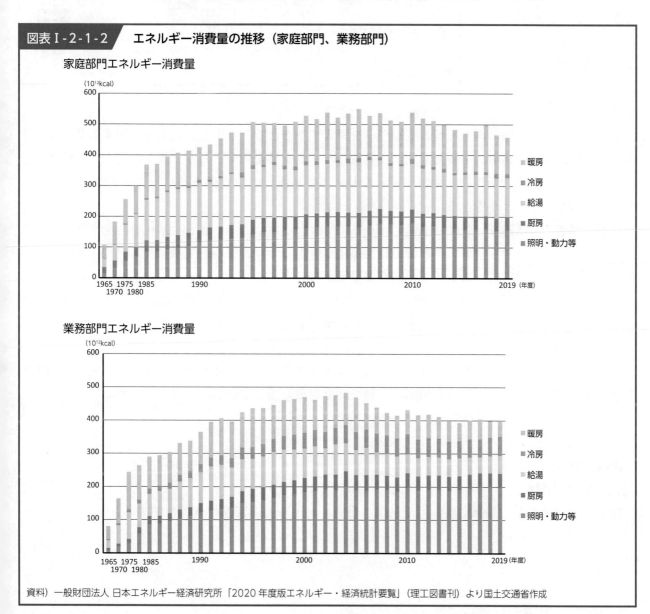

図表 I-2-1-2　　エネルギー消費量の推移（家庭部門、業務部門）

資料）一般財団法人 日本エネルギー経済研究所「2020年度版エネルギー・経済統計要覧」（理工図書刊）より国土交通省作成

注4　第Ⅰ部第1章第1節3で記述したとおり、2020年度の家庭部門の二酸化炭素排出量は増加している。

②今後の方向性

　民生部門で一層の省エネルギー化を進めるためには、住宅・建築物の断熱性強化や冷暖房効率の向上、照明などの機器の効率化を行うとともに、更なるエネルギー管理が必要である。

③技術革新・社会実装に向けた足元の動き
（効率的なエネルギー消費に向けて）

　省エネルギー化に向けては、断熱性・気密性を向上させ、エネルギー消費の抑制を図る必要がある。熱が伝わりにくい高性能断熱材や複層ガラスなどを用いることで、冬は熱を外に逃がさず、夏は外部から熱が入ってこ

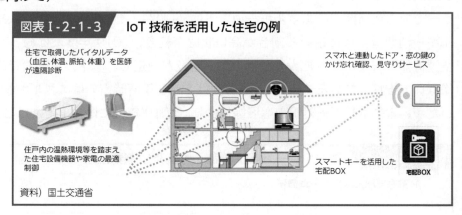

図表 I-2-1-3　IoT技術を活用した住宅の例

住宅で取得したバイタルデータ（血圧、体温、脈拍、体重）を医師が遠隔診断

スマホと連動したドア・窓の鍵のかけ忘れ確認、見守りサービス

住戸内の温熱環境等を踏まえた住宅設備機器や家電の最適制御

スマートキーを活用した宅配BOX

資料）国土交通省

ないことから、快適な空間を維持することができる。

　また、太陽光発電等の再生可能エネルギーを導入することで、創出した電力を利用することができるとともに、家庭用蓄電池を備えておけば発電した電気を蓄電することができる。電力を貯蔵することで、災害時など必要な際に利用が可能となり、エネルギーの自立度を高めることができる[注5]とともに、売電を行うことができる。

　住宅に関するエネルギーでは、HEMS（Home Energy Management System）[注6]を導入することにより、エネルギーの生産量、消費量の見える化が可能となり、照明や空調機器、給湯設備のエネルギー消費を抑え、効率的なエネルギー消費が可能となる。

　さらにIoT技術により、カメラ付きドアホンをインターネットと接続することによる、外出先での子どもや高齢者の見守りや、宅配事業者の対応が可能となることによる、不在時再配達の削減を図ることも可能となる。

　住宅・建築物における二酸化炭素排出量は、ライフスタイルの変化や省エネルギー技術の動向等も大きく関係することから、これらの動向を踏まえた対策を講じていくことが求められる。

（2）住まいの省エネルギー対策に向けた課題と方向性
①現状と課題
（省エネルギー基準）

　住宅の省エネルギー基準には、外皮基準（屋根や外壁などの断熱性能等に関する基準）、一次エネ

注5　【関連リンク】なるほど省エネ住宅
　　　出典：一般社団法人 住宅生産団体連合会
　　　URL：https://www.mlit.go.jp/jutakukentiku/shoenehou_assets/img/library/naruhodosyouenejuutaku.pdf
注6　HEMSとはHome Energy Management System（ホームエネルギーマネジメントシステム）のことであり、家庭でのエネルギー使用状況の把握や、エネルギー使用の最適化を図るための仕組み。

ルギー消費量基準（住宅内で消費されるエネルギー量に関する基準）の2つの基準がある[注7]。

　断熱材の使用等により外皮性能を上げる工夫を行うことで、冷暖房の効率的な使用を図ることができ、夏は涼しく冬は暖かい住まいが可能となる。また、エネルギー効率の良い空調設備や給湯器等により、一次エネルギー消費量を抑えた住まいが可能となる。

図表 I-2-1-4	住宅の省エネルギー基準

一次エネルギー消費量基準（住宅・建築物ともに適用）	外皮基準（住宅のみに適用）
一次エネルギー消費量が基準値以下となること。 ※「一次エネルギー消費量」 　＝　空調エネルギー消費量　＋　換気エネルギー消費量 　＋　照明エネルギー消費量　＋　給湯エネルギー消費量 　＋　昇降機エネルギー消費量 　＋　その他エネルギー消費量（OA機器等） 　－　太陽光発電設備等による創エネ量（自家消費分に限る）	外皮（外壁、窓等）の表面積あたりの熱の損失量（外皮平均熱貫流率等）が基準値以下となること。 ＜外皮を通した熱損失のイメージ＞ 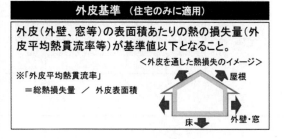 ※「外皮平均熱貫流率」 　＝総熱損失量　／　外皮表面積

資料）国土交通省

　また、住宅の省エネルギー基準は地域区分ごとに異なり、地域区分は市町村別にきめ細やかに定められている。例えば、北海道・東北地域では、求められる外皮性能の基準値が高く設定されている。

図表 I-2-1-5	住宅の省エネルギー基準における地域区分

改正後の基準では、地域区分が、I～VIの6区分から1～8の8区分に！

地域区分をよりきめ細かくしたんだ！

地域区分	都道府県
1・2	北海道
3	青森県、秋田県、岩手県
4	宮城県、山形県、福島県、栃木県、長野県、新潟県
5・6	茨城県、群馬県、山梨県、富山県、石川県、福井県、岐阜県、滋賀県、埼玉県、千葉県、東京都、神奈川県、静岡県、愛知県、三重県、京都府、大阪府、和歌山県、兵庫県、奈良県、岡山県、広島県、山口県、島根県、鳥取県、香川県、愛媛県、徳島県、高知県、福岡県、佐賀県、長崎県、大分県、熊本県
7	宮崎県、鹿児島県
8	沖縄県

「住宅の省エネルギー基準」における地域区分

※実際の地域区分は市町村別に定められています。
　詳しくは国土交通省または（一財）建築環境・省エネルギー機構のホームページをご覧ください。

● 地域ごとに定められた外皮の基準値

地域区分	1	2	3	4	5	6	7	8
外皮平均熱貫流率の基準値[W/(m²·K)] U_A	0.46	0.46	0.56	0.75	0.87	0.87	0.87	－
冷房期の平均日射熱取得率の基準値 η_A	－	－	－	－	3.0	2.8	2.7	3.2

資料）一般社団法人日本サステナブル建築協会

注7　省エネルギー基準とは、建築物のエネルギー消費性能の向上に関する法律で定められた「建築物エネルギー消費性能基準」を指す。建築物が備えるべき省エネルギー性能の確保のために必要な建築物の構造及び設備に関する基準であり、断熱性能等に関する「外皮基準」及びエネルギー消費に関する「一次エネルギー消費量基準」からなる。住宅部分については「外皮基準」「一次エネルギー消費量基準」の双方が、非住宅部分については「一次エネルギー消費量基準」のみが適用。

（住宅・建築物の省エネルギー基準の適合率）

　住宅・建築物の省エネルギー基準の適合率は、2019年度、非住宅建築物全体では98％、住宅では81％と8割を超えた。

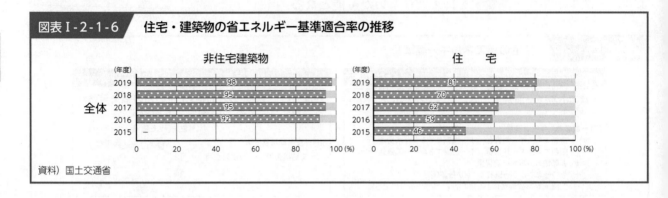

図表 I-2-1-6　住宅・建築物の省エネルギー基準適合率の推移

資料）国土交通省

②今後の方向性

　2021年10月に閣議決定されたエネルギー基本計画等においては、現行の省エネルギー基準適合義務の対象外である住宅・小規模建築物（新築）の省エネルギー基準への適合を2025年度までに義務化することとしている[注8]。

　2030年度以降に新築される住宅・建築物については、ZEH・ZEB[注9]基準の水準の省エネルギー性能が確保されることを目指す[注10]。さらに、2050年には住宅・建築物のストック平均でZEH・ZEB基準の水準の省エネルギー性能が確保されていることを目指すこととしている。

③技術革新・社会実装に向けた足元の動き

　住まいの二酸化炭素排出量削減に向けて、省エネルギー性能・断熱性能の高い住宅の新築や既築住宅の断熱改修、省エネルギー型の設備の導入等により、暖房や冷房等に必要なエネルギー量を減少させることが重要である。また、断熱性能が高い住まいは、健康面でもメリットがある。

　例えば、住宅の断熱化による生活空間の温熱環境の改善が居住者の健康に与える影響を検証する調査・研究が実施されており、断熱改修後に起床時の血圧が有意に低下したことや、室温が18℃未満の住宅では18℃以上の住宅に住む人に比べてコレステロール値が基準値を超える人、心電図の異常所見がある人が有意に多いことを示す分析結果が得られている。

注8　住宅・建築物の省エネ性能の向上に関する具体的な取組みは、第Ⅱ部第8章第1節2（7）参照。
注9　ZEH・ZEBについては、第Ⅰ部第2章第1節1（3）参照。
注10　住宅について、強化外皮基準への適合及び再生可能エネルギーを除いた一次エネルギー消費量を現行の省エネルギー基準値から20％削減。建築物について、再生可能エネルギーを除いた一次エネルギー消費量を現行の省エネルギー基準値から用途に応じて30％または40％（小規模建物については20％）削減。

図表 I-2-1-7　住宅の断熱改善による健康への効果

省エネリフォームを実施した居住者の健康への影響を調査

調査：国土交通省 スマートウェルネス住宅等推進調査事業（2014年度〜）

室温と血圧の関係

室温が低下すると血圧が上がります

リフォームで断熱性を改善、**最高血圧が平均3.5mmHg低下！**

右のグラフからも、室温が低下すると血圧が上がります。その影響は高齢になるほど大きくなることがわかります。

【例】冬季の起床時
室温が20℃から10℃に下がった場合最高血圧はそれぞれ上昇。

80歳	女性の場合	11.6mmHg 上昇
	男性の場合	10.2mmHg 上昇
30歳	女性の場合	5.3mmHg 上昇

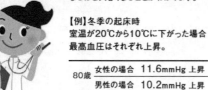

省エネリフォーム後、起床時の最高血圧が平均3.5mmHg 低下しました。

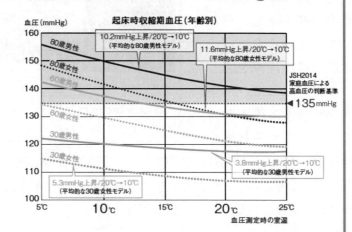

起床時収縮期血圧（年齢別）

10.2mmHg上昇/20℃→10℃（平均的な80歳男性モデル）
11.6mmHg上昇/20℃→10℃（平均的な80歳女性モデル）
JSH2014 家庭血圧による高血圧の判断基準 ◀135mmHg
3.8mmHg上昇/20℃→10℃（平均的な30歳男性モデル）
5.3mmHg上昇/20℃→10℃（平均的な30歳女性モデル）

健康診断結果

室温（18℃未満：18℃以上）で比較
健康診断結果にも差が

室温の18℃未満の住宅に住む人は、18℃以上の住宅に住む人に比べて、
・心電図の異常所見のある人が約1.9倍
・総コレステロール値が基準範囲を超える人が約2.6倍

| 総コレステロール | 2.6倍 |
| 心電図異常所見あり | 1.9倍 |

1.0　18℃以上　居間が温暖
18℃未満　居間が寒冷

疾病との関係

足元を冷やさない住環境と病気の関係を
通院人数から考察

床付近の室温が15℃未満の住宅に住む人は、床付近の室温が15℃以上の住宅に住む人に比べて、
・高血圧で通院している人が約1.5倍
・糖尿病で通院している人が約1.6倍

| 高血圧 | 1.51倍 |
| 糖尿病 | 1.64倍 |

1.0　床が15℃以上　居間全体が温暖
床上1m付近の室温は同程度
床が15℃未満　足元付近のみ寒冷

入浴方法との関係

居間や脱衣所が18℃未満になると
"熱め入浴"になりがち

ヒートショックに気をつけて！

居間や脱衣所の室温が18℃未満の住宅では、入浴事故リスクが高いとされる"熱め入浴（42℃以上）"が約1.8倍に増加します。また、部屋間の温度差を無くすために居室だけでなく、家全体を暖かくすることが重要です。

	1.0	1.75倍	1.77倍
	18℃以上		
	家全体が温暖	居間だけ温暖	家全体が寒冷
居間室温	18℃以上	18℃以上	18℃未満
脱衣所室温	18℃以上	18℃未満	18℃未満

住宅内活動時間との関係

居間や脱衣所の室温が上昇すると
住宅内での活動が活発に

断熱改修により居間や脱衣所の室温が上昇。コタツが不要となることなどで、住宅内の身体活動時間が約30分程度増加。

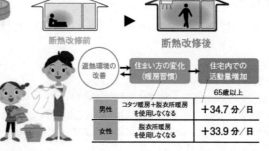

断熱改修前　▶　断熱改修後

温熱環境の改善　→　住まい方の変化（暖房習慣）　→　住宅内での活動量増加

		65歳以上
男性	コタツ暖房＋脱衣所暖房を使用しなくなる	＋34.7分／日
女性	脱衣所暖房を使用しなくなる	＋33.9分／日

調査結果の詳細はこちら　断熱改修等による居住者の健康への影響調査中間報告（第3回）
https://www.mlit.go.jp/report/press/house07_hh_000198.html

資料）一般社団法人日本サステナブル建築協会

第2章　脱炭素社会の実現に向けた国土交通分野における取組み

　また、断熱改修により寒暖差によるヒートショックや結露によるカビやダニの発生予防も期待される[注11]。

　自治体独自の取組みにより、住まいの省エネルギー化に向けた社会実装が進展している地域もある。鳥取県では、県民の健康の維持・増進、省エネルギー化の推進及び二酸化炭素排出削減を図ることを目的として、戸建住宅を新築する際の県独自の省エネルギー基準を策定している。具体的には、住宅の断熱・気密性能が、省エネだけでなく血圧改善など健康にも効果があることから、「とっとり健康省エネ住宅」（ZEH を上回る断熱性能をもつ住宅であり、欧米の基準まで引き上げているもの）の普及促進を図っている。

図表Ⅰ-2-1-8　とっとり健康省エネ住宅性能基準

区分	国の省エネ基準	ZEH（ゼッチ）	とっとり健康省エネ住宅性能基準		
			T-G1	T-G2	T-G3
基準の説明	次世代基準（1999年）	2020年標準政府推進	冷暖房費を抑えるために必要な最低限レベル	経済的で快適に生活できる推奨レベル	優れた快適性を有する最高レベル
断熱性能　U_A値	0.87	0.60	0.48	0.34	0.23
気密性能　C値	—	—	1.0	1.0	1.0
冷暖房費削減率	0%	約10%削減	約30%削減	約50%削減	約70%削減
世界の省エネ基準との比較	寒　●日本（0.87）	今の日本　日本は努力義務　欧米は義務化	今の欧米	●フランス(0.36)　●ドイツ(0.40)　●英国(0.42)　●米国(0.43)　暖	

※断熱性能（UA値）：建物内の熱が外部に逃げる割合を示す指標。値が小さいほど熱が逃げにくく、省エネ性能が高い。
※気密性能（C値）：建物の床面積当りの隙間面積を示す指標。値が小さいほど気密性が高い。
※「住まいる」とは"とっとり住まいる支援事業"の略称。県内工務店により一定以上の県産材を活用する木造戸建て住宅が対象となる補助金。
※ZEHは、ネット・ゼロ・エネルギー・ハウスの略。断熱化による省エネと太陽光発電などの創エネにより、年間の一次消費エネルギー量（空調・給湯・照明・換気）の収支をプラスマイナス「ゼロ」にする住宅をいう。

資料）鳥取県

（3）ネットゼロエネルギーハウス・ビル（ZEH・ZEB）の普及に向けた課題と方向性

①現状と課題

（ゼッチ：ZEH、ゼブ：ZEB）

　住宅・建築物の脱炭素化に向けては、高断熱・高気密な住宅や建築物で高効率な設備を用いることにより省エネルギー化を図るとともに、住宅や建築物内で消費するエネルギーを創ることで、エネルギー収支ゼロを目指すことが重要である。

　ネット・ゼロ・エネルギー・ハウ

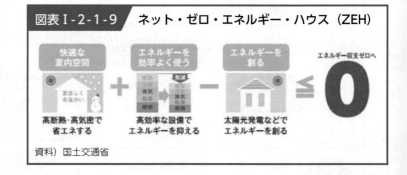

図表Ⅰ-2-1-9　ネット・ゼロ・エネルギー・ハウス（ZEH）

資料）国土交通省

ス（ZEH）とは、省エネルギー対策により省エネルギー基準から 20% 以上の一次エネルギー消費量を削減したうえで、再生可能エネルギー等の導入により、100% 以上の一次エネルギー消費量削減を満たす住宅である[注12]。

　ネット・ゼロ・エネルギー・ビル（ZEB）とは、省エネルギー対策により省エネルギー基準から、

注11 【関連リンク】なるほど省エネ住宅
　　　出典：一般社団法人 住宅生産団体連合会
　　　URL：https://www.mlit.go.jp/jutakukentiku/shoenehou_assets/img/library/naruhodosyouenejuutaku.pdf
注12 ZEH は、省エネルギー対策により省エネルギー基準から 20% 以上の一次エネルギー消費量を削減したうえで、再生可能エネルギー等の導入により、
　　　① 100% 以上の一次エネルギー消費量削減を満たす住宅を「ZEH」
　　　② 75% 以上 100% 未満の一次エネルギー消費量削減を満たす住宅を「Nearly ZEH」
　　　③再生可能エネルギー等を除き、20% 以上の一次エネルギー消費量削減を満たす住宅を「ZEH Oriented」と定義している。また集合住宅についてはゼッチ・マンション（ZEH-M）の定義が行われている。

50% 以上の一次エネルギー消費量を削減したうえで、再生可能エネルギー等の導入により、100%
以上の一次エネルギー消費量削減を満たす建築物である[注13]。

　ZEH 住宅の実績を見てみると、2016 年度の供給数約 3.5 万戸、2020 年度の供給戸数は約 6.3 万
戸となっており、着実に増加している。また、新築注文戸建住宅における ZEH の割合は、ハウス
メーカー[注14] に限れば約 56% であるものの、全体では約 24% にとどまっている。

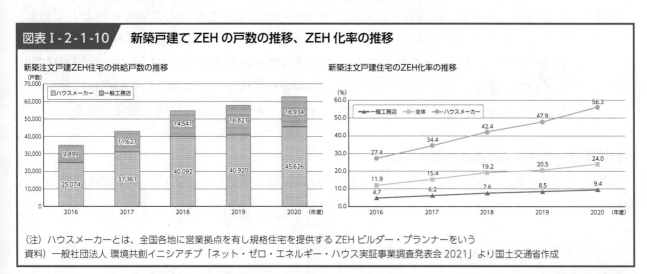

図表 I-2-1-10　新築戸建て ZEH の戸数の推移、ZEH 化率の推移

（注）ハウスメーカーとは、全国各地に営業拠点を有し規格住宅を提供する ZEH ビルダー・プランナーをいう
資料）一般社団法人 環境共創イニシアチブ「ネット・ゼロ・エネルギー・ハウス実証事業調査発表会 2021」より国土交通省作成

（太陽光発電設備等の再生可能エネルギー導入に向けた課題）

　2050 年カーボンニュート
ラル実現に向けて、住宅・
建築物においては、太陽光
発電や太陽熱・地中熱等の
利用、バイオマスの活用な
ど、地域の実情に応じた再
生可能エネルギーや未利用
エネルギーの利用拡大を図
ることが重要である。2019
年度までに住宅用太陽光発
電は累計約 267 万 6,000 件
に導入されている。

図表 I-2-1-11　住宅用太陽光発電の導入件数推移

資料）経済産業省「第 62 回調達価格等算定委員会」（一般社団法人 太陽光発電協会）より国土
交通省作成

注13　ZEB は、省エネルギー対策により省エネルギー基準から 50% 以上の一次エネルギー消費量を削減したうえで、再生可
能エネルギー等の導入により、
　　①100% 以上の一次エネルギー消費量削減を満たす建築物を「ZEB」
　　②75% 以上 100% 未満の一次エネルギー消費量削減を満たす建築物を「Nearly ZEB」
　　③再生可能エネルギー等を除き、50% 以上の一次エネルギー消費量削減を満たす建築物を「ZEB Ready」
　　④延べ床面積が 1 万平米以上の建築物のうち、事務所や工場、学校など 40% 以上の一次エネルギー消費量削減、ホテ
　　ル、病院、百貨店、集会所などで、30% 以上の削減を満たし、かつ、省エネ効果が期待されている技術であるものの、
　　建築物省エネ法に基づく省エネ計算プログラムにおいて現時点で評価されていない技術を導入している建築物を「ZEB
　　Oriented」と定義している。
注14　全国各地に営業拠点を有し、規格住宅を提供している ZEH ビルダー / プランナーをハウスメーカーとしている。

②今後の方向性

　2021年10月に閣議決定された第6次エネルギー基本計画等においては、2050年において導入が合理的な住宅・建築物には太陽光発電設備等の再生可能エネルギーが導入されていることが一般的となることを、これに至る2030年において新築戸建て住宅の6割に太陽光発電設備が設置されることを目標としている。

　これらの目標達成に向けて、関係省庁においてあらゆる支援措置を検討していくこととしている。例えば、政府が保有する建築物及び土地について再生可能エネルギーの最大限の導入拡大を率先するとともに、ZEH・ZEBの普及拡大や既存ストック対策の充実等を進めることにより、太陽光発電設備導入を進めていく。また、中小工務店等では省エネルギー技術が充分に浸透していない場合もあることから、技術力向上や人材育成等による省エネルギー住宅の生産体制の整備・強化を図る[注15]。

③技術革新・社会実装に向けた足元の動き

　ニアリー・ゼッチ・マンション（Nearly ZEH-M)の取組み事例については、第Ⅰ部第3章第1節参照。

（4）住宅のライフサイクルを通じた脱炭素に向けた課題と方向性

①現状と課題

（住宅のライフサイクルアセスメント）

　住宅建築後の運用時の二酸化炭素排出量削減とともに、新築時・改修時等の二酸化炭素排出量削減に取り組むことが重要である。

　住宅の新築から廃棄までの二酸化炭素排出量を各段階で評価する「ライフサイクルアセスメント」によれば、運用時（居住時）の二酸化炭素排出量はライフサイクル全体の約4分の3（75%）を占めており、前述（（2）（3））の通り、住まいの省エネルギー対策に取り組むことが重要である。

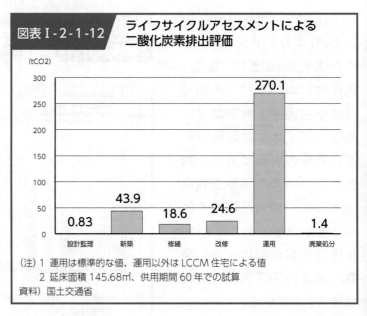

図表 I -2-1-12　ライフサイクルアセスメントによる二酸化炭素排出評価

（tCO2）

	0.83	43.9	18.6	24.6	270.1	1.4
	設計監理	新築	修繕	改修	運用	廃棄処分

（注）1　運用は標準的な値、運用以外はLCCM住宅による値
　　　2　延床面積145.68㎡、供用期間60年での試算
資料）国土交通省

　一方で、運用時以外の排出量も約4分の1（25%）を占めていることから、例えば、新築時等に地域材を使用することや、環境性能に優れた住宅・建築物の長寿命化を図ることなど、住宅のライフサイクル全体を考慮した対応が求められる[注16]。

（住宅の寿命）

　現状、我が国の滅失住宅の平均築後経過年数（いわゆる住宅の寿命）は、約38年とされており、米国の約56年や英国の約79年と比較すると短い。

注15　住宅・建築物の省エネ性能の向上に関する具体的な取組みについては、第Ⅱ部第8章第1節2（7）参照。
注16　地域材を使用することで資材の輸送に関する二酸化炭素の排出量を抑制するとともに、長く使うことで、新築・廃棄処分回数を低減させることにより、住宅のライフサイクルコストが削減される。

②今後の方向性

（ライフサイクルカーボンマイナス（LCCM）住宅の導入促進）

　住宅における脱炭素化を推進するため、先導的な取組みであるライフサイクルカーボンマイナス住宅（LCCM住宅）の普及が必要である。

　LCCM住宅とは、建設時、運用時、廃棄時において可能な限り二酸化炭素排出削減に取り組み、さらに太陽光発電などを利用した再生可能エネルギーの創出により、住宅建設時の二酸化炭素排出量も含め、ライフサイクルを通じての二酸化炭素排出量をマイナスにする住宅である[注17]。

　今後、2030年度以降に新築される住宅についてZEH基準の水準の省エネルギー性能を確保し

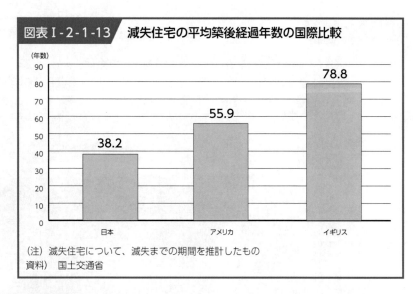

図表 I-2-1-13　減失住宅の平均築後経過年数の国際比較

（注）減失住宅について、滅失までの期間を推計したもの
資料）国土交通省

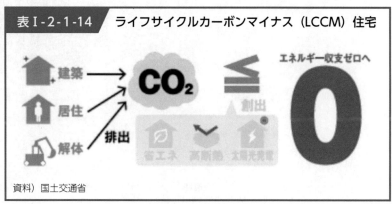

表 I-2-1-14　ライフサイクルカーボンマイナス（LCCM）住宅

資料）国土交通省

ていくため、LCCM住宅のストックを蓄積し、住宅市場の脱炭素化をけん引していくことが必要である。このため、国土交通省としてはLCCM住宅整備推進事業による支援措置により、戸建て住宅や集合住宅を対象とした、LCCM住宅の更なる普及を図っていく。

　また、LCCM住宅やZEHの断熱性能の向上や燃料電池の普及等により、再生可能エネルギーの利用を促進し、関連市場の拡大を通じた経済成長の実現を図る。

注17 LCCM（Life Cycle Carbon Minus）住宅とは、使用段階の二酸化炭素排出量に加え資材製造や建設段階の二酸化炭素排出量の削減、長寿命化により、ライフサイクル全体（「建設」、「居住」、「修繕・更新・解体」の各段階）を通じた二酸化炭素排出量をマイナスにする住宅のこと（「建設」：新築段階で使う部材の製造・輸送、施工、「居住」：居住時のエネルギー・水消費、「修繕・更新・解体」：修繕・更新段階で使う部材の製造・輸送、および解体段階で発生する解体材の処理施設までの輸送）。

I

図表 I - 2 - 1 - 15　LCCM住宅の例（上）、LCCM・ZEH・一般住宅の累積二酸化炭素排出量（下）

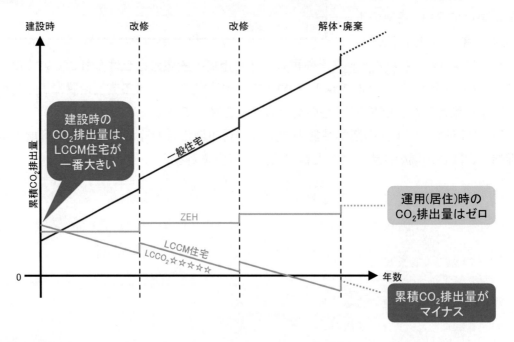

資料)
上：国立研究開発法人建築研究所、国土技術政策総合研究所、一般社団法人日本サステナブル建築協会「ライフサイクルカーボンマイナス住宅」
　　より国土交通省作成
下：一般社団法人ZEH推進協議会より国土交通省作成

コラム Column　日本初の「LCCM賃貸集合住宅」

2021年、LCCMの基準を満たす賃貸集合住宅として日本初となる「LCCM賃貸集合住宅」が埼玉県草加市に完成した。「LCCM賃貸集合住宅」は、建物のライフサイクルにおける二酸化炭素排出量がマイナスになる集合住宅であり、賃貸集合住宅におけるLCCM普及を目指す大東建託株式会社により開発・建設されたものである。

同社では、これまで、ZEH賃貸集合住宅の普及に加え、LCCM賃貸集合住宅の開発に取り組むこととし、ライフサイクルアセスメント等の研究を蓄積するとともに、高気密・高断熱など省エネルギーや太陽光発電システムなど創エネルギーに加え、材料の生産方法の工

夫などにより、集合住宅で達成が難しいとされていたLCCMの開発・社会実装に取り組んでいる。具体的には、建築資材である製材の乾燥に再生可能エネルギーを利用することで、建物製造時の二酸化炭素排出量を削減させたとともに、断熱性能の強化による省エネ性能の向上に加え、屋根の形状の工夫により、太陽光パネルの搭載容量を最大限まで増やすことで建物の発電効率の向上を図っている。

今後、「LCCM賃貸集合住宅」の普及に積極的に取り組むとともに、2050年までに同社の賃貸集合住宅の居住時に排出される二酸化炭素排出ゼロの実現を目指している。

<LCCM賃貸集合住宅（埼玉県草加市）>

資料）大東建託株式会社

（長期にわたり使用可能な住宅や地域の気候風土に適応した木造住宅の普及促進）

住宅の長寿命化を図り、脱炭素社会の実現にも貢献するため、多世代にわたり引き継がれる良質な住宅の普及・定着を図ることが重要である。住宅の構造や設備について、一定以上の耐久性や維持管理のしやすさ等の要件を備えた長期優良住宅注18の普及促進を図っている。

我が国の伝統的な工法で丁寧に建てられた木造住宅の中には、その後も大事に手入れされ、極めて長い期間にわたって使用されてきたものもある。通風の確保など地域の気候・風土・文化を踏まえた工夫の活用により優れた居

図表 I-2-1-16　長期優良住宅の認定基準
資料）国土交通省

注18　長期優良住宅とは、長期優良住宅の普及の促進に関する法律に基づき、長期にわたり良好な状態で使用するための措置がその構造及び設備に講じられた優良な住宅のこと。長期優良住宅の建築および維持保全の計画を作成して所管行政庁に申請することで、基準に適合する場合には認定を受けることが可能。

住環境の確保を図る伝統的構法による住まいづくりの重要性に配慮し、地域の気候及び風土に応じた住宅については、国が定める要件、又は所管行政庁において各地域の自然的社会的条件を踏まえ定めた要件に適合する場合は、省エネ基準を合理化している。

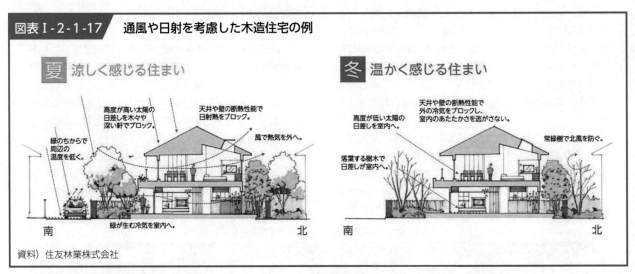

図表 I - 2 - 1 -17　通風や日射を考慮した木造住宅の例

資料）住友林業株式会社

　伝統的な木造住宅の普及や工法の継承を進めていくとともに、耐久性、耐震性に優れるなど、現在の住宅に要求される性能を満たし、長期にわたり使用可能な木造住宅の開発・普及に取り組んでいくことも重要である。

（炭素貯蔵効果の高い木材の利用拡大）

　木材は成長時に二酸化炭素を吸収することから、住宅・建築物の素材として使われることにより吸収源対策として効果がある。また、新築時における二酸化炭素排出量削減のため、木材の輸送時の排出抑制の観点では地域材の利用が効果的であると考えられる。

　我が国の木材需要における住宅・建築物分野が占める割合は全体の約4割となっており、吸収源対策としての木材利用の拡大に向けた取組みが必要である[注19]。このため、国や地方自治体が建築する公共建築物において、率先して、木造化・木質化を推進する。

　また、民間建築物においては、新築建築物に占める木造建築物の割合について、低層住宅では約8割が木造となっている一方で、低層非住宅は約2割、4階建以上については住宅、非住宅ともに1割未満となっている。このため、今後は中高層住宅及び非住宅分野への木材利用を拡大していく必要がある。

注19　2020年の木材需要の割合は製材用材33%、合板用材12%、パルプ・チップ用材35%、燃料材17%、その他2%となっており、住宅・住宅建築物分野である製材用材及び合板用材の合計は木材需要全体の約4割となる。

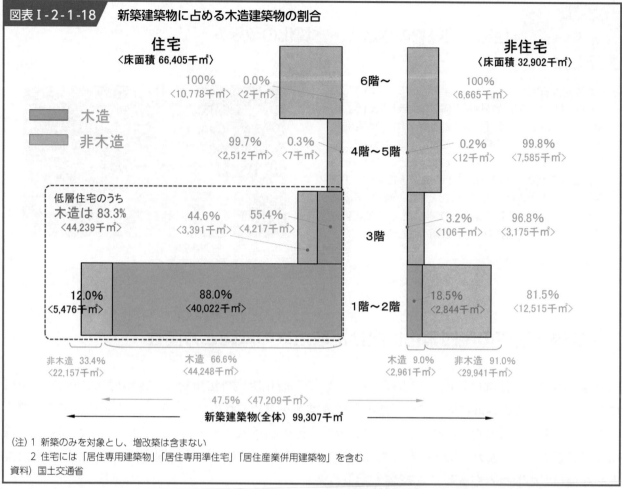

図表 I-2-1-18　新築建築物に占める木造建築物の割合

住宅　〈床面積 66,405千㎡〉

非住宅　〈床面積 32,902千㎡〉

木造
非木造

6階～　100% 〈10,778千㎡〉　0.0% 〈2千㎡〉　　100% 〈6,665千㎡〉

4階～5階　99.7% 〈2,512千㎡〉　0.3% 〈7千㎡〉　　0.2% 〈12千㎡〉　99.8% 〈7,585千㎡〉

低層住宅のうち
木造は83.3%
〈44,239千㎡〉

3階　44.6% 〈3,391千㎡〉　55.4% 〈4,217千㎡〉　　3.2% 〈106千㎡〉　96.8% 〈3,175千㎡〉

1階～2階　12.0% 〈5,476千㎡〉　88.0% 〈40,022千㎡〉　　18.5% 〈2,844千㎡〉　81.5% 〈12,515千㎡〉

非木造 33.4% 〈22,157千㎡〉　　木造 66.6% 〈44,248千㎡〉　　木造 9.0% 〈2,961千㎡〉　　非木造 91.0% 〈29,941千㎡〉

47.5% 〈47,209千㎡〉

新築建築物(全体)　99,307千㎡

(注) 1　新築のみを対象とし、増改築は含まない
　　　2　住宅には「居住専用建築物」「居住専用準住宅」「居住産業併用建築物」を含む
資料) 国土交通省

これらを通じた住宅・建築物の木造化・木質化の取組みにより、「伐って、使って、植える」という森林資源の循環利用に寄与するとともに、吸収源として木材利用の拡大に向けて取り組むことが重要である。

③技術革新・社会実装に向けた足元の動き

木造化などの建築技術・工夫等による低炭素化等に係るリーディングプロジェクトを促進

図表 I-2-1-19　中高層住宅及び非住宅分野への木材利用イメージ

(共同住宅)　　(事務所)
資料) 国土交通省

し、その建築技術・工夫等に関する先導的な取組みについて広く普及を図っていくことにより、技術革新・社会実装に向けて取り組んでいくことが重要である。

例えばCLT（Cross Laminated Timber）[20] などの新しい木質建材の利用が進展している。CLTは耐震性が高い特徴があり、また、鉄筋コンクリートと比較すると建物の重量が軽くなり、基礎工事の簡略化が図れるメリットもある。

注20　CLTとは、ひき板（ラミナ）を並べたあと、繊維方向が直交するように積層接着した木質系材料である。

第2章　脱炭素社会の実現に向けた国土交通分野における取組み

コラム Column　住宅・建築物の木造化・木質化の取組み

　住友林業株式会社は、2041年を目標に、環境木化都市の実現を目指す研究技術開発構想を発表している。建築物などを木造化・木質化することで、木材の需要を増やして森林の循環を促進するとともに、森林と同様に都市でも長期にわたって炭素を固定することを想定している。これら木造化・木質化に向けた取組みにより、吸収源対策としての木材利用の拡大とともに、耐火・耐震・耐久性能の向上や、新たな構法の開発など、木造建築分野での研究・技術開発の加速化が期待される。

資料）住友林業株式会社

環境木化都市のイメージ

② 交通・物流の脱炭素化に向けた取組みの課題と方向性

　交通・物流（運輸部門）は、2030年度において二酸化炭素排出量対2013年度比35％削減を目標としており、この達成に向けては一層の取組み推進が求められる。単体対策（次世代自動車の普及促進など）や交通流の円滑化などとともに、公共交通の利活用やモーダルシフトを含めた総合的な取組みが必要である。また、国際航空・外航海運など、国別目標によらない国際的な動向を踏まえた国際的な視点での取組みも重要である。

　ここでは、わたしたちの暮らしを支える交通・物流について、脱炭素化に向けた取組みの課題と方向性を整理する。

（1）運輸部門のエネルギー消費の動向

①現状と課題

　第1章でも記述したとおり、運輸部門における2020年度の二酸化炭素排出量は、新型コロナウイルス感染症の影響等により減少幅が増大したが、2030年度排出量削減目標を達成するため、エネルギー消費の総量を継続的に抑制する取組みが重要である。以下、近年のエネルギー消費量・二酸化炭素排出量について、部門別（旅客・貨物）、輸送モード別の動向を整理する。

（エネルギー消費の経年推移）

　運輸部門のエネルギー消費量は、2019年度において3,004PJ（ペタジュール[注21]）となっている。高度経済成長期である1965年度から1973年度までの間にエネルギー消費量は約2倍となり、以降も2001年度3,893PJとピークを迎え、以降は輸送量の低下や輸送効率の改善により、減少を続けている。

　また、エネルギー消費量の内訳は、自家用乗用車の普及などに伴い、旅客部門の占める割合は徐々に大きくなり、2019年度では運輸全体の約6割が旅客部門（1,774PJ）、約4割が貨物部門

注21　ペタジュールの「P」（ペタ）は10の15乗を表す。

(1,230PJ) となっている。

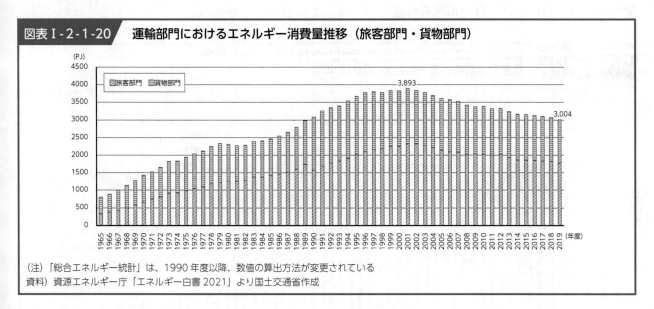

図表 I-2-1-20　運輸部門におけるエネルギー消費量推移（旅客部門・貨物部門）

（注）「総合エネルギー統計」は、1990年度以降、数値の算出方法が変更されている
資料）資源エネルギー庁「エネルギー白書2021」より国土交通省作成

（二酸化炭素排出量の推移）

　運輸部門における二酸化炭素排出量の推移について、1990年代前半から乗用車の大型化や自動車保有台数の増加により増加傾向であったが、トップランナー制度に基づく燃費基準[注22]の導入やグリーン税制の導入等により2001年度をピークに減少が続いている。

　特に2013年度以降は、ハイブリッド自動車や電気自動車の普及拡大に伴う燃費の改善により、旅客部門における自動車の二酸化炭素排出量は減少している。

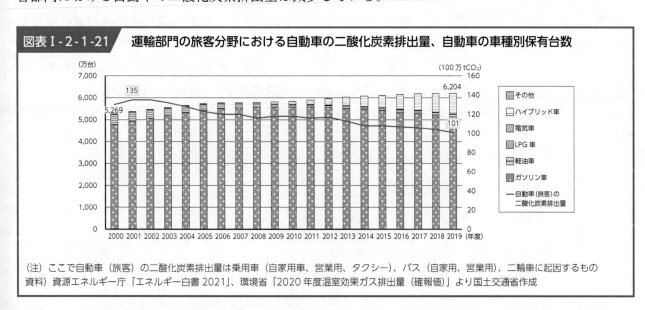

図表 I-2-1-21　運輸部門の旅客分野における自動車の二酸化炭素排出量、自動車の車種別保有台数

（注）ここで自動車（旅客）の二酸化炭素排出量は乗用車（自家用車、営業用、タクシー）、バス（自家用、営業用）、二輪車に起因するもの
資料）資源エネルギー庁「エネルギー白書2021」、環境省「2020年度温室効果ガス排出量（確報値）」より国土交通省作成

　他方、運輸部門における2019年度の二酸化炭素排出量のうち、自動車に起因するものは約86％を占めているとともに、運輸部門における排出量の約46％近くを自家用乗用車が占めており、自家用乗用車における取組みが運輸部門に与える影響は大きい。

注22　エネルギー消費性能等の向上が特に必要な「特定エネルギー消費機器等」について、エネルギー消費性能等が最も優れている製品をベースに技術開発の将来の見通し等を踏まえてエネルギー消費性能等の目標となる基準値を設定。

　また、運輸部門における都道府県別二酸化炭素排出量において、自動車に起因する二酸化炭素排出量が多い県においては、自動車保有台数も多くなっていることがわかる。

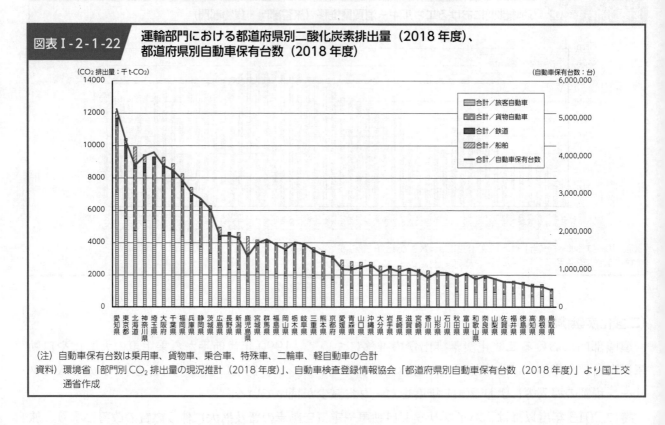

図表Ⅰ-2-1-22　運輸部門における都道府県別二酸化炭素排出量（2018年度）、都道府県別自動車保有台数（2018年度）

（注）自動車保有台数は乗用車、貨物車、乗合車、特殊車、二輪車、軽自動車の合計
資料）環境省「部門別CO₂排出量の現況推計（2018年度）」、自動車検査登録情報協会「都道府県別自動車保有台数（2018年度）」より国土交通省作成

②今後の方向性

　運輸部門における二酸化炭素排出量の約86％を占める自動車における二酸化炭素排出量の削減を図るため、次世代自動車の普及促進に向け、燃費規制の活用や導入支援、インフラ整備を図るとともに、交通流の円滑化に向けて、ICT技術を活用したソフト対策、渋滞対策に資するハード対策の両面からの取組みの強化を図るとともに、二酸化炭素排出原単位の小さい輸送手段への転換として、公共交通の利用促進や、トラック輸送の効率化、海運や鉄道へのモーダルシフトの更なる推進を図る必要がある。

（2）次世代自動車の普及に向けた課題と方向性

①現状と課題

（次世代自動車の普及状況）

　エネルギー効率に優れる次世代自動車（EV[注23]、FCV[注24]、PHV[注25]、HV[注26]等）の新車乗用車販売台数に占める割合は2008年2.6%から2020年39.4%と年々増加しているが、商用車（小型車）の新車販売における電動車の割合は僅少に留まる。

　自動車の燃費規制については、トップランナー制度に基づく燃費基準の下、これまで大幅な燃費の向上が図られてきた。2020年3月に2016年度実績と比較して32.4%の改善を求める新たな乗用車燃費基準（2030年度基準）を定めた。

（充電施設・水素供給設備の整備状況）

　電気自動車・プラグインハイブリッド自動車の充電設備は、道の駅や高速道路のSA・PA、ショッピングモール、宿泊施設など、2021年度末時点で29,463箇所に設置されており、そのうち、急速充電器は8,265箇所と着実に増えている。

　燃料電池自動車、燃料電池バス・トラック等の燃料を補給するための水素供給設備（水素ステーション）は、全国157箇所（2022年1月現在）であり、「首都圏」「中京圏」「関西圏」「九州圏」の四大都市圏及び四大都市圏を結ぶ幹線沿いを中心に整備されている。

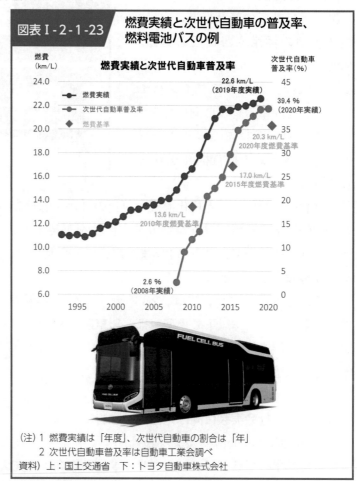

図表Ⅰ-2-1-23　燃費実績と次世代自動車の普及率、燃料電池バスの例

燃費実績と次世代自動車普及率

22.6 km/L（2019年度実績）
39.4 %（2020年実績）
20.3 km/L 2020年度燃費基準
17.0 km/L 2015年度燃費基準
13.6 km/L 2010年度燃費基準
2.6 %（2008年実績）

（注）1　燃費実績は「年度」、次世代自動車の割合は「年」
　　　2　次世代自動車普及率は自動車工業会調べ
資料）上：国土交通省　下：トヨタ自動車株式会社

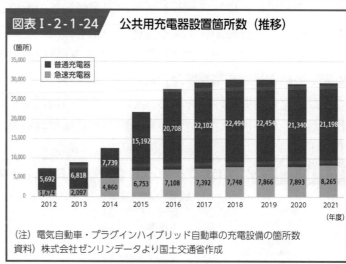

図表Ⅰ-2-1-24　公共用充電器設置箇所数（推移）

（年度）	普通充電器	急速充電器
2012	5,692	1,674
2013	6,818	2,097
2014	7,739	4,860
2015	15,192	6,753
2016	20,708	7,108
2017	22,102	7,392
2018	22,494	7,748
2019	22,454	7,866
2020	21,340	7,893
2021	21,198	8,265

（注）電気自動車・プラグインハイブリッド自動車の充電設備の箇所数
資料）株式会社ゼンリンデータより国土交通省作成

注23　EV（電気自動車）とはElectric Vehicleの略である。充電スタンド等で車載バッテリーに充電しモーターを動力として走行。エンジンを使用しないため走行中に二酸化炭素を排出しない。
注24　FCV（燃料電池自動車）とはFuel Cell Vehicleの略である。燃料電池は水素と酸素を結合させて発電した電力で電気モーターを駆動。エンジンを使用しないため二酸化炭素を排出しない。
注25　PHV（プラグインハイブリッド車）とはPlug-in Hybrid Vehicleの略である。車に装備された差込口から充電できるハイブリッド車。短距離なら電気のみ、長距離なら電気とガソリンで走行。
注26　HV（ハイブリッド自動車）とはHybrid Vehicleの略である。エンジンとモーターの2つの動力を搭載し効率的に使い分ける低燃費を実現する。

②今後の方向性

次世代自動車の普及促進に向け、燃費規制の活用や、費用の低減、利便性の向上を図っていくとともに、電気自動車・プラグインハイブリッド自動車の普及に向けたEV充電設備の公道設置の検討や走行中給電システムの研究開発を支援している。

図表 I-2-1-25　次世代自動車の普及に向けた環境整備

水素ステーションイメージ　　EV充電施設案内サイン

充電施設が少ない地域等で案内を推進

資料）国土交通省

充電設備について、老朽化設備の更新のほか、急速充電器3万基を含め15万基を設置し、遅くとも2030年までにガソリン車並みの利便性を実現することを目指すこととしている。また、水素ステーションについては、2030年までに、1,000基程度、人流・物流を考慮しながら最適な配置となるよう整備することとしている。

政府は、乗用車については、2035年までに新車販売で電動車[注27]100%の実現を目指し、商用車については、8トン以下の小型車は、新車販売で、2030年までに電動車20～30%、2040年までに、電動車・脱炭素燃料対応車100%を目指し、8トン超の大型車は実証、早期導入を図りつつ、2030年までに目標を決定することとしている。

③技術革新・社会実装に向けた足元の動き
（次世代自動車への転換を支える技術）

電気自動車・プラグインハイブリッド自動車向けの充電設備には「普通充電」と「急速充電」がある。普通充電は、現在3～6kWの出力が普及しており、充電に数時間を要するため、住宅、事務所や宿泊施設など長時間駐車する場所での充電に適している。急速充電器は、50kWや90kWといった出力が普及しており、充電時間の目安は30分程度と短いため、主に高速SA・PAやコンビニ等、出先での継ぎ足し充電や緊急充電に適している。

また、充電時間の短縮を図るべく、走行中の給電や、非接触の給電に関する研究が国際的にもなされており、我が国においても技術の開発や基準検討を進めている。

図表 I-2-1-26　走行中ワイヤレス給電（左）とEV充電施設の道路内配置（右）

走行中ワイヤレス給電の研究支援

強度、更新性、経済性に優れた無線給電道路

漏えい電磁界が少ないため、他機器や人体に対し安全

道路から走行中のEVへ無線給電

高周波電源

路車通信による給電制御

航続距離等の課題への対応策として期待されている
走行中ワイヤレス給電

資料）国土交通省

横浜市内の公道上に社会実験として設置されたEV充電施設

安全性、利用者ニーズ、周辺交通への影響等を確認する社会実験

注27 電気自動車、燃料電池自動車、プラグインハイブリッド自動車、ハイブリッド自動車

（3）公共交通利用促進に向けた課題と方向性

①現状と課題

　環境負荷は交通機関によって異なり、輸送機関別の単位輸送量（人キロベース）当たりの二酸化炭素排出量をみると、自家用乗用車に対し、バスは約5分の2、航空は約4分の3、鉄道は約8分の1である。このため、人が移動する際に自家用乗用車に替えて鉄道・バス等の公共交通機関を利用するようになれば、二酸化炭素排出量の削減につながる。

　乗用車への依存が高まることにより、旅客輸送における二酸化炭素排出量は

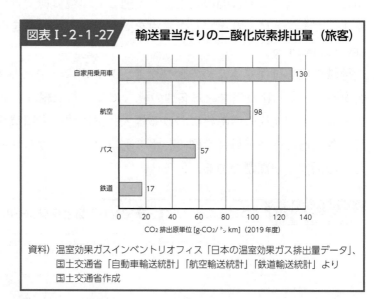

図表 I-2-1-27　輸送量当たりの二酸化炭素排出量（旅客）

資料）温室効果ガスインベントリオフィス「日本の温室効果ガス排出量データ」、国土交通省「自動車輸送統計」「航空輸送統計」「鉄道輸送統計」より国土交通省作成

大きく増加するが、排出状況は地域によって異なる。このような地域による違いは、それぞれの交通機関分担の状況によるものと考えられる。都市における移動の交通手段別構成比をみると、三大都市圏では鉄道を利用する割合が大きい一方で、地方都市圏ではその割合は小さく、自動車を利用する割合が大きい。

　鉄道は他の輸送機関に比べ大量輸送、高速輸送、定時輸送の面での強みが特徴である。このため、利用者数が確保できる都市内輸送や都市間輸送において鉄道の持つ強みが発揮され、三大都市圏の分担率が高い。また、新幹線の路線延長に伴い利用者も増加しており、300～1,000km程度の移動手段としても鉄道が多く利用されている。

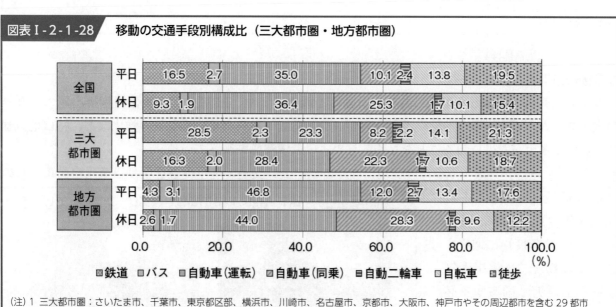

図表 I-2-1-28　移動の交通手段別構成比（三大都市圏・地方都市圏）

(注) 1　三大都市圏：さいたま市、千葉市、東京都区部、横浜市、川崎市、名古屋市、京都市、大阪市、神戸市やその周辺都市を含む29都市
　　 2　地方都市圏：札幌市、仙台市、広島市、北九州市、福岡市、宇都宮市、金沢市、静岡市、松山市、熊本市、鹿児島市、弘前市、盛岡市、郡山市、松江市、徳島市、高知市やその周辺都市を含む41都市
資料）国土交通省

　先に記述したとおり、鉄道やバスは自家用乗用車に比べて単位輸送量当たりの二酸化炭素排出量が少ない。したがって、環境負荷の小さい交通体系を構築するには、自家用乗用車から公共交通機関へ

のシフトを促すことが必要である。地域の公共交通機関の利便性を高め、その活性化・再生を実現することは、公共交通機関の利用促進を通じて環境負荷の低減につながるだけでなく、住民の移動手段を確保することにより自立した生活を支え、暮らしの質を確保・充実させるとともに、地域経済の発展にも貢献する。

地域の足を確保するための公共交通システムの一つとして、コミュニティバス[注28]やデマンド型乗合タクシー[注29]等のデマンド交通の導入に向けた取組みが進んでいるが、人口規模別にみると、1万人未満の人口規模の市町村における導入状況は他の人口規模の市町村に比べて低い。危機に瀕する地域公共交通の確保・維持を図り、ポストコロナにおける地域の暮らしや移動ニーズに応じた交通サービスの活性化が課題である。

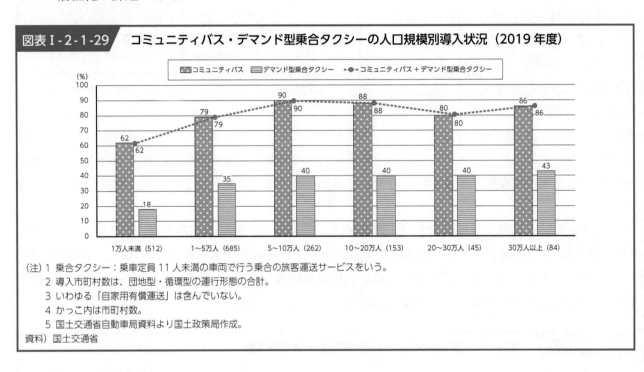

図表I-2-1-29　コミュニティバス・デマンド型乗合タクシーの人口規模別導入状況（2019年度）

（注）1　乗合タクシー：乗車定員11人未満の車両で行う乗合の旅客運送サービスをいう。
　　　2　導入市町村数は、団地型・循環型の運行形態の合計。
　　　3　いわゆる「自家用有償運送」は含んでいない。
　　　4　かっこ内は市町村数。
　　　5　国土交通省自動車局資料より国土政策局作成。
資料）国土交通省

②今後の方向性

環境負荷軽減に配慮した地域公共交通計画等を踏まえつつ、LRTなど二酸化炭素排出量の少ない輸送システムの導入推進、地域交通ネットワークの再編、モーダルコネクトの強化など、特に地方圏においてマイカーだけに頼ることなく移動しやすい環境整備を図っていく。

2050年カーボンニュートラルの実現に向けては、公共交通の利用促進を図り自家用自動車からの乗換輸送量を38億人キロ（2013年度）から163億人キロ（2030年度）に増やすことにより、二酸化炭素排出量を162万t削減する必要がある。

公共交通機関の活性化・

図表I-2-1-30　LRT（Light Rail Transit）、グリーンスローモビリティ

資料）国土交通省

注28　コミュニティバスとは交通空白地域・不便地域の解消等を図るため市町村が主体的に計画運行するバス。
注29　デマンド型乗合タクシーとは利用者の要望に応じて機動的にルートを迂回、利用地点まで送迎する乗合タクシー。

再生に関するニーズや課題は、地域によって多種多様である。地方公共団体を中心に、交通事業者や住民をはじめ地域の関係者が一体となって、地域の実情に即した交通体系について検討し、その実現を図っていくことが求められる。

③技術革新・社会実装に向けた足元の動き
（MaaS 等新たなモビリティサービスの推進）

　MaaS は、ICT や AI 等の技術革新やスマートフォンの急速な普及を背景に、公共交通分野におけるサービスを大きく変える可能性がある。また、公共交通により移動しやすい環境が整備されることにより、自家用乗用車からのシフトが期待され二酸化炭素排出削減へも寄与する。

　MaaS などの新たなモビリティサービスは、次世代自動車や、さらには新技術との連携を促し、更なる利便性向上、環境負荷の低減が期待される。トヨタ自動車株式会社では、自動運転技術を活用した次世代の電気自動車「e-Palette」を発表している。この e-Palette は、移動するだけの手段としてだけではなく、モビリティへのニーズの多様化に応え、「人が移動するのではなく、モノやサービスが来る」など様々なサービスに対応する新たな「モビリティ」として移動の価値を高めることを目指している。

図表 I-2-1-31　e-Palette サービスイメージ

資料）トヨタ自動車株式会社

（4）モーダルシフトに向けた課題と方向性

①現状と課題
（モーダルシフト）

　物流は、国民生活や産業競争力を支える重要な社会インフラであり、その機能を十分に発揮させていく必要がある。

　船舶や鉄道の単位当たりの二酸化炭素排出量を営業用貨物自動車と比較すると、船舶は営業用貨物自動車の約5分の1、鉄道は約13分の1であることから、貨物輸送における二酸化炭素排出量の削減を図るための効果的な手段

図表 I-2-1-32　輸送量当たりの二酸化炭素排出量（貨物）

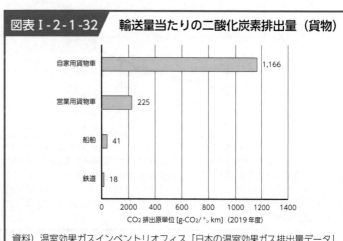

資料）温室効果ガスインベントリオフィス「日本の温室効果ガス排出量データ」、国土交通省「自動車輸送統計」「内航船舶輸送統計」「鉄道輸送統計」より国土交通省作成

の一つとして、営業用貨物自動車から鉄道や船舶へのモーダルシフトの促進が重要である。

　また貨物自動車のうち、自家用貨物車と営業用貨物車を比較すると、営業用貨物車の方が混載等に

より輸送効率が高いため自家用貨物車に比べて環境負荷が小さく、単位当たりの二酸化炭素排出量で比較すると、営業用貨物車は自家用貨物車の約5分の1である。

（宅配便輸送）

　わたしたちの暮らしに欠かせない宅配便や日用品・食料品等の商品輸送は、インターネットやスマートフォンなどの普及により急成長しており、消費者のニーズの高度化・多様化に伴い、輸送の迅速化や少量多頻度化が求められてきた。一方で、このような消費者ニーズに応えることは、二酸化炭素排出量の増加にもつながっていると考えられる。したがって、物流における二酸化炭素排出量の削減は荷主企業だけではなく、最終的な利便を享受する消費者もキープレーヤーである。

　近年、新型コロナウイルス感染症による外出自粛などからいわゆる「巣ごもり消費」が常態化し、通販需要が拡大したことに伴い、宅配便の取扱量が急増した。2020年度の宅配便の個数は、48億3,647万個（うちトラック運送は47億8,494万個）で、対前年度比11.9%増加となっている。

　また、2015年度国土交通省調査によれば、宅配便の再配達となった個数は全体の約2割[注30]であり、再配達のトラックから排出される二酸化炭素の量は年間でおよそ42万トンになると推定されている。宅配便の再配達は、トラックの移動量が増えるため、地球環境に対しても負荷を与えていることとなる再配達の防止が重要である。

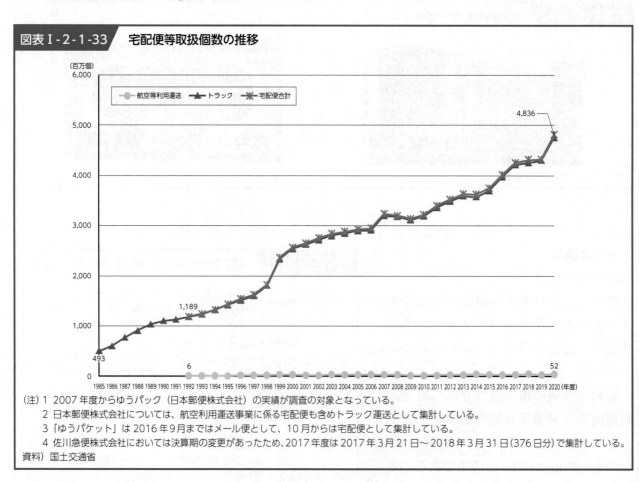

図表 I-2-1-33　宅配便等取扱個数の推移

（注）1　2007年度からゆうパック（日本郵便株式会社）の実績が調査の対象となっている。
　　　2　日本郵便株式会社については、航空利用運送事業に係る宅配便も含めトラック運送として集計している。
　　　3　「ゆうパケット」は2016年9月まではメール便として、10月からは宅配便として集計している。
　　　4　佐川急便株式会社においては決算期の変更があったため、2017年度は2017年3月21日～2018年3月31日（376日分）で集計している。
資料）国土交通省

注30　うち約4割が配達されることを知らなかった。

②今後の方向性

　モーダルシフトの推進として、鉄道貨物輸送量については193.4億トンキロ（2013年度）から256.4億トンキロ（2030年度）を目指すことにより、146.6万tの二酸化炭素排出削減を図る必要がある。鉄道貨物輸送については、トラックに比べ低炭素であり、かつ輸送力は1編成あたり10トントラック65台分と大きいため、今後脱炭素や物流の課題を解決する重要な輸送モードとしての役割が期待される。海運貨物輸送量は330億トンキロ（2013年度）から410.4億トンキロ（2030年度）を目指すこととし、187.9万tの二酸化炭素排出削減が必要である。

③技術革新・社会実装に向けた足元の動き

　物流分野において、AI・IoT等を活用した物流DXの推進を通じたサプライチェーン全体の輸送効率化を図ることにより、省エネルギー化の実現を目指すとともに、自動運転技術等を活用した効率的な物流ネットワークの強化や、物流MaaSの観点からのトラック輸送の効率化、海運や鉄道へのモーダルシフトの更なる推進等のグリーン物流の取組みを通じた新しいモビリティサービスの構築を図っていく。

（ドローン、空飛ぶクルマの開発・活用）

　ドローン物流は、過疎地域等における物流網の維持や、買い物での不便解消など利便性を高めるとともに、脱炭素への寄与や災害時の物流手段としても期待されている。ドローン物流では飛行経路の設定や運航管理の方法、費用負担や料金設定など運行コストの課題がある。これらの課題を抽出し、解決策や持続可能な事業形態を整理することが必要であり、国土交通省では、有識者や関係事業者・自治体からなる検討会を開催し、2022年3月に「ドローンを活用した荷物等配送に関するガイドラインVer.3.0」を公表した。引き続きドローン物流の社会実装に向けた取組みを進めていく。

　また、「空飛ぶクルマ」は様々な地域課題を解決し、新しい移動の仕方を提供するモビリティとして期待されている注31。

　我が国では2018年より「空の移動革命に向けた官民協議会」が開催されており、都市部や離島・山間部での新たな移動手段、災害時の救急搬送にもつながるものとして期待されている。

　国土交通省・経済産業省では、2025年の大阪・関西万博での空飛ぶクルマの実現に向けて取組みを進めているところであり、2021年10月には日本でも「空飛ぶクルマ」の型式証明申請がなされた。

図表 I-2-1-34　ドローン

資料）国土交通省

図表 I-2-1-35　空飛ぶクルマ

© 株式会社SkyDrive

注31　空飛ぶクルマとは、明確な定義はないものの、「電動」、「自動（操縦）」、「垂直離着陸」といった要素がある。諸外国では「eVTOL」（Electric Vertical Take-Off and Landing aircraft）やUAM（Urban Air Mobility）とも呼ばれており、世界各国により機体開発が進められている。

社会課題の解決へ活用が期待されており、世界に先駆けた実現を目指している。

（5）航空・船舶における気候変動の緩和に向けた課題と方向性

（ア）航空における気候変動の緩和に向けた課題と方向性

　国内輸送とは異なり、国際輸送（国際航空）については、二酸化炭素排出量を国別に算出することが困難であることから、国際民間航空機関（ICAO）においてその削減に向けた対応を検討することとされている。

①現状と課題

（世界の航空輸送の動向）

　近年、グローバル化が進展する中で航空輸送は増加しており、二酸化炭素排出量削減に向けた取組みの重要性が増している中、機体の燃費改善等も進められているものの、二酸化炭素排出量は増加する傾向にあった。しかし、新型コロナウイルス感染拡大による人流の抑制等により、2020年は旅客数、二酸化炭素排出量は大幅に減少した。

　また、国際航空からの二酸化炭素排出量が世界全体の二酸化炭素排出量に占める割合は約1.8%である。

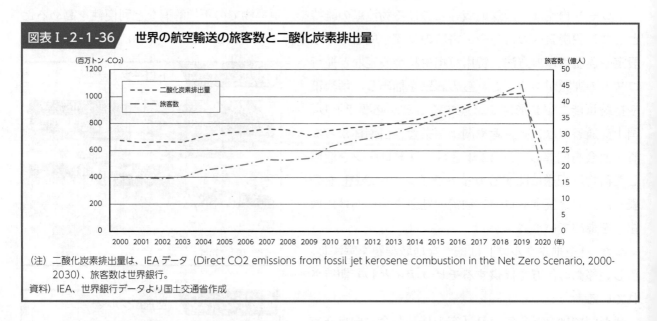

図表 I-2-1-36　世界の航空輸送の旅客数と二酸化炭素排出量

（注）二酸化炭素排出量は、IEA データ（Direct CO2 emissions from fossil jet kerosene combustion in the Net Zero Scenario, 2000-2030）、旅客数は世界銀行。
資料）IEA、世界銀行データより国土交通省作成

（国際航空分野の温室効果ガス排出削減目標）

　国際航空分野の温室効果ガス排出削減については、ICAO の場において、中期目標として 2013 年にグローバル削減目標として①燃料効率を毎年２％改善、② 2020 年以降総排出量を増加させないことを採択し、2035 年までの削減手段として、CORSIA[注32] の枠組みにより新技術の導入、運航方式の改善、代替燃料の活用に加え、市場メカニズムの活用によって取り組みを進めていくこととしている。

注32 CORSIA とは、目標達成を補完するための制度として、2016 年の ICAO 第 39 回総会で、市場メカニズムの活用（「市場メカニズムを活用した全世界的な排出削減制度（Global Market-Based Measures：GMBM）」）の導入が決議され、その具体的な内容「国際民間航空のためのカーボン・オフセット及び削減スキーム（Carbon Offsetting and Reduction Scheme for International Aviation：CORSIA）」のこと。

②今後の方向性

前述の中期目標に加え、長期目標についても現在議論が進められているが、島国である我が国の立場が適切に反映されるよう、ICAO を通じた省エネルギー・脱炭素化を一層加速させるためのグローバルな国際枠組みを牽引していく。

また、中期目標の達成に向けては、二酸化炭素の削減幅が大きい「持続可能な航空燃料（SAF）」[33] の活用が不可欠であり、技術開発および実証を推進することが重要である。

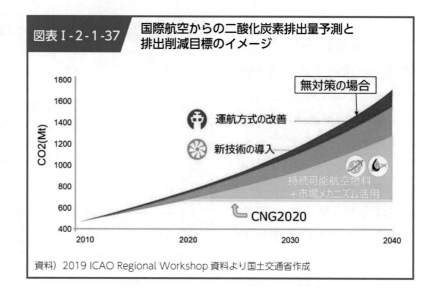

図表 I-2-1-37　国際航空からの二酸化炭素排出量予測と排出削減目標のイメージ

資料）2019 ICAO Regional Workshop 資料より国土交通省作成

③技術革新・社会実装に向けた足元の動き

(SAF)

現状では、国際規格により、SAF の使用に当たっては化石由来のジェット燃料に混合して使用する必要があり最大 50% まで混合が可能である。

我が国では、2030 年時点の SAF 使用量について「本邦エアラインによる燃料使用量の 10% を SAF に置き換える」という目標を設定している。SAF の導入普及を促進すべく、国産 SAF の開発・製造等の供給側の対応や SAF の活用に向けた環境整備を行うこととしている[34]。

このような中、2021 年 6 月に本邦航空会社による SAF を使用した商用運航が実現しており、今後とも SAF の製造技術の確立や、その後の普及促進に向けて取り組んでいる[35]。

（イ）国際海運における気候変動の緩和に向けた課題と方向性

内航海運とは異なり、国際海運については、二酸化炭素排出量を国別に算出することが困難であることから、国際海事機関（IMO）においてその削減に向けた対応を検討することとされている。

①現状と課題

国際海運からの二酸化炭素排出量が世界全体の二酸化炭素排出量に占める割合は約 2% である。IEA のデータによれば、国際海運による二酸化炭素排出量は、近年増加傾向にあり、2019 年の二酸化炭素排出量は約 7 億トンとなったものの、2020 年は約 6.5 億トンとなった。

国際海運からの温室効果ガス（GHG）排出削減を進めるためには、化石燃料を使用する従来型の船舶から、低・脱炭素燃料を使用する船舶への代替を促進するための更なる対策が必要である。こ

注33 SAF とはバイオジェット燃料を含む持続可能な航空燃料(Sustainable Aviation Fuel)のことであり、化石由来のジェット燃料と比較して約 60%～約 80% の二酸化炭素削減効果がある。
注34 航空分野の二酸化炭素排出削減の具体的な取組みに関しては、第 II 部第 8 章第 1 節 2 （6）③参照。
注35 【関連リンク】国産 SAF を使用した本邦航空会社によるフライトを実施しました。
　　　出典：国土交通省
　　　URL：https://www.mlit.go.jp/report/press/kouku08_hh_000023.html

Ⅰ

第2章　脱炭素社会の実現に向けた国土交通分野における取組み

のため、IMOにおいて、2018年4月に「GHG削減戦略」が採択され、同戦略において、2008年を基準年として、①2030年までに国際海運全体の燃費効率（輸送量あたりのGHG排出量）を40%以上改善すること、②2050年までに国際海運からのGHG総排出量を50%以上削減すること、及び③今世紀中のできるだ

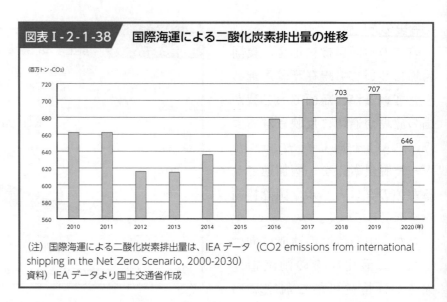

図表Ⅰ-2-1-38　国際海運による二酸化炭素排出量の推移

（百万トン-CO2）

（注）国際海運による二酸化炭素排出量は、IEAデータ（CO2 emissions from international shipping in the Net Zero Scenario, 2000-2030）
資料）IEAデータより国土交通省作成

け早期にGHG排出ゼロを目指すことが目標として掲げられている。これらの目標の達成に向けて、これまで、新造船の燃費性能規制（EEDI）の強化、既存船の燃費規制（EEXI）の導入等についてIMOで合意された。

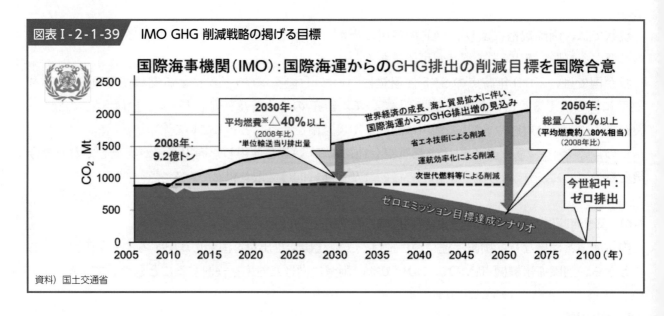

図表Ⅰ-2-1-39　IMO GHG削減戦略の掲げる目標

国際海事機関（IMO）：国際海運からのGHG排出の削減目標を国際合意

資料）国土交通省

②今後の方向性

　世界全体で気候変動問題への取組みが加速している中で、国際海運においてもより一層取り組むことが求められており、2021年11月のIMOの会議 においては、2023年までに「GHG削減戦略」を見直し、現行の目標よりも野心的な目標を設定することが合意されるとともに、同戦略の見直しに向けて、我が国は米英等と共同で「国際海運2050年カーボンニュートラル」[36] の目標を提案した。

　我が国は、この目標を世界共通のものとするとともに、当該目標の達成に向けた取組みを促すために市場メカニズムに基づく経済的手法等の制度を導入することを目指して、IMOにおける国際ルール作りを主導していく。

注36　我が国は「国際海運2050年カーボンニュートラル」を目指すことを2021年10月に発表した。

③技術革新・社会実装に向けた足元の動き

　国際海運2050年カーボンニュートラルの実現のためには、抜本的な対策として、水素・アンモニア等を燃料とするゼロエミッション船の技術開発を進める必要がある。国際海運からのGHG排出削減対策の検討については、こうした技術開発を通じて、我が国が国際的イニシアティブを発揮し、積極的に取り組んでいく。

❸ 脱炭素化に資するまちづくりに向けた取組みの課題と方向性

　生活の拠点を形成するまちづくりは、前述の住まいや交通等の観点を包含しており、わたしたちの暮らしの基盤であり、地域の活力や生活の質とともに、地域の持続可能性の確保に向けて環境負荷の軽減を図る必要がある。以下では、地域脱炭素に向けた動向、集約型のまちづくり、グリーンインフラを活用した脱炭素型まちづくり、デジタル技術や民間資金による環境に配慮した都市開発等の順にみていく。

（1）地域脱炭素に向けた動向

①現状と課題

（ゼロカーボンシティ）

　「2050年までの二酸化炭素排出量実質ゼロ」を目指す自治体、いわゆるゼロカーボンシティが2022年3月末時点で679自治体となっており、表明自治体の人口を足し合わせると、1億1,700万人を超えている。

　今後、二酸化炭素排出実質ゼロの達成に向けた取組みが課題である。

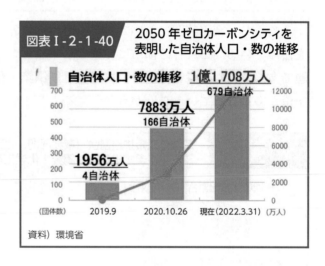

図表 I - 2 - 1 - 40　2050年ゼロカーボンシティを表明した自治体人口・数の推移

資料）環境省

（地域別の二酸化炭素排出動向）

　都道府県別の年間二酸化炭素排出量は地域差があり、大都市で排出量が多く、その内訳は、業務部門のシェアが多い首都圏、産業部門のシェアが多い大都市など地域差がある。このため地域特性に応じた対策が必要である。

図表 I -2-1-41　都道府県別二酸化炭素排出量（2018 年度）

資料）環境省「部門別 CO₂ 排出量の現況推計（2018 年度）」より国土交通省作成

　このうち、業務部門について、市区町村別にみると、東京都区部及び政令指定都市で全体の約 4 割を占めている。これらの都市におけるビルなどの建築物のエネルギー消費の削減に向けた取組みが課題である。また、産業部門については、鉄鋼業・化学工業の製造品出荷額が多い地域で二酸化炭素排出量が多くなっていることがうかがえる。

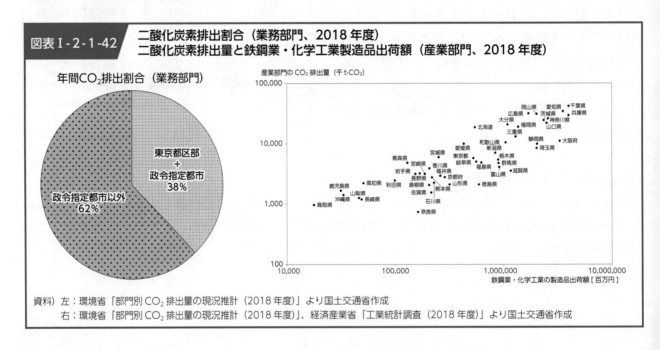

図表 I -2-1-42　二酸化炭素排出割合（業務部門、2018 年度）
二酸化炭素排出量と鉄鋼業・化学工業製造品出荷額（産業部門、2018 年度）

資料）左：環境省「部門別 CO₂ 排出量の現況推計（2018 年度）」より国土交通省作成
　　　右：環境省「部門別 CO₂ 排出量の現況推計（2018 年度）」、経済産業省「工業統計調査（2018 年度）」より国土交通省作成

②今後の方向性

　ゼロカーボンシティの実現による地域の脱炭素化に向け、先行的なモデル事例として、都市部の街区や離島等における脱炭素先行地域について 2030 年度までに少なくとも 100 事例の創出を図る。
　また、ゼロカーボンシティの実現には再生可能エネルギーの活用が欠かせないなか地域のエネルギー需要を上回る発電ポテンシャルがある農村等の地域より、地域のエネルギー需要を自ら賄うことができない都市部へ送電すること等により、広域的な需給バランスを確保すべく、地域間の連携を図ることが重要である。また、エネルギーの地産地消に向けた分散型エネルギーシステムの形成を進め

る必要がある。

③技術革新・社会実装に向けた足元の動き
（スマートグリッド）

　地域で発電された再生可能エネルギーを大量かつ計画的に送配電するためには、情報通信技術を活用して需給のバランスをとり、安定供給を実現するスマートグリッド技術が必要である。スマートグリッドでは、電力を供給する発電所（供給側）と、住宅や事業所といった電力消費地（需要側）がネットワークで結ばれ、双方向でデータをやりとりすることで、供給側はリアルタイムで電力需要を把握できる。これにより、電気の発電量や供給量を遠方から調整できるため、必要な電力を必要なだけ送電でき、電力ピーク需要に合わせた柔軟な電力供給を行うことができる。

　スマートグリッドを用いることで、太陽光発電、風力発電、バイオマス発電といった発電量が不安定な自然エネルギーを既存の電力網に組み込み、電力需要に応じ、複数の電源から電力を融通できるようになる。

（エネルギーの面的な利用）

　大都市の業務中枢拠点において、世界水準のビジネス機能・居住機能を集積し、国際的な投資と人材を呼び込むためには、災害に対する脆弱性を克服していくことが重要である。都市部での面的なエネルギーの効率的な利用を推進することで、災害時の業務継続に必要なエネルギーの安定供給が確保される業務継続地区（BCD：Business Continuity District）を構築するとともに、二酸化炭素の排出量を削減していく。

図表I-2-1-43　再生可能エネルギーの発電ポテンシャルの地域差

資料）国土交通省

図表I-2-1-44　都市部での面的なエネルギーの効率的な利用の推進

資料）国土交通省

（2）集約型のまちづくり

　市街地の拡散は、社会経済の側面に加え、環境負荷の軽減の側面からも課題である。市街地の無秩序な拡散を抑制し、商業、業務、公共施設等の多様な都市機能がコンパクトにまとまった集約型のまちづくりが必要である。

　集約型のまちづくりには、単に市街地の居住者を増やすだけではなく、市街地をコンパクトにまとめ、歩いて暮らせるまちづくりや公共交通機関の整備を進め、自家用車に過度に依存しない移動環境を整えるとともに、都市機能が集積し、人々が集まるような魅力ある市街地の形成が重要である。

　これにより、脱炭素化のみならず、高齢者等の生活利便性の確保や都市経営コストの低減等の観点からも効果的である。

①現状と課題

コンパクト・プラス・ネットワーク[注37] の実現に向けては、地方公共団体の脱炭素化を考慮した立地適正化計画[注38]・地域公共交通計画[注39] に基づく取組み等が重要であるが、立地適正化計画については626都市（2022年3月末時点）が具体的な取組みを行い、地域公共交通計画は714都市で策定（2022年3月末時点）されている。

図表 I-2-1-45　脱炭素化に資するコンパクト・プラス・ネットワーク

都市のコンパクト化

公共交通の利用促進

エネルギーの面的利用
都市公園の整備や緑地の保全・創出

資料）国土交通省

都市構造や交通システムは、交通量等を通じて、中長期的に二酸化炭素排出量に影響を与え続けることから、従来の拡散型のまちづくりからの転換を目指し、都市のコンパクト化と公共交通網の再構築（コンパクト・プラス・ネットワーク）、人中心の「まちなか」づくり、都市のエネルギーシステムの効率化等による脱炭素に資する都市・地域づくりを推進することが課題である。

②今後の方向性

都市のコンパクト化やゆとりとにぎわいのあるウォーカブルな空間の形成等により車中心から人中心の空間へ転換するとともに、これと連携した公共交通の更なる利用促進や、都市内のエリア単位の脱炭素化に向けて包括的に取り組んでいる。

都市内の脱炭素化に向けて、シェアサイクルの利用環境整備や、自転車走行空間の整備により、自転車利用を促進することも重要である。まちなかにおいて多様な人々が集い、交流することができる空間を形成し、都市の魅力を向上させることが必要である。

また、立地適正化計画を作成した市町村数を448（2021年度）から600（2024年度）へ増やし、立地適正化計画や低炭素まちづくり計画に基づく居住や都市機能の集約による都市のコンパクト化の推進、地域公共交通計画や都市・地域総合交通戦略等を通じた公共交通の利便性向上による利用促進、エネルギーの効率的利用を支援していく。

注37 コンパクト・プラス・ネットワークとは、人口減少・少子高齢化が進む中、地域の活力を維持し、生活に必要なサービスを確保するため、人々の居住や必要な都市機能をまちなかなどのいくつかの拠点に誘導し、それぞれの拠点を地域公共交通ネットワークで結ぶ、コンパクトで持続可能なまちづくりの考え方である。
注38 立地適正化計画とは、居住機能や医療・福祉・商業、公共交通機関等さまざまな都市機能の誘導により都市全域を見渡したマスタープランである。
注39 地域公共交通計画とは、地域にとって望ましい地域旅客運送サービスの姿を表すマスタープランである。

コラム Column	地域の生活環境と地域住民の生活の質（Well-being）

　都市や地域の構造の変化は、数十年単位の時間を要することから、今後の持続可能な発展のためには、将来を見据えた長期の取組みが必要である。このような息の長い取組みを続けていくためには、個々人の暮らしの質や地域の活力、歴史、文化等との関係を常に意識し、それら暮らしや地域の豊かさの維持・向上と環境負荷の軽減とを両立させていくことが重要である。

　地域の自然の豊かさや環境保全の状況、防災など都市や地域の生活環境は、地域の持続可能性とともに地域住民の生活の質（Well-being）を確保する観点からも重要である。

　国土交通省「国民意識調査（注）」では、お住まいの地域の生活環境に関する8項目について重要度と満足度をたずねたところ、地域の自然災害等に対する防災体制が重要視されている一方、満足度は低いことがわかった。また、都市規模別にみると、公共交通の利便性や安全な歩行空間について、特に小都市で満足度が低いことがわかった。

お住まいの地域の生活環境の重要度と満足度の分布（全国、都市規模別）

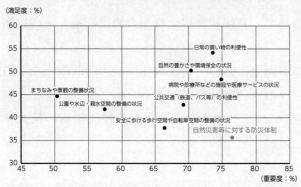

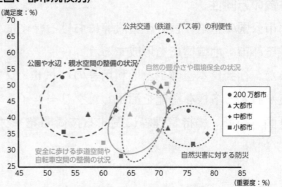

　また、年齢別では、全体的に若年層で満足度が高く、高齢者層では満足度が低い傾向にあることがわかった。

お住まいの地域の生活環境の重要度と満足度（年齢別）

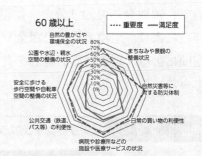

資料）国土交通省「国民意識調査」

　地域住民の生活の質を確保する観点からは、人々の意識の動向を踏まえた対応が必要であり、例えば防災体制の強化といった重要度が高く満足度が低い分野の取組みをこれまで以上に強化することや、小都市での公共交通の利便性など地域差に考慮した取組み、さらには世代別の傾向の差に配慮した取組みに一層目を向けていくことが考えられる。

（注）2022年2月に全国に居住する18歳以上の個人1,229人を対象としインターネットを通じて実施（性別：男・女の2区分で均等割り付け、年齢：18〜29、30〜39、40〜49、50〜59、60〜の5区分で均等割り付け、居住地：200万都市、大都市、中都市、小都市の4区分※の人口構成比で割り付け）。
※200万都市：東京都区部および人口200万人以上の政令指定都市（横浜市、名古屋市、大阪市）
　大都市：人口200万人未満の政令指定都市
　　　　　（札幌市、仙台市、さいたま市、千葉市、川崎市、相模原市、新潟市、静岡市、浜松市、京都市、堺市、神戸市、岡山市、広島市、北九州市、福岡市、熊本市）
　中都市：人口10万人以上の市
　小都市：人口10万人未満の市および町村部

第2章　脱炭素社会の実現に向けた国土交通分野における取組み

（3）グリーンインフラを活用した脱炭素型まちづくり

①現状と課題

　緑地は、二酸化炭素の吸収源として温暖化の緩和に貢献するものであり、国土づくりの中で森林の整備・保全、都市緑化等を推進する必要がある。特に、都市部におけるまとまった緑地は、都市活動で排出される人工排熱の増加や、建築物・舗装面の増大等による地表の人工化によって引き起こされる気温の上昇やヒートアイランド現象の緩和にも寄与する。また都市部における生産緑地等の保全活用は、良好な都市環境の形成のみならず、市民農園の整備の面でも、居住環境の向上に資するものである。

　今後とも、緑地、水辺保全・再生・創出等を通じて、居住環境等の改善とともに、地球環境への負荷の軽減を図っていくことが必要である。

②今後の方向性

　都市公園の整備、官公庁施設等における緑化について、官民連携により総合的に推進し、脱炭素に資する都市・地域構造を形成する。

　また、社会資本整備や土地利用等のハード・ソフト両面において、二酸化炭素の吸収源となる自然環境が有する多様な機能を活用したグリーンインフラの社会実装を推進するため、グリーンインフラの計画・整備・維持管理等に関する技術開発やグリーンファイナンス等による民間投資の拡大を図る注40。

③技術革新・社会実装に向けた足元の動き

（グリーンインフラ）

　グリーンインフラに関する企業の動きとして、例えば、東京建物株式会社では、大手町タワーにおいて、敷地全体の約3分の1に相当する約3,600m²を「大手町の森」として緑化した。この緑地の存在により、生物多様性の保全やヒートアイランド現象の緩和を図るとともに、緑や水が豊かな都市空間による、環境に高い関心を有する人材、企業、民間投資の呼び込みを通じ、経済の活性化を図っている。

図表Ⅰ-2-1-46	グリーンインフラの例（大手町の森）

資料）東京建物株式会社

注40　産官学の多様な主体からなる「グリーンインフラ官民連携プラットフォーム」の運営を通じて、自然環境が有する多様な機能の評価手法の開発や炭素固定に資する要素技術等の収集・管理を実施している。またESG投資の呼び込みなど、グリーンファイナンスの活用推進に向けた検討を実施している。

（ブルーカーボン）

　地方公共団体等では、藻場・干潟等の造成・再生・保全の取組みの推進や、藻場・干潟等を対象としたブルーカーボン[注41]・オフセット・クレジット制度の構築に取り組んでいる。

　横浜市では、横浜ブルーカーボン・オフセット制度により、市内のブルーカーボン等による二酸化炭素吸収量の増大及び排出量の削減効果を、取引可能なクレジットとして独自の方法論によって認証し、そのクレジットの売買を行うことで、海の環境活動の更なる推進を目指している。

（4）デジタル技術や民間資金による環境に配慮した都市開発等

①現状と課題

（まちづくりのデジタル・トランスフォーメーション）

　近年、IoT（Internet of Things）、ロボット、人工知能（AI）、ビッグデータといった社会のあり方に影響を及ぼす技術開発が進展している中、これらの技術をまちづくりに取り込み、都市の抱える課題の解決を図っていくことが求められている。

　国土交通省では、スマートシティや Project PLATEAU（プラトー）[注42] など、デジタル技術の活用による都市の課題解決や新たな価値創出を図り「人間中心のまちづくり」を実現する「まちづくりDX」の取組みが進められている。

　気候変動の緩和に向けて、例えば、デジタル技術を活用したエネルギー需要予測の精度向上によりエネルギー融通効率化を図ることや、人流・交通データ等を活用し、エリア内の二酸化炭素排出量等を見える化し、脱炭素対策の検討を行うことなどが重要である。

（不動産への ESG 投資）

　不動産投資においては欧米各国をはじめとして、投資先への ESG や SDGs への配慮を求める動きが拡大している。不動産市場への ESG 投資を呼び込むことで、我が国の不動産市場での脱炭素化、気候変動への対応や災害への対応など、環境分野の課題に対応した良質なストック形成が促進される。これは経済成長への貢献とともに、持続可能な安全・安心な社会の実現を可能とするものである。

注41　ブルーカーボンとは、2009 年に国連環境計画の報告書において、藻場や浅場等の海洋生態系に取り込まれた炭素が「ブルーカーボン」と命名され、地球温暖化対策の新しい可能性として提示されたもの。ブルーカーボンを隔離・貯留する海洋生態系として、海草藻場、海藻藻場、湿地・干潟、マングローブ林が挙げられており、これらは「ブルーカーボン生態系」と呼ばれている。

注42　国土交通省では、現実の都市空間をサイバー空間上で再現する「3D 都市モデル」の整備・オープンデータ化と、これを活用した様々な課題解決を行う Project PLATEAU（プラトー）を進めており、脱炭素まちづくりにおいてもその有効性が示されている。

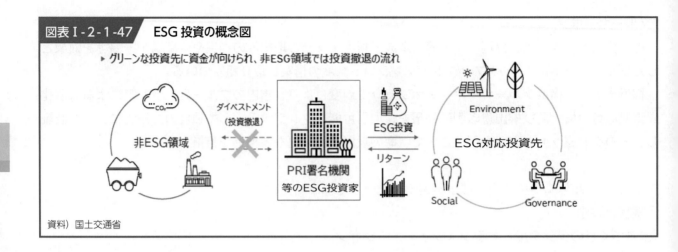

図表Ⅰ-2-1-47　ESG 投資の概念図

▶ グリーンな投資先に資金が向けられ、非ESG領域では投資撤退の流れ

資料）国土交通省

②今後の方向性

　スマートシティの実装の加速化、3D都市モデルを活用した環境シミュレーションやモニタリング、エネルギーマネジメント等の取組み、デジタル技術やデータを官民の多様な主体で駆使するまちづくりを推進する。また、2021 年3月に公表した不動産分野 TCFD [注43] 対応ガイダンスの改訂により不動産への ESG 投資を促進する。

③技術革新・社会実装に向けた足元の動き
(Project PLATEAU)

　都市において屋上に太陽光発電パネルを設置する場合には、周囲の建物による阻害など、周囲の環境に発電量が左右されるため、日射量が十分に得られる屋根を選定し、効率よく太陽光パネルを設置する必要がある。PLATEAU [注44] では、3D都市モデルが持つ建物の屋根面積、傾き、隣接建物による日陰影響等の情報や日射量等のデータを用いることで、太陽光発電パネルを設置した場合の発電量の精緻な推計及び太陽光パネルの設置時の反射シミュレーションを都市スケールで行うための手法を提供している。この結果を活用し、地域における太陽光発電パネルの普及のための施策の検討、特定エリアでの

図表Ⅰ-2-1-48　3D都市モデルの活用例（年間予測日射量結果のイメージ）

資料）国土交通省

注43　TCFD については、第Ⅰ部第1章第2節3（2）参照。
注44　【関連リンク】PLATEAU by MLIT
　　　　出典：国土交通省
　　　　URL：https://www.mlit.go.jp/plateau/

 PLATEAU Concept Film
URL：https://www.youtube.com/watch?v=RnJldic_IR8

 PLATEAU Use case Film
URL：https://www.youtube.com/watch?v=boRW9jFpPRA

RE100化[注45] の推進、都市部での面的なエネルギー計画策定等につなげていくことを目指している。

インタビュー Interview　人の豊かさと地球負荷低減の二兎を追う空間構造に向けて（中部大学卓越教授・林良嗣氏）

■各都市・地域独特の創出された価値、それを相互に共有する装置が交通インフラ

都市にも農山村にも、固有の価値がある。都市、農山村に施設や自然を整備し、各々の価値を交通ネットワークによりシェアする（互いに共有し合う）ことにより地域格差を抑え、共に豊かにすることが国土インフラ計画の役割である。現在、都市間鉄道や高規格道路といった交通ネットワークの整備により時間距離が短縮され、都市の価値をシェアすることが可能となったなか、人々の生活の質（QOL）が向上していく側面に焦点を当てていくことが重要である。

国内では、例えば京都にはお寺やお宮など東京に移転できない価値があるように、それぞれの地域に独自の価値があることで、そこへアクセスする価値が生じる。そのためには、都市、農山村が固有の文化を復活させ（レストレーション）、独自の価値を持つ必要があり、都市、農山村により提供される価値サービスと交通ネットワーク整備により QOL の向上が図られる。

ドイツの国土政策には、大都市から町・村まで階層構造として捉える中心地理論（1933 年にクリスタラーが提唱）に基づく「空間開発法」があり、各中心地を機能分担配置し、Autobahn（道路），Eisenbahn（鉄道），Wasserstrasse（水路）の通路で効果的に結ぶこととしている。例えば、ベルリン、ミュンヘンのような地域上位中心には、大学病院からオペラハウスまであらゆる機能が揃う。一方、下位中心の町では、自分のところにない機能は、隣接する同位の都市か中位・上位中心に移動してサービスを受ける。上位中心は一般に自然資源に乏しいが、下位中心の豊かな自然価値をシェアしてもらうことができる。ドイツ中部のルール地方は、東西 100km × 南北 70km 程度のエリアに約 20 の自治体があるが、例えば人口 50 万人のドルトムント市には 8 万人収容の大サッカースタジアムがあり、エッセンにはコンサートホールがある。優れた高速交通インフラにより、30 分程度で都市間を移動でき、アフターファイブにサッカー観戦や音楽鑑賞を楽しめる。交通インフラは、コンパクト＆ネットワークとして謳われるが、その価値は、自都市にない価値を相互に共有し、人々の QOL を支えるネットワークとなって初めて評価される[1]

■都市や国土の空間構造へ責任をもち、人の豊かさと地球負荷の低減の二兎を追うべき

日本人は鉄道に乗車する習慣があり、国全体の CO_2 排出抑制に大いに貢献している。また、最近のコロナ禍等を契機として、街路整備や歩道拡幅等の整備も進んでいる。このような自動車に依存しないまちづくりや交通ネットワーク整備は CO_2 排出抑制に貢献するものであるが、その整備目的は、これまでは経済成長（GDP）を主眼としたものであった一方で、人々の QOL の向上や環境負荷の低減でもある。CO_2 の排出削減は、洪水など自然災害リスクの低減を通じて、人々の安心・安全な暮らしをもたらすことから、最終的には人々の豊かさと地球負荷の低減の二兎を追うことにつながるものである。これは経済成長で計ることができない。20 世紀は経済成長効率（Efficiency）が重視される社会であったが、現代は充足性の重要性がより高まっていると考えており、個人の充足と環境負荷の低減の両立、すなわち Sufficiency を重要視した空間構造の整備を行っていくべきである。

最近の動向として、パリ市では「15 分都市圏」を目指すと宣言し、自動車移動に頼らなくても日常の買い物等の用事を含め、近所で歩いて暮らす街を目指しているようだが、東京・大阪などには鉄道沿線開発（TOD）と駅前商店街の 100 年の伝統があり、駅から 15 分圏内に生活機能が既に整備されており、先進事例として提示する価値がある。ただし、アジアなどの発展途上国では、道路渋滞と地球規模の課題解決に向けて、日本の TOD モデルに対する期待があると肌で感じてきたものの、従来の TOD は陳腐化しており、ポストコロナのニューノーマルにも対応でき、これを、QOL に基づいた ICT 支援システム（QOL-MaaS[2]）で支援する新しいモデルを日本から提示していくべきだと考えている。

参考文献 1),2) 林良嗣他編著「交通・都市の QOL 主流化—経済成長から個人の幸福へ」、明石書店、2021 年
2)QOL-MaaS については、第 3 章第 1 節 1 コラム「デンマーク、フィンランド、タイの事例（移動）」「温室効果ガスの削減と生活の質（QOL）の向上を目指す「QOL-MaaS」の取組み」参照

注45 RE100 については、第 I 部第 2 章第 2 節 1 参照。

I
第2章
脱炭素社会の実現に向けた国土交通分野における取組み

第2節　再生可能エネルギー等への転換に向けた取組み

　脱炭素社会の実現に向けて、第2章第1節で記述したように、民生・運輸部門において、住まいのゼロエネルギー化や次世代自動車の導入等により、エネルギーの需要側における電化を図るとともに、再生可能エネルギーを主力電源として最大限導入し、暮らしを支える電力の脱炭素化を図ることが必要である。また、空港や港湾など暮らしを支える基幹インフラ等では、電化により対応できない熱需要について水素・アンモニア等により脱炭素化を進めるとともに、インフラを活用した再生可能エネルギーの利活用拡大を図り、わたしたちの暮らしや経済社会を炭素中立型に転換していくことが必要不可欠である。

　ここでは、「1．再生可能エネルギーの動向」、「2．インフラを活用した再生可能エネルギーの利活用拡大」、「3．水素・アンモニア等のサプライチェーンの構築」の順に、国土交通分野の取組みを中心にみていく。

1　再生可能エネルギーの動向

（再生可能エネルギーの供給動向）

　再生可能エネルギーは、太陽光、風力、地熱、水力、バイオマスといった非化石エネルギー源によるエネルギーである。我が国のエネルギー供給のうち、再生可能エネルギーは全体の約2割であり[注46]、石油や石炭などの化石燃料の多くを輸入している。また、諸外国の再生可能エネルギーの供給については、中国や米国などで発電電力量が近年急速に伸びている。今後、脱炭素化とともにエネルギー自給率の観点からも、再生可能エネルギーの供給拡大に取り組むことが重要である。

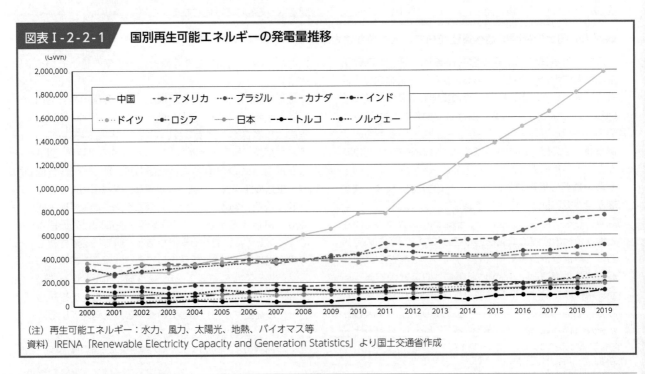

図表 I-2-2-1　国別再生可能エネルギーの発電量推移

（注）再生可能エネルギー：水力、風力、太陽光、地熱、バイオマス等
資料）IRENA「Renewable Electricity Capacity and Generation Statistics」より国土交通省作成

注46　2020年の我が国全発電電力量に占める再生可能エネルギーの比率は19.8%、その内訳は水力7.8%（大規模水力含む）、バイオマス2.9%、地熱0.3%、風力0.9%、太陽光7.9%となっている。2011年の再生可能エネルギーでの発電量は全体の10.4%であり増加を続けている。
引用：総合エネルギー統計2020（確報値）

（再生可能エネルギーの利用意向）

　再生可能エネルギーの供給とともに、その利用拡大を図ることも重要である。世界的にRE100[注47]の参加企業数は増加傾向にあるとともに、日本企業は全体の約2割を占めており、再生可能エネルギーの利用意向が高まっていることがうかがえる。

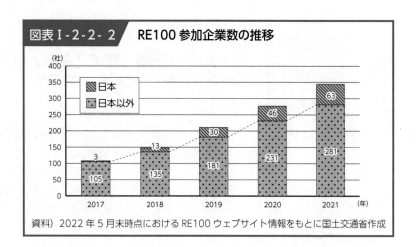

図表 I-2-2-2　RE100 参加企業数の推移

資料）2022年5月末時点におけるRE100ウェブサイト情報をもとに国土交通省作成

（再生可能エネルギーの発電コスト）

　再生可能エネルギーの供給・利用拡大に当たっては、技術のイノベーションによりそのコスト低減を図ることも重要である。IRENA（国際再生可能エネルギー機関）によれば、世界的に再生可能エネルギーの発電コストは低減傾向にあり、ここ10年でその多くが化石燃料による発電コストの範囲まで低下していることがうかがえる。

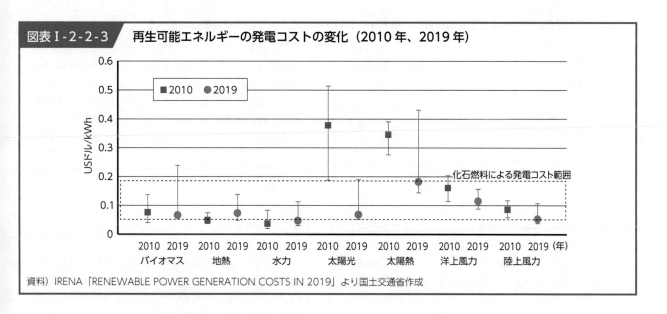

図表 I-2-2-3　再生可能エネルギーの発電コストの変化（2010年、2019年）

資料）IRENA「RENEWABLE POWER GENERATION COSTS IN 2019」より国土交通省作成

（再生可能エネルギーの主力電源化に向けて）

　政府では、第6次エネルギー基本計画において、2030年の再生可能エネルギー比率の目標を22～24％から36～38％へ引上げるとともに、再生可能エネルギーの主力電源化に向けて、再生可能エネルギー最優先の原則で取り組み、最大限の導入を促すこととしている。

　以下、「2．インフラを活用した再生可能エネルギーの利活用拡大」では、港湾機能の高度化等による洋上風力発電の導入促進に加え、空港、道路、鉄道、官庁施設、公園等のあらゆるインフラ空間等における太陽光発電等の導入促進など、再生可能エネルギーの最大限の導入に向けた取組みについてみていく。

注47 企業が自らの事業活動における使用電力を100％再生可能エネルギー電力で賄うことを目指す国際的なイニシアティブ。

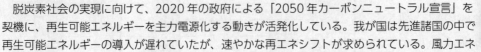
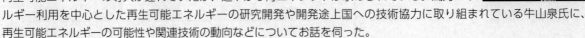

インタビュー Interview エネルギーを耕し育てる時代への転換に向けて
（足利大学理事・名誉教授・牛山泉氏）

　脱炭素社会の実現に向けて、2020年の政府による「2050年カーボンニュートラル宣言」を契機に、再生可能エネルギーを主力電源化する動きが活発化している。我が国は先進諸国の中で再生可能エネルギーの導入が遅れていたが、速やかな再エネシフトが求められている。風力エネルギー利用を中心とした再生可能エネルギーの研究開発や開発途上国への技術協力に取り組まれている牛山泉氏に、再生可能エネルギーの可能性や関連技術の動向などについてお話を伺った。

■日本は再生可能エネルギーの宝庫

　日本は再生可能エネルギーの宝庫である。日本には約3万本の河川と既存のダムがあり、水力発電のポテンシャルは高い。バイオマスについても、日本は国土の約7割が森林に覆われており、世界でもトップクラスの森林資源を有する木質バイオマス王国でもある。また、地熱発電のポテンシャルは世界3位といわれており、世界の地熱発電所の発電システムは70％を日本の3社が製造しており、技術的なポテンシャルも高い。さらに世界2位の導入量を誇る太陽光発電があり、洋上風力のポテンシャルは、電力需要の9倍もあり、これを開発すると世界3位の洋上風力発電王国となる。波力や潮流を利用する発電も先進的な開発が実施されており、日本の電力需要をこれら再生可能エネルギーで賄っていくポテンシャルが十分にあると考えている。

■洋上風力発電は特にポテンシャルが高く、直面する課題を乗り越え、国際競争力を強化すべき

　日本は、陸地の約7割が山岳丘陵であり、平地には都市や工場等があるため、陸上での風力発電の開発導入には限界があるが、周囲を海に囲まれた排他的経済水域世界6位という洋上風力に目を向けるべきである。IEA（国際エネルギー機関）によると、日本の電力需要の約9倍ものポテンシャルが洋上風力にあるとの報告もある。日本政府は、第6次エネルギー基本計画において、2030年までに洋上風力発電1,000万キロワット、2040年までに3,000～4,500万キロワットという目標を掲げ、その目標を支えるための産業・サプライチェーン、関連企業を育成し、産業界の目標として、2040年までに関連部品の60％を国産化する目標を掲げている。

　欧州の北海では、洋上風力のための巨大風車が5,400本も回っており、特に海洋国の英国の動きが大きく先行しているが、同様に海洋国である日本にはさらに大きなポテンシャルがあると考えている。風の観点では、欧州は偏西風帯にあり常に強い風が吹いているが、日本はアジアモンスーン地帯のため、冬の風は強いが夏は弱いという課題がある。また、北海と異なり、台風や春一番などの強風により風車が破損することもあることに加えて、欧州にはない極めて強い冬季雷や地震も多い。しかし、日本には、これらの課題を解決するために蓄積してきた高い技術力がある。例えば、雷の対処として風車の羽に取り付けたレセプターとダウンコンダクターにより、雷を瞬時に地面に逃がす技術等である。日本と同様の気候条件であるアジア地域での市場開拓において、その技術力が役立つはずである。様々な課題を解決するためにはコストを要するが、日本は引き続き技術力を高めるべきである。例えば風車の設計基準は、基本的に雷や台風が少ない欧州で原案が作成されIEC（国際電気標準会議）が定めているが、台風や雷に対する知見、あるいは陸上風車の乱流についての知見を日本から提唱してきた。このように、欧州にはない強みを生かして新しい市場を開拓することも可能であると考えている。

　かつて日本は造船王国といわれ、船づくりや海洋関係の技術に蓄積がある。特に浮体式洋上風力発電の浮体は造船技術そのものであるといっても過言ではなく、その技術を生かしていくべきである。

　また、洋上風力発電には基地港湾が必要であり、現在は基地港湾に能代港、秋田港、鹿島港、北九州港の4港が指定されている。今後は、洋上風力発電のポテンシャルが高い北海道等の北日本方面での基地港湾の増強が求められる。さらに洋上で発電した電力を陸上に輸送するための海底ケーブルの設置も重要であり、政府では直流高圧送電の検討がなされている。

■**エネルギーハンティング（狩猟時代）から、エネルギーカルティベーション（耕し育てる時代）へ。**
環境に対する倫理観や道義心を大切にしてほしい。

　私たちが生活してゆくために、一般的に衣食住が大切だと言われているが、それを支えているのはエネルギーであり、我々はそのエネルギーがあることを前提に生活を営んでいる。現在、日本はそのエネルギーのほとんどを海外から輸入しているが、今後はエネルギーの自給率を高めるためにも、国産のエネルギーであるポテンシャルの高い再生可能エネルギーを積極的に活用すべきである。生活の基盤にはエネルギーがあり、そのエネルギーを作る際に二酸化炭素を排出していては、持続可能な生活が難しいことを認識することが重要である。脱炭素の取組みでは、高い技術のみならず、倫理観・道義心を育んでいくとの着目点も大切である。

　人類は狩猟生活から栽培・農耕（カルティベーション）へ移行することで繁栄してきた。エネルギーの分野でも、地中から化石燃料を掘り出してきて使うようなエネルギーハンティング（狩猟時代）から、使ってもなくならないエネルギーカルティベーション（耕し育てる時代）へ転換しなければならない。このカルティベーションのキーワードは持続可能性である。今後は、世界に誇れる日本の技術者達に洋上風力産業に参画してもらい、さらに持続可能な再生可能エネルギー分野が活性化することを願っている。

② インフラを活用した再生可能エネルギーの利活用拡大

（1）洋上風力発電の導入促進に向けた取組み

（世界において普及が進む洋上風力）

　世界的に再生可能エネルギーの取組みが進展する中、風力発電のうち、特に洋上風力については、欧州を中心に全世界で導入が拡大しているとともに、2050年に向けて、中国・韓国を中心にアジア市場での急成長が見込まれている。

　洋上風力発電の導入は、約30年前に欧州において洋上風力発電設備が建設されて以降、当初は欧州を中心に増加し、次第に米国やアジアにおいても増加している。国際的な自然エネルギー政策ネットワーク組織REN21の年次報告書「自然エネルギー世界白書2021」によれば、洋上風力発電の世界全体の導入量は、2010年290万kWから2020年には3,500万kWとなり、10年間で約3,200万kW増加した[注48]。

　今後のアジア市場での取込みに当たっては、我が国を含めアジア海域の特色として、浅瀬域が限られるなど海の形状に加え、低風速かつ台風・落雷等も発生する気象条件や海象条件を踏まえ、技術のイノベーション等により課題解決を図るとともに、蓄積した技術力やノウハウを競争力としていくことが重要である。

注48　2020年末時点では、欧州12箇国、アジア5箇国、北米1箇国の18箇国で導入されている。設備容量は英国が最大で1,040万kW、中国が1,000万kW、ドイツが770万kW、オランダが260万kW、ベルギーが230万kW、デンマークが170万kWとなっている。シェアを見ると欧州が全体の約70%を占めているが、2019年（75%）、2018年（79%）に比較すると低下傾向にあり、残りはほぼアジアである。

Ⅰ

第2章　脱炭素社会の実現に向けた国土交通分野における取組み

I

第2章

脱炭素社会の実現に向けた国土交通分野における取組み

図表 I-2-2-4　洋上風力発電の市場予測（左）、洋上風力の適地の分布（右）

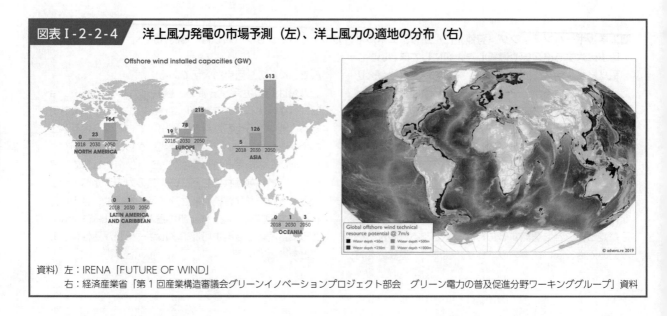

資料）左：IRENA「FUTURE OF WIND」
　　　右：経済産業省「第1回産業構造審議会グリーンイノベーションプロジェクト部会　グリーン電力の普及促進分野ワーキンググループ」資料

（浮体式洋上風力発電設備の開発）

　洋上風力発電設備には、海底に固定した基礎に風車を設置する着床式と、海上に浮かぶ浮体構造物に風車を設置する浮体式がある。遠浅で単調な海底地形を有する欧州を中心に、足元では、浅い海域で着床式の導入が進んでいる。他方、我が国では、その気象条件等から、風の強い沖合や大水深域に設置可能であるとともに、地震の影響を受けにくい浮体式洋上風力発電設備の導入が期待されている。

　浮体式洋上風力発電設備は、基礎の製造や施工方法含め、未だ技術開発の余地が残されているとともに、浮体式の技術開発は世界的に横一線の状況にある。また、洋上風力発電は、大量導入によるコスト低減、経済波及効果も期待され、再生可能エネルギー主力電源化に向けた切り札の一つであり、アジアの気象や海象に合わせた風車や浮体等の技術開発を加速化し、社会実装につなげていくことが必要である。

図表 I-2-2-5　主な洋上風力発電設備の形式とその特徴

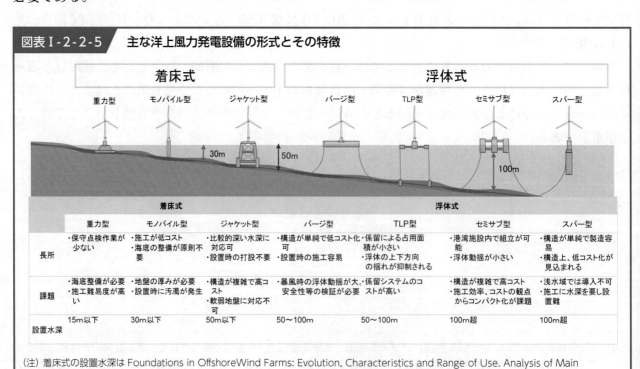

（注）着床式の設置水深は Foundations in OffshoreWind Farms: Evolution, Characteristics and Range of Use. Analysis of Main Dimensional Parameters in Monopile Foundations に示された2018年時点での欧州実績、浮体式は、NEDO資料等に基づき記載。
資料）国土交通省

（洋上風力発電設備の設置及び維持管理に必要不可欠な基地港湾）

　洋上風力発電設備の設置及び維持管理に利用される埠頭を有する港湾は、港湾法に基づき、国土交通大臣が基地港湾として指定し、発電事業者に同埠頭を最大30年間貸し付けるとともに、複数の借受者の利用調整を実施することとなっている。

　今後、洋上風力発電設備の大型化等の動向を踏まえ、基地港湾の配置及び各港湾の面積・地耐力等を検討し、計画的に整備を進めていくとともに、基地港湾を活用した地域振興に向けて取り組む必要がある。

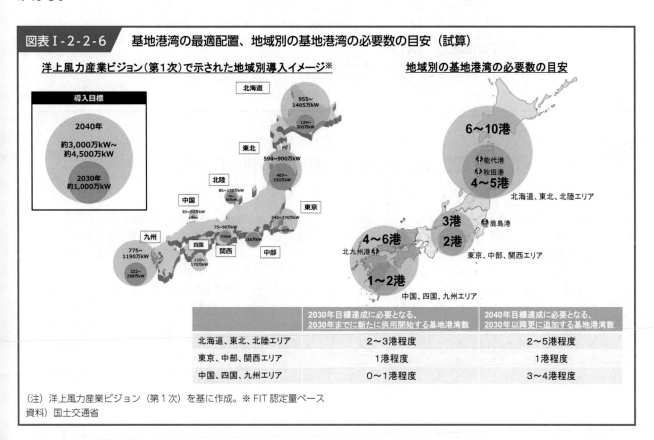

図表 I-2-2-6　基地港湾の最適配置、地域別の基地港湾の必要数の目安（試算）

	2030年目標達成に必要となる、2030年までに新たに供用開始する基地港湾数	2040年目標達成に必要となる、2030年以降更に追加する基地港湾数
北海道、東北、北陸エリア	2〜3港程度	2〜5港程度
東京、中部、関西エリア	1港程度	1港程度
中国、四国、九州エリア	0〜1港程度	3〜4港程度

（注）洋上風力産業ビジョン（第1次）を基に作成。※ FIT認定量ベース
資料）国土交通省

図表 I-2-2-7	2050年カーボンニュートラル実現のための基地港湾のあり方[49]

2050年カーボンニュートラル実現のための基地港湾のあり方に関する検討会の主なとりまとめポイント

I. 基地港湾の配置及び規模

1 配置
- 現状、基地港湾は4港指定されているが、洋上風力産業ビジョンの導入目標の達成のためには追加的な基地港湾が必要。

2 規模（面積）
- 50万kW規模の発電所を海上工事2年で整備するには、約27.5~32.0haの面積が必要。隣接岸壁を有する場合は約12.5~14.5haの面積が必要。
  （現状の基地港湾4港は15~20ha程度の土地が利用可能）
- 基地港湾に加え、基地港湾を補完する港湾を12ha程度活用することで効率性が向上。

3 規模（地耐力）
- 将来的に、20MW機までの洋上風車に対応するためには、最大約200t/m2のクレーン荷重に対応する必要がある。
- 砕石・敷鉄板・コンクリート版等により、4分の1に荷重分散した場合、50t/m2の地耐力が必要（現状は35t/m2で整備）

II. 基地港湾を活用した地域振興
- 港湾管理者及び自治体が、自らの地域の状況に適した地域振興を検討・推進するため、国内外の先進事例等、参考となる情報を、「洋上風力発電を通じた地域振興ガイドブック」としてとりまとめ。

資料）国土交通省

コラム Column　北九州港を活用した洋上風力発電の総合拠点化

　北九州市は、官営八幡製鉄所操業以来120年のものづくりのまちであり、現在では、SDGs未来都市として環境問題に積極的、継続的に取り組んでいる。また、臨海部に大型部材を扱える港湾施設や広大な産業用地、背後にものづくり産業を支える企業の集積、また良好な風況を備えており、風力関連産業の集積、洋上風力発電の立地に適している。洋上風力発電は、関連産業の裾野が広く新たな産業の創出につながることから、地元企業や新たに誘致する企業を含めた地域経済の活性化が企図されている。

　北九州市は、2050年ゼロカーボンシティを宣言しており、その実現に向けて北九州市グリーン成長戦略を策定するとともに、風力発電の導入促進と風力発電関連産業の総合拠点化を掲げており、エネルギーの脱炭素化とイノベーションの推進を図ることとしている。

　また、カーボンニュートラルポート形成に向けた取組みを進めている北九州港は、2020年9月に港湾法における「海洋再生可能エネルギー発電設備等拠点港湾」（基地港湾）として西日本で唯一指定されており、これを核として、市は、若松区響灘地区を中心に、風力発電関連産業の総合拠点形成を図る「グリーンエネルギーポートひびき」事業を展開している。具体的には、風車設置場所へ風車を運び出す「風車積出拠点」、風車部品の輸出入等の拠点となる「輸出入・移出入拠点」、風車の運転・管理、メンテナンスを行う「O&M拠点」、部品の製造・組立など風力発電関連産業を集積した「産業拠点」の4つの拠点機能の集積を進めている。また、響灘の港湾区域では、大規模洋上ウインドファームとして、2025年度には25基の風車が運転を開始する計画となっている。さらに、将来的には響灘の港湾区域に限らず、九州をはじめ西日本エリア全体の一般海域等の風車の設置やメンテナンスなど、風力発電に関わる様々なサービスの提供体制の確立を目指している。

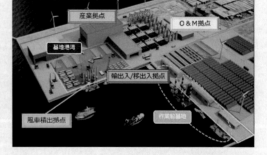

資料）北九州市

注49【関連リンク】「2050年カーボンニュートラル実現のための基地港湾のあり方に関する検討会とりまとめ資料」
　　　出典：国土交通省
　　　URL：https://www.mlit.go.jp/kowan/kowan_tk6_000073.html

（2）インフラ空間等における太陽光発電等の導入・利用拡大

（インフラ空間等における太陽光発電等の導入・利用拡大）

　既存のインフラ等を活用し、再生可能エネルギーの導入・利用拡大を図ることが重要である。官公庁施設や空港、港湾などにおいて、本来の機能を損なわず、周辺環境への負荷軽減に配慮した上で、太陽光発電等の可能な限りの導入を進めている。

図表 I-2-2-8　　インフラ空間等における太陽光発電等の導入・利用拡大

公的賃貸住宅・官庁施設	道路	空港	港湾
公的賃貸住宅(UR、公営住宅)への太陽光発電の導入推進 ・新築について、今年度より原則設置化 ・既存について、導入を推進 官庁施設(合同庁舎)への導入推進 ・新築施設は標準的に導入を図る ・既存施設には導入可能性調査の結果を踏まえ、導入拡大を検討	道路空間を活用した、太陽光発電等の導入を推進 ・道路において太陽光発電施設を試験的に導入 ・道路における太陽光発電施設設置のための技術指針を検討・策定予定  道路における太陽光発電施設活用	空港の再エネ拠点化の推進 ・太陽光発電を含む、空港脱炭素化のための工程表を策定(2月)するとともに、計画ガイドラインを策定(3月) ・空港法を改正し(今国会提出)、空港の再エネ拠点化を推進 (2030年までに230万kW規模の再エネの導入を目指す。) ※写真提供:関西エアポート㈱	港湾における太陽光発電の導入推進 ・コンテナターミナル等の管理棟、上屋・倉庫等への導入ポテンシャル等について検討  横浜港
鉄道・軌道施設	公園	ダム	下水道
鉄道・軌道施設における太陽光発電等の導入推進 ・鉄道資産活用型・沿線地域連携型の再エネ導入の事業可能性を検討 ・取組促進に係る官民協議会を本年秋に設置予定  東京メトロ提供　丸ノ内線四ツ谷駅	国営公園、都市公園への太陽光発電等の導入推進 ・国営公園において既存施設屋上等への導入拡大を推進 ・都市公園において実態調査を踏まえた導入推進を検討  海の中道海浜公園	ダム等における自家用水力発電、太陽光発電の導入推進 ・ダム管理施設における自家用水力発電を未導入箇所に導入(2030年約2,800万kwh増)等 利水放流設備　発電設備 自家用発電所　※発電所内	下水道における太陽光発電の導入推進 ・下水処理場の上部空間を利用した太陽光発電の導入を推進(2030年19,000万kwh増※)  下水処理場の上部空間を活用した太陽光発電 ※全処理場における水処理施設の上部(未利用部分)空間に設備を導入した場合の設置ポテンシャルとして設定

資料）国土交通省

（空港における太陽光発電等の導入・利用拡大）

　空港については、空港の再生可能エネルギー拠点化に向けて太陽光発電の導入を促進している。空港周辺は高さ制限があることから、空港及びその周辺の広大で平坦な土地において、太陽光発電を導入するポテンシャルは高いと考えられる。またターミナルなどの建築物の屋根への設置など導入可能な部分への集中的な導入を促進している。

I

第2章

脱炭素社会の実現に向けた国土交通分野における取組み

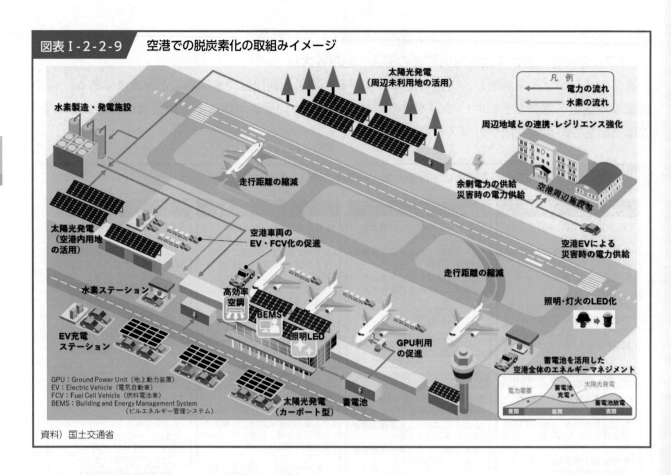

図表 I-2-2-9　空港での脱炭素化の取組みイメージ

資料）国土交通省

　例えば、中部国際空港では、2021年5月、「セントレア・ゼロカーボン2050」を宣言し、空港からの二酸化炭素排出実質ゼロを目指し、空港の地上施設からの二酸化炭素排出削減を図るために、空港内の建物の屋根や敷地を利用した太陽光発電を導入することとしている。また、同空港貨物地区内では、フォークリフト約70台のうち11台が水素燃料によって稼働しており、その水素燃料は、オンサイト方式[注50]で、産業車両用水素充填所に設置した太陽光パネルから発電した電力を用いて水の電気分解により生成したグリーン水素[注51]を利用している。今後、中部臨空都市と一体となり、「再生可能エネルギーの拠点化」を目指すこととしている。

注50　オンサイト方式とは水素ステーション内部にて水素を製造するものであり、水素ステーション外部から水素を輸送してくるものをオフサイト方式という。
注51　「グリーン水素」とは再生可能エネルギーを使い、製造過程において二酸化炭素を排出せずにつくられる水素のことをいう。また化石燃料をベースとしてつくられた水素は「グレー水素」といい、水素の製造工程で排出された二酸化炭素を、回収し貯留・利用することで、製造工程の二酸化炭素排出をおさえた水素は「ブルー水素」という。

図表 I-2-2-10　中部国際空港内における産業車両用水素充填所とフォークリフト

資料）中部国際空港株式会社

（下水道におけるエネルギーの有効活用）

　下水道における資源・エネルギーの有効利用に対しては、社会資本整備総合交付金等による支援や「下水道リノベーション推進総合事業」における地域バイオマスの集約化、地域エネルギーの活用に向けた計画策定から消化ガス利用施設や下水熱交換施設等の施設整備までの一体的な支援を実施している[注52]。

　今後とも、あらゆる分野で、インフラ等を活用した再生可能エネルギーの導入・利用拡大を図ることが重要である。

図表 I-2-2-11　地域バイオマスの集約化と下水道熱の利用

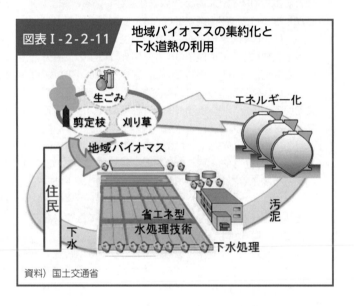

資料）国土交通省

注52　下水道整備、バイオマス発電事業の具体的な取組みについては、第Ⅱ部第8章第4節4コラム「令和3年度国土交通大臣賞『循環のみち下水道賞』グランプリ 恵庭市「都市代謝施設の集約化を活かした資源・有効利用の取り組み」」参照。

インタビュー Interview

企業の積極的な脱炭素対策に向けて
（日本気候リーダーズ・パートナーシップ　共同代表　三宅香氏）

　脱炭素化に向けては、企業の積極的な脱炭素対策が欠かせない。持続可能な脱炭素社会実現を目指す企業グループである日本気候リーダーズ・パートナーシップ（JCLP）の三宅香氏に、日本企業の動向や今後の課題についてお話しを伺った。

■脱炭素は競争優位から営業許可証へ

　脱炭素の取組みは、過去にはCSR（企業の社会的責任）の一環とみなされていたものの、日本でも競争の源泉と認識される時代になった点で進展していると思う。しかしながら、世界の潮流としては、脱炭素の取組みなくして競争の場にすら立てない状況も生じつつあり、脱炭素は企業にとっての競争優位から営業許可証の位置付けへと変化していると感じている。日本企業は、未だ競争優位の段階で足踏みしている向きもあり、課題だと考えている。また、日本と諸外国とで熱量の違いを感じることもある。例えば、日本では、脱炭素の取組みに必要な世の中の体制が整っていない中で、脱炭素化が難しいと考える見方があると思う。他方で、欧米では、その環境をどう変え得るかを考える向きがあると思う。一社で難しければ他社と協力したり、サプライチェーン全体を巻き込んだりすることを含め、日本の産業界でも環境を変えていく動きが生じることが望ましい。

　また、世界的に脱炭素に取り組まざるを得ない状況になっていると思う。グローバル企業であれば、世界標準に合わせて変わっていく必要がある。特に海外から投資を受けている企業は、海外投資家からの脱炭素の要求もあり、より広範囲での改革が求められる中で、意識が高まっていると思う。例えば、JCLPの活動に参画する企業は、他社との情報交換を行ったり、海外事例を学んだりすることを機に触発されて、個社では困難なことも企業の枠を超えて取り組む動きとなっている。

■企業の取組例（イオン株式会社の例）

　イオン株式会社の場合、二酸化炭素排出量の約9割が電力由来であり、電力に関する取組みが一丁目一番地である。

　まず、省エネルギー対策が重要である。これは「濡れ雑巾を絞ること」に例えられるが、80年代からの取組みである中、「もう絞る余地はない」との見方もあるものの、絞り方を変えればさらに絞れる点について改めて考える必要がある。現在は、AI（人工知能）など新しい技術もあり、これまで人の手で雑巾を絞っていた部分を

機械で絞ることも可能となり、省エネルギー対策に継続して取り組むことが大切である。これら省エネルギー対策により、一定程度、二酸化炭素排出量削減を図ることが可能である。

　また、再生可能エネルギーを作ることも重要である。大型ショッピングセンターのみならず、小型ショッピングセンターやコンビニ、ドラッグストアに至るまで、屋根があれば太陽光発電設備を設置するようにしている。その上で不足する分については、再生可能エネルギーを購入することとしている。

　ここで、エネルギーの地産地消が一つのキーワードだと考えている。再生可能エネルギーが普及した場合、時間帯による電力の過不足への対応として、面的にエネルギーを融通し合う考え方が重要だと思う。イオン株式会社では、充放電の取組みを進めていくことで、ショッピングセンターが平時も災害時も地域のエネルギー面でのハブとして機能することを取組みの一環として考えている。地域におけるエネルギー面での自立が可能となれば、災害に対してレジリエントであることにも繋がる中、地域内で電力を融通し合う取組みが日本全体に広がっていくことが重要だと考えている。

■脱炭素化に向けて、地域に根差した企業活動が重要

　脱炭素化に向けて、産学官連携の観点では、「官」については国のみならず、今後は地方公共団体の役割が大きくなっていくと考えている。国土交通関連企業には、住宅、建設、不動産、交通といった地域密着型の企業も多く、それぞれの地域をどう設計すべきかとの観点に立って、地域に根差した企業活動が重要である。また、このような企業の取組みに対して、地方公共団体がどう連携し得るかも大切なポイントである。国や大企業など全体の動きのみならず、その地域とどう向き合うかとの視点に立って企業活動を行うことが一層重要になると思う。

❸ 水素・アンモニア等のサプライチェーンの構築

　脱炭素化に当たって水素・アンモニアは新たな資源であるとともに、新たな 2030 年の政府目標としても位置づけられ、その社会実装に向けて、長期的に安価な水素・アンモニアを安定的かつ大量に供給していくことが必要である。また、我が国は海洋国家であり、国内での水素製造とともに、海外からの安価な水素を確保するためには、海上輸送による水素のサプライチェーン構築に向けた取組みが欠かせない。

　ここでは、水素・アンモニア等のサプライチェーンの構築に向けた国土交通分野の取組みとして、海事・港湾分野での技術革新・社会実装に向けた取組みをみていく。

（1）水素・アンモニアを運び、水素・アンモニアで走る

（水素・アンモニアを運ぶ）

　水素・アンモニアを海外から運ぶために必要な技術の開発に向けて、液化水素の長距離大量輸送技術の開発を進めている。2021 年 12 月には、日本とオーストラリアの間で液化水素運搬船による実証運航を世界に先駆けて実施した。今後も、技術開発・社会実装の加速化により、我が国の海事産業の国際競争力を強化していくことが重要である。

　2030 年までに国際サプライチェーン及び余剰再生可能エネルギー等を活用した水素製造の商用化の実現を目指し、水素運搬船を含む各種輸送・供給設備の大型化や港湾における受入環境の整備を進めていく。

（水素・アンモニアで走る「ゼロエミッション船」の開発）

　我が国は、2021 年 10 月に「国際海運 2050 年カーボンニュートラル」を目標とすることを表明し、同年 11 月に、これを世界共通の目標とすることを目指して国際海事機関（IMO）の会議に提案した。

　一方で、この目標の達成に当たっては、水素・アンモニア等を燃料とするゼロエミッション船の導入・普及が不可欠である。このため、グリーンイノベーション基金を活用した国産エンジンを含むゼロエミッション船の技術開発・実証を実施しており、2028 年までのできるだけ早期の商業運航実現を目指している。

　海事立国である我が国としては、こうした革新的な技術の開発やその社会実装を世界に先駆けて実施することにより、新たな市場を取り込み、世界のカーボンニュートラルへの貢献とともに、我が国海事産業の国際競争力強化につなげていく。注53

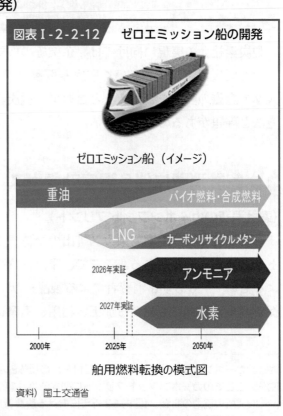

図表 I-2-2-12　ゼロエミッション船の開発

ゼロエミッション船（イメージ）

舶用燃料転換の模式図

資料）国土交通省

注53　海運における省エネ・低炭素化の具体的な取組みについては、第Ⅱ部第8章第1節2（6）②参照。

（2）カーボンニュートラルポート

　港湾は、輸出入貨物の99.6％が経由する国際サプライチェーンの拠点であるとともに、我が国の二酸化炭素総排出量の約6割を占める発電所、鉄鋼、化学工業等の多くが立地する臨海部産業の拠点、エネルギーの一大消費拠点である。

　また、港湾地域は、水素・アンモニア等の輸入拠点となるとともに、これらの活用等による二酸化炭素排出削減の余地も大きい地域である。

　このため、水素・燃料アンモニア等の大量・安定・安価な輸入・貯蔵等を可能とする受入環境の整備や、港湾オペレーション及び港湾立地産業の脱炭素化を図るカーボンニュートラルポート（CNP）[注54]の形成が重要である。

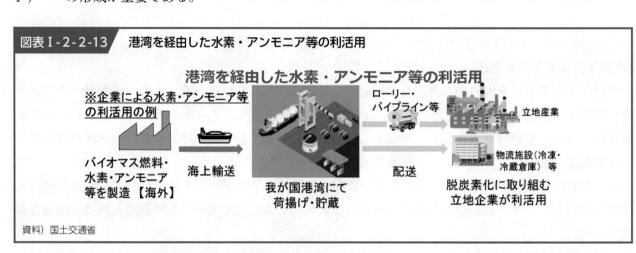

図表Ⅰ-2-2-13　港湾を経由した水素・アンモニア等の利活用

資料）国土交通省

第3節　脱炭素型ライフスタイルへの転換に向けた取組み

　脱炭素社会の実現に向けては、企業等の取組みによる技術革新とともに、わたしたちの暮らしそのものを脱炭素型に変えていく取組みも重要である。ここでは、人々のライフスタイルに焦点を当て、人々の意識の動向を踏まえるとともに、脱炭素型の暮らし方を取り入れていくためには、どのような方法と課題があるのか考察する。[注55]

❶ 家計消費に伴う温室効果ガス

（家計消費のカーボンフットプリント）

　家計消費に伴う温室効果ガス排出の全体像を把握するためには、家計消費のカーボンフットプリントを考慮する必要がある。ここで、家計消費のカーボンフットプリントとは、一般家庭の最終消費によるもの[注56]であり、消費者による製品やサービスの購入・使用に伴う一連の温室効果ガス排出を捕捉すべく、原材料調達から加工、利用、廃棄に至る過程での排出量を考慮している。このため、家計

注54　カーボンニュートラルポート（CNP）の具体的な取組みについては第Ⅱ部第8章第1節2（6）④参照。
注55　ここでのカーボンフットプリントに関する推計値や脱炭素型ライフスタイルの選択肢は、国立研究開発法人国立環境研究所の協力のもと、「国内52都市における脱炭素型ライフスタイルの選択肢」のデータや記述に基づき記載している。
注56　家計消費のカーボンフットプリントからは、政府による支出や公共投資、設備投資などの固定資本形成に伴う温室効果ガス排出量は除外される。また、国の温室効果ガス削減目標に用いられる生産ベースの排出量とは異なる計算方法に基づくため、家計消費のカーボンフットプリントと数値が一致しない点に留意する必要がある。

による燃料使用など直接排出のみならず、購入した製品・サービスに伴う間接排出が含まれることとなり、家計需要により排出される温室効果ガスの全体像を認識する観点で効果的である。国立環境研究所[注57]の推計によると、家計消費のカーボンフットプリントは我が国全体の約6割であり、このうち住居及び移動に関するもので約3割を占めていると推計されている。

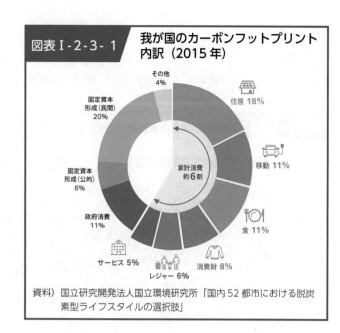

図表 I-2-3-1　我が国のカーボンフットプリント内訳（2015年）

その他 4%
固定資本形成（民間） 20%
住居 18%
移動 11%
食 11%
固定資本形成（公的） 6%
政府消費 11%
消費財 8%
レジャー 6%
サービス 5%
家計消費 約6割

資料）国立研究開発法人国立環境研究所「国内52都市における脱炭素型ライフスタイルの選択肢」

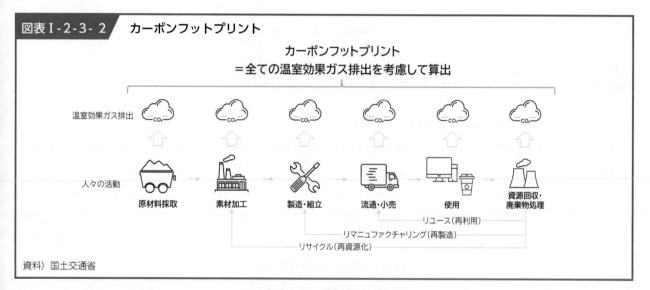

図表 I-2-3-2　カーボンフットプリント

カーボンフットプリント
＝全ての温室効果ガス排出を考慮して算出

温室効果ガス排出

人々の活動
原材料採取 → 素材加工 → 製造・組立 → 流通・小売 → 使用 → 資源回収・廃棄物処理

リユース（再利用）
リマニュファクチャリング（再製造）
リサイクル（再資源化）

資料）国土交通省

（住まいと移動のカーボンフットプリント削減に向けたアプローチ）

　家計消費のカーボンフットプリント削減に向けて、住まい方や移動手段に加えて、暮らしを支える製品やサービス消費を含め、これまでの日常生活のあり方を二酸化炭素排出削減の観点から見直すことによる脱炭素型ライフスタイルへの転換が重要である。特に、住まいと移動の側面から、「無駄を避ける（アボイド）」、「方法を変える（シフト）」、「環境配慮技術を活用する（インプルーブ）」の3つの視点を取り込むことが効果的である。

　例えば、使わない部屋の暖房を消すといった、住まいでの無駄なエネルギー消費の回避などの節電行動や、混雑を避けた移動による渋滞の回避など、消費総量の抑制により、「無駄を避ける（アボイド）」が可能となる。また、通勤方法を車から自転車通勤へ変えることなどにより、「方法を変える（シフト）」が可能となる。さらに、次世代自動車や省エネルギー住宅などへの転換により、「環境配

注57【関連リンク】
　　脱炭素型ライフスタイルの選択肢
　　出典：国立研究開発法人国立環境研究所
　　URL：https://lifestyle.nies.go.jp/

第2章　脱炭素社会の実現に向けた国土交通分野における取組み

慮技術を活用する（インプルーブ）」が可能となる。

　このような3つの視点からのアプローチにより、脱炭素型ライフスタイルを取り入れていくことで、わたしたちの暮らしに起因する二酸化炭素排出量を削減していくことが重要である。

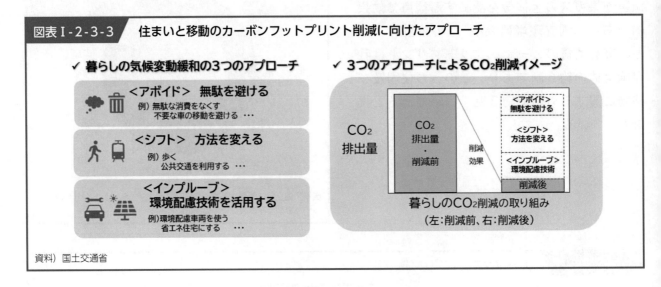

図表I-2-3-3　住まいと移動のカーボンフットプリント削減に向けたアプローチ

✓ 暮らしの気候変動緩和の3つのアプローチ

＜アボイド＞ 無駄を避ける
例）無駄な消費をなくす
不要な車の移動を避ける …

＜シフト＞ 方法を変える
例）歩く
公共交通を利用する …

＜インプルーブ＞ 環境配慮技術を活用する
例）環境配慮車両を使う
省エネ住宅にする …

✓ 3つのアプローチによるCO₂削減イメージ

CO₂排出量

CO₂排出量・削減前

削減効果

＜アボイド＞無駄を避ける
＜シフト＞方法を変える
＜インプルーブ＞環境配慮技術
削減後

暮らしのCO₂削減の取り組み
（左：削減前、右：削減後）

資料）国土交通省

② 脱炭素型ライフスタイルの取組み状況・意向

（脱炭素型ライフスタイルの取組み状況・意向）

　国民意識調査[58]では、人々の脱炭素型ライフスタイルの人々の取組み状況と今後の取組み意向をたずねた。

　脱炭素型ライフスタイルのために人々が取り組んでいる項目については、エネルギー節約行動や消費財の長期使用、宅配の再配達の防止の取組率[59]が高く、比較的取組みやすいことがうかがえる。また、住まい方については、エコ住宅への住み替えや、再生可能エネルギーの利用への取組率に比して、LED照明の利用やヒートポンプなどの効率的な設備利用についての取組率が高い。移動については、電気自動車への買い替えなど効率的な自動車の取組率に比して、テレワークなどを通じた移動機会の低減、マイカーからバス・電車・自転車への移動手段の転換の取組率が高いなど、取組みやすさに差があることがうかがえる。

　一方で、今後の取組み意向（取り組んだことはないが、今後取り組む予定、取り組みたいものの具体的な予定はない）については、エコ住宅への住み替えや再生可能エネルギーの利用、電気自動車への買い替えなどの項目で高くなっており、人々の関心の高さがうかがえる。

注58 国民意識調査の概要は、第I部第2章第1節3コラム「地域の生活環境と地域住民の生活の質」参照
注59 ここで取組率は、「日常生活で（既に）取り組んでいる」、「取り組んだことがある・ときどき取り組んでいる」と回答した人を指す。

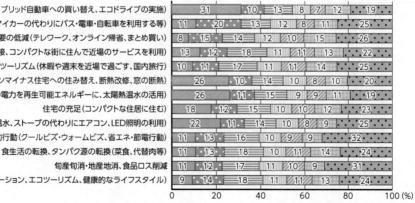

図表 I-2-3-4　脱炭素型ライフスタイルの取組み状況・今後の取組み意向

次の脱炭素型ライフスタイルのための取組みについて、あなたの日常生活における取組み状況を教えてください。

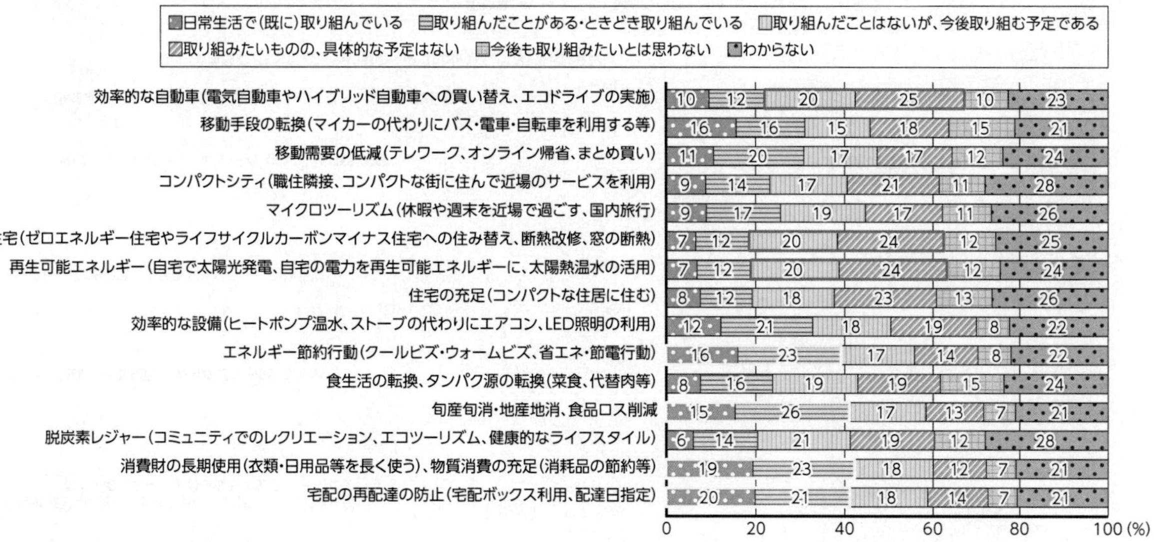

（注）n = 1,229 人の複数回答
資料）国土交通省　「国民意識調査」

また、脱炭素型ライフスタイルに十分に取り組めていない理由として、4人に1人以上が「お金がかかるから」と回答しており、費用が課題の一つであることがうかがえる。

図表 I-2-3-5　脱炭素型ライフスタイルに十分に取り組めていない理由

次の脱炭素型ライフスタイルのための取組みについて、あなたが日常生活で十分に取り組めていない、または、取り組みたいと思わない理由は何ですか。

（注）n = 1,229 人の複数回答
資料）国土交通省　「国民意識調査」

また、世代別に脱炭素型ライフスタイル取組み状況を見ると、年代別では、60歳以上では、日用品等の消費財の長期使用や宅配の再配達の防止に取り組んでいる割合が比較的高い。一方、若年層では、脱炭素レジャーやマイクロツーリズム、再生可能エネルギーに取り組んでいる割合が比較的高い。

図表 I-2-3-6　世代別脱炭素型ライフスタイル取組み状況

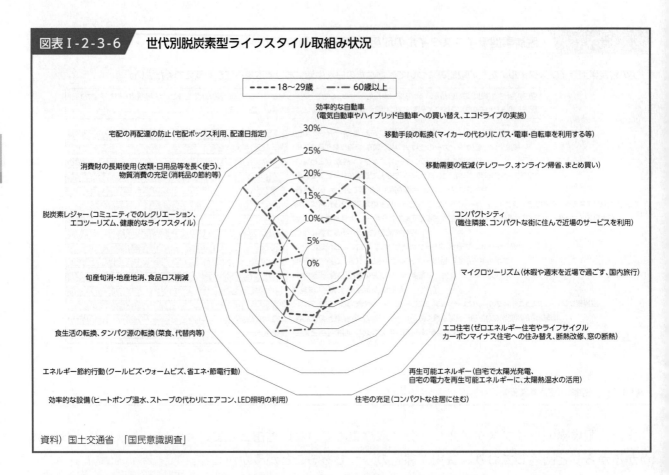

資料）国土交通省　「国民意識調査」

③ 家計消費に伴う温室効果ガス排出削減に向けて

　国民意識調査によれば、脱炭素型ライフスタイルを取り入れるために、必要なサポートの内容については、「価格が安いこと」に次いで、「生活の不便さを伴わないこと」や、「二酸化炭素削減以外の付加価値があること（快適、健康、安全・安心など）」であることがわかる。脱炭素型ライフスタイルの取込みに向けては、費用負担感を伴わないことに加え、生活の利便性維持等、二酸化炭素排出量削減以外の付加価値が求められており、脱炭素化に向けた地域づくりに当たっては、快適さや健康などの生活の質に関する付加価値の創出が重要であることがうかがえる。

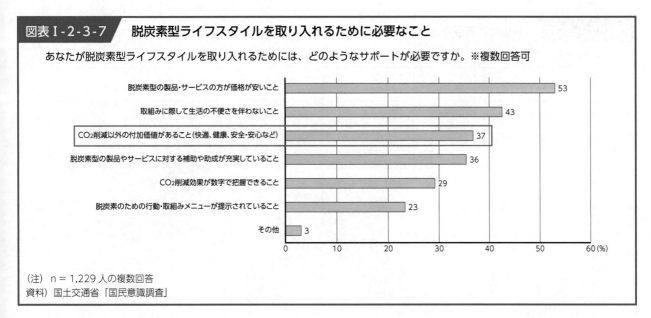

図表 I-2-3-7　脱炭素型ライフスタイルを取り入れるために必要なこと

あなたが脱炭素型ライフスタイルを取り入れるためには、どのようなサポートが必要ですか。※複数回答可

脱炭素型の製品・サービスの方が価格が安いこと　53
取組みに際して生活の不便さを伴わないこと　43
CO_2削減以外の付加価値があること(快適・健康、安全・安心など)　37
脱炭素型の製品やサービスに対する補助や助成が充実していること　36
CO_2削減効果が数字で把握できること　29
脱炭素のための行動・取組みメニューが提示されていること　23
その他　3

(注)　n = 1,229 人の複数回答
資料)国土交通省「国民意識調査」

　また、脱炭素に向けた社会の仕組みについて重要なものをたずねたところ、「脱炭素型の公共設備やインフラ整備」と答えた人が多く、これらの取組みが求められていることがうかがえる。

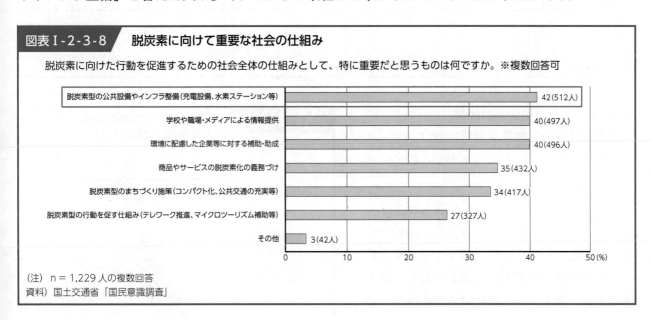

図表 I-2-3-8　脱炭素に向けて重要な社会の仕組み

脱炭素に向けた行動を促進するための社会全体の仕組みとして、特に重要だと思うものは何ですか。※複数回答可

脱炭素型の公共設備やインフラ整備(充電設備、水素ステーション等)　42(512人)
学校や職場・メディアによる情報提供　40(497人)
環境に配慮した企業等に対する補助・助成　40(496人)
商品やサービスの脱炭素化の義務づけ　35(432人)
脱炭素型のまちづくり施策(コンパクト化、公共交通の充実等)　34(417人)
脱炭素型の行動を促す仕組み(テレワーク推進、マイクロツーリズム補助等)　27(327人)
その他　3(42人)

(注)　n = 1,229 人の複数回答
資料)国土交通省「国民意識調査」

(移動のカーボンフットプリント)

　移動のカーボンフットプリントを人口規模別にみると、人口規模の小さい都市では、自動車の占める割合とともに移動のカーボンフットプリントが大きい傾向にあり、移動に自家用車を利用する機会が多いことが要因であることがうかがえる。

　移動のカーボンフットプリント削減に向けては、例えば次世代自動車の普及を支える環境整備などを含めて、脱炭素型の移動を支える環境の整備が必要である。

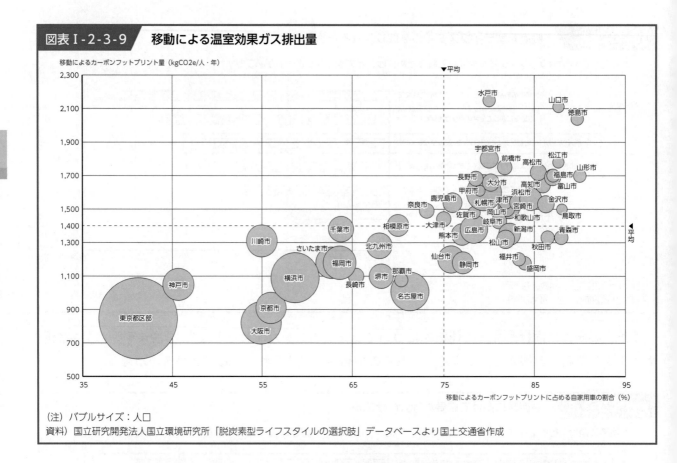

図表 I-2-3-9　移動による温室効果ガス排出量

移動によるカーボンフットプリント量（kgCO2e/人・年）

（注）バブルサイズ：人口
資料）国立研究開発法人国立環境研究所「脱炭素型ライフスタイルの選択肢」データベースより国土交通省作成

（世帯当たり二酸化炭素排出量）

　世帯当たりの二酸化炭素排出量は、北日本から中国地方にかけての日本海側を中心に多くなっている。

　世帯当たりの二酸化炭素排出量を減少するためには、エコ住宅への住み替えや断熱改修など、住宅分野での脱炭素型ライフスタイルの取込みが効果的であると考えられる。高断熱高気密の住宅は、二酸化炭素排出削減に寄与するのみならず、快適さや健康面のメリットもある[注60] ことから、戸建住宅購入者向けに住宅の省エネルギー性能のメリットに関する情報提供を講ずることが効果的である。また、新築戸建のみならず、賃貸住宅についても省エネルギー性能を表示する取組みの促進が重要である。

図表 I-2-3-10　都道府県別の二酸化炭素排出量
（家庭部門、世帯当たり）

1世帯当たりの年間CO2排出量[t-CO2]
■ 5.0 t-CO2以上
■ 4.0 t-CO2以上5.0 t-CO2未満
■ 3.0 t-CO2以上4.0 t-CO2未満
■ 3.0 t-CO2未満

資料）環境省「部門別CO2排出量の現況推計（2018年度）」、総務省「住民基本台帳に基づく人口、人口動態及び世帯数調査（2018年度）」より国土交通省作成

注60 国土交通省では様々な広報媒体を用いて戸建購入予定者向けにエコ住宅の理解増進を図っている。
　　【関連リンク】
　　ご注文は省エネ住宅ですか？
　　出典：国土交通省
　　URL：https://www.mlit.go.jp/jutakukentiku/shoenehou_assets/img/library/setsumeigimumanga.pdf

第2章　脱炭素社会の実現に向けた国土交通分野における取組み

コラム Column　在宅勤務による住宅でのエネルギー消費への影響

第1章第1節に記述したとおり、2020年度の二酸化炭素総排出量は、新型コロナウイルス感染拡大の影響等により減少したものの、家庭部門では在宅時間の増加の影響等から4.5％増加となった。

コロナ禍により世界的に社会のトレンドが変化した中、我が国においても在宅勤務が拡大した。東京商工リサーチ「新型コロナウイルスに関するアンケート調査」によれば、2020年の緊急事態宣言が発出された時期、大企業では約8割、企業全体でも約6割の企業が在宅勤務を実施したとされている。

在宅勤務の実施や外出自粛など社会変化に伴い、住宅のエネルギー消費にも影響を及ぼしていることが考えられる。実際に、総務省「家計調査」によると、2020年度の全国の消費支出の変化について、「光熱・水道」が対前年度比で増加に寄与した。このような中、建築研究所では、2020年、在宅勤務による住宅でのエネルギー消費の変化に関する実態調査を実施した。この結果、夏場の冷房使用時間の増加等により、約3割の世帯で月電力消費が増加しており、その増加に気づいていない人が約半数いた。また、住宅における電力消費の増加傾向とともに、増加の自覚がない世帯があることが確認され

たため、同研究所においては、住宅の省エネルギー性能の向上に加え、エネルギー消費量を自覚した節電行動や、住宅の使用部屋数の抑制など住まい方を含め、エネルギー消費の面から望ましい在宅勤務の住まい方を検討することとしている。

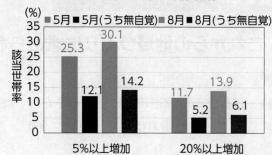

調査対象世帯の消費電力の変化
（2020年5月・8月、対前年比）

資料）国立研究開発法人建築研究所　環境研究グループ
（注）調査対象：2020年4月の緊急事態宣言の対象となった7都府県（東京都、埼玉県、千葉県、神奈川県、大阪府、兵庫県、福岡県）の1,000世帯

第3章　気候変動時代のわたしたちの暮らし

第3章では、気候変動時代を見据えた新しい地域づくりの状況（第1節）を考察するとともに、これらの先にある気候変動時代のわたしたちの暮らしを展望する（第2節）。

第1節　気候変動時代の暮らしを見据えた地域づくり

1 これからの地域づくりに求められるもの

（脱炭素と強靱性の両輪）

今後、進行する地球温暖化に歯止めをかけ、気象災害リスクを軽減するため、気候変動の緩和策としての脱炭素化の取組みは必要不可欠であり、わたしたち一人ひとりの取組みが果たす役割は大きい。

しかしながら、地球温暖化は、我が国におけるカーボンニュートラル目標の2050年までの間、更に、カーボンニュートラルの世界的な達成以降も、物理の法則により、当面の間は進行することが予測されており、増大する気象災害リスクへの対応は重要性を増していくと考えられる。

このような中、気象災害リスクを可能な限り抑えるためにも、脱炭素化により気温上昇幅を抑えつつ、わたしたちは気候変動に適応し、なお残存する気象災害リスクに対応していかなければならない。

このことは、気候変動時代の暮らしを見据えた新しい地域づくりに重要な示唆を与えている。気候変動対策では、脱炭素（緩和策）のみならず、強靱性（適応策）の考慮が必要であり、平時はもちろん、災害時など非常時にも有効な方策を組み込むことが重要である。例えば、分散型の再生可能エネルギーの導入は、脱炭素化のみならず、災害時のエネルギー自給の観点も兼ね備えていることから、災害から地域住民の命と財産を守り抜くための防災・減災対策とともに、気候変動時代の暮らしを安心の側面から支えていく観点で効果的である[注1]。

（気候変動時代の地域づくりに向けて）

気候変動時代の暮らしを見据え、脱炭素で強靱な地域づくりが求められる中、計画的な整備が必要となる交通インフラなどの社会基盤は、地域の温室効果ガスの排出状況に影響を与えるため、脱炭素化に配慮した社会基盤づくりを中長期的な視野で取り組む必要がある。

今後、脱炭素化に向けて、多くの地域で多様な取組みが進展していくと考えられるが、これと同時に将来にわたって活力ある地域社会を維持するため、地域ごとに異なる資源や特性を地域自らが活かし、それぞれ異なる課題に対応することが重要である[注2]。この際、第2章で記述したとおり、脱炭素

注1　気象災害への適応策（防災・減災）に取り組む観点については、気候変動による気象災害リスクを的確に予測し、それを組み入れた防災施策とすることが必要であるが、これら防災施策については、第Ⅱ部第7章第2節「自然災害対策」参照。

注2　地方公共団体が各自の戦略に沿って施策の企画立案、事業推進、効果検証を進めていくに当たり、これまでも国は情報面・人材面・財政面等から伴走的な支援を行っている。

には技術革新・社会実装の要素が必要となる局面もあることから、新技術の導入や地域内外の企業との連携など、外部の資源も取り入れていくことも効果的である。

② 気候変動時代の地域づくりに向けて

　気候変動時代の地域づくりに向けて、地域の脱炭素化に加え、災害に強いまちづくり、生活の質の向上などの地域課題を解決した強靱で活力ある地域社会を実現することが必要である。ここでは、住まい、移動、まちづくりの3つの局面から、脱炭素化に向けた取組みと強靱で活力ある地域づくりに焦点を当てて、国内外の先駆的な取組みを中心に紹介する。

（1）住まい
　わたしたちの暮らしの根幹となる住まいについて、戸建住宅、集合住宅、町営住宅等の順に取組み事例を紹介する。

■住宅の高断熱高気密化（やまがた健康住宅による地域活性化、山形県）
　山形県は寒冷地であり、冬期の暖房用エネルギー消費量は全国平均を上回っており、環境負荷の観点での課題に加え、住宅内の寒暖差による健康被害が課題となっている。特に、同県によれば、住宅でのヒートショックによる入浴事故の死者数は年間200人以上と推測されており対策が急務である。
　このため、県独自の高断熱高気密住宅「やまがた健康住宅」の普及促進を図っている。「やまがた健康住宅」とは、最も寒い時期の就寝前に暖房を切っても、翌朝の室温が10度を下回らない断熱性能と、その断熱効果を高める気密性能を有する住宅であり、その性能を県が認証している（設計適合件数、2018年度〜2021年度累計228件）。

　「やまがた健康住宅」の普及に当たっては、県産材の使用の促進とともに、地元の気候風土などを熟知した県内の工務店による施工も推進しており、住民の健康・快適さとともに、光熱費を抑えて家計を支え、地域経済にも貢献することを目指し、二酸化炭素排出量削減に留まらない地域への裨益の実現を図っている。

図表 I -3-1-1　やまがた健康住宅による地域活性化

資料）飯豊町

■ニアリー・ゼッチ・マンション（災害時も安心な集合住宅）
　災害に強い中層共同の省エネルギー住宅の取組みも進展している。例えば、兵庫県芦屋市のニアリー・ゼッチ・マンションは、高断熱で省エネルギー性能の高い共同住宅であり、太陽光発電と燃料電池を全住戸に導入することで、共同住宅で、基準一次エネルギー消費量に対し設計一次エネルギー消費量を約79%削減しているとともに、冷暖房効率が高く快適な生活空間を提供している。また、共用部分のエネルギー管理も行うことで、災害時等の停電時にも、生活用水、エレベーター、照明、非常用コンセントの利用等が約1週間可能な体制を整えており、共同住宅でも自宅でエネルギーの自給を行い生活維持できる、レジリエントで安心な住まいを醸成している。

I

第3章　気候変動時代のわたしたちの暮らし

図表 I -3-1-2	ニアリー・ゼッチ・マンション

資料）株式会社大京

■町営住宅・道の駅への分散型エネルギー導入（災害時にエネルギー自給を実現した健康・防災拠点、千葉県睦沢町）

　睦沢町は、房総半島の穀倉地帯に位置し、人口7千人足らずの少子高齢化の課題を抱える自治体である。町は、健康支援型をテーマとし、町営住宅と道の駅が一体となった「むつざわスマートウェルネスタウン」をＰＦＩ手法により整備し、まちづくりや移住定住促進の拠点として、官民連携により運営している。同タウン内では、太陽光に加え地元産ガスを活用した分散型エネルギーを発電し、地中化された自営線とマイクログリッドにより道の駅や町営住宅へ送電するとともに、発電時の廃熱をタウン内の温浴施設で利用するなど、環境配慮と災害時の拠点化を考慮した設計となっている。実際に、令和元年房総半島台風時には、大規模な停電被害が町内全域で数日間生じたが、同タウン内では自営線の被害もなく早期復旧が可能となり、発災後も電気の供給が維持された。これにより、約800人以上の町民へ温浴施設でのシャワー提供や携帯電話充電の提供が可能となり、防災拠点（エネルギー自給拠点）として機能した。エネルギー事業の運営は、民間ノウハウの活用に加え、町商工会等の地元出資（無配当）の協力もあり、町の財政圧迫を避けた持続可能な仕組みが考慮されており、今後とも、地域の健康支援と防災拠点としての機能を担っていくこととしている。

図表 I -3-1-3	むつざわスマートウェルネスタウン

スマートウェルネスタウン（地域優良住宅）
（自営線が地中化され、無電柱化が図られている）

令和元年房総半島台風時
（停電後5時間後に復旧し、電気を供給）

資料）左：むつざわスマートウェルネスタウン株式会社
　　　右：株式会社 CHIBA むつざわエナジー

コラム Column　スウェーデン、シンガポールの事例（住まい）

諸外国においても、地域特性に応じた住まいの脱炭素化の取組みが進展している。ここでは自然エネルギーの活用に取り組むスウェーデン・マルメ、大都市でのビルの緑化に取り組むシンガポールについて紹介する。

■住宅の省エネルギー化・再生可能エネルギー利用 （スウェーデン・マルメ）

マルメ市は、スウェーデン南西部に位置する人口約35万人の都市である。同市は、1980年代以降、造船所や他の工場などの跡地を再開発し、持続可能な低炭素地区への再生に取り組んでおり、この再生の発端となったのが、同市のウェスタンハーバー地区である。同地区は、1990年代まで造船業の影響により環境汚染の課題を抱えていたものの、現在は住宅やオフィスビルが立ち並ぶ暮らしやすい空間となっている。

スウェーデンは、冬季の暖房に要する消費エネルギーが大きく、建物のエネルギー性能は中央政府により定められている。マルメ市は、その気候と持続可能性に関する目標の達成に向けて、政府の基準を上回る独自の建物のエネルギー性能要件を設けるといった省エネルギー対策とともに、風力など地域の自然エネルギーの活用による、再生可能エネルギーの地産地消が企図されている。具体的には、多くの建物には太陽光パネルが設置され、電力とともに熱供給が賄われており、約3,000㎡の太陽光パネルが地域熱供給ネットワークを支えている。また、ほぼ全ての住居が地域暖房を活用しており、そのエネルギーは廃棄物の焼却熱や太陽熱により賄われている。これにより、ウェスタンハーバー地区で生活する約1万人の人々は、自然エネルギーを最大限に利用した住宅で環境に配慮しつつ暮らしを行っている。今後、同市では、2030年までに市が必要とするエネルギーの100%を再生可能エネルギーで賄うことを目指している。

■大都市での緑化 （高温多湿への対応と吸収源対策（シンガポール））

シンガポールは、赤道に近く、高温多湿な熱帯地域にある大都市国家であり、建物からの二酸化炭素排出量が全体の20%を占めている。このため、建物の緑化は持続可能な目標の達成と気候変動への対応のために重要な戦略として位置づけられている。

同国では国土の緑化運動が進められてきたが、建物の緑化を推進するために、建築建設庁（BCA）では、2005年にBCAグリーンマーク認証制度を開始し、熱帯気候に適応した室内環境性能やエネルギー効率等について認証を行っている。BCAによれば、2020年末時点で4,000以上の建築プロジェクトがBCAグリーンマーク基準を満たしており、基準を満たした建物の総床面積は1億2,300㎡と、同国の建築ストックの総床面積の43%以上をカバーしており、快適な屋内環境と緑豊かで持続可能な建物での暮らしの実現が図られている。同国では、シンガポール・グリーンビルディング・マスタープランによって、2030年までに建物の総床面積の80%をグリーンマーク認証建物とすること等を定めており、建築物の更なる緑化を進めている。

Gardens by the Bay

ウェスタンハーバー地区

資料）copyright of the City of Malmö

Parkroyal Collection Pickering

資料）シンガポール政府観光局

（2）移動

　わたしたちの暮らしに欠かせない移動について、日常生活を支える自家用車や公共交通での移動に加え、過疎地での移動困難者への新しい取組みを紹介する。

■次世代自動車の多目的利用（非常時にも役立ち誰もが移動できるモビリティ、愛知県豊田市）

　豊田市は、人口約42万人であり、自動車産業を有するモノづくりの町であるとともに、交通事故件数や二酸化炭素排出量の削減が課題である。また、市域の約7割が森林であり、モノづくりの担い手が急速に高齢化していく中、自動車分担率は72.9％（高齢者では約82％）であり、特に山間部の高齢者の移動支援が課題である。

　このような中、市は、環境に優しい次世代自動車の持つ多様な価値をこれら社会課題に繋げることで、次世代自動車のメリットを最大化し、社会に役立つクルマとしての普及に官民連携により取り組んでいる。具体的には、平常時は次世代自動車を乗用車としてだけでなく、電源付きの車内をテレワーク等の場（オフィス）として活用する実証などを実施している。また、次世代自動車の外部給電機能に着目し、災害時には非常用電源として家庭や避難拠点にて給電する体制を構築する等、次世代自動車を増やすことはもちろん、次世代自動車を避難所等に配車するマッチングシステムの活用実証や、市民への普及啓発に取り組んでいる。また、過疎対策として、山間地での高齢者の外出を促進すべく、低速で安全に運転できる次世代自動車のシェアリングや、農作業をしやすい次世代自動車の導入を支援するなど、交通安全と外出促進（生きがいづくり）に向けて取り組んでいる。

　このように、次世代自動車の多目的利用を目指し、環境配慮と地域課題の同時解決を図り、誰もが移動できる地域づくりを目指している。

図表 I-3-1-4　豊田市での次世代自動車の多目的利用に向けた取組み

  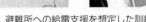 

市民への給電方法デモ　　　　　　　　　　　避難所への給電支援を想定した訓練

資料）豊田市

■車両と建築物とのエネルギー総合管理（バス営業所への給電も可能な電気バス、阪急バス株式会社他）

　阪急バス株式会社は、大阪大学の各キャンパスを結ぶ学内連絡バスとして、2021年10月に大型電気バス2台の運行を開始し、バス運行のゼロエミッション化を図っている。また、運行時以外の時間帯に、バスに蓄電した電力をバス営業所へ給電し、バス車両と建築物とのエネルギー総合管理を実施している。BCP（事業継続性）の観点から、災害時の給電利用も企図している。さらに、走行時の充電残量の経過データや気象データを管理システムへ反映し、運行の最適化を図るための検証を関西電力株式会社も交えた産学連携で行っている。2022年4月より、一部区間において一般路線での供用も開始され、地域交通を脱炭素の面からも支えている。

図表 I -3- 1 -5	バス営業所への給電も可能な電気バス

資料）　阪急バス株式会社

■道の駅を拠点としたドローン物流（ドローン公共配送サービスによる買い物支援、長野県伊那市）

　伊那市は、長野県のアルプス山岳地帯に位置しており、その山あいの集落は少子高齢化による移動困難者や買い物難民を抱えている。また、山あいの集落へのトラック輸送は、ドライバー不足や採算性の面で課題がある。

　このため、市が運営主体となり、官民連携により、自治体運営としては日本初となるドローン物流による買い物支援サービス「ゆうあいマーケット」の運用を開始した。具体的には、市から委託を受けた地元ケーブルテレビ会社がテレビリモコンで注文を受け、発注を受けた地元商店等が国道152号沿線の道の駅「南アルプスむら長谷」のドローンポートへ商品を搬入する。当該道の駅のドローンポートから山間の集落の着地点まで、最大約10kmの"空の道"（河川上空のドローン幹線航路）をドローンで輸送し、集落のボランティア等が着地点から高齢者等の自宅まで届ける仕組みである。

　市では、新産業技術による持続可能なデジタル田園都市に向けて、住民や企業と連携して取組みを進めている。具体的には、2018年8月から大手通信会社と市内ケーブルテレビや小売業者等と開発実証を進め、2020年8月から中山間地域の買い物困難者65世帯（2022年4月現在）への市事業として開始している。月1,000円の定額使用料等は、住み続けるために必要な「福祉」としての位置づけとして、支え合い買物サービス条例により定めている。ドローンや空の三次元地図の活用といった新技術・企業ノウハウ（外部資源）を取り込みつつ、ラストワンマイルで地元住民を介することで高齢者の安否確認にも役立てている。

　今後は山岳地域への大容量運搬や、レベル4飛行（第三者上空における補助者なし目視外飛行）の解禁による市街地への輸送エリア拡大の検討、災害等における物資輸送や河川施設の点検等マルチユースの観点での活用も取り組んでいく。

図表 I -3- 1 -6	ドローン公共配送サービスによる買い物支援

資料）伊那市

コラム Column デンマーク、フィンランド、タイの事例（移動）

　海外では、移動の脱炭素化に向け、様々な取組みが行われている。ここでは、自転車の活用促進に取り組むデンマーク・コペンハーゲン、都市交通のMaaSに取り組むフィンランド・ヘルシンキ、また温室効果ガスの削減と生活の質の向上を目指すタイ・バンコクの取組みについて紹介する。

■自転車の活用促進
（環境政策と連動した交通計画、コペンハーゲン）

　デンマークの首都コペンハーゲンは人口約62万人であり、欧州モビリティ週間（European Mobility Week）賞を2006年に受賞した実績がある。2025年までのカーボンニュートラル達成を目指す「コペンハーゲン2025年気候計画」を2012年に策定し、交通分担率については、車を25%以下に抑えるとともに、通勤・通学の50%を自転車とする目標を設定している。なお、2019年でのコペンハーゲン市の交通分担率については、車が30%と最も高いものの、自転車が28%と2番目に高く、以下公共交通（タクシーを除く。）と徒歩がそれぞれ21%である。

　当該計画に連動して同市が策定した「グリーンモビリティのための行動計画」（Action Plan for Green Mobility）は、自転車、公共交通を含むグリーンモビリティについて、都市計画に取込むとともに、鉄道駅及びバスターミナルでの物理的改善を通じた自転車と公共交通の接続強化のほか、自転車と公共交通の魅力向上による利用拡大の数値目標を設定している。また、通勤者のニーズを優先し、公共交通と接続する通勤を容易にすべく、鉄道駅に近接して計画されるサイクル・スーパーハイウェイも、デンマーク首都地域の周辺自治体等と連携し、順次整備を進めている（初のルート開通は2012年）。

自転車専用道路と鉄道車内の自転車スペース

資料）左）"Troels Heien, City of Copenhagen"
　　　右）国土交通政策研究所

■都市交通でのMaaS
（都市交通の脱炭素化と利便性向上、ヘルシンキ）

　ヘルシンキは、人口約65万人のフィンランドの首都である。同市における二酸化炭素排出量のうち5分の1を運輸部門が占めている。同市では、運営事業者MaaS Globalが「Whim」というアプリを通じて、バス、トラム、レンタカー、タクシー等、各種移動手段

のルート検索、予約、決済機能を一元化し、サブスクリプション型の料金体系を提供している。

　公共交通機関の利便性を向上させることで、自家用車から公共交通による移動へのシフトを促しており、「Whim」の利用者に限っては、サービス導入前後で、公共交通の利用が増加し、自家用車利用が減少している。

MaaSイメージ

資料）copyright of MaaS Global

■温室効果ガスの削減と生活の質（QOL）の向上を目指す「QOL-MaaS」の取組み（「QOL-MaaS」、バンコク）

　タイのバンコクでは、1999年に初めて高架鉄道が開業して以降、市内の鉄道網が20年間で約20kmから210kmに拡大するなど、早い進捗で整備が進んできた。しかしながら、所得上昇に伴って自家用車利用が急増し、通勤時渋滞は未だ激しく大気汚染も深刻となり、生活の快適さを示すQOLの低下が危惧されている。この状況を受け、タイ政府機関・バンコク都庁と中部大・タマサート大、JICA・JSTなどが協力し「QOL-MaaS」の開発が進んでいる。

　通常の経路検索システムが、通勤・買物等の生活活動作の時間・場所を所与としたうえで車や鉄道など移動による最短経路検索をするのに対し、「QOL-MaaS」では年齢、性別など個人属性で異なるニーズに応じてQOLを最大化する一日の活動・移動の順列組み合わせを推奨することにより、社会の交通需要を抜本的に削減しつつ一人一人が最も快適に移動できる、コロナ後にも適した行動変容を促すシステムが構築される。

　目指すは、個人のQOL向上と、道路渋滞や大気汚染による経済損失等の社会コスト低減同時達成である。

バンコクの交通渋滞

資料）独立行政法人国際協力機構

（3）まちづくり

　住まいや移動を含め、わたしたちの暮らしの場を形成するまちづくりについて、地方部でのコンパクト・プラス・ネットワークの取組みに加え、大都市での面的なエネルギー利用、災害に強いまちづくり等の順に紹介する。

■コンパクト・プラス・ネットワーク（まちの賑わいと移動の環境負荷低減、長野県小諸市）

　小諸市は、人口減少と高齢化をはじめ、商業施設等の郊外化等による中心市街地の賑わいの低下、市役所・図書館・病院等の老朽化等が課題である中、中心拠点に市役所・病院・図書館・コニュニティーセンター等の賑わいの核となる施設の集約再編を実施し、コミュニティの持続化等を目的としたコンパクトなまちづくりを進めている。これに併せて、市庁舎等（市役所・図書館・市民交流センター）と病院で、建物間の熱融通による省エネルギーと電力の一括受電による環境負荷の低減等にも取り組んでいる。

図表Ⅰ-3-1-7　コミュニティバス「こもろ愛のりくん」

注）乗降場所は、自宅のほか指定乗降場所が183箇所（病院、商業施設等）あり、5地区と共通エリアに分け各地区への往復をおおむね1時間に1本の頻度で運行している。

資料）小諸市

　また、公共交通の利用促進による環境負荷の軽減とともに、高齢者を中心とした外出機会の創出や通院や買い物など日常生活の不便さを軽減すべく、2015年10月から「暮らしをささえる」交通システムとしてコミュニティバス運行事業「こもろ愛のりくん」を実施している。今後も賑わいの拠点形成を図り、笑顔と健康のまちづくりを進めるべく取り組んでいる。

■大都市での面的なエネルギー利用（都市型マイクログリッド構想、東京都・大丸有地区）

　大手町・丸の内・有楽町エリアは、大規模ビルが集積しており（約120haの敷地に約100棟、総延床面積約800万㎡）、約28万人の就業人口を有するなか、環境価値の最大化と社会経済活動の最大化を図る次世代のまちづくりに向け、都市型の面的エネルギーの構築に向けて取り組んでいる。また、平日ビジネスアワーのエネルギー需要集中と災害時の業務継続の重要性を背景に、大規模停電等への対応やエネルギーの安定供給が求められる。

　このため、業務継続力強化と脱炭素化に貢献する「都市型マイクログリッド」の実現を目指し、「エネルギーまちづくりアクション2050」に取り組んでいる。具体的には、地域冷暖房ネットワークを最大限活用し、熱電供給の総合効率性の向上に加え、再生可能エネルギーの導入とエリア内に確保する自営電源を一体的に運用するまちづくりを通じて、平時の環境価値の向上とともに非常時のエネルギー自立体制を構築することとしている。

Ⅰ

第3章　気候変動時代のわたしたちの暮らし

| 図表 I -3-1-8 | 「都市型マイクログリッド」の実現を目指す大丸有地区 |

資料）三菱地所株式会社

■災害に強いまちづくり（防災コンパクトシティ、岡山県倉敷市）

　倉敷市では、コンパクトで安全なまちづくりに取り組むことが課題となっている。市域を高梁川が流れ、洪水浸水想定区域が広く指定されており、支川小田川との間に位置する真備地区では想定浸水深が大きく、「平成30年7月豪雨」で同地区は、堤防決壊により甚大な浸水被害が発生した。

　このため、過度な自家用車利用から公共交通を利用して暮らすライフスタイルへの転換を促進することで、環境への負荷を低減するなどコンパクトなまちづくりを推進するとともに、防災・減災対策によるリスクの回避を組み合わせ、浸水対応型の災害に強いまちづくりを推進している。具体的には、洪水等による浸水エリアにある交通インフラ等の都市基盤が整備された市街地で、災害リスクを低減すべく、防災指針に基づき、土地利用の規制や避難地の整備、都市基盤や建築物等の耐水対策など計画的に防災・減災に取り組んでいる。

■デジタル防災（データ利活用型スマートシティ、香川県高松市）

　高松市では、2004年、台風による高潮・洪水の影響により、中心市街地等が広範囲にわたり浸水したことから、豪雨・台風による河川の氾濫や高潮への備えが課題であった。このため、高松市では、2017年に国内で初めて「FIWARE」によるデータ連携基盤（IoT共通プラットフォーム）を構築し、防災分野でデータの一元化・可視化の取組みを開始した。また、防災のみならず、観光、福祉等の様々な分野で、データ利活用による地域課題の解決を目指した産学民官の連携を推進している。

図表 I -3-1-9	水位センサーとダッシュボード画面表示

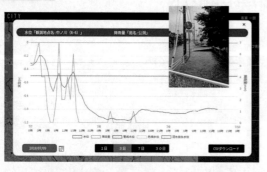

注）河川や護岸に水位センサーや潮位センサーを設置し、香川県の防災情報も組み合わせてデータの可視化を行っている。災害時には冠水状況や避難所の使用可否をリアルタイムで確認することで、住民への正確な避難情報の提供など、早期の災害対策を行うことが可能である。

資料）高松市

■市域レベルでの再生可能エネルギーの導入・利用拡大（脱炭素・レジリエントへの対応、静岡県浜松市）

浜松市は、人口減少・高齢化や環境への配慮とともに、南海トラフ地震を想定した防災・減災が課題であり、エネルギーに対する不安のない強靱で脱炭素なまちづくりを目指している。同市は、直近10年の平均日照時間が年間2,300時間以上（全国トップクラス）であり、日照条件の良さが地域資源である。

このため、地域の強みを生かし、再生可能エネルギーによる電力自給率100％の達成により2050年カーボンニュートラルを目指す「浜松市域"RE100"戦略」を構想し、水力発電や風力発電とともに、太陽光発電に注力することにより、再生可能エネルギーの導入・利用拡大に取り組んでいる。具体的には、学校や庁舎、下水道施設など公共施設での太陽光発電設備やエネルギーマネジメントシステムの導入とともに、官民連携によるＺＥＨやＺＥＢの導入促進等により省エネルギー対策を徹底しつつ、エネルギーの見える化や教育・普及啓発を含めて総合的な取組みを行っている。

今後、市内の総消費電力に相当する電気を市内の再生可能エネルギーで生み出すことができる状態を確保し、再生可能エネルギーの地産地消による強靱で脱炭素な地域社会の構築を目指すこととしている。

図表 I -3-1-10	浜松市における再生可能エネルギーの導入・利用拡大

住宅屋根への設置支援

メガソーラー建設・誘致

公共施設への設置

資料）浜松市

コラム Column　フランス、フィンランドの事例（まちづくり）

　海外では、脱炭素に向けたまちづくりとして、街の特性を活かした取組みが進展している。ここでは、住民の暮らしやすさと環境負荷の低減に向けて自動車から自転車や徒歩での移動を促進する環境の整備を進めるフランス・パリ、積雪に対応した取組みを行うフィンランド・ラハティの事例について紹介する。

■「15分都市圏」（パリ）

　パリは、人口約220万人（通勤・通学圏のイル・ド・フランス地域圏を含めると約1,220万人）の大都市であるとともに、年間約9千万人が訪れる観光大国フランスの首都であるが、大気汚染や騒音、交通渋滞といった課題をこれまでも抱えてきた。こうした課題に対応するため、公共空間の改造が進められており、特に2014年以降、市街地における自家用車利用の低減、歩行者空間の増大、自転車を始めとした環境に優しいモビリティの活用、公共空間の緑化などの政策が積極的に展開され、環境負荷の低減とともに市民の暮らしやすさを支えている。

　具体的には、期間を区切った形での歩行者天国の増加や環境ステッカーの義務化（大気汚染の度合いが高い日は、排出ガスの汚染度が高い自動車はパリ市内での運転を禁止）、自動車の最高時速制限（2021年8月末よりパリ市内のほとんどの道路が30km／時の制限速度を導入）、自転車道の整備などが挙げられる。特に、ルーブル美術館やコンコルド広場にほど近いリヴォリ通りでは3車線のうち2車線が自転車専用道（残りの1車線もバス、タクシーの商用車専用）とされるなど、まちの中心部において自転車専用道の整備が積極的に行われている。この結果、パリというまちのコンパクトさも相まって、自家用自転車のほか、2007年に登場したヴェリブ（Velib'）を筆頭にシェアサイクルがまちなかで手軽に利用可能であり、近年は電動スクーターの利用者もよく見かけられるようになっている。

　また、こうした取組みを支えるまちづくりの方針の1つとして「15分都市圏」構想というものがある。これは、買い物、仕事、娯楽、文化、スポーツ、医療など、生活に必要なものすべてが自宅から徒歩15

リヴォリ通りの自転車専用道

資料）国土交通省

分、自転車5分圏内でアクセスできるという考えである。この構想の実現に当たっては、既存の施設をさまざまな形で有効活用することを基本としており、例えば、学校の校庭を開放し、市民のレクリエーションや文化活動の場としている。

■公共交通でアクセスするスキーリゾート（ラハティ）

　ラハティ市は、首都ヘルシンキから北東約100km程度に位置する人口約12万人の市であり、これまでFISノルディックスキーワールドカップが開催されたこともあるフィンランド南部の湖畔の町である。同市では、シティスキーの取組みとして、市内に配置されたスキー道具を市民間で共有し、道路凍結時や深い積雪時にも活用している。また、ラハティのスキーリゾートは市の中心部近くに立地し、観光客が公共交通機関等でアクセスできるなど、自然資本を活かした環境に配慮したリゾートの特徴を有している。このほか、循環経済に関しても先進的な取組みを実施しており、地域で発生した廃棄物の3分の1は新製品の原料として、残りの3分の2はエネルギー生産のために再利用するなどにより、同市の温室効果ガス排出量は1990年と比較して70％削減されている。今後、同市は、2025年までにカーボンニュートラルな都市になり、2050年までに廃棄物ゼロの循環経済都市となることを目指している。

「パリ15分都市圏」

資料）パリ市ウェブサイト

資料）Toivo Heinimäki / City of Lahti

資料）Panu Salonen / City of Lahti

第2節　気候変動時代のわたしたちの暮らし

1　脱炭素化に向けた人々の意識

　2050年カーボンニュートラルに向けて、企業活動や行政のみならず、日々の暮らしにおける脱炭素の取組みが重要である。これは、わたしたち一人ひとりの行動や意識にも関わってくることから、脱炭素に関する国民意識調査[注3]を行った。

(脱炭素化と生活の質に関する人々の意識)

　国民意識調査によれば、日常生活において、脱炭素に向けた行動を3人に1人が実施していると答えており[注4]、その理由・背景については、「一人一人の行動が重要だと思うから」が最も高く、「地球温暖化による大雨や熱帯夜の増加など悪い影響を懸念しているから」とともに半数以上の人の行動理由となっていることがわかった。また、「地球温暖化は人類の活動によるものであり、私自身も脱炭素に向けた取組みを実践しなければならない」との考え方に約6割[注5]の人が賛同しており、脱炭素への取組みに対して、過半数の人が義務を感じていると考えられる。また、同調査によれば、「脱炭素に向けた取組みは、暮らしを豊かにする」との考え方に賛同する人は40%、賛同しない人は40%であった一方で、「脱炭素に向けた取組みは、暮らしを不便にする」との考え方に賛同する人は37%、賛同しない人は45%であった。脱炭素に向けた取組みが個人の暮らしや生活の質に与える影響については、人々の意識が分かれていると考えられる。

　また、国際比較調査によると、気候変動対策はおおむね生活の質を向上させる機会であるとの考え方に賛同した人は多くの国で過半数を超えているが、日本では少数派にとどまり[注6]、異なる傾向となった。

(脱炭素化と生活の質との両立に向けて)

　脱炭素化に向けた取組みと暮らし向きや生活の質との関係については、人々の意識に差異があることがわかる。他方、脱炭素化に向けて多くの人々が長期的かつ継続的に取り組んでいくためには、日々の生活に脱炭素の視点が効果的かつ持続的に取り込まれていくことが必要である。今後、脱炭素化と同時に、二酸化炭素排出削減以外の付加価値(快適、健康、安全・安心など)が創出されることにより、生活の質の向上と活力ある地域社会の実現を図ることが重要である。

注3　国民意識調査の概要は、第Ⅰ部第2章第2節3コラム「地域の生活環境と地域住民の生活の質」参照。
注4　行動していると答えた人の属性は、29歳以下の若年層や60歳以上の高齢者層、大都市に居住する人ほど取組み割合が高くなっている。
注5　そう思う、ややそう思うと答えた人の合計は57%。
注6　World Wide Views on Climate and Energy による調査(76か国対象、2015年)によると、気候変動対策は概ね生活の質を向上させる機会であるとの考え方に賛同した人は約66%であり、国別にみると、日本(17%)に対し、主要国ではフランス(81%)、イタリア(81%)、デンマーク(79%)、インド(75%)、カナダ(73%)、アメリカ(67%)、中国(65%)であった。

インタビュー Interview

消費者の利便性を高める形での脱炭素化を希求すべき
（東京大学大学院経済学研究科・経済学部　教授　柳川範之氏）

　気候変動時代の暮らしを見据えて、技術革新や社会実装などイノベーションが重要である。経済財政諮問会議の有識者議員であり、経済学とともにスマートシティや不動産イノベーション[1]について研究されている柳川範之氏に、デジタル化の動向等を踏まえつつ、これからの暮らしの変化や行政に求められる視点についてお話を伺った。

■昨今の情勢を踏まえ、求められる視点について

　足元の原油価格の動向やウクライナ情勢などにより、エネルギー戦略が世界的に見直されていくことが予想される中、これまでカーボンニュートラルは未来の話しと受け止められる向きもあったものの、今後は、環境問題のみならず資源確保の側面からも、新しい暮らし方への変化が加速していくだろう。日本としても、どのような形で暮らしや産業を形作っていくべきか、改めて考える時期にあると思う。短期的には、人々の生活や企業活動面での省エネルギー行動といった需要面での行動変容の動きがあり、中長期的には供給面での行動変容に向けた動きとともに、技術革新によりエネルギー負荷を抑制していく取組みが重要になると考えている。

　暮らしの面では、消費者の住まい方や日々の生活の中で、エネルギー負荷を抑制する行動を促す施策が重要である。住まいの面では省エネルギー住宅への支援策がその一例であるが、昨今、データの利活用により、エネルギー効率の向上の程度が定量的に把握されるようになった中、エネルギー効率やエネルギー消費を上手にコントロールすることが重要である。データの利活用により、生活の中での環境負荷が見える化されることで、人々の行動変容が促進されていくと考えている。また、金融や投資家の動きとしても、企業による環境への取組み状況等を数値化する動きがあり、その正確性といった課題もあるものの、世界中でカーボンニュートラルやグリーンに関する活動の指標化・データ化の動きがある中で、実態を数値で管理するとともに活用していくことが望ましい。

■スマートシティに加え、カーボンニュートラルに近づくまちづくりを

　スマートシティは、データや技術の利活用により、暮らしやすいまちづくりを目指すものであるが、これに加え、カーボンニュートラルに近づくまちづくりが重要である。コロナ禍を契機として、このような機運が日本でも高まっていると思うが、欧州を中心として、コロナ禍以前から存在する動きでもある。欧州の方々と接した際に、スマートシティについて、データの利活用に加え、環境に優しいまちづくりや環境問題対応型のまちづくりとの観点で議論を持ち掛けられた経験もある。

　しかしながら、本来は、日本において自然と共生する住まい方やまちづくりが文化として根付いてきた中で、環境に優しいまちづくりや環境問題対応型のまちづくりについて、そのコンセプトを日本発のものとして、先進的な国として世界へ発信できた筈ではなかっただろうか。今後、スマートシティとしてそういう側面を含め、気候変動に対処し、環境への配慮を伝統的に持ち合わせた国として取り組んでいくことも大切だと考えている。

■省エネルギー・グリーン関連技術への注力が必要

　資源には限りがある中、環境負荷の少ないエネルギー開発と、これに必要な技術革新が必要である。これからの日本は、省エネルギー・グリーン関連技術の開発に向けて、より一層注力しなければならない。前述の通り、住まいの面では、省エネルギー住宅への支援も必要であるが、現在の技術を前提としたもののみならず、より省エネルギー化が図られるよう、技術革新を促すような施策も重要であり、これら技術開発への投資を促していくことも重要だろう。

　また、関連技術の例として、蓄電池については、今後技術開発の進展があれば、現在の太陽光発電等についても、相当程度、使い勝手が向上していくと考えられる。国土交通分野の範囲から少し広がる形で、省庁間での連携などがより一層重要になってくるだろう。

■消費者の利便性を高める形での脱炭素化を希求すべき

　環境負荷の低減を図る上で重要な視点として、環境のために我慢を強いるのではなく、生活面での不便さを伴うことなく、むしろ生活をより豊かに、そして利便性を高める形での脱炭素化を図ることが大切である。これは技術の活用により達成できるものだと考えてお

---

1 【関連リンク】
　「不動産イノベーション研究センター」https://www.crei.e.u-tokyo.ac.jp/

り、脱炭素に向けて持続的に取り組んでいく上で重要な視点である。

　そもそも、気候変動問題には様々な意見やスタンスがあり、それは価値観の違いのようなものと認識しており、政策としてアプローチできることには限りがあるのではないかと思う。持続可能性という課題に対し、どれほど厳しい状況に置かれているか共有し合い、意識を互いに高めていくことが重要であるが、気候変動問題や持続可能性に対する危機意識は、国や個人によって大きく異なっている。例えば欧州では、今取り組まなければ今後の生活がより一層憂慮されることから、環境のために我慢することが、将来の豊かさに結び付くと捉えられているように思う。

　このとき、一律に我慢や行動制約を強いるのではなく、生活を豊かにしながら環境に優しいというWin-Winの関係をつくらなければ、行動変容の観点で持続可能性につながりにくい。消費者の利便性を高める形で脱炭素化を図るべく、省エネルギーで環境に優しい製品を企業が開発していくことがポイントである。例えば、移動の面では、電気自動車や太陽光発電などの技術革新により、脱炭素化を効果的に図ることが可能である。電気自動車が乗り心地が悪くてスピードも出ないということであれば、消費者は仕方なく電気自動車に乗り換えることになる。一方で、電気自動車がその特性を活かして、今のガソリン車にはない利便性を提供し、乗り心地やスピードも良いようであれば、消費者は喜んで電気自動車に乗り換えるだろう。むしろ、環境問題や脱炭素化という目標があったからこそ、より便利で乗り心地のよい乗り物の選択が可能となったとも説明できる。消費者の利便性を高める形での脱炭素化により、Win-Winの関係で必要な取組みが進展していく。そのような開発が企業により実施されるような誘導措置が重要になるのではないか。

　また、移動の面では、人々の移動のタイミングに着目し、オンラインを効果的に取り入れていくことも重要である。近年、コロナ禍によりリモートワークが普及した。感染症対策としてオンラインを余儀なくさ

れる場合のみならず、感染症対策が不要の場合でも、人々が不便を感じないところでオンラインが活用されることで、不要な移動の回避による環境負荷の低減が可能となる。どのような場面でリアルに人や物を動かすのか、どのような場面でリモートを使うのかを考えながら、まちづくりに取り組む視点も大切である。

　さらに、歩いて暮らせるまちやウォーカブルシティの観点は、環境に優しいまちができることにつながると同時に、利便性やイノベーションの側面からも重要である。例えば、人々が離れて住んでいて車を使って集まるより、また、車で移動する人に無理に自転車で移動させるより、近くに住むようになれば自然と歩いて集ったり自転車で集ったりすることとなる。そして、このような暮らし方が便利だ、このようなまちが良い、ということになれば、環境負荷低減のために都市をコンパクト化したとしても、結果的にはわたしたちの暮らしはより良くなることにつながると思う。

■カーボンニュートラルにつながる技術革新や新しいイノベーションに向けて

　企業の目線では、環境負荷低減に向け、二酸化炭素排出削減に資する製品開発や技術革新に費用をかけて取り組む局面もあると思うが、この他、より細かいレベルでも実施できることがある。人々の住まい方や移動での利便性を損なわず、あるいは高めた上で環境に優しい活動やサービスを提供すべく、コロナを契機に働き方や暮らし方も大きく変化した中で、例えば不動産や観光・交通など国土交通分野の企業活動に当たって工夫の余地もあるように思う。

　カーボンニュートラルが大きく叫ばれている中、カーボンニュートラルにつながる技術革新や新しいイノベーションが企業や業界に大きなメリットをもたらす可能性も高いと思う。この観点で、足元での政策的な支援策の有無といった範囲を超えて、グリーンイノベーションを起こせる余地があるのか否か、企業や業界の大きな戦略として真剣に考えていく時期にきていると思う。

② 気候変動時代のわたしたちの暮らし

　前章までに記述したとおり、脱炭素に向けて、国内外で取組みが進展しており、脱炭素技術の開発や関連するイノベーションへの投資等が趨勢となっている。革新的技術を社会実装すること等を通じ、2050年カーボンニュートラルと生活の質や利便性の向上の実現が期待される。今後の脱炭素に向けた技術革新等を見据え、気候変動への対策とともに生活の質の向上が図られていく側面に焦点を当て、想定される暮らしの変化の例について、日常生活の局面ごとにイラストを用いて紹介する。

（1）住まいの変化

　住まいの断熱性・気密性が高まることで、夏は涼しく冬は暖かい住まいとなり、健康的で快適な暮らしが可能となる。また、太陽光発電などに必要な蓄電池といった設備とともに省エネルギー効果の高い家電等も普及し、エネルギー消費が効率化されて光熱費が抑えられている。電気自動車など各家庭の次世代モビリティも蓄電池として活用され、太陽光発電設備とともに災害時には非常用電源としてエネルギー自給を支えることで、これら住まい方の変化による二酸化炭素排出量の減少のみならず、安心で快適な暮らしがもたらされている。さらに、エネルギー効率の高い自宅でのテレワークにより、家庭での時間が有効活用される中で、VRなどの利活用により、自宅にいながらオンライン観光を本格的に楽しむような過ごし方も可能となり、通勤や外出などに伴う環境負荷が軽減されている。

| 図表 I -3-2-1 | 住まいの変化のイメージ |

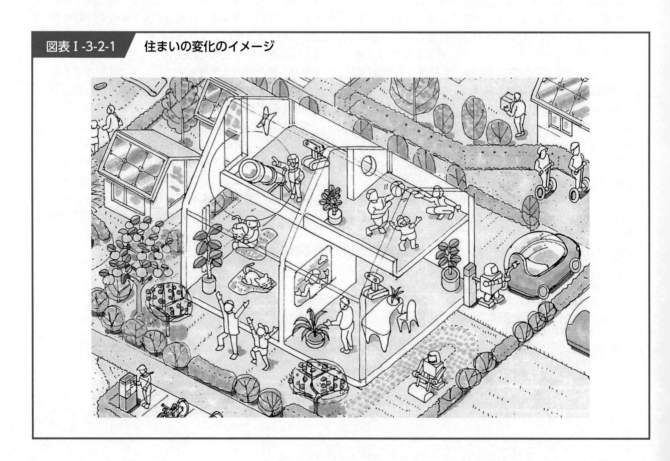

（2）まちなか・移動の変化

　まちなかでは、駅前の空間や公共・商業施設等の周辺空間が歩行者を中心としたものへと変化し、人々にとって過ごしやすく居心地のよい空間となるとともに、鉄道やバスなどの公共交通はもちろん、自転車や新たなモビリティなどの利用もしやすくなり、外出機会の増加にもつながっている。また、自動運転モビリティや自転車等のシェアリングの普及等とも相まって、従来の駐車場や駐輪場などの施設空間が公園や広場としても利用できるようになり、子どもの遊び場の確保やカフェなど民間活用も促進されることで、居心地のよい良好な都市環境となっている。

　まちなかのビルや施設では、太陽光等の再生可能エネルギー設備を備えたゼロエネルギー・ビル化が進み、地域材の活用とともに利用者が過ごしやすい屋内環境が整えられている。また、まちなかのエネルギーの面的利用が進むことで、施設等の効率的なエネルギー消費とともに災害時など停電時のエネルギー自給が支えられ、企業等の業務継続性の観点からも災害に強いまちづくりが醸成されている。

　さらに、緑豊かな歩行空間やビルなどの緑化の進展に加え、次世代モビリティの普及に伴って大気の改善も進み、歩きたくなるまちなかの創出や自動車への依存度の低下による環境負荷の低減とともに、体を動かす機会の増加による人々の健康への効果ももたらされるようになる。

| 図表Ⅰ-3-2-2 | まちなか・移動の変化のイメージ |

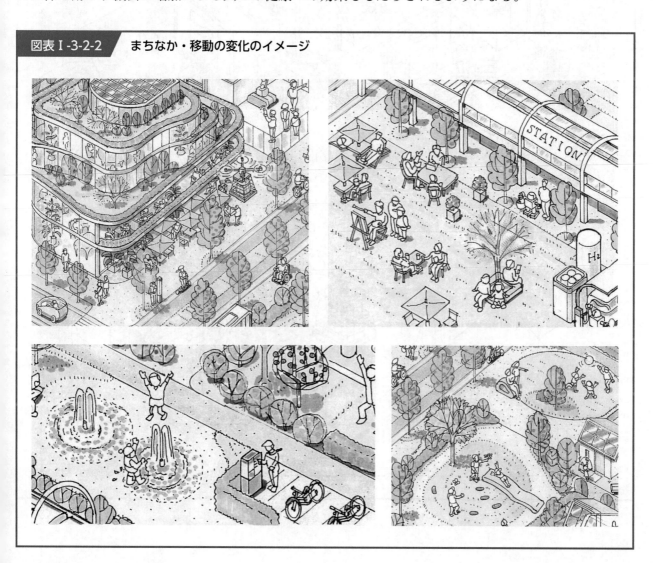

（3）モノの輸送の変化

　ロボット配送の実現により、まちなかで宅配トラックからのラストワンマイル輸送が自動化・省力化されるとともに、山間部や離島などではドローンによりグリーン物流が可能となるのみならず、自宅にいながら荷物の受け取りを行う機会が提供され、買い物のためだけに移動を余儀なくされることも少なくなり、環境負荷の低減にも寄与すると期待される。

図表Ⅰ-3-2-3　モノの輸送の変化のイメージ

（4）基幹インフラの役割の多様化

　日々の暮らしに必要不可欠なエネルギーについては、その供給拠点として自然エネルギーが最大限活用されており、環境負荷が軽減されている。例えば、洋上風力や小水力発電、バイオマス発電などにより、再生可能エネルギーの地産地消が進んでいる。

図表Ⅰ-3-2-4	自然エネルギーを活かした発電環境のイメージ

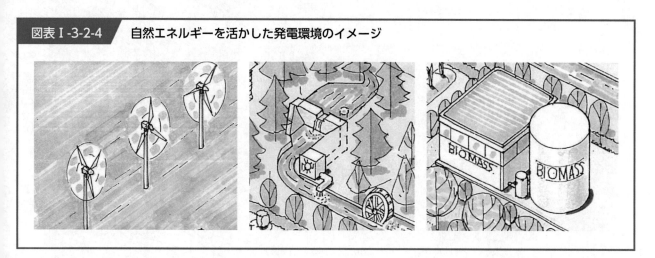

　さらに、地域の基幹インフラはエネルギーの拠点ともなっており、例えば空港はその敷地の広さを活かして太陽光発電等の拠点となるとともに、港湾は水素・アンモニアの輸入受け入れや貯蔵・配送の拠点となっている。これらのエネルギーや生活物資などの物流を担う船舶や航空機については、バイオ燃料等の持続可能な燃料や水素等の新エネルギーを活用し、環境負荷を低減した輸送が実現されている。

図表Ⅰ-3-2-5	基幹インフラのエネルギー拠点のイメージ

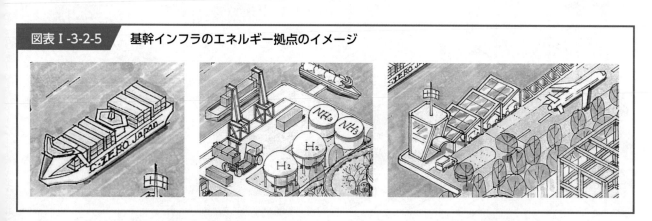

　このように、住まいや移動、まちなかや自然環境、そして基幹インフラまでの至る所で、その特性を活かした取組みが進展することにより、気候変動時代のわたしたちの暮らしが支えられていく。

第Ⅱ部
国土交通行政の動向

第1章　東日本大震災からの復旧・復興に向けた取組み

第1節　復旧・復興の現状と対応策

　東日本大震災からの復旧・復興事業については、国土交通省の最優先課題の一つであり、一日も早い復興を目標に、被災者の声に耳を傾けながら全力で取り組んできた。その結果、道路、鉄道、港湾等の基幹インフラの復旧・整備や住宅の再建・復興まちづくりのハード事業は、地震・津波被災地域ではおおむね完了した。

　一方で、震災から11年を迎えた今でも、被災者が未だに不自由な生活を強いられている被災者も多く、様々な課題が残っている。特に福島県では人口減少、高齢化が進行するとともに、今なお多くの方々が避難生活を余儀なくされるなど、その復興・再生は道半ばである。

　こうした状況を踏まえ、国土交通省としては引き続き、本省、地方整備局、地方運輸局等のそれぞれの現場において、被災地の皆様に寄り添いながら、総力を挙げて取組みを進めていくとともに、令和3年3月に閣議決定された「「第2期復興・創生期間」以降における東日本大震災からの復興の基本方針」に基づき、被災地の多様なニーズに対応しながら復興の完遂に向けて取り組んでいく。具体的には、残る基幹インフラの事業の早期完了に向けて着実に事業を推進するとともに、復興・再生の拠点となる市街地の整備や、観光復興の促進など被災地の生活や生業の再建に向け取り組む。

図表 II-1-1-1　公共インフラの本格復旧・復興の進捗状況（令和4年1月末時点）

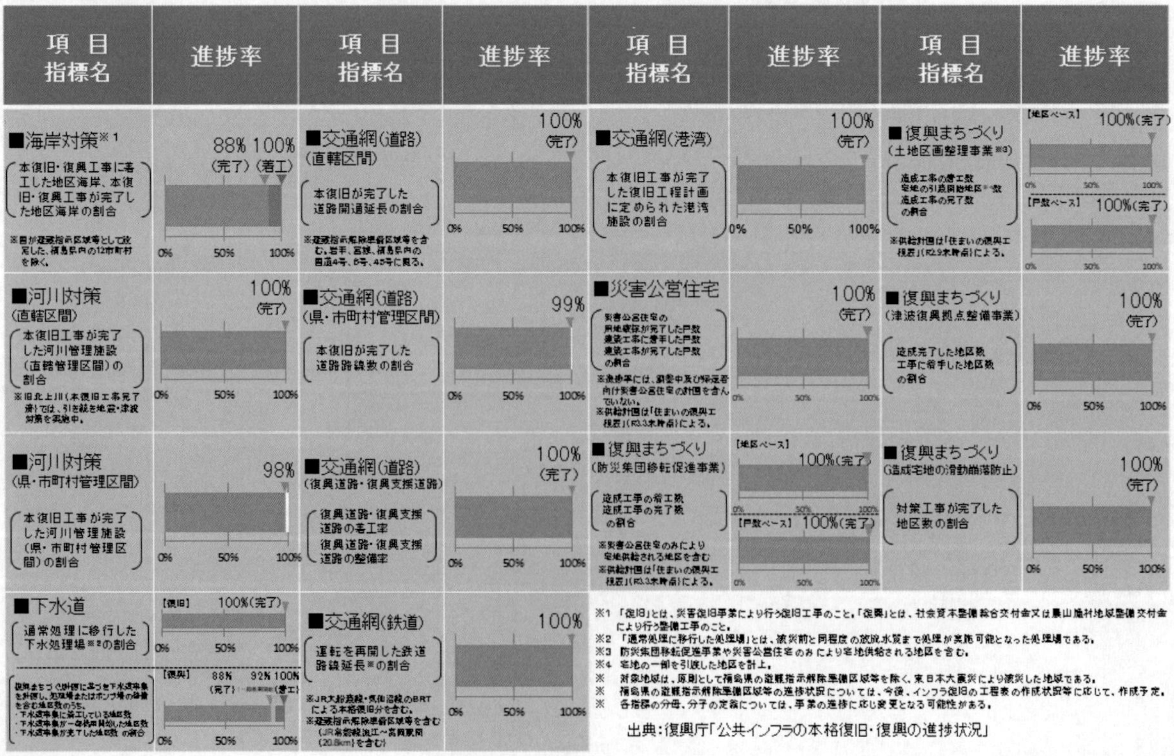

出典：復興庁「公共インフラの本格復旧・復興の進捗状況」

第2節　福島の復興・再生等

　東京電力株式会社の福島第一原子力発電所の事故発生を受け、福島県全体の避難者数は、約3.4万人[注1]に及んでいる。これまでに居住制限区域、避難指示解除準備区域のすべてで避難指示が解除された。帰還に向けた環境整備を進め、帰還支援策や新生活支援を一層深化するとともに、事業・生業や生活の再建・自立に向けた取組みを拡充していく必要がある。また、帰還困難区域においては、双葉町、大熊町、浪江町、富岡町、飯舘村及び葛尾村における特定復興再生拠点区域復興再生計画について認定を行い、それぞれ整備を開始している。令和2年3月には、双葉町、大熊町、富岡町の特定復興再生拠点区域の一部区域の避難指示の解除を初めて行い、同月にはJR常磐線が全線開通している。

　国土交通省としては、特定復興再生拠点区域外への帰還・移住も見据え、道路等のインフラの復旧・整備や復興・再生の拠点となる市街地の整備を着実に進めるとともに、観光復興の促進や、「福島イノベーション・コースト構想」の推進のため、福島ロボットテストフィールドにおけるドローンや空飛ぶクルマの実現のための環境整備など、被災地の生活や生業が再建できるよう取り組んでいく。

第3節　インフラ・交通の着実な復旧・復興

　国土交通省が所管する公共インフラについては、本格復旧・復興へ向けて、事業計画及び工程表に基づき、着実に整備を推進している。今後も、被災地の要望を踏まえつつ、東北の復興を一日でも早く実現するよう取り組んでいく。

第4節　復興まちづくりの推進・居住の安定の確保

　被災者が住まいの確保について見通しを持てるよう、地方公共団体からの報告に基づき、民間住宅等用宅地の供給及び災害公営住宅の整備の見通しを取りまとめた「住まいの復興工程表」を踏まえ、復興まちづくりの推進・居住の安定の確保に取り組んできた。また、独立行政法人住宅金融支援機構による災害復興住宅融資等を引き続き行っている。被災市町村における人員やノウハウの不足を補い、円滑に事業を進める必要がある。

　このため、被災地方公共団体等への人的支援や、被災地方公共団体の発注業務の負担を軽減する発注方式の導入、独立行政法人都市再生機構の活用等により、事業の推進を支援しているほか、事業の効率的な実施のための手続に関する通知等による技術的支援や、支援施策を取りまとめたウェブサイト「復興まちづくり情報INDEX」の公開等による情報提供を行っている。

（1）復興まちづくりの推進

　復興まちづくりにおいては、住民の居住に適切でないと認められる区域内にある住居の集団的移転を支援する防災集団移転促進事業や、津波被災市街地における現地再建や、高台等への移転先の宅地整備等を行うにあたって、宅地と道路等の公共施設を一体的に整備するなど総合的なまちづくりを支援する被災市街地復興土地区画整理事業等を実施してきた。

注1　福島県「平成23年東北地方太平洋沖地震による被害状況即報（第1784報）
　　（https://www.pref.fukushima.lg.jp/uploaded/attachment/492265.pdf）より

令和2年12月末時点で、防災集団移転促進事業については、「住まいの復興工程表」に基づき実施された324地区（8,336戸）の造成工事が完了した。また、土地区画整理事業については、「住まいの復興工程表」に基づき実施された50地区（民間住宅等用宅地9,395戸）の宅地造成工事が完了した。

（2）居住の安定の確保

居住の安定を迅速に確保するため、自力での住宅再建・取得が可能な被災者に対しては、独立行政法人住宅金融支援機構による災害復興住宅融資について融資金利の引下げ等を行っているほか、宅地に被害が生じた場合についても支援するため、災害復興宅地融資を実施している。また、既往の貸付けについても、最長5年間の払込み猶予・返済期間の延長や、猶予期間中の金利引下げ措置を実施している。

また、自力での住宅再建・取得が困難な被災者に対して、地方公共団体が災害公営住宅を供給しており、家賃低廉化等に係る費用に対する支援及び譲渡に係る特例措置を講じている。

さらに、東京電力株式会社福島第一原子力発電所事故に係る対応として、避難指示区域に居住していた方々（避難者や帰還者）に対して、地方公共団体が災害公営住宅を供給しており、整備や家賃低廉化等に係る費用に対する支援及び入居者資格や譲渡に係る特例措置を講じている。これら災害公営住宅については、令和2年12月末時点で、岩手県、宮城県では、それぞれ「住まいの復興工程表」に基づく計画戸数5,833戸、15,823戸がすべて工事完了し、福島県では、計画戸数が未確定な帰還者向け及び調整中の原発避難者向けを除き、7,997戸がすべて工事完了した。

第5節　東日本大震災を教訓とした津波防災地域づくり

東日本大震災の教訓を踏まえ、「津波防災地域づくりに関する法律」が平成23年12月に成立・施行された。同法は、最大クラスの津波が発生した場合でも「なんとしても人命を守る」という考え方で、ハード・ソフトの施策を組み合わせた「多重防御」の発想による津波災害に強い地域づくりを推進するものである。

国土交通省では、津波災害に強い地域づくりのため、地方公共団体に対する支援として、同法の施行に関する技術的助言を通知するとともに、津波浸水想定の設定に関する手引きの公表、津波浸水想定に係る相談等の技術的支援を行っている。

令和4年3月末時点で、38道府県において、最大クラスの津波を想定した津波浸水想定が公表されている。また、20道府県において津波災害警戒区域が指定され、そのうち静岡県伊豆市において津波災害特別警戒区域が指定されている。さらに、17市町において津波防災地域づくりを総合的に推進するための計画（推進計画）が作成されている。

東日本大震災被災地においては、24地区で、「一団地の津波防災拠点市街地形成施設」が都市計画決定される（令和3年3月末時点）など、「津波防災地域づくりに関する法律」を活用した復興の取組みも進められているところである。

また、津波防災地域づくりの更なる推進のため、「津波防災地域づくり支援チーム」を設置し、地方公共団体からの相談・提案にワンストップで対応している。

今後とも、地域ごとの特性を踏まえ、既存の公共施設や民間施設も活用しながら、海岸堤防等のハード整備や避難訓練等のソフト施策を組み合わせることにより、国民の命を守るための津波防災地域づくりを積極的に推進していく。

第2章　時代の要請にこたえた国土交通行政の展開

第1節　国土政策の推進

　国土交通省では、平成27年8月に、おおむね10年間を計画期間とする国土形成計画（全国計画）及び国土利用計画（全国計画）の変更について閣議決定し、28年3月に国土形成計画（広域地方計画）を国土交通大臣決定した。

　第二次国土形成計画（全国計画）では、多様な地域間のヒト、モノ、カネ、情報の活発な動き（対流）を生み出すことにより新たな価値を創造する「対流促進型国土」の形成を国土の基本構想とし、そのための国土構造、地域構造として、生活に必要な各種サービス機能を提供できるコンパクトな地域を、交通や情報通信のネットワークで結ぶ「コンパクト＋ネットワーク」の形成を提示した。これらは、各地域の固有の自然、文化、産業等の独自の個性を活かした、これからの時代にふさわしい国土の均衡ある発展の実現につながるものである。

　第五次国土利用計画（全国計画）では、国土の安全性を高め、持続可能で豊かな国土を形成する国土利用を目指している。

　両計画の有効な推進方策を検討するため、国土審議会計画推進部会に設置した専門委員会において検討を行い、その結果を計画推進部会に報告した。令和3年6月には、おおむね2050年の国土を見据えた長期的な課題と解決方策を整理する「国土の長期展望」の最終とりまとめを公表した。また、人口減少下での適切な国土管理のあり方を示した「国土の管理構想」を同月にとりまとめ公表しており、これに基づき、市町村や地域における管理構想の取組等を推進している。

　第二次国土形成計画（広域地方計画）では、全国8ブロックごとの特性、資源を活かした広域連携プロジェクトを特定し、推進している。また、国土利用計画（都道府県計画・市町村計画）の策定・変更が進められており、その推進に向けた調査・支援を実施している。

　さらに、政府のデジタル田園都市国家構想を踏まえながら、デジタルを前提とした国土づくりを目指す新たな国土形成計画及び国土利用計画の策定に向け、令和3年9月より国土審議会計画部会での検討を開始しており、国土形成計画については4年夏に中間とりまとめを公表することとしており、広域地方計画については、骨子とりまとめに向けた議論を進める。

第2節　社会資本の老朽化対策等

（1）社会資本の老朽化対策

　我が国において、高度経済成長期以降に集中的に整備されたインフラの老朽化が深刻であり、今後、建設から50年以上経過する施設の割合が加速的に進行していく（図表II-2-2-1）。老朽化が進むインフラを計画的に維持管理・更新することにより、国民の安全・安心の確保や維持管理・更新に係るトータルコストの縮減・平準化等を図る必要がある。

　このため、平成25年11月、政府全体の取組みとして、計画的な維持管理・更新等の方向性を示す基本的な計画として、「インフラ長寿命化基本計画」がとりまとめられた。

II

第2章
時代の要請にこたえた国土交通行政の展開

　この基本計画に基づき、国土交通省が管理・所管するインフラの維持管理・更新等を着実に推進するための中長期的な取組の方向性を明らかにする計画である「国土交通省インフラ長寿命化計画（行動計画）」を26年5月に策定し、メンテナンスサイクルの核となる個別施設毎の長寿命化計画である「個別施設計画」の策定促進や、インフラの大部分を管理する地方公共団体への技術的・財政的支援などを実施してきた。

　令和3年6月には、第2次の「国土交通省インフラ長寿命化計画（行動計画）」を策定し、損傷が軽微な段階で補修を行う「予防保全」に基づくインフラメンテナンスへの本格転換、新技術等の普及促進によるインフラメンテナンスの生産性向上、集約・再編等によるインフラストック適正化などの取組を推進し、インフラが持つ機能が将来にわたって適切に発揮できる、持続可能なインフラメンテナンスの実現を目指すこととしている。

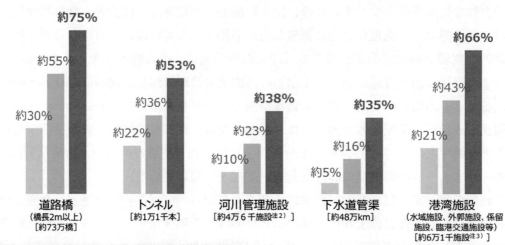

図表Ⅱ-2-2-1　社会資本の老朽化の現状

高度成長期以降に整備された道路橋、トンネル、河川、下水道、港湾等について、
建設後50年以上経過する施設の割合が加速度的に高くなる。
※施設の老朽化の状況は、建設年度で一律に決まるのではなく、立地環境や維持管理の状況等によって異なるが、
　ここでは便宜的に建設後50年で整理。

【建設後50年以上経過する社会資本の割合注1）（令和2年度算出）】
　■令和2年3月　■令和12年3月　■令和22年3月

道路橋（橋長2m以上）[約73万橋]：約30% / 約55% / 約75%
トンネル[約1万1千本]：約22% / 約36% / 約53%
河川管理施設[約4万6千施設注2）]：約10% / 約23% / 約38%
下水道管渠[約48万km]：約5% / 約16% / 約35%
港湾施設（水域施設、外郭施設、係留施設、臨港交通施設等）[約6万1千施設注3）]：約21% / 約43% / 約66%

注1）建設後50年以上経過する施設の割合については、建設年度不明の施設数を除いて算出。
注2）国：堰、床止め、閘門、水門、揚水機場、排水機場、樋管・樋門、陸閘、管理橋、浄化施設、その他（立坑、遊水池）、ダム。独立行政法人水資源機構法に規定する特定施設を含む。
　　都道府県・政令市：堰（ゲート有り）、閘門、水門、樋管・樋門、陸閘等ゲートを有する施設及び揚水機場、排水機場、ダム。
注3）一部事務組合、港務局を含む。

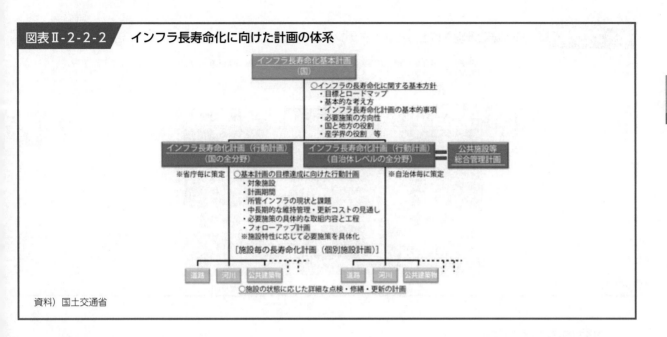

図表Ⅱ-2-2-2　インフラ長寿命化に向けた計画の体系

資料）国土交通省

（2）メンテナンス産業の育成・拡大

　平成25年を「社会資本メンテナンス元年」として、戦略的・計画的なインフラメンテナンスの取組が着実に進められている。

　社会資本メンテナンス戦略小委員会（第三期）において平成30年には、国土交通省所管分野における社会資本の将来の維持管理・更新費の推計を行い、将来、維持管理・更新費の増加は避けられないものの、「事後保全」から「予防保全」に転換することにより、今後30年間の累計で約3割縮減できる見込みを示した。令和2年からはワーキンググループを設置し、地方公共団体のインフラ維持管理における民間活力活用や新技術導入の促進をテーマとして議論を行っている。民間活力活用については包括的民間委託の導入に着目し、モデル自治体を選定しての導入検討支援や先進事例の分析を行い、維持管理分野での包括的民間委託の導入促進に向けた手引きの作成を進めている。新技術の導入促進については令和3年3月末に公表した新技術導入の手引き（案）の改訂に向け検討を進めている。また、来るべき大更新時代に備え、「単純更新」から「機能向上型更新」へのパラダイムシフトを目指すこととし、当面、河川機械設備を対象に、河川分科会河川機械設備小委員会において更新のあり方について具体的な検討を開始した。

　また、多様な産業の技術やノウハウを活用し、メンテナンス産業の育成・活性化を図るため、産学官民が一丸となって知恵や技術を総動員するプラットフォームとして「インフラメンテナンス国民会議」が平成28年に設立されており、令和4年3月末時点では2,508者に達している。インフラメンテナンスに係る優れた取組みや技術開発を表彰するため平成28年に創設した「インフラメンテナンス大賞」について、第5回では247件の応募から33件の表彰を選定し、令和4年1月に開催した表彰式を通じて好事例の全国展開を進めた。

　さらに、令和2年12月11日に閣議決定された「防災・減災、国土強靱化のための5か年加速化対策」や、3年5月28日に閣議決定された「第5次社会資本整備重点計画」、3年6月18日に改訂された「国土交通省インフラ長寿命化計画（行動計画）」に基づき、予防保全型インフラメンテナンスへの転換に向けて、早期対応が必要な施設への集中的な老朽化対策に取り組んでいる。今後は、以上の取組等を充実させ、メンテナンス産業の育成・活性化によって、着実かつ効率的なインフラメンテナンスの実現や地域活性化を図っていく。

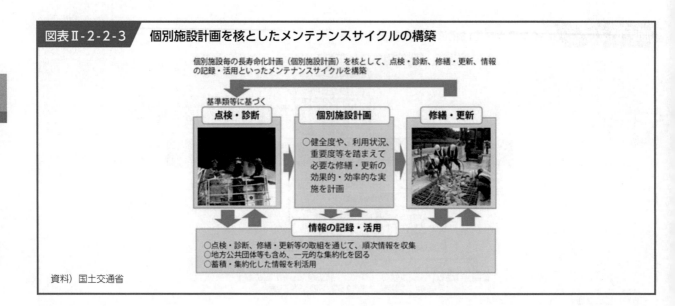

図表II-2-2-3　個別施設計画を核としたメンテナンスサイクルの構築

個別施設毎の長寿命化計画（個別施設計画）を核として、点検・診断、修繕・更新、情報の記録・活用といったメンテナンスサイクルを構築

基準類等に基づく
点検・診断

個別施設計画
○健全度や、利用状況、重要度等を踏まえて必要な修繕・更新の効果的・効率的な実施を計画

修繕・更新

情報の記録・活用
○点検・診断、修繕・更新等の取組を通じて、順次情報を収集
○地方公共団体等も含め、一元的な集約化を図る
○蓄積・集約化した情報を利活用

資料）国土交通省

（3）新技術等の導入促進

　社会インフラの維持管理における業務効率を飛躍的に高めるため、維持管理に資する革新的技術の研究開発・現場実証を促進させ、戦略的に新技術の社会実装を進める。

　道路分野においては、行政の技術開発ニーズを踏まえた新技術について、研究開発から現場への活用まで積極的に推進している。具体的には、道路分野に携わる広範な研究者の技術研究開発を支援する新道路技術会議において、行政ニーズに応じた研究を中心に支援し、その中でも活用が期待される研究開発については、新技術導入促進計画に位置づけ、必要な技術基準類の整備を迅速化する等、現場実装を推進していく。特に、橋梁・トンネルについては、点検支援技術性能カタログの充実等の取組を推進するとともに、直轄国道の定期点検において新技術の活用を原則化するなど、新技術を積極的に活用し、点検業務の効率化・高度化を図る。また、これら点検や、補修・補強への新技術・新材料の活用に対し、道路メンテナンス事業補助制度において優先的に支援する。

第3節　社会資本整備の推進

　社会資本整備重点計画は、「社会資本整備重点計画法」に基づき、社会資本整備事業を重点的、効果的かつ効率的に推進するために策定する計画である。第4次計画の策定（平成27年）以降、自然災害の激甚化・頻発化やインフラの老朽化の進展、人口減少による地域社会の変化や国際競争の激化、デジタル革命の本格化やグリーン社会の実現に向けた動き、ライフスタイル・価値観の多様化など、社会情勢は大きく変化した。これに加え、新型コロナウイルス感染症の拡大により、社会経済活動のあり方や人々の行動・意識・価値観に多大な影響を及ぼしている。こうした点を踏まえ、令和3年5月に閣議決定された第5次計画（令和3年度～令和7年度）では、今後進むべき社会のあり方を見据えた上で、その実現に資するような社会資本整備を進めていく。具体的には、計画期間内（5年）に達成すべき6つの重点目標（「防災・減災が主流となる社会の実現」、「持続可能なインフラメンテナンス」、「持続可能で暮らしやすい地域社会の実現」、「経済の好循環を支える基盤整備」、「インフラ分野のデジタル・トランスフォーメーション（DX）」、「インフラ分野の脱炭素化・インフラ空

【関連リンク】
インフラメンテナンス国民会議　URL：https://www.mlit.go.jp/sogoseisaku/im/index.html

間の多面的な利活用による生活の質の向上」）と19の政策パッケージを設定するとともに、代表的な指標についてはKPI（Key Performance Indicator）として位置づけ、その達成に向け、インフラのストック効果を最大限発揮させるため、「3つの総力」と「インフラ経営」の視点を追加している。「3つの総力」については、様々な主体の連携による「主体の総力」、ハード・ソフト一体となった取組や新技術の社会実装などの「手段の総力」、インフラの整備だけでなく、将来の維持管理・利活用まで見据えた取組みを行うという「時間軸」の総力により、社会資本整備を深化させていく。「インフラ経営」については、インフラを、国民が持つ「資産」として捉え、整備・維持管理・利活用の各段階において、工夫を凝らした新たな取組みを実施することにより、インフラの潜在力を引き出すとともに、インフラによる新たな価値を創造する。また、持続可能で質の高い社会資本整備を下支えするための取組みとして、「戦略的・計画的な社会資本整備のための安定的・持続的な公共投資」と「建設産業の担い手の確保・育成、生産性向上」が必要である。

　さらに、新たに設定される重点目標を達成するため、全国レベルの第5次計画に基づき、各地方の特性、将来像や整備水準に応じて重点的、効率的、効果的に社会資本を整備するための計画として、北海道から沖縄まで全国10ブロックにおいて「地方ブロックにおける社会資本整備重点計画」を令和3年8月に策定し、個別事業の完成時期や今後見込まれる事業費を記載するなど、事業の見通しをできるだけ明確化した。我が国は、これまでも、安全・安心の確保や持続可能な地域社会の形成、経済成長を図るためにインフラ整備を進めてきたが、引き続きこれらの目的を達成していく上で必要となるインフラが十分ではないとの指摘もある。こうした中、現在の我が国のインフラが置かれている状況をしっかりと把握した上で、必要となる社会資本の整備に戦略的・計画的に取り組んでいかなくてはならない。

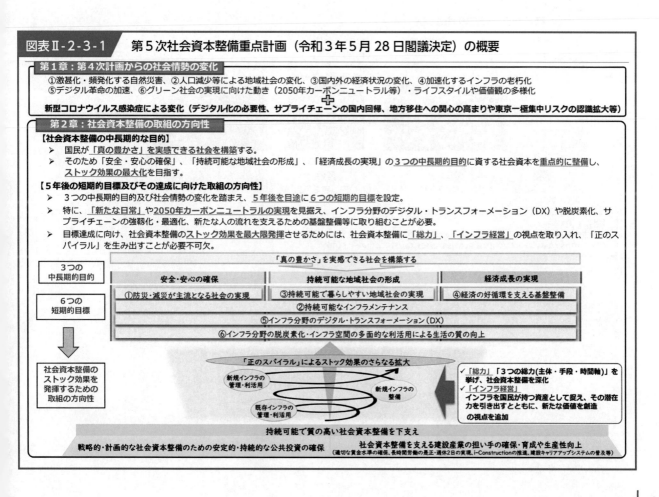

図表Ⅱ-2-3-1　第5次社会資本整備重点計画（令和3年5月28日閣議決定）の概要

コラム Column　ストック効果最大化を目指して

　我が国が持続可能な発展を遂げ、現在を生きる我々や将来の世代が安全・安心に活力ある日々を送るためには、ストック効果（インフラが社会資本として蓄積され、機能することで継続的に中長期的にわたり得られる効果）を最大限に発揮する社会資本整備が求められています。このため、国土交通省では、主体・手段・時間軸の「3つの総力」を挙げ、社会資本整備を深化させてい

きます。また、インフラを「経営」する発想に立ち、整備・維持管理・利活用の各段階において工夫を凝らした取組みを行うことにより、インフラの潜在力を引き出し、新たな価値を創造する取組みを進めていきます（ストック効果の詳細や具体的な事例は「関連リンク」をご覧ください）。

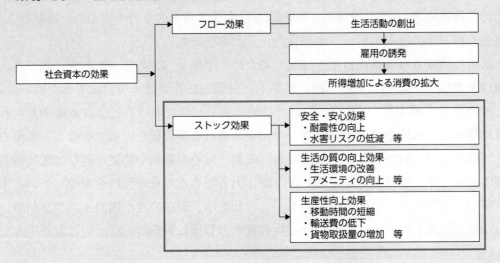

■インフラ経営の取組事例

ダムコンシェルジュによる
ダム案内
（鶴田ダム）

サイクリングロードの
整備
（瀬戸内しまなみ街道）

釣り施設として一般解放
（相馬港5号ふ頭防波堤）

【関連リンク】
インフラストック効果（ストック効果の事例等）
URL：https://www.mlit.go.jp/sogoseisaku/region/stock/index.html

第4節　交通政策の推進

❶ 交通政策基本法に基づく政策展開

　「交通政策基本法」に基づき、令和3年5月に閣議決定された第2次交通政策基本計画は、3年度から7年度までを計画期間としており、「交通政策基本法」の規定に則り、基本的な方針、施策の目標、政府が総合的かつ計画的に行うべき施策等について定めている。具体的には、基本的方針として、A「誰もが、より快適で容易に移動できる、生活に必要不可欠な交通の維持・確保」、B「我が国の経済成長を支える、高機能で生産性の高い交通ネットワーク・システムへの強化」、C「災害や疫病、事故など異常時にこそ、安全・安心が徹底的に確保された、持続可能でグリーンな交通の実現」の3つの柱を掲げるとともに、それぞれについて、施策目標を3～4つずつ設定した上で、具体的な施策を提示している。また、同計画のフォローアップに際して取組みの進度を確認するための数値指標を定めるとともに、AからCまでの3つの柱に沿った施策の推進に当たって必要となる取組を示しており、それらに基づき政策を進めている。

図表Ⅱ-2-4-1　第2次交通政策基本計画の概要（令和3年度～令和7年度）

我が国の課題
〇人口減少・超高齢社会への対応　〇デジタル化・DXの推進　〇防災・減災、国土強靱化　〇2050年カーボンニュートラルの実現　〇新型コロナ対策

交通が直面する危機
〇地域におけるモビリティ危機（需要縮小による経営悪化、人手不足等）
〇サービスの「質」の低迷
〇デジタル化、モビリティ革命等の停滞
〇物流における深刻な労働力不足等
〇交通に係る安全・安心の課題（自然災害、老朽化、重大事故等）
〇運輸部門での地球温暖化対策の遅れ

新型コロナウイルス感染症の影響
（旅客の輸送需要の大幅減少、テレワーク等の普及、デジタル化の進展、電子商取引（EC）市場の進展、防疫意識の浸透　等）

今後の交通政策の基本的方針

危機を乗り越えるため、多様な主体の連携・協働の下、あらゆる施策を総動員して取り組み

A.誰もが、より快適で容易に移動できる、生活に不可欠な交通の維持・確保

＜新たに取り組む政策 等＞
・「事業者の連携の促進」等による地域の輸送サービスの維持確保
・公共交通指向型の都市開発（TOD）
・大都市鉄道等の混雑緩和策の検討（ダイナミックプライシング等）
・MaaSや更なるバリアフリー化推進
・多様なモビリティの普及（小型電動モビリティ、電動車いす等）等

B.我が国の経済成長を支える、高機能で生産性の高い交通ネットワーク・システムへの強化

＜新たに取り組む政策 等＞
・公共交通のデジタル化、データオープン化運輸行政手続のオンライン化
・物流DX実現、労働環境改善等の構造改革、強靱で持続可能な物流ネットワーク構築
・自動運転車の早期実用化、自動運航船、ドローン、空飛ぶクルマ等の実証・検討
・陸海空の基幹的な高速交通網の形成・維持
・インフラシステムの海外展開　等

C.災害や疫病、事故など異常時にこそ、安全・安心が徹底的に確保された、持続可能でグリーンな交通の実現

＜新たに取り組む政策 等＞
・事業者への「運輸防災マネジメント」導入
・災害時の統括的な交通マネジメント
・交通インフラのメンテナンスの徹底
・公共交通機関の衛生対策等への支援
・「安全運転サポカー」の性能向上・普及
・働き方改革の推進による人材の確保・育成
・脱炭素化に向けた取組（港湾・海事・航空分野、物流・人流分野）等

持続可能で強靱、高度なサービスを提供する「次世代型の交通システム」へ転換

❷ 持続可能な地域旅客運送サービスの提供の確保に資する取組みの推進

　多くの地域で人口減少の本格化に伴い、バスをはじめとする公共交通サービスの需要の縮小や経営の悪化、運転者不足の深刻化など厳しい状況に直面している。

　他方、高齢者の運転免許の返納件数は依然高い水準にあり、受け皿としての移動手段を確保することが、ますます重要な課題になっている。

　こうした状況を踏まえ、令和2年11月に施行された地域公共交通活性化再生法等の一部改正法（以下、「改正地域公共交通活性化再生法」という。）において、地域における移動ニーズに対し、きめ細やかに対応できる立場にある市町村等が中心となって、地域公共交通のマスタープラン（地域公共交通計画）を策定し、既存の公共交通サービスの改善を図るとともに、過疎地などにおいては、自家用有償旅客運送、スクールバス、福祉輸送等の地域の輸送資源を最大限活用する取組を促進するための制度の充実を図った。

　同法に基づき、令和3年度末までに714件の地域公共交通計画が策定されるとともに、47件の地域公共交通利便増進実施計画が国土交通大臣の認定を受けるなど、持続可能な地域旅客運送サービス提供の確保に資する取組みが進められてきた。

　同法による新たな枠組みの下で、市町村等による地域公共交通計画等の策定や、計画に係る事業の実施を後押しできるよう、予算・ノウハウ面等で引き続き必要な支援を行っていく。

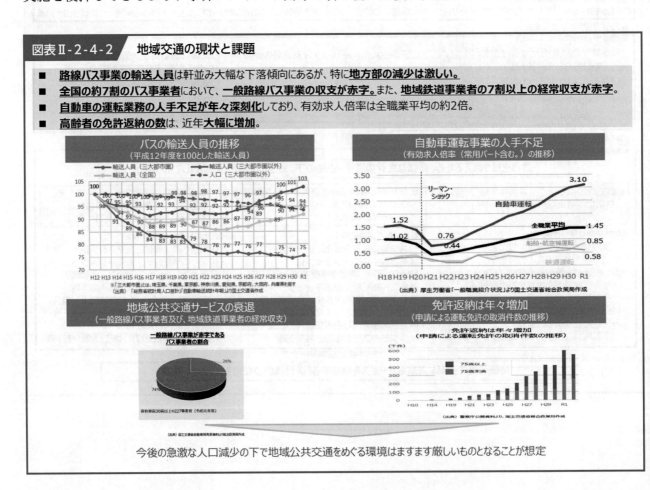

図表Ⅱ-2-4-2　地域交通の現状と課題

図表Ⅱ-2-4-3　改正地域公共交通活性化再生法の概要

○地方公共団体による「地域公共交通計画」（マスタープラン）の作成

公布：令和2年6月3日
施行：令和2年11月27日

・地方公共団体による地域公共交通計画（マスタープラン）の作成を努力義務化
⇒国が予算・ノウハウ面の支援を行うことで、地域における取組を更に促進（作成経費を補助　※予算関連）

・従来の公共交通サービスに加え、地域の多様な輸送資源（自家用有償旅客運送、福祉輸送、スクールバス等）も計画に位置付け
⇒バス・タクシー等の公共交通機関をフル活用した上で、地域の移動ニーズにきめ細かに対応
（情報基盤の整備・活用やキャッシュレス化の推進にも配慮）

・定量的な目標（利用者数、収支等）の設定、毎年度の評価等
⇒データに基づくPDCAを強化

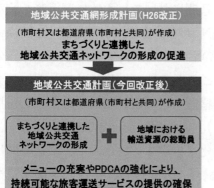

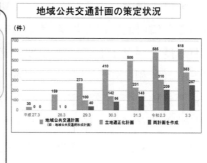

地域公共交通計画の策定状況

③ MaaS等新たなモビリティサービスの推進

MaaS[注1]は、ICT や AI 等の技術革新やスマートフォンの急速な普及を背景に、公共交通の分野におけるサービスを大きく変える可能性がある。交通結節点の整備等のフィジカル空間の取組とも連携することで、既存の公共交通の利便性の向上や、地域や観光地における移動手段の確保・充実に資するものであり、その普及により、自らの運転だけに頼ることなく、移動しやすい環境が整備されることが期待できる。国土交通省及び経済産業省では、新たなモビリティサービスの社会実装を通じた移動課題の解決及び地域活性化を目指し、地域と企業の協働による挑戦を促すプロジェクトである「スマートモビリティチャレンジ」を令和元年度から開始し、全国各地での実証実験を支援するとともに、最新の知見の共有や地域の関係者の連携を深めることを目的に、令和2年度にはコロナ禍の影響を踏まえオンラインでのシンポジウムを開催した。

国土交通省では「都市と地方の新たなモビリティサービス懇談会」中間とりまとめ（平成31年3月）を踏まえ令和元年度からMaaSのモデル構築を進めており、令和3年度にはwith/afterコロナにおける新たなニーズにも対応したMaaSを推進するため、公共性の高い取組であるを12事業選定し支援を行った。さらに、MaaSの普及に必要な基盤づくりとして、AIオンデマンド交通やマイクロモビリティ等の導入支援や、交通機関におけるキャッシュレス決済の導入支援を実施した。

注1　MaaS（マース：Mobility as a Service）…スマホアプリ又はwebサービスにより、地域住民や旅行者一人一人のトリップ単位での移動ニーズに対応して、複数の公共交通やそれ以外の移動サービスを最適に組み合わせて検索・予約・決済等を一括で行うサービス。新たな移動手段（AIオンデマンド交通、シェアサイクル等）や関連サービス（観光チケットの購入等）も組み合わせることが可能。

　また、経済産業省においては、令和元年度から、新しいモビリティサービスの社会実装及びその高度化に取り組む地域の MaaS 実証を通じた、地域課題の解決と全国への横展開のモデルとなる先進事例の創出を推進しているところ、令和3年度には、事業性向上・社会的受容性向上のポイント、地域経済への影響、制度的課題等を横断的に分析するための14地域を選定し、ベストプラクティスの抽出や横断的な課題の整理等を行った。

　MaaS を提供するためには、交通事業者等によるデータが円滑に連携されることが重要となることから、国土交通省では「MaaS 関連データの連携に関するガイドライン」（令和3年4月改訂）を策定し、データ連携に係る環境整備を推進している。

　また、交通事業者におけるデータ整備を促進させるため、バス及びフェリー・旅客船については、「標準的なデータフォーマット」を策定しており、当該フォーマットに基づいた交通関連データ等のデータ化支援を行った。また、MaaS においては複数の交通事業者間において、柔軟に運賃等を設定し、さらに目的地における観光・小売・医療・福祉・教育等の交通以外の幅広い分野における関係者との連携を促進することが重要であることから、「地域公共交通の活性化及び再生に関する法律」の改正法（令和2年5月成立）に基づく、「認定新モビリティサービス事業計画」及び当該計画に基づく交通事業者の運賃設定に係る手続きをワンストップ化する特例措置や、幅広い関係者の協議・連携を促進するための「新モビリティサービス協議会（MaaS 協議会）」の活用を図っていく。

　今後は、MaaS による面的な移動サービスの利便性向上、高度化を推進するとともに、交通機関におけるキャッシュレス化や交通情報のデータ化等の MaaS の基盤づくりを行い、早期の全国普及を目指す。

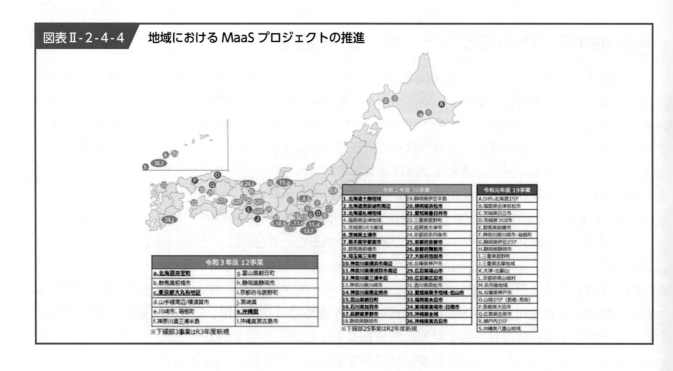

図表II-2-4-4　地域における MaaS プロジェクトの推進

【関連リンク】
国土交通省　日本版 MaaS の推進　URL：https://www.mlit.go.jp/sogoseisaku/japanmaas/promotion/

④ 総合的な物流政策の推進

　物流は、我が国における豊かな国民生活や産業競争力、地方創生を支える重要な社会インフラであり、新型コロナウイルス感染症の流行下においても、国民生活や経済活動を支えるエッセンシャルサービスとして、その機能を維持してきた。

　一方で、近年、生産年齢人口の減少、AI・IoT等の技術革新の進展、災害の激甚化・頻発化、地球環境の持続可能性の確保やSDGsに対する社会的気運の高まり等、物流を巡る社会経済情勢は大きく変化している。物流分野においてはかねてより、その厳しい労働条件環境から担い手の確保が課題となっていたが、トラックドライバーに対する時間外労働の上限規制の適用を令和6年度に控え、時間外労働の削減などの労働環境の改善や、機械化・デジタル化やそれらの前提となる物流標準化の推進などによる生産性向上が急務となっている。

　このような状況を踏まえ、国土交通省では、関係者が連携した物流の総合化及び効率化に関する幅広い取組みを支援することを旨として、平成28年に改正された「流通業務の総合化及び効率化の促進に関する法律（平成17年法律第85号）」（物流総合効率化法）に基づき共同輸配送、モーダルシフト、トラック予約受付システム等を導入した倉庫への輸送網の集約等を内容とする総合効率化計画の認定を農林水産省及び経済産業省と連携して進めており、令和4年3月までに312件の計画を認定した。また、ドローン物流の社会実装の推進、「置き配」等の多様な受取方法の推進等による宅配便の再配達削減、我が国の高品質なコールドチェーン物流サービス等の国際標準等の普及の推進などの、物流事業の効率化及び高付加価値化に資する取組みを推進している。

　政府においては、こうした取組を政府全体の取組として改めて位置づけ、関係省庁の連携の下で推進していくため、平成9年以降7次にわたり「総合物流施策大綱」を閣議決定し、対象期間における物流施策の方向性を示してきた。直近では、令和7年度までを計画期間とする「総合物流施策大綱（令和3年度～令和7年度）」を令和3年6月に閣議決定した。今回の大綱においては、「①物流DXや物流標準化の推進によるサプライチェーン全体の徹底した最適化（簡素で滑らかな物流）」、「②労働力不足対策と物流構造改革の推進（担い手にやさしい物流）」、「③強靱で持続可能な物流ネットワークの構築（強くてしなやかな物流）」の3つの柱を掲げている。新たな大綱に基づき、民間事業者や関係省庁と連帯し、物流政策の推進に取り組んでいく。

第5節　観光政策の推進

① 「明日の日本を支える観光ビジョン」の着実な推進

　平成28年3月、内閣総理大臣を議長とする「明日の日本を支える観光ビジョン構想会議」は「明日の日本を支える観光ビジョン」を策定し、令和12年に訪日外国人旅行者数6,000万人、訪日外国人旅行消費額15兆円等を目指すこととした。これらの目標の確実な達成に向け、取組を進めてきた結果、令和元年の訪日外国人旅行者数は3,188万人、訪日外国人旅行消費額は4.8兆円となり、過去最高を更新し続けてきたが、令和2年から現在にかけては、インバウンド旅行者はほぼ蒸発し、国内旅行も大きく減少となるなど、新型コロナウイルス感染拡大は、全国の旅行業、宿泊業はもとより、地域の交通や飲食業、物品販売業など多くの産業に甚大な影響を与えている。

　このため、深刻な影響が続く観光関連産業の事業継続と雇用維持を図るため、事業復活支援金や、

雇用調整助成金の特例措置、実質無利子・無担保融資による資金繰り支援など、関係省庁が連携し、支援を行ってきた。

また、全国的な移動を前提とする GoTo トラベルを停止している中、感染が落ち着いている地域において、令和2年4月より、いわゆる「県民割」を支援する「地域観光事業支援」を実施してきた。

さらに、全国各地の観光地の底力を高めるため、約230地域での宿・観光地のリニューアルや、約1,000地域での観光コンテンツの充実に係る支援などに戦略的に取り組んだほか、令和3年11月に閣議決定された「コロナ克服・新時代開拓のための経済対策」においては、観光産業の生産性向上やデジタル化の推進支援などを盛り込んだ。

現在、我が国の観光は厳しい状況にあるが、自然、食、文化、芸術、風俗習慣、歴史など日本各地の観光資源の魅力が失われたものではなく、ポストコロナ期においても、人口減少を迎える日本において、観光を通じた内外との交流人口の拡大を通じて地域を活性化することがこれまで以上に重要であることから、引き続き、観光立国の実現に向けて政府一丸となって取り組む。

第6節　海洋政策（海洋立国）の推進

1　海洋基本計画の着実な推進

四方を海に囲まれている我が国では、海洋の平和的かつ積極的な開発及び利用と海洋環境の保全との調和を図る新たな海洋立国の実現を目指して制定された「海洋基本法」に基づき、平成30年5月に閣議決定された「第3期海洋基本計画」の下、関係機関が連携し、海洋政策を推進しているところである。

安全保障上の情勢変化、海洋資源開発や海洋エネルギー開発への期待や海洋環境保全への関心の高まり、人口減少や少子高齢化といった我が国の海洋を取り巻く状況が変化していることを踏まえ、第3期海洋基本計画では「新たな海洋立国への挑戦」を海洋政策の方向性として掲げるとともに、（1）総合的な海洋の安全保障、（2）海洋の産業利用の促進、（3）海洋環境の維持・保全、（4）科学的知見の充実、（5）北極政策の推進、（6）国際連携・国際協力、（7）海洋人材の育成と国民の理解の増進を基本的な方針として定めている。

国土交通省においても、第3期海洋基本計画に基づき、海上保安体制の強化、海洋由来の自然災害対策、海洋状況把握（MDA）の能力強化、洋上風力発電の導入拡大に向けた環境整備、海洋産業の国際競争力強化に向けた「海事生産性革命」の推進、海上輸送の確保、沖ノ鳥島等の保全・管理、低潮線の保全、海洋人材の育成のほか、ASV（小型無人ボート）やいわゆる海のドローンとして活用が期待されるAUV（自律型無人潜水機）、ROV（遠隔操作型無人潜水機）等の「海の次世代モビリティ」の活用促進、北極海航路の利活用に向けた環境整備等、各般の施策を推進している。

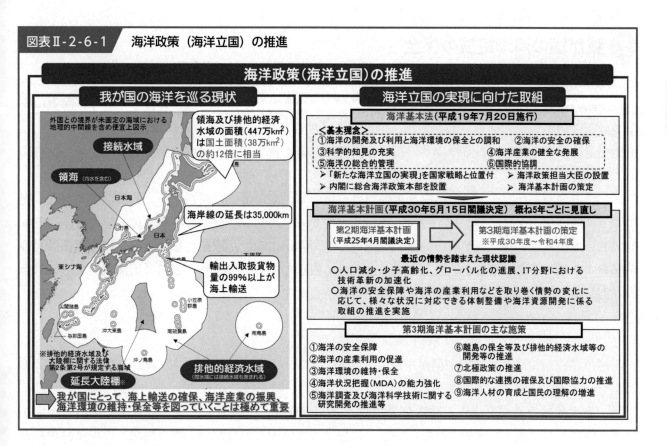

図表Ⅱ-2-6-1　海洋政策（海洋立国）の推進

コラム Column　"海のドローン"の活躍を目指して

　社会のあらゆる分野でロボティクス技術等の活用の必要性が高まる中、海の分野でも、ASV（小型無人ボート）やいわゆる海のドローンとして活用が期待されるAUV（自律型無人潜水機）、ROV（遠隔操作型無人潜水機）等の「海の次世代モビリティ」の利用と改良が進展しつつあります。

　一方、我が国の沿岸・離島地域には、高齢化・過疎化による担い手不足や老朽化が進むインフラの管理、海域の自然環境劣化等、海域の利活用・保全に係る様々な課題が存在しています。

　国土交通省では、海の次世代モビリティが沿岸・離島地域の課題解決につながるとともに、こうした利活用の裾野の広がりが新たな技術革新、地域や海洋産業の活性化に資するよう、海の次世代モビリティの社会実装に向けた取組を進めています。令和3年度には、海の次世代モビリティ技術と海域利用者のニーズをマッチングさせ、海の次世代モビリティの新たな利活用方策を検証するため、6件の実証実験を実施しました。

■インフラ経営の取組事例

| ズワイガニ資源量推定におけるAUV活用／いであ株式会社 | 真珠養殖業におけるROVを活用した海洋環境調査の有効性実証／株式会社NTTドコモ | ローカルシェアモデルによるROVを用いた港湾施設点検の実用化実験／静岡商工会議所 | 海洋ゴミ問題解決のための「ASVと自律型ROVの一体運動による海上・海中・海底調査システム」の実用化／長崎大学 | ROV搭載型ベントス回収装置の実証実験／三井造船特機エンジニアリング株式会社 | 小型ASVを用いたウニ密度マップによる効率的な駆除方法の検討／株式会社マリン・ワーク・ジャパン |

【関連リンク】URL：https://www.mlit.go.jp/sogoseisaku/ocean_policy/seamobi.html

② 我が国の海洋権益の保全

（1）領海及び排他的経済水域における海洋調査の推進及び海洋情報の一元化

　我が国の領海及び排他的経済水域には、調査データの不足している海域が存在しており、海上保安庁では、この海域において、海底地形、地殻構造、底質及び低潮線等の海洋調査を重点的に実施し、船舶交通の安全や我が国の海洋権益の確保、海洋開発等に資する基礎情報の整備を戦略的かつ継続的に実施している。

　また、内閣府総合海洋政策推進事務局の総合調整の下、海洋情報の所在を一元的に収集・管理・提供する「海洋情報クリアリングハウス」を運用している。さらに、平成28年7月に総合海洋政策本部において決定された「我が国の海洋状況把握の能力強化に向けた取組」を踏まえ、政府関係機関等が保有する様々な海洋情報を地図上に重ね合わせて表示できるウェブサービス「海洋状況表示システム（海しる）」を構築し、31年4月から運用を開始した。

（2）大陸棚の限界画定に向けた取組み

　国連海洋法条約に基づき我が国が平成20年11月に国連の「大陸棚限界委員会」へ提出した200海里を超える大陸棚に関する情報について、24年4月、同委員会から我が国の国土面積の約8割に相当する大陸棚の延長を認める勧告を受領し、26年10月、四国海盆海域と沖大東海嶺南方海域が延長大陸棚として政令で定められた。一方、隣接する関係国との調整が必要な海域と同委員会からの勧告が先送りされた海域について、海上保安庁では、内閣府総合海洋政策推進事務局の総合調整の下、関係省庁と連携し、引き続き大陸棚の限界画定に向けた対応を行っている。

（3）沖ノ鳥島の保全、低潮線の保全及び活動拠点の整備等

①沖ノ鳥島の保全・管理

　沖ノ鳥島は、我が国最南端の領土であり、国土面積を上回る約40万km²の排他的経済水域の基礎となる極めて重要な島であることから、基礎データの観測・蓄積や護岸等の点検、補修等を行うほか、観測拠点施設の更新等を行い管理体制の強化を図っている。今後も引き続き、同島全体の保全を図るため、国の直轄管理により十全な措置を講じる。

図表Ⅱ-2-6-2　沖ノ鳥島の保全・管理

護岸の点検・補修　　　クラック補修状況（注入工）

②低潮線の保全

「排他的経済水域及び大陸棚の保全及び利用の促進のための低潮線の保全及び拠点施設の整備等に関する法律（低潮線保全法）」等に基づき、排他的経済水域等の外縁を根拠付ける低潮線の保全が必要な海域として185の低潮線保全区域を政令で指定し、掘削等の行為規制を実施している。また、防災ヘリコプターや船舶等による巡視や衛星画像等を用いた低潮線及びその周辺の状況の調査を行い、区域内における制限行為の有無や自然侵食による地形変化を確認することにより、排他的経済水域及び大陸棚の基礎となる低潮線の保全を図るとともに、保全を確実かつ効率的に実施していくために、低潮線に関する各種情報を適切に管理している。

図表Ⅱ-2-6-3　低潮線の保全

資料）国土交通省

③特定離島（南鳥島・沖ノ鳥島）における活動拠点の整備・管理

「低潮線保全法」等に基づき、本土から遠隔の地にある南鳥島・沖ノ鳥島において、排他的経済水域及び大陸棚の保全及び利用に関する活動拠点として、船舶の係留、停泊、荷さばき等が可能となる港湾の施設の整備とともに、国による港湾の管理を実施している。

第7節　海洋の安全・秩序の確保

（1）近年の現況

尖閣諸島周辺海域においては、ほぼ毎日、中国海警局に所属する船舶による活動が確認され、領海侵入する事案も発生しており、令和3年には、尖閣諸島周辺の接続水域での中国海警局に所属する船舶の連続確認日数が過去最長を更新したことに加え、領海に侵入し、日本漁船に近づこうとする事案も繰り返し発生している。尖閣諸島周辺の領海に侵入し、独自の主張をする中国海警局に所属する船舶の活動はそもそも国際法違反であり、情勢は依然として予断を許さない状況となっている。また、

図表Ⅱ-2-7-1　領海警備を行う巡視船

昨今では、中国海警局に所属する船舶の大型化、武装化、増強が確認されており、令和3年2月には中国海警法が施行されるなど、中国の動向を引き続き注視していく必要がある。海上保安庁では、現場海域に巡視船を配備するなど、我が国の領土・領海を断固として守り抜くという方針の下、事態をエスカレートさせないよう、冷静に、かつ、毅然として対応を続けている。

また、東シナ海等の我が国排他的経済水域においては、外国海洋調査船による我が国の事前の同意を得ない調査活動等も確認されており、海上保安庁では、関係機関と連携しつつ、巡視船等による監視警戒等、その時々の状況に応じて適切に対応している。大和堆周辺海域では、外国漁船による違法操業が確認されるなど、依然として緊迫した状況が続いており、さらに、日本海沿岸部への北朝鮮からのものと思料される木造船等の漂流・漂着が確認される等、我が国周辺海域を巡る状況は、一層厳しさを増している。

図表Ⅱ-2-7-2 外国海洋調査船に中止要求を行う巡視船

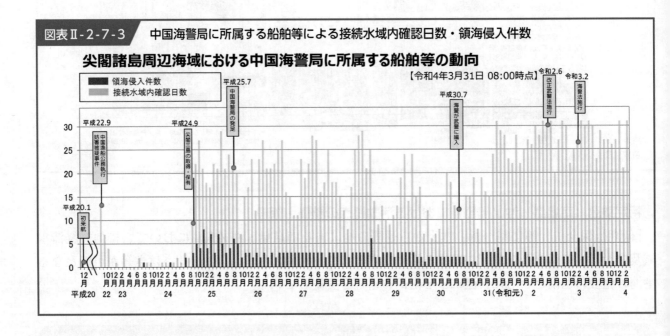

図表Ⅱ-2-7-3 中国海警局に所属する船舶等による接続水域内確認日数・領海侵入件数

【動画】
海上保安庁業務紹介動画〜海を愛し海を守る〜　※アクセスすると Youtube へ飛ぶ。
URL：https://youtu.be/9liWgylUpVA

コラム Column　緊迫感が増している尖閣諸島周辺海域

　尖閣諸島（沖縄県石垣市）は、南西諸島西端に位置する魚釣島、北小島、南小島、久場島、大正島等からなる我が国固有の領土です。尖閣諸島周辺の領海の面積（約4,740㎢）は東京都と神奈川県の面積を足した面積（約4,605㎢）とほぼ同じ広さです。また、尖閣諸島周辺の領海・接続水域を四国と重ね合わせると、その広大さが見て取れます。海上保安庁では、この広大な海域で、昼夜を分かたず、巡視船艇・航空機により領海警備を実施しています。

　令和3年の尖閣諸島周辺の接続水域内における中国海警局に所属する船舶の確認日数は332日となり、過去最多の333日（令和2年）と同程度となったことに加え、連続確認日数は157日間（令和3年2月13日〜令和3年7月19日）となり、これは令和2年の111日間（令和2年4月14日〜8月2日）を上回り過去最長となりました。

　また、中国海警局に所属する船舶が尖閣諸島周辺の領海に侵入し、日本漁船に近づこうとする事案も繰り返し発生しており、令和2年は8件であったのに対し、令和3年は18件となりました。

　このように尖閣諸島周辺海域をめぐる情勢は依然として予断を許さない厳しい状況の中、海上保安庁では領土・領海を断固として守り抜くという方針の下、今この瞬間も、冷静に、かつ、毅然として対応を継続しています。

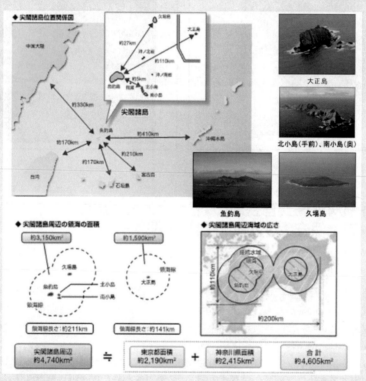

（2）海上保安体制強化の推進

　厳しさを増す我が国周辺海域を巡る情勢を踏まえ、平成28年12月21日に開催された「海上保安体制強化に関する関係閣僚会議」において、「法執行能力」、「海洋監視能力」及び「海洋調査能力」の強化を図るため、以下5つの柱からなる「海上保安体制強化に関する方針」が決定され、海上保安庁では、同方針に基づき、海上保安体制の強化を進めてきたところである。

〜海上保安体制強化の5つの柱〜

　①尖閣領海警備体制の強化と大規模事案の同時発生に対応できる体制の整備

　②広大な我が国周辺海域を監視できる海洋監視体制の強化

　③テロ対処や離島・遠方海域における領海警備等の重要事案への対応体制の強化

④我が国の海洋権益を堅守するための海洋調査体制の強化

⑤以上の体制を支える人材育成などの基盤整備。

令和3年12月24日、6回目となる「海上保安体制強化に関する関係閣僚会議」が開催され、平成28年12月の同会議において決定された「海上保安体制強化に関する方針」に基づく取組みの進捗状況を確認するとともに、尖閣領海警備のための大型巡視船等の整備のほか、海洋監視能力を高めるため、海上保安庁初となる無操縦者航空機の導入など、海洋秩序の維持強化のための取組みを推進していくことが確認された。

また、令和3年度は、同方針に基づき整備を進めてきたヘリコプター搭載型巡視船1隻、中型ジェット機1機、中型ヘリコプター1機が就役した。

| 図表Ⅱ-2-7-4 | 海上保安庁体制強化に関する関係閣僚会議にて発言する岸田内閣総理大臣 |

| 図表Ⅱ-2-7-5 | 令和3年度に就役した大型巡視船 |

コラム Column

幹部海上保安官養成の新たなコース誕生！　〜海上保安大学校初任科第1期生〜

海上保安庁では、「海上保安体制強化に関する方針」に基づき増強される巡視船・航空機等の職員を計画的かつ安定的に確保・養成していく必要があることから、令和3年4月、幹部養成課程として新たに、大学卒業者を対象とした初任科が開設され、海上保安大学校に第1期生30人が入学しました。初任科研修生は、2年間の教育期間で海技免状を取得するために必要な海事系の専門的知識や、練習船による乗船実習により船舶運航に関する技能等、幹部海上保安官として必要な能力を身に付けます。

卒業後は、海上保安庁の初級幹部として全国各地の巡視船に乗り組み、海難救助、海上環境の保全、海上における治安の確保、海上交通の安全確保等に従事していきます。

人材確保・育成は海上保安業務の根幹をなすものであることから、引き続き優秀な人材の確保に努め、国民の負託に応えられる海上保安官を育成していきます。

（3）「自由で開かれたインド太平洋」の実現に向けて

　我が国は「自由で開かれたインド太平洋」（FOIP = Free and Open Indo-Pacific）の実現に向け、①基本的原則の定着とそれに基づく秩序形成（法の支配、航行の自由、自由貿易の普及・定着）、②平和と安定の確保（海上法執行能力の向上、人道支援、災害救援、海賊対策などでの協力）、③経済的繁栄の追求（連結性、EPA や投資協定を含む経済連携強化）の3点を「三本柱の施策」と定め、地域全体の平和と繁栄を確保するため、各種取組みを推進している。

　海上保安庁では、この「自由で開かれたインド太平洋」の実現に向け、多国間及び二国間の連携・協力の取組みを強化するとともに、シーレーン沿岸国等の海上保安機関の能力向上を支援し、年々深化・多様化する国際業務に適切に対応する体制を構築している。

　多国間の連携・協力に関しては、グローバル化あるいはボーダレス化する傾向にある国際犯罪や、大規模化する事故や災害、環境汚染について、各国で連携して対応していくことが重要であるという認識の下、平成12年から北太平洋海上保安フォーラム（NPCGF）、16年からアジア海上保安機関長官級会合（HACGAM）のほか、29年から世界海上保安機関長官級会合（CGGS）を日本のイニシアチブにより開催し、海上保安機関間の連携・協力を積極的に推進している。なお、令和3年度は、9月に第21回 NPCGF、12月に第17回 HACGAM に、それぞれオンラインで参加した。さらに、第2回世界海上保安機関実務者会合を日本財団との共催により、11月にオンラインにて開催した。

　一方、二国間の連携については、地政学上重要なシーレーン沿岸国と、事案対応時に迅速かつ的確な連携・協力を行うために覚書や協定を締結して二国間の枠組を構築している。

　また、増加する諸外国からの海上保安能力向上支援の要望に応えるため、平成29年に発足した能力向上支援の専従部門である「海上保安庁モバイルコーポレーションチーム（MCT）」を、令和3年度末までに、14か国へ合計54回派遣、8か国1機関に18回のオンライン研修を実施するほか、各国海上保安機関等の職員を日本に招へいして各種研修を実施するなど、各国の海上保安能力向上を支援した。

　さらに、アジア諸国の海上保安機関の相互理解の醸成と交流の促進を通じて、各国の連携協力と法の支配の重要性について認識の共有を図るため、平成27年10月、政策研究大学院大学と連携の上、海上保安政策に関する修士課程「海上保安政策プログラム」を開設し、アジア諸国の海上保安機関の若手幹部職員を受入れており、これまで8か国から52名が修士号を取得した。

　このように、海上保安庁では、「自由で開かれたインド太平洋」の推進という政府方針の下、法の支配に基づく自由で開かれた海洋秩序の維持のための取組みを推進している。

第8節　水循環政策の推進

① 水循環基本法に基づく政策展開

「水循環基本法」（平成26年法律第16号）に基づき、令和2年6月に閣議決定された新たな「水循環基本計画」においては、①流域マネジメントによる水循環イノベーション～流域マネジメントの更なる展開と質の向上～、②健全な水循環への取組を通じた安全・安心な社会の実現～気候変動や大規模自然災害等によるリスクへの対応～、③次世代への健全な水循環による豊かな社会の継承～健全な水循環に関する普及啓発、広報及び教育と国際貢献～、を重点3本柱とし、健全な水循環の維持又は回復のための取組を進めている。

令和3年6月には、水循環基本法の改正が行われ、水循環における地下水の適正な保全及び利用が明確に位置づけられた。法改正の趣旨に基づき、地下水を含めた健全な水循環を維持又は回復していくため、国及び地方公共団体等において、地下水マネジメントの一層の推進を図っている。

また、令和3年6月、水循環基本法に基づき、「水循環白書」を閣議決定、国会報告した。「水循環白書」は、政府が水循環に関して講じた施策について、毎年、国会に報告するものであり、今回は、「多様な主体の参画・連携による新・水戦略の推進～新たな水循環基本計画の始動～」と題し特集を組み、水循環基本法や水循環基本計画の歴史を振り返るとともに、新たな水循環基本計画が目指す「多様な主体の参画・連携による新・水戦略」に向けた取組の現状と展望について紹介した。

② 流域マネジメントの推進

流域の森林、河川、農地、都市、湖沼、沿岸域等において、人の営みと水量、水質、水と関わる自然環境を適正で良好な状態に保つ又は改善するため、流域において関係する行政などの公的機関、事業者、団体、住民等の様々な主体が連携して活動することを「流域マネジメント」とし、更なる展開と質の向上を図っている。

令和3年度は、健全な水循環の維持又は回復に取り組む各地域の水循環に係る計画のうち令和3年7月に12計画、同年12月に7計画を「流域水循環計画」として公表した（同年12月時点で合計61計画）。

財政的な支援として、平成30年度より、社会資本整備総合交付金及び防災・安全交付金の配分に当たって、「流域水循環計画」に基づき実施される事業を含む整備計画である場合には、一定程度配慮されることとなっている。

普及啓発については、流域マネジメントの取組みのポイントを、具体事例を通して紹介した「流域マネジメントの事例集　普及啓発広報・地下水編」を令和4年3月に作成した。また、流域マネジメントに取り組む、又は取り組む予定の地方公共団体等からの求めに応じ、知識や経験を有するアドバイザーから、流域水循環計画の策定・実施に必要となる技術的な助言・提案等を行うことを目的とした「水循環アドバイザー制度」により、6つの地方公共団体（秋田県にかほ市、福島県、栃木県小山市、大阪府狭山市、大阪府摂取市、愛媛県松山市）への支援を実施した。

【関連リンク】
「健全な水循環系構築のための計画づくりに向けて」
URL：https://www.mlit.go.jp/tochimizushigen/mizsei/junkan/index.html

図表Ⅱ-2-8-1　流域水循環計画の策定・公表状況

合計 **61** 計画
（令和3年12月現在）

 改定 これまでに「流域水循環計画」に該当する計画であることを確認し、公表した計画について、新たな課題や取組の進捗を踏まえて改定されたもの。

年度【計画数】	提出機関	計画名
平成28年度 [17計画]	福島県	うつくしま「水との共生」プラン
	千葉県	印旛沼流域水循環健全化計画・第2期行動計画
	富山県	とやま21世紀水ビジョン
	兵庫県	ひょうご水ビジョン
	熊本県	熊本地域地下水総合管理計画・第2期行動計画
	宮崎県	都城盆地硝酸性窒素削減対策基本計画・同実施計画（最終ステップ）
	さいたま市	さいたま市水環境プラン
	八王子市	八王子市水循環基本計画
	国立市	国立市水循環基本計画
	秦野市	秦野市地下水総合保全管理計画
	座間市	座間市地下水保全基本計画
	大野市	越前おおの湧水文化再生計画
	静岡市	第2次静岡市環境基本計画の一部・しずおか水ビジョン
	岡崎市	岡崎市水環境創造プラン
	高松市	高松市水環境基本計画
	熊本市	第2次熊本市地下水保全プラン
平成29年度 [12計画]	宮城県	鳴瀬川流域水循環計画
	宮城県	北上流域水循環計画
	宮城県	名取川流域水循環計画
	奈良県	なら水循環ビジョン
	高知県	四万十川流域振興ビジョン
	高知県	第2次仁淀川清流保全計画
	長崎県	第2期島原半島窒素負荷低減計画　（改訂版）
	豊田市	水環境協働ビジョン　〜地域が支える流域の水循環〜
	京都市	京都市水共生プラン
	福岡市	福岡市水循環型都市づくり基本構想
	千葉市	千葉市水環境保全計画
	安曇野市	安曇野市水環境基本計画・同行動計画
平成30年度 [6計画]	神奈川県	酒匂川総合土砂管理プラン
	長野県	諏訪湖創生ビジョン
	滋賀県	琵琶湖総合保全整備計画（マザーレイク21計画（第2期改訂版））
	鹿児島県	鹿児島湾ブルー計画
	鹿児島県	第4期池田湖水質環境管理計画
	高知市	2017鏡川清流保全基本計画

年度【計画数】	提出機関	計画名	
令和元年度 [12計画]	青森県	ふるさとの森と川と海の保全及び創造に関する基本方針及び流域保全計画（10流域）	
	宮城県	鳴瀬川流域水循環計画（第2期）	改定
	秋田県	秋田県「水と緑」の基本計画	
	富山県	とやま21世紀水ビジョン	改定
	徳島県	とくしま流域水管理計画	
	熊本県	熊本地域地下水総合管理計画・第3期行動計画	改定
	大船渡市	大船渡湾水環境保全計画	
	品川区	水とみどりの基本計画・行動計画	
	葛飾区	河川環境改善計画	
	五泉市	第2次五泉市環境基本計画の一部	
	加古川市	第2次加古川市環境基本計画の一部	
	錦江湾奥会議	錦江湾奥流域水循環計画	
令和2年度 [13計画]	長野県	第6次長野県水環境保全総合計画	
	高知県	物部川清流保全計画	
	高知県	第2次仁淀川清流保全計画（改訂2版）	改定
	旭川市	旭川市環境基本計画(第2次計画・改訂版)の一部	
	ニセコ町	第2次ニセコ町環境基本計画の一部	
	仙台市	広瀬川創生プラン	
	八王子市	八王子市水循環計画	改定
	辰野町	辰野町環境基本計画の一部	
	西条市	西条市地下水保全管理計画	
	熊本市	第3次熊本市地下水保全プラン	改定
	名古屋市	水の環復活2050なごや戦略・第2期実行計画	
	松山市	長期的水需給計画基本計画（改訂版）	
	うきは市	第2次うきは市環境基本計画の一部	
令和3年度 7月 [12計画]	調布市	調布市環境基本計画の一部	
	宮城県	北上川流域水循環計画(第2期)	改定
	宮城県	名取川流域水循環計画(第2期)	改定
	滋賀県	琵琶湖保全再生施策に関する計画(第2期)	改定
	岡崎市	岡崎市水循環総合計画	
	高松市	高松市水環境基本計画	改定
	さいたま市	第2次さいたま市環境基本計画　別冊水と生きものプラン	改定
	鹿児島県	鹿児島湾ブルー計画	改定
	鹿児島県	池田湖水質環境管理計画	改定
	秦野市	秦野市地下水総合保全管理計画	改定
	加古川市	第3次加古川市環境基本計画の一部	改定
	大野市	大野市水循環基本計画	
令和3年度 12月 [7計画]	厚岸町	第2期厚岸町豊かな環境を守り育てる基本計画の一部	
	佐久地域流域循環協議会	佐久地域流域水循環計画	
	小金井市	第3次小金井市地下水及び湧水の保全・利用に係る計画	
	世田谷区	世田谷みどりの基本計画の一部	
	大垣市	大垣市エコ水都環境プランの一部	
	日光市	第2次日光市環境基本計画の一部	
	長崎県	第2期島原半島窒素負荷低減計画（令和2年度改訂版）	改定

第9節　土地政策の推進

　土地政策は、高度成長期からバブル期にかけては、地価高騰による住宅取得の困難化、社会資本整備への支障等の当時の社会的問題への対応を背景に、投機的取引の抑制等により地価対策を図ることが主眼であり、平成元年に制定された土地政策の基本理念を示す土地基本法（平成元年法律第84号）も、それに対応するものであった。しかしながら、同法制定後バブル崩壊、その後の長期にわたる地価の下落、グローバル化の進展など経済社会の構造変化等を経て、今日、人口減少、少子高齢化が進む中、相続件数の増加、土地の利用ニーズの低下と所有意識の希薄化が進行しており、不動産登記簿などの公簿情報等を参照しても所有者の全部又は一部が直ちに判明せず、又は判明しても所有者に連絡がつかず、円滑な土地利用や事業実施の支障となる土地、いわゆる所有者不明土地や、適正な利用・管理が行われず草木の繁茂や害虫の発生など周辺の地域に悪影響を与える土地の増加が懸念されている。

　この課題に対し、政府は、平成30年に「所有者不明土地等対策の推進のための関係閣僚会議（主宰：内閣官房長官）」を立ち上げ、関係省庁が一体となって取り組んできた。

　平成30年には、所有者不明土地の利用の円滑化等に関する特別措置法（平成30年法律第49号）（以下「所有者不明土地法」という。）が制定され、所有者不明土地の利用の円滑化を図るための仕組みとして、同法に規定された要件を満たす所有者不明土地について、公共的な目的のために利用することができる制度（地域福利増進事業）や、公共事業において所有者不明土地を収用する際に収用委

員会の審理手続を省略する制度（土地収用法の特例手続）が創設された。また、所有者の探索を合理化するための仕組みとして、探索に必要な場合には、公的書類（固定資産課税台帳や地籍調査票等）を調査することができる制度等が創設された。

　令和2年には、平成元年の制定時以来約30年ぶりに土地基本法が改正され、土地に関する基本理念として土地の適正な「管理」に関する土地所有者等の「責務」が規定されたほか、所有者不明土地の円滑な利用及び管理の確保に関する規定が追加された。また、改正土地基本法に基づき、土地政策の総合的な推進を図るための具体的施策の方向性を示す「土地基本方針」（令和2年5月26日閣議決定）を策定し、令和3年5月には、土地に関する施策の進捗、社会情勢の変化を踏まえた変更を行った。

　令和3年には、所有者不明土地の発生予防・利用の円滑化を目的として、民事基本法制の総合的な見直しが行われた。相続登記等の申請を義務化することとされたほか、相続等により土地所有権を取得した者が一定の要件の下でその土地の所有権を国庫に帰属させることができる制度が創設された。また、個々の所有者不明土地や管理不全土地について、裁判所が管理人を選任して管理を命ずることができる制度等が創設された。これらの施策は、令和5年4月から段階的に施行される。

　このように、政府一丸となって所有者不明土地に対する取組を進めてきたところであるが、今後も引き続き所有者不明土地の更なる増加が見込まれ、その利用の促進を求める声や、管理がされていない所有者不明土地がもたらす悪影響を懸念する声が高まる中、「所有者不明土地等対策の推進に関する基本方針」（令和3年6月7日所有者不明土地等対策の推進のための関係閣僚会議決定）において、制度見直しの内容を令和3年中目途でとりまとめ、令和4年通常国会に必要となる法案を提出することとされた。これを受け、国土審議会土地政策分科会企画部会において議論、検討を重ね、令和3年12月24日にはその内容を整理した「所有者不明土地法の見直しに向けた方向性のとりまとめ」が公表された。これを踏まえ、喫緊の課題である所有者不明土地の利用の円滑化の促進と管理の適正化を図るため、市町村をはじめとする関係者による対策のための手段を充実させる「所有者不明土地の利用の円滑化等に関する特別措置法の一部を改正する法律案」（令和4年2月4日閣議決定）を令和4年通常国会に提出した。

　さらに、地籍調査は、土地に関する基礎的情報（境界、面積、地目、所有者等）を調査し明確にすることで、災害後の迅速な復旧・復興やインフラ整備の円滑化等のほか、所有者不明土地等の発生抑制にも貢献するものであり、その推進は重要である。

　令和2年には、地籍調査の促進を図るため、土地基本法とともに国土調査法（昭和26年法律第180号）等が改正され、この法改正により導入された土地所有者が不明な場合に筆界案を公告して行う調査、都市部において街区境界（官民境界）を先行して行う調査、山村部において航空機に搭載したレーザ機器等を活用して行う調査等、新たな調査手続・調査手法の活用促進等を盛り込んだ第7次国土調査事業十箇年計画（令和2年5月26日閣議決定）が策定された。

　令和3年には、同計画に基づき、地籍調査を行う市町村等への財政支援のほか、調査事例の蓄積・横展開等による新たな調査手続・調査手法の普及の促進等に取り組み、市町村等が行う地籍調査の現場において、その活用が進展してきている。

【関連リンク】
所有者不明土地の利用の円滑化等に関する特別措置法の一部を改正する法律案の概要
URL：https://www.mlit.go.jp/report/press/content/001462673.pdf

第10節　自転車活用政策の推進

① 自転車活用推進法に基づく自転車活用推進計画の推進

　自転車は、環境に優しい交通手段であり、災害時の移動・輸送や国民の健康の増進、交通の混雑の緩和等に資するものであることから、環境、交通、健康増進等が重要な課題となっている我が国においては、自転車の活用の推進に関する施策の充実が一層重要となっている。

　このため、平成29年5月1日に自転車活用推進法（平成28年法律第113号）が施行され、同法に基づく「自転車活用推進計画」について、第1次計画が平成30年6月8日に閣議決定された。こ

れまで、第1次計画に基づいて、関係府省庁・官民が連携しながら取り組んできたが、持続可能な社会の実現に向けた自転車の活用の推進を一層図るため、令和3年5月28日に第2次計画が閣議決定された。

　第2次自転車活用推進計画に基づき、自転車交通の役割拡大による良好な都市環境の形成のため、地方公共団体における自転車活用推進計画の策定を促進するとともに、歩行者、自転車及び自動車が適切に分離された自転車通行空間の計画的な整備の推進に取り組んでいる。また、自転車通勤導入に関する手引きの周知や「『自転車通勤推進企業』宣言プロジェクト」等の展開により自転車通勤の拡大を図るとともに、都道府県等による自転車損害賠償責任保険等への加入を義務付ける条例の制定を促進するほか、利用者等に対する情報提供の強化等により、自転車損害賠償責任保険等への加入を促進している。

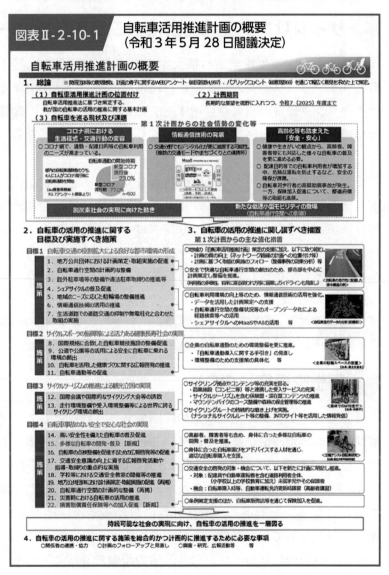

図表Ⅱ-2-10-1　自転車活用推進計画の概要（令和3年5月28日閣議決定）

【関連リンク】
自転車活用推進官民連携協議会　URL：https://www.jitensha-kyogikai.jp/
GOOD CYCLE JAPAN　URL：https://www.mlit.go.jp/road/bicycleuse/good-cycle-japan/index.html

❷ 安全で快適な自転車利用環境の創出

　過去10年間で自転車が関係する事故件数は、概ね半減しているが、自転車対歩行者の事故件数はほぼ横ばいにとどまっている状況であり、より一層安全で快適な自転車の利用環境整備が求められている。このため、警察庁と共同で「安全で快適な自転車利用環境創出ガイドライン」の周知を図るとともに、自転車ネットワークに関する計画が位置付けられた地方版自転車活用推進計画の作成や車道通行を基本とする自転車通行空間の整備や、自転車の交通ルール遵守の効果的な啓発等を進めている。

❸ サイクリング環境向上によるサイクルツーリズムの推進

　インバウンド効果を全国へ拡大するために、自転車を活用した観光地域づくりは有望であるものの、サイクリングの受入環境や走行環境は不十分な状況である。このため、官民連携による先進的なサイクリング環境の整備を目指すモデルルートを設定し、関係者等で構成される協議会において、走行環境整備、受入環境整備、魅力づくり、情報発信を行う等、サイクルツーリズムの推進に取り組んでいる。

　また、国内外のサイクリストの誘客を図るため、日本を代表し、世界に誇りうるサイクリングロードを国が指定するナショナルサイクルルートについて、令和元年11月につくば霞ヶ浦りんりんロード、ビワイチ、しまなみ海道サイクリングロードを第1次ナショナルサイクルルートとして、令和3年5月に、トカプチ400、太平洋岸自転車道、富山湾岸サイクリングコースを第2次ナショナルサイクルルートとして指定した。

> ### 第11節　デジタル化による高度化・効率化

❶ 国土交通行政のDX

　社会全体のデジタル化は喫緊の課題であり、政府として、デジタル庁の創設やデジタル田園都市国家構想といった政策が進められているところ、国土交通省においても必要な取組を、より一層加速させる必要がある。このため、国土交通行政のDXを推進すべく、全省的な推進組織として、令和3年12月に「国土交通省DX推進本部」を設置した。DXを推進する羅針盤となる、長期的な視点にたったビジョンを策定し、所管分野における業務、ビジネスモデルや国土交通省の文化・風土の変革、行政庁としての生産性向上に取り組む。

　インフラ分野においては、公共工事の現場で非接触・リモート型の働き方への転換を図るなど、感染症リスクに対しても強靱な経済構造の構築を加速することが喫緊の課題となっている。このため、デジタル技術を活用して、管理者側の働き方やユーザーに提供するサービス・手続きなども含めて、インフラまわりをスマートにし従来の「常識」を変革する、「インフラ分野のDX」を推進しており、例えば、3Dハザードマップを活用したリアルに認識できるリスク情報の提供、現場にいなくても現場管理が可能になるリモートでの立会による監督検査やデジタルデータを活用した鉄筋検査の試行、および無人化施工・自動化施工等に取り組んでいる。また、令和3年度末には施策ごとの今後の具体的な工程や「実現できる事項」を示したアクションプランを策定した。令和4年はアクションプ

ランの具体的な工程に基づき、DXによる変革に果敢に取り組む「挑戦の年」として一層取り組みを加速化させる。

② i-Constructionの推進〜建設現場の生産性向上〜

建設業は社会資本の整備の担い手であると同時に、社会の安全・安心の確保を担う、我が国の国土保全上必要不可欠な「地域の守り手」である。人口減少や高齢化が進む中にあっても、これらの役割を果たすため、建設業の賃金水準の向上や休日の拡大等による働き方改革とともに、生産性向上が必要不可欠である。国土交通省では、インフラ分野のDXを推進する上で中核となるi-Constructionを平成28年度より推進し、ICTの活用等により調査・測量から設計、施工、検査、維持管理・更新までのあらゆる建設生産プロセスにおいて、抜本的な生産性向上に取り組んでいる。

平成28年度の土工から始まり、舗装工、浚渫工、河川浚渫工、地盤改良工、法面工、構造物工へICTを導入し、舗装修繕工や点検などの維持管理分野や、民間等の要望も取り入れながら逐次対象工種を拡大しており、土工では3割以上の時間短縮効果が確認された。また、積算要領の改定、自治体発注工事に対する専門家の派遣、小規模な現場へのICT施工の導入、ICT施工を行うことのできる技術者の育成等、自治体や中小企業が更にICTを導入しやすくなるような環境整備等も行っている。

さらに、コンクリートの施工の効率化、施工時期等の平準化に取り組んでおり、令和3年度は施工時期の平準化に資する国庫債務負担行為を約5,700億円に設定した。また、コンクリートの施工の効率化を作業量/人・日で判断した際、プレキャスト製品の活用により、現場打ちの約2〜5倍といった効果などを確認した。

BIM/CIMについては、令和5年度までに小規模なものを除く全ての公共工事においてBIM/CIM活用へ転換することを目指しており、平成24年度からBIM/CIM活用業務・工事の試行を始め、令和3年3月までに累計1,506件を実施し、順次活用を拡大している。3年度は、BIM/CIMモデルを活用して複数業務・工事の事業監理を効率的に行うための運用方法等をとりまとめるとともに、プロセス間の円滑なデータ受け渡しのための3次元モデル成果物の作成方法を明確化し、既存基準要領等の見直しを行った。また、BIM/CIMを扱うことのできる技術者を育成するための研修コンテンツを「BIM/CIMポータルサイト」に公開し、今後更なるBIM/CIMの活用拡大を図っていく。

新技術の活用については、「新技術導入促進調査経費」を活用して、実用段階に達していない技術シーズ・要素技術の現場実証や、技術シーズの試行・検証や新技術の現場実装に取り組んだ。また、内閣府の官民研究開発投資拡大プログラム（PRISM）の予算を活用して、建設現場のデータのリアルタイムな取得・活用などの革新的技術を導入・活用するモデルプロジェクトを令和3年度は29件実施するなど、革新的技術を活用した建設現場の一層の生産性向上を推進した。

また、建設現場の生産性向上に係る優れた取組みを表彰するために平成29年度に創設した「i-Construction大賞」について、令和3年度においては国や地方公共団体等が発注した工事・業務の取組や地方公共団体等の取組、i-Construction推進コンソーシアム会員の取組について計22団体（国土交通大臣賞5団体、優秀賞17団体）を表彰するなど、i-Constructionの更なる普及・促進に取り組んでいる。

平成28年度よりこれまで5年間実施してきたi-Constructionの取組について、施策の効果を検証し今後取り組むべき施策の方向性をとりまとめる政策レビューを実施し、令和3年度末にその結果

を公表した。これまで i-Construction は直轄工事を中心に取り組んできたが、民間部門へも取組み
を拡大していくことが求められる。さらに、これまでの i-Construction を「インフラ分野の DX」
の取組へと拡大し、インフラ分野の DX を通じて「働き方改革」「グリーン・イノベーション、グ
リーンインフラの推進」の取組みや、「海外展開」へと拡げていくことが求められる。

図表Ⅱ-2-11-1　i-Construction とインフラ分野の DX の関係

第12節　公共工事の品質確保と担い手の確保・育成

　建設業の働き方改革、生産性向上、災害時の緊急対応強化等を目的として、令和元年6月に「公共
工事の品質確保の促進に関する法律」（公共工事品確法）、「公共工事の入札及び契約の適正化の促進
に関する法律」（入札契約適正化法）及び「建設業法」を改正する「新・担い手3法」が成立した。
同改正を受け、同年10月には、「公共工事品確法」第9条に基づく「基本方針」及び入札契約適正
化法第17条に基づく「適正化指針」の改正が閣議決定された。さらに、2年1月に「公共工事品確
法」第7条に規定された「発注者の責務」を果たすため、発注関係事務を適切かつ効率的に運用する
ことができるよう、同法第22条に基づき「発注関係事務の運用に関する指針（運用指針）」（公共工
事の品質確保の促進に関する関係省庁連絡会議申合せ）が策定された。
　国土交通省では、新・担い手3法の本格運用を受けて、市町村をはじめとするすべての公共工事の
発注者が本指針等を踏まえた具体的な取組みを進めるよう求めている。

【関連リンク】
i-Construction　URL：https://www.mlit.go.jp/tec/i-construction/index.html

（1）発注者責務を果たすための取組み

　国土交通省では、「適正化指針」や「運用指針」を踏まえた発注関係事務の適切な運用に向けて様々な取組みを行っている。また、各発注者においてこれらの指針を踏まえた発注関係事務が適切に実施されているかについて、毎年、「入札契約適正化法に基づく実態調査」等を行うとともに、その結果を取りまとめ、公表している。

①予定価格の適正な設定

　公共工事の品質確保と担い手の育成・確保に必要な適正利潤の確保を図るため、予定価格の設定にあたっては、適切に作成された設計図書に基づき、賃上げの状況や資機材価格の高騰などを含む市場における労務・資材等の最新の実勢価格を反映するよう、様々な機会を通じて地方公共団体に対して働きかけを行っている。適正な積算に基づく設計書金額の一部を控除して予定価格とするいわゆる「歩切り」の根絶に向けては、令和2年度に5年ぶりとなる悉皆調査を実施したところ、歩切りを行っているおそれがある団体が複数あることが判明した。これらの団体に対し、直接是正の働きかけを行い、歩切りを行わないことを確認し、「歩切り根絶」を再度徹底した。また、公共建築工事積算基準とその運用に係る各種取組みをとりまとめた「営繕積算方式活用マニュアル」を令和3年4月に改訂するなど、積算に係る最新の各種基準・マニュアル類の整備・周知にも努めている。

②ダンピング対策

　ダンピング受注は建設業の健全な発達を阻害することから、国土交通省では低入札価格調査制度及び最低制限価格制度をいずれも未導入の地方公共団体に対して、早急に導入に向けた検討を行うようあらゆる機会を通じて求めてきた。この結果、令和元年11月時点で95団体あった未導入団体は、3年10月時点で84団体まで減少した。また、地方公共団体に対して調査基準価格及び最低制限価格の見直しやその適切な実施によるダンピング対策の実効性の確保を要請するとともに、3年10月には、各市区町村のダンピング対策の取組状況を把握・公表する「見える化」等により、ダンピング対策の取組みの適切な見直しを求めている。

③適切な設計変更

　設計図書に施工条件を適切に明示するとともに、必要があると認められたときは、適切に設計図書を変更することとし、設計変更業務の円滑化を図るため、「設計変更ガイドライン」を策定し、地方公共団体に対しても策定を求めている。

④施工時期等の平準化

　繰越明許費や国庫債務負担行為の活用により、やむを得ず年度内に工事の完了が困難となった際には翌年度にわたる工期設定等の取組みについて国土交通省の事業において実施するとともに、地方公共団体に対して地域の実情等に応じた支援を行っている。また、施工時期の平準化の取組みの意義についての周知や好事例の収集・周知、発注者ごとの施工時期の平準化の進捗・取組状況を把握・公表する「見える化」により、施工時期の平準化の促進を図っている。さらに、令和3年11月には、施工時期の平準化の促進に向けては議会の理解も不可欠であることから、市議会議長や町村議会議長に対して取組みの重要性などについて働きかけを行った。

⑤適正な工期設定

　新・担い手３法では、適正な工期設定が発注者の責務とされるとともに、著しく短い工期での契約締結の禁止が新たに規定されている。国土交通省では、直轄工事において適正な工期を設定するための具体的かつ定量的な工期設定指針を策定している。また、令和２年７月には、中央建設業審議会において「工期に関する基準」が作成・勧告され、同基準においては、週休２日の確保等、適正な工期設定にあたって考慮すべき事項が記載されており、その周知に努めている。

⑥多様な入札契約方式の活用

　「公共工事品確法」では、多様な入札契約方式の選択・活用、段階的選抜方式、技術提案・交渉方式、地域における社会資本の維持管理に資する方式（複数年契約、包括発注、共同受注による方式）等が規定されている。国土交通省では、事業の特性等に応じた入札契約方式を各発注者が選定できるよう、「公共工事の入札契約方式の適用に関するガイドライン」を策定している。

（2）発注者間の連携・支援

　国土交通省では、公共工事の品質確保等に資する各種取組みについて、「地域発注者協議会」、「国土交通省公共工事等発注機関連絡会」、「地方公共工事契約業務連絡協議会」や「都道府県公共工事契約連絡協議会」等を通じて、情報共有を実施し、発注者間の一層の連携に努めている。

（3）受発注者間の意思疎通の緊密化等

　「防災・減災、国土強靱化のための５か年加速化対策」等による公共工事の円滑な施工確保を図るため、地域の受発注者間の連携・意思疎通を促すとともに、都道府県公共工事契約連絡協議会等との更なる連携体制の強化を通じて、市町村等に対して直接入札制度の改善の働きかけを行っている。

図表Ⅱ-2-12-1　「発注関係事務の運用に関する指針（運用指針）」の主なポイント

「発注関係事務の運用に関する指針（運用指針）」改正の主なポイント

運用指針とは：品確法第22条に基づき、**地方公共団体、学識経験者、民間事業者等の意見を聴いて、国が作成（令和2年）**
- 各発注者が発注関係事務を適切かつ効率的に運用できるよう、**発注者共通の指針**として、体系的にとりまとめ
- 国は、本指針に基づき発注関係事務が適切に実施されているかについて毎年調査を行い、その結果をとりまとめ、公表

	工事	測量、調査及び設計【新】
必ず実施すべき事項	①予定価格の適正な設定 ②歩切りの根絶 ③低入札価格調査基準又は最低制限価格の設定・活用の徹底等 ④施工時期の平準化【新】 ⑤適正な工期設定【新】 ⑥適切な設計変更 ⑦発注者間の連携体制の構築	①予定価格の適正な設定 ②低入札価格調査基準又は最低制限価格の設定・活用の徹底等 ③履行期間の平準化 ④適正な履行期間の設定 ⑤適切な設計変更 ⑥発注者間の連携体制の構築
実施に努める事項	①ICTを活用した生産性向上【新】 ②入札契約方式の選択・活用 ③総合評価落札方式の改善【新】 ④見積りの活用 ⑤余裕期間制度の活用 ⑥工事中の施工状況の確認【新】 ⑦受注者との情報共有、協議の迅速化	①ICTを活用した生産性向上 ②入札契約方式の選択・活用 ③プロポーザル方式・総合評価落札方式の積極的な活用 ④履行状況の確認 ⑤受注者との情報共有、協議の迅速化
災害対応	①随意契約等の適切な入札契約方式の活用 ②現地の状況等を踏まえた積算の導入 ③災害協定の締結等建設業者団体等や、他の発注者との連携	

第13節　新たな国と地方、民間との関係の構築

1　官民連携等の推進

　官民連携事業（PPP/PFI）の案件形成を推進するため、地方公共団体等への支援や産官学金の協議の場（地域プラットフォーム）の形成を促進している。

　令和3年度は、クルーズ船向け旅客ターミナル施設におけるコンセッション（公共施設等運営事業）手法等の導入検討調査や、人口20万人未満の中小規模団体枠において公共施設の集約・再編や管理のバンドリングを検討する調査など、先導的官民連携支援事業で24の案件を採択した。また、人口20万人未満の地方公共団体における官民連携事業のモデル形成や職員の能力向上、地方公共団体における利用料金の生じないインフラの維持管理に係る官民連携手法の導入検討を支援した。加えて、ブロックプラットフォームを活用し、官民対話を通じて案件形成を促進するためのサウンディングや計147団体が参加したPPP/PFI推進首長会議等を開催した。

第14節　政策評価・事業評価・対話型行政

1　政策評価の推進

　「行政機関が行う政策の評価に関する法律」に基づく「国土交通省政策評価基本計画」により、①各施策の達成状況を定期的に測定・評価する政策チェックアップ、②特定テーマに絞り込み詳細な分析を行う政策レビュー、③新規施策の必要性等について分析を行う政策アセスメントの3つを基本的な政策評価の方式として実施し、それらの方式を連関させて政策のマネジメントサイクルを推進している。令和3年度は各方式で①44施策目標、143業績指標、②4テーマ、③3新規施策について評価を実施した注[2]。加えて、個別公共事業、個別研究開発課題、規制及び租税特別措置等の政策評価を政策の特性に応じた政策評価の方式として実施しており、その結果を予算要求や新規施策等の立案へ反映させている。

　また、「独立行政法人通則法」に基づき、主務大臣として所管15独立行政法人の業務実績評価を実施した。

2　事業評価の実施

　個別の公共事業について、事業の効率性及び実施過程における透明性の一層の向上を図るため、新規事業採択時評価、再評価及び完了後の事後評価による一貫した事業評価体系を構築している。評価結果については、新規採択時・再評価時・完了後の事後評価時における費用対効果分析のバックデータも含め、評価結果の経緯が分かるように整理した事業評価カルテを作成し、インターネット等で公表している。また、新規事業採択時評価の前段階における国土交通省独自の取組みとして、直轄事業等において、計画段階評価を実施している。

注2　「国土交通省政策評価関係」ウェブサイト：http://www.mlit.go.jp/seisakutokatsu/hyouka/index.html

③ 国民に開かれた行政運営と対話型行政の推進

（1）国土交通ホットラインステーション

　国民生活に極めて密接にかかわる国土交通行政の推進に当たっては、国民からの意見・要望等を幅広く把握し、国民に直結した行政を展開することが重要である。このため、「国土交通ホットラインステーション」を開設しており、月平均約1,600件の意見等が寄せられている。

（2）消費者等に対する情報提供

　従来の行政による監督に加え、消費者等による適切な選択及び市場による監視を通じた安全・安心の確保を図ることを目的に、住宅等の建築物や公共交通機関に関する事業者等の過去の行政処分等の履歴を集約した「ネガティブ情報等検索サイト」を国土交通省ウェブサイト上に公開している。

（3）社会資本整備における計画策定プロセスの透明性の更なる向上

　社会資本整備の推進に当たっては、構想段階から透明性や公正性を確保し、住民等の理解と協力を得ることが重要である。このため、住民を含めた多様な主体の参画を促進するとともに、社会面、経済面、環境面等の様々な観点から総合的に検討を行い、計画を合理的に策定するための基本的な考え方を示したガイドラインを活用することにより、更なる透明性の向上に取り組んでいる。

④ 年次報告の実施

（1）令和2年度交通の動向　令和3年度交通施策（交通政策白書）

　交通政策白書は、交通の動向並びに政府が交通に関して講じた施策及び交通に関して政府が講じようとする施策について、毎年、国会に報告するものであり、令和3年6月には、「交通政策基本法」に基づき、「令和3年版交通政策白書」を閣議決定・国会報告した。

　また、交通政策基本計画に掲げられた施策や数値目標の進捗状況のフォローアップも行っており、同計画の着実な推進を図ることとしている。

（2）令和2年度土地に関する動向　令和3年度土地に関する基本的施策（土地白書）

　土地白書は、土地基本法（平成元年法律第84号）第11条第1項及び第2項の規定に基づき、毎年国会に報告するものである。令和3年版土地白書では、令和2年度の不動産市場等の動向や、新型コロナウイルス感染症による不動産市場等への影響と対応、防災・減災に対応した土地等の活用等の国民の生命・生活を守るための土地利用等に係る取組、令和2年度に政府が土地に関して講じた基本的施策、令和3年度に政府が土地に関して講じようとする基本的施策を取りまとめ、令和3年6月15日に国会に報告した。

【関連リンク】
https://www.mlit.go.jp/sogoseisaku/transport_policy/sosei_transport_policy_fr1_000009.html

【関連リンク】
https://www.mlit.go.jp/statistics/file000006.html

（3）令和2年度首都圏整備に関する年次報告（首都圏白書）

　首都圏白書では、「首都圏整備法」第30条の2の規定に基づき、首都圏整備計画の実施に関する状況を、毎年度国会に報告している（令和3年度は6月15日策定）。令和3年版においては、「首都圏が向き合う多様なリスクへの対応と活力ある社会の構築」をテーマにした特集を設けるとともに、計画の実施状況として、人口、産業機能等の動向、生活環境や社会資本の整備状況等を報告した。

（4）令和2年度 観光の状況 令和3年度 観光施策（観光白書）

　観光白書は観光立国推進基本法（平成18年法律第117号）第8条第1項及び第2項の規程の基づき、観光の状況及び政府が観光立国の実現に関して講じた施策並びに観光に関して講じようとする施策ついて、毎年国会に報告しているものである。

　令和3年版観光白書は、令和3年6月15日に閣議決定され、最近の観光の動向や、新型コロナウイルス感染症が観光にもたらした影響を幅広い観点から分析するとともに、観光立国の実現に向けて講じようとしている施策を報告した。

第15節　コロナ禍からの社会経済活動の確実な回復

1 新型コロナウイルス感染症による影響

　新型コロナウイルス感染症は令和元年12月に中国湖北省武漢市で感染者が報告されて以降、日本も含め世界中に感染が拡大した。

　新型コロナウイルス感染症の影響で、観光関係業界、交通関係業界等を中心に、利用者数や予約が大幅に減少し、経営に極めて大きな影響が出ている。

　国土交通省においては、こうした各業界における実情を把握べく、令和2年3月より、聞き取り調査等により関連業界への影響を調査するとともに公表した[注3]。

【関連リンク】
https://www.mlit.go.jp/toshi/daisei/toshi_daisei_fr_000049.html

【関連リンク】
https://www.mlit.go.jp/kankocho/news02_000447.html

注3　「新型コロナウイルス感染症に伴う関係業界の影響について」
　　参照 https://www.mlit.go.jp/kikikanri/kikikanri_tk_000018.html

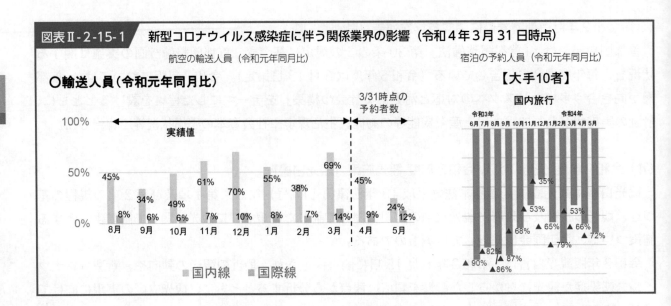

図表Ⅱ-2-15-1　新型コロナウイルス感染症に伴う関係業界の影響（令和4年3月31日時点）

❷ コロナ禍からの社会経済活動の確実な回復

　新型コロナウイルス感染症の影響により、国土交通関係業界が影響を受けている中、国土交通省では、関係事業者等を支援し、事業の継続が確保されるべく取組みを行ったとともに、デジタル化の推進、カーボンニュートラルの実現等に向けた取組み等のポストコロナの新しい事業展開を見据えた投資促進等を行った。観光については、ワーケーションや「第2のふるさとづくり」などにより、新たな国内交流需要の開拓に取組むとともに、デジタル化等による生産性向上、宿泊施設を核とした観光地の再生・高付加価値化など、観光産業や地域を多面的に支援した。また、航空については、ポストコロナにおける我が国航空分野の国際競争力の強化にも資するよう、脱炭素化の取組み等を推進した。

第3章 観光立国の実現と美しい国づくり

第1節 観光をめぐる動向

1 観光立国の意義

　観光は、成長戦略の柱、地方創生の切り札である。新型コロナウイルス感染症拡大により、深刻な影響が続く観光関連産業の事業継続と雇用維持を図るため、実質無利子・無担保融資による資金繰り支援や雇用調整助成金の特例措置など、関係省庁が連携して支援を行ってきたほか、観光需要の喚起策や、宿・観光地のリニューアル、観光コンテンツの充実、デジタル化の推進に係る支援など、多面的な支援を実施してきたところである。自然、食、文化、芸術、風俗習慣、歴史など日本各地の観光資源の魅力が失われたものではない。ポストコロナ期においても、人口減少を迎える日本において、観光を通じた内外との交流人口の拡大を通じて、地域を活性化することがこれまで以上に重要であることから、「住んでよし、訪れてよしの国づくり」を実現する持続可能な観光に向けた取組みを進めつつ、引き続き、政府一丸となって取り組む。

2 観光の現状

（1）国内旅行消費額

　令和3年の日本人国内旅行消費額は、宿泊旅行と日帰り旅行の合計で約9.2兆円（対前年比7.9%減・対令和元年比58.1%減）となった。日本人国内旅行消費額のうち、宿泊旅行消費額は約7.0兆円（対前年比10.0%減・対令和元年比59.2%減）、日帰り旅行消費額は約2.2兆円（対前年比0.5%減・対令和元年比54.1%減）となった。

（2）訪日外国人旅行者数

　令和3年の訪日外国人旅行者数は、新型コロナウイルス感染症の拡大に伴い、水際措置の強化が継続されたこと等により、対令和元年比99.2%減（対前年比94.0%減）の24.6万人となった。

Ⅱ

第3章　観光立国の実現と美しい国づくり

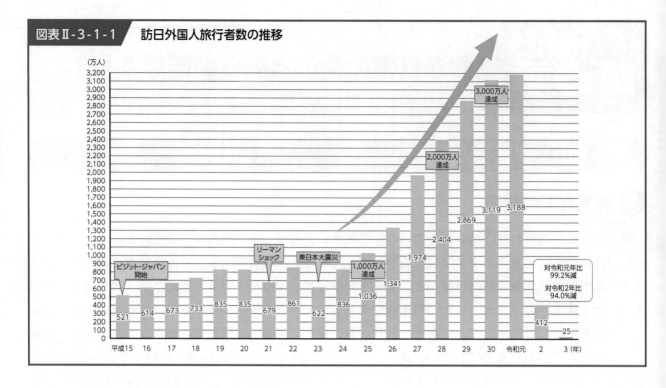

図表Ⅱ-3-1-1　訪日外国人旅行者数の推移

（3）訪日外国人旅行消費額

　令和3年の訪日外国人旅行消費額は、令和3年1-3月期、4-6月期、7-9月期の調査が中止となったが、10-12月期の調査結果により試算すると1,208億円となった。

（4）訪日外国人旅行者に占めるリピーター数

　令和2年の訪日外国人旅行者に占めるリピーター数は、令和2年4-6月期、7-9月期、10-12月期の調査が中止となったが、1-3月期の調査結果により試算すると293万人となった。

（5）訪日外国人の地方部における延べ宿泊者数

　令和3年（速報値）の訪日外国人旅行者の地方部における延べ宿泊者数は130万人泊（対前年比83.3%減・対令和元年比97.0%減）となり、前年に続いて大幅な減少となった。

（6）日本における国際会議の開催状況

　令和3年の国際会議市場は令和2年に引き続き、新型コロナウイルス感染症の影響を大きく受けた。国際会議協会の調査によると、令和3年に日本で開催が予定されていた国際会議は364件で、そのうち実地開催されたものは3件（1%）に留った。最も多かった開催形態はオンライン形式の185件（51%）、次いでオンラインと実地開催を組み合わせたハイブリッド形式が61件（17%）でその他115件（32%）は延期や中止等により開催が見送られた。

　【動画】
インフラツーリズム魅力倍増プロジェクト
URL：https://www.youtube.com/watch?v=7RBpU006fgo&t=1s

（7）出国日本人数

　新型コロナウイルス感染症の影響により、令和3年の出国日本人数は、51.2万人（対前年比83.9%減・対前々比97.4%減）で、前年に続いて大幅な減少となった。

第2節　観光立国の実現に向けた取組み

　「明日の日本を支える観光ビジョン」を踏まえ、国内旅行需要の喚起や宿・観光地のリニューアル、観光コンテンツの磨き上げ等に政府一丸となって取り組んできた。

1　観光資源の魅力を極め、地方創生の礎に

（1）魅力ある公的施設・インフラの大胆な公開・開放

　首都圏外郭放水路では民間が主催する見学会のコース数を増加させるなど、インフラを観光資源として活用・開放し地域振興を図るインフラツーリズムを推進している。

コラム Column　インフラに来て見て学んで楽しむ「インフラツーリズム」

　ダム、橋、港等、世界に誇る土木技術等を観光資源として活用し地域振興を図る「インフラツーリズム」が盛り上がりを見せています。インフラツーリズムは、地域固有の財産であるインフラをもっとそばで見て、感じて、楽しむことで、インフラへの理解を深めていただくとともに、インフラと地域の連携により、周辺の観光資源等への立ち寄りを促し、地域の活性化に寄与することを目指して取り組んでいます。

　国土交通省のインフラツーリズムポータルサイトでは、インフラ施設見学と地域での食事や観光地の周遊等を組み合わせた民間主催のツアーや、今しか見ることができない工事中の風景が見られる施設管理者主体の見学会等を紹介しています。インフラに来て見て学んで楽しんで。「インフラ見楽（けんがく）」、あなたも是非一度、体験してはいかがでしょうか。

首都圏外郭放水路（埼玉県）

白鳥大橋（北海道）

【関連リンク】
インフラツーリズムポータルサイト
URL：https://www.mlit.go.jp/sogoseisaku/region/infratourism/
観光庁ホームページ　URL：https://www.mlit.go.jp/kankocho/index.html

【関連リンク】
Japan Tourism Agency youtube チャンネル
URL：https://www.youtube.com/user/kankocho/videos

（2）古民家等の歴史的資源を活用した観光まちづくりの推進

古民家等の歴史的資源を宿泊施設等に活用し地域の活性化に繋げるため、関係省庁と連携し、ワンストップ窓口での地域からの相談対応や、専門家の派遣等の支援を行い、新たな展開地域の拡大、取組地域の高付加価値化、各種取組との連携強化等を推進している。さらに、城や社寺等を日本ならではの文化が体験出来る宿泊施設として活用する城泊や寺泊を各地域で支援し、観光地域の磨き上げを進めている。

また、不動産証券化を活用したモデル事業の実施や好事例の周知等を通じて、不動産証券化手法による古民家等の再生を促進している。

（3）新たな観光資源の開拓と新たな交流市場の開拓

インバウンドの回復に備え、地域固有の観光資源を活用した新たな体験型観光コンテンツとしてアドベンチャーツーリズム等を推進するため、取組体制の構築、ガイド人材の育成・確保、満足度向上につながる観光コンテンツの発掘・磨き上げ等を実施した。

また、コロナ禍によるテレワークの浸透も踏まえ、ワーケーション等の仕事と休暇を組み合わせた滞在型旅行を「新たな旅のスタイル」と位置付けて、その活用を促進すべく、40の企業と地域をマッチングし、双方の体制整備を行うモデル事業を実施するとともに、気運醸成を図るため、令和4年3月に企業向けオンラインセミナーを実施した。

加えて、国内交流の喚起のため、新型コロナウイルス感染症の影響による働き方、暮らし方の変化や、都会の若者による自然に触れる旅のニーズが増えていることを踏まえ、第2のふるさとづくり（何度も地域に通う旅、帰る旅）等の新たな仕掛けづくりにより、新たな交流市場の開拓や、地域の活性化を図る。

（4）広域周遊観光の促進

訪日外国人旅行者等の各地域への周遊を促すため、調査・戦略策定、滞在コンテンツの充実、受入環境整備、旅行商品流通環境整備、情報発信等といった、地域の関係者が広域的に連携して観光客の来訪・滞在促進を図る取組みを支援している。また、地域の魅力・課題の発見や施策提案、関係者のスキル向上等に助言するため、地域へ専門家を派遣している。

また、訪日外国人の移動の実態（利用交通機関や周遊ルート等）が把握できるFF-Dataについて、新型コロナウイルス感染症の影響により、令和2年度データの作成に必要な調査が実施できていないが、今後のデータ作成に向けて利用者ニーズの把握を行った。

さらに、国内外のサイクリストの誘客を図るため、日本を代表し、世界に誇りうるサイクリングロードを国が指定するナショナルサイクルルートについて、令和元年11月につくば霞ヶ浦りんりんロード、ビワイチ、しまなみ海道サイクリングロードを第1次ナショナルサイクルルートとして、令和3年5月に、トカプチ400、太平洋岸自転車道、富山湾岸サイクリングコースを第2次ナショナルサイクルルートとして指定した。

（5）東北の観光復興

東北の観光復興を促進するため、東北6県による滞在コンテンツの充実・強化や受入環境整備などのインバウンドを呼び込むための取組みを、東北観光復興対策交付金により支援した。また、日本政府観光局では、東北特設サイトの制作・公開、在日メディア・インフルエンサーの招請等を通じて、

東北地域の観光魅力を発信するプロモーションを実施した。

　福島県については、観光復興を最大限に促進するため、同県が実施する震災復興に資する滞在コンテンツの充実・強化や国内外へのプロモーション等に対して補助を行っている。

コラム Column

名取川とともに復興し、新たな賑わいを生み出した町　閖上 ～閖上地区かわまちづくり（宮城県名取市）～

　東日本大震災により大きな被害を受けた宮城県名取市閖上地区では、震災復興事業の中で、河川とまち・運河・港が連携して、商業施設、舟運事業、河川防災ステーションや震災復興伝承事業館などを整備し、地域の拠点として賑わい創出・防災性向上の取組みを官民連携で推進してきました。

　被災事業者が中心となって設立・運営している「かわ まちてらす閖上」の夏期の来客者数は、コロナの影響下にもかかわらず、令和元年度の約20万人から2年度の約24万人へ増加するなど、着実に地域の賑わい創出に貢献しています。

　こうした取組みが高く評価され、閖上地区かわまちづくりは、令和3年度「かわまち大賞」を受賞しました。

左：整備された堤防と商業施設（全景）、右：商業施設（かわまちテラス閖上）の様子
令和3年度「かわまち大賞」を決定しました（プレスリリース）

【関連リンク】
URL：https://www.mlit.go.jp/report/press/mizukokudo04_hh_000171.html

---

② 観光産業を革新し、国際競争力を高め、我が国の基幹産業に

（1）観光関係の規制・制度の適切な運用及び民泊サービスへの対応

　平成30年1月に施行された「通訳案内士法及び旅行業法の一部を改正する法律」に基づき導入された地域通訳案内士制度について、市町村及び都道府県とも連携して育成を推進し、令和4年1月28日現在で40地域にて導入し、3,582名が登録されている。

　また、旅行サービス手配業の登録制度について、登録行政庁である都道府県等とも連携して制度周知を図り、令和3年4月1日時点で1,714社の登録がなされている。

　また、「住宅宿泊事業法」に基づき、健全な民泊を推進している。住宅宿泊事業の届出住宅数は、令和4年3月14日時点で18,196件となった。健全な民泊サービスの更なる普及に向けて、営業日数を効率的に集約するシステムの活用等により、違法民泊対策の実効性を向上させた。

（2）産業界ニーズを踏まえた観光経営人材の育成・強化

　観光分野における人材の育成及び確保のため、トップレベル、中核レベル、実務レベル、それぞれのレベルで取組みを行った。

　トップレベルについては、我が国の観光産業を牽引する人材を育成することを目的とし、平成30

年度に一橋大学及び京都大学に「観光MBA」が設置され、これまでに54名の修了生が輩出された。また、観光MBA取得を目指す人材の企業による派遣を促進するため、令和元年度より産官学連携の協議会を開催しており、令和3年度においても、修了生の活躍ぶり等の成果報告や観光MBAを取得した人材の活用方法についての協議を行った。

　中核レベルについては、地域観光の中核を担う人材の育成を図るため、平成27年度より大学におけるリカレント教育の実施を支援し、令和3年度においても、山口大学による地域の観光関連産業等の経営力向上に向けた講座を支援した。

　実務レベルについては、国内人材向けでは、地域の観光産業の強化・発展を推し進める実務人材を確保・育成するため、令和3年度に採択した4地域（湯田川温泉観光協会、蓼科観光事業者向け「女性活躍」支援策事業化協議会、黒川温泉観光旅館協同組合、湯田中渋温泉郷人材開発協議会）において、人材の採用・定着に関する取組みをモデル事業として行った。

　また、外国人材向けでは、平成31年4月に新たな在留資格である「特定技能」が創設され、宿泊業においても国内外において技能試験を実施したほか、令和2年2月に宿泊職種（接客・衛生管理作業）が技能実習制度における第2号技能実習への移行対象職種・作業へ追加された。令和3年度は、外国人材の受入促進に向けた宿泊事業者等向けセミナーや外国人材とのマッチング事業を行うなど、外国人材の受入環境整備に取り組んでいる。

（3）観光地域づくり法人（DMO）を核とする観光地域づくりの推進

　観光地域のマネジメント及びマーケティングを担う観光地域づくり法人（DMO）[注1]を核とする観光地域づくりを推進するため、令和4年3月28日時点で311団体を登録するとともに、観光地域づくり法人に対する各種情報提供や観光地域づくり法人の体制強化、観光地域づくり法人が行う着地整備の取組みに対する支援を行った。

　また、「住んでよし、訪れてよし」の観光地域づくりを実現するため、地域主体で住民理解を深めつつ、オーバーツーリズムを引き起こすことなく、観光で得られた収益を地域内で循環させることにより、地域の社会経済の活性化や文化・環境の保全・再生を図っていく。

（4）観光遺産産業化ファンド等の継続的な展開及び次世代の観光立国実現のための財源の展開

　観光庁では、観光庁と包括的連携協定を締結している㈱地域経済活性化支援機構（REVIC）が、地域金融機関等と連携して組成した観光遺産産業化ファンド等も活用し、関係事業者や関係省庁、自治体と連携して、地域の観光資源の磨き上げ等を図るための取組みを行った。

　また、観光先進国の実現に向けた観光基盤の拡充・強化を図る観点から、観光促進のための税として国際観光旅客税が創設された（平成31年1月7日制度開始）。財源の使途に関しては、受益と負担の関係から日本人出国者を含む負担者の納得が得られ、先進的で費用対効果が高く、地方創生をはじめとする我が国が直面する重要な政策課題に合致するものに充てることとしている。

注1　DMO：Destination Management/Marketing Organization

（5）コロナ禍の訪日プロモーション

　新型コロナウイルス感染症の影響により、商談会、メディア招請等の国際的な往来を伴う事業を実施できない状態が続いているが、日本政府観光局においては、ウェブサイトやSNS等による我が国の魅力や安全・安心に関する情報の効果的な発信を行うとともに、オンラインの商談会や旅行博への出展を行う等、発信方法を工夫しつつ「将来の訪日」につながる事業を実施した。

　また、オリンピック・パラリンピック東京大会期間中は、広く世界に向けて日本の魅力を紹介する海外メディアを通じた番組放映や、著名アスリートを起用したプロモーション動画の配信等を実施し、海外の消費者の訪日意欲の向上につなげた。

　さらに、地方部への誘客を促進するため、日本政府観光局において、地方自治体・DMO等を対象とした研修会やコンサルティングのほか、全国各地の観光コンテンツ収集やウェブサイト等による地域の情報発信等を実施した。

（6）MICE誘致の促進

　新型コロナウイルス感染症により開催に大きな影響を受けたMICEの安全な再開と国際競争力の更なる強化に向けて、MICEの誘致に意欲的な地方都市に対する誘致力の強化に向けた支援を実施するとともに、官民のMICE関係者による「安全なMICEの再開と発展に向けた関係者協議会」を開催し、今後の取組みの方向性について検討した。また、新型コロナウイルス感染症の影響を受けた国際会議に関する実態調査を実施した。併せて、グローバル企業のビジネス活動を支える会議施設等の整備への支援に取り組んだ。

（7）ビザの戦略的緩和

　新型コロナウイルス感染症の国内や諸外国・地域における感染状況等を踏まえつつ、今後のビザ緩和の実施について関係省庁と連携して検討を行うこととした。

（8）訪日教育旅行の活性化

　日本政府観光局が運営する訪日教育旅行のウェブサイトを通じ情報発信を行った。

（9）観光教育の充実

　子どもたちが日本及び地域への愛着と誇りを醸成し、観光の意義に対する理解を深めることを目的として、令和3年度は高等学校向けの教育プログラムを開発した。また、学校教員を中心としたワークショップを開催し、開発した教育プログラムの普及に取り組んだ。

（10）若者のアウトバウンド活性化

　新型コロナウイルス感染症の感染拡大により、大きな影響を受けた若年層を含むアウトバウンドの段階的な回復に向けて、各国・地域における最新の感染症対策等の現地情報について情報収集を行うとともに、学校関係者、旅行業界関係者に向けた海外教育旅行に係る情報発信ツール(HP)の作成を行った。また、旅に精通した講師を学校に派遣し、若者に旅の意義や素晴らしさを伝える「若旅授業」を平成25年より実施している。令和3年度は、オンライン授業も導入し、計11回実施した。

【関連リンク】
日本政府観光局　URL：https://www.jnto.go.jp/jpn/

③ すべての旅行者が、ストレスなく快適に観光を満喫できる環境に

（1）最先端技術を活用した革新的な出入国審査等の実現

　関係省庁と連携の下、日本人出帰国及び外国人出国手続のための顔認証ゲートを、令和2年度までに7空港（羽田、成田、中部、関西、福岡、新千歳、那覇）に配備した。また、携帯品の電子申告をした旅客の迅速な通関を可能とする税関検査場電子申告ゲートを、令和2年度までに7空港（羽田、成田、中部、関西、福岡、新千歳、那覇）に配備した。

　さらに、羽田、成田空港では、搭乗関連手続（チェックイン、手荷物預け、保安検査、搭乗ゲート）を顔認証により一元化する機器を導入し、令和3年7月に運用を開始した。

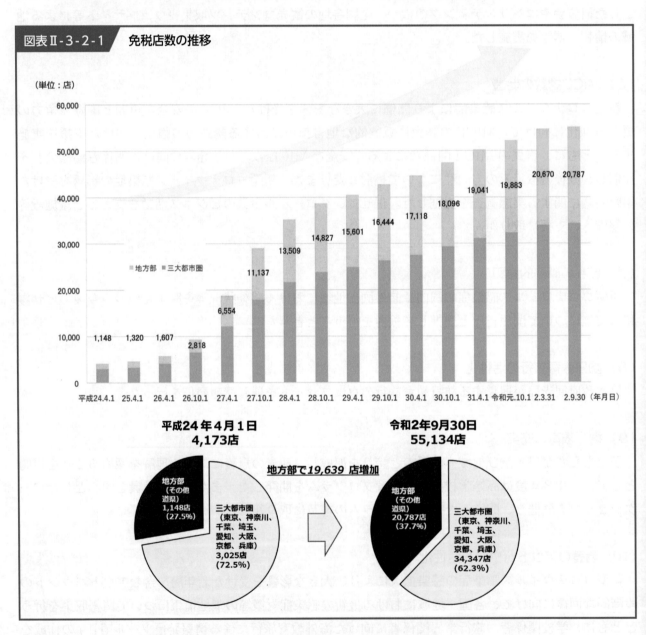

図表 II-3-2-1　免税店数の推移

（2）訪日外国人旅行者の受入環境整備

　観光地や公共交通機関等における多言語対応、無料公衆無線 LAN 環境の整備や公衆トイレの洋式化等に対する支援を行った。

　また、旅館・ホテル等の宿泊施設におけるインバウンド対応の取組みへの支援を実施した。また、インバウンド需要の回復を見据えた免税店の拡大や、令和 3 年 10 月の免税販売手続の完全電子化に向けた事業者の対応を更に促進する観点から、必要な情報の周知広報に取り組んだ。加えて、令和 3 年 10 月から、免税販売手続を行う自動販売機（別途国税庁長官が観光庁長官と協議して指定するものに限る。）については人員の配置を不要とする措置が講じられるところ、指定に向けた準備を進め、令和 4 年 3 月に国税庁長官による自動販場機の指定の告示が行われた。さらに「道の駅」について、外国人観光案内所の JNTO 認定取得や多言語表示の整備等のインバウンド対応を促進し、地域のインバウンドの受入拠点とする取組みを推進した。

（3）急患等にも十分対応できる外国人患者受入体制の充実

　外国人患者を受け入れる医療機関について、令和 3 年度に 2,044（うち都道府県が指定する「外国人患者を受け入れる拠点的な医療機関」は 1,494）の医療機関をリスト化し、情報発信を行った。また、引き続き外国人旅行者が医療費の不安なく治療が受けられるように、旅行保険への加入を促進した。

（4）「地方創生回廊」の完備

　「ジャパン・レールパス」をはじめとする訪日外国人旅行者向けの、企画乗車券について利便性向上のための調査を行った。

　また、バスタプロジェクトの全国展開を推進している。その際、民間ノウハウを活用しつつ効率的に整備・運営するため、官民連携での整備・運営管理を可能とするコンセッション制度等を活用しつつ、多様な交通モード間の接続を強化し、MaaS などの新たなモビリティサービスにも対応可能な施設としている。

　訪日外国人旅行者をはじめ、すべての利用者にわかりやすい道案内を実現するため、観光地と連携した道路案内標識の改善などに取り組んでいる。高速道路会社等が、レンタカーを利用する訪日外国人旅行者向けに、全国の各エリアを対象とした高速道路の周遊定額パスを実施している（但し、新型コロナウイルスの感染拡大等に伴い、令和 2 年 4 月 8 日より新規の申込受付を停止している（令和 4 年 3 月 31 日現在））。

　海事分野においては、旅に係る新サービス創出の促進を図るため、平成 28 年 4 月から 3 年間、「船旅活性化モデル地区」制度を設け観光利用に特化した航路の旅客船事業の制度運用を試験的に弾力化した。この結果を踏まえ、31 年 4 月からは「インバウンド船旅振興制度」を創設し、インバウンド等の観光需要を取り込む環境整備を図っている（令和 3 年度承認等実績：6 件）。

（5）クルーズを安心して楽しめる環境整備づくり

　国内クルーズについては、令和 2 年 9 月に公表された国土交通省による中間とりまとめや関係業界団体による国内クルーズ用のガイドライン等に基づき、船内や旅客ターミナル等での感染予防対策を徹底し、都道府県等の衛生主管部局を含む協議会等における合意を得た上での実施を促進した。国際クルーズについては、国内外の感染状況、我が国並びに諸外国の水際対策の動向等を踏まえつつ、再

開に向けて引き続き安全対策について検討を進めていくこととしている。

　また、クルーズの再興に向け、クルーズ船の航行の安全性の検証や上質かつ多様なツアーメニューの造成等を支援した。引き続き、ハード・ソフト両面にわたる支援を実施し、クルーズを安心して楽しめる環境づくりを推進する。あわせて、訪日観光のポテンシャルを有している海洋周辺地域において、観光コンテンツの磨き上げや訪日観光客の受入環境整備、多言語避難誘導等の災害時の訪日観光客の安全確保のための取組みを支援した。

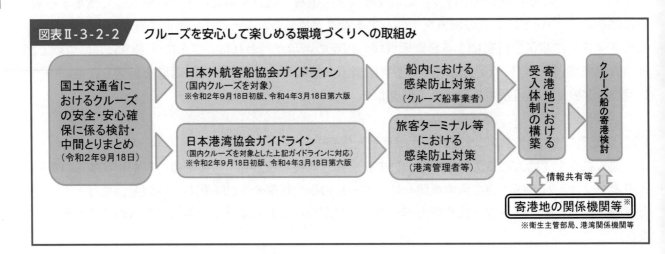

図表Ⅱ-3-2-2　クルーズを安心して楽しめる環境づくりへの取組み

（6）公共交通利用環境の革新

　訪日外国人旅行者のニーズが多い、鉄道車両の無料 Wi-Fi について、令和 3 年 10 月にすべての新幹線車両で導入が完了した。

　配車アプリ等を通じて、目的地の近い旅客同士を運送開始前にマッチングし、タクシーに相乗りさせて運送するサービス（タクシーの相乗り）を認める新たな制度を令和 3 年 11 月に導入した。

　また、訪日外国人旅行者を含む旅行者が大きな荷物を持ち運ぶ不便を解消するため、空港・駅等で荷物の一時預かりや空港・ホテル等へ荷物を配送する手ぶら観光を推進した（「手ぶら観光」共通ロゴマーク認定数：令和 4 年 3 月末現在 533 箇所）。

　外国人観光旅客の来訪の促進等による国際観光の振興に関する法律（国際観光振興法）に基づき実施している外国人観光旅客利便増進措置については、令和 3 年 3 月に同措置を講ずべき区間等として、鉄道 240 区間・バス 267 区間・旅客船 33 区間・旅客船ターミナル 3 港・エアライン 16 事業者・空港ビル 64 空港を指定しており、公共交通事業者等から外国人観光旅客利便増進措置実施計画が提出され、観光振興事業費補助金（公共交通利用環境の革新等事業）などを活用して取組みを進めている。

　さらに、平成 31 年 4 月にフェリー・旅客船事業者と経路検索事業者間のデータ共有環境整備に向けて「標準的なフェリー・旅客船航路情報フォーマット」及び「簡易作成ツール」等を策定・公表し、事業者自身による航路情報のデータ整備を支援・推進しているところ、令和 3 年 3 月には、フォーマット、ツールを改良し、機能向上を図るとともに、ツール入力支援動画の作成を実施するなどデータ化の促進を図った。

【関連リンク】
CRUISE PORT GUIDE OF JAPAN　URL：https://www.mlit.go.jp/kankocho/cruise/jp/

第3節　良好な景観形成等美しい国づくり

❶ 良好な景観の形成

（1）景観法等を活用したまちづくりの推進

　「景観法」に基づく景観行政団体は令和4年3月末時点で799団体に増加し、景観計画は646団体で策定、景観計画に基づく重点的な取組みは384団体で進められるなど、良好な景観形成の取組みが推進されている。また、「屋外広告物法」に基づく条例を制定している景観行政団体は、同年4月1日時点で230団体に増加し、総合的な景観まちづくりが進められている。

（2）社会資本整備における景観検討の取組み

　景観に配慮した社会資本整備を進めるため、地域住民や学識経験者等の多様な意見を聴取しつつ、事業後の景観の予測・評価を行い、事業案に反映させる取組みを推進している。

（3）無電柱化の推進

　良好な景観の形成や観光振興、安全で快適な通行空間の確保、道路の防災性の向上等の観点から、新設電柱の抑制、低コスト手法の普及、事業期間の短縮などにより、無電柱化推進計画に基づき無電柱化を推進している。

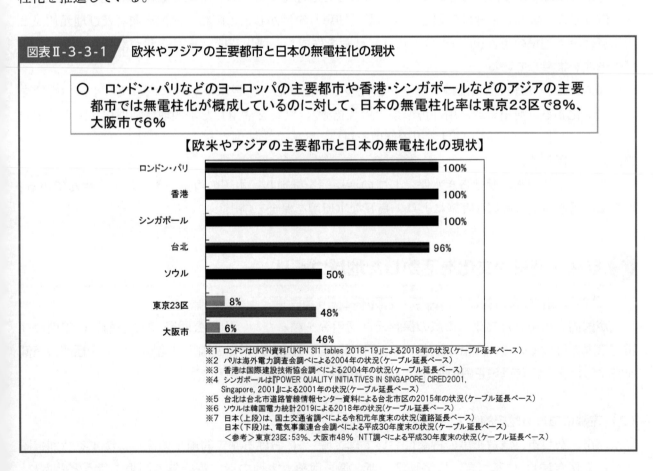

図表Ⅱ-3-3-1　欧米やアジアの主要都市と日本の無電柱化の現状

○　ロンドン・パリなどのヨーロッパの主要都市や香港・シンガポールなどのアジアの主要都市では無電柱化が概成しているのに対して、日本の無電柱化率は東京23区で8%、大阪市で6%

【欧米やアジアの主要都市と日本の無電柱化の現状】

ロンドン・パリ　100%
香港　100%
シンガポール　100%
台北　96%
ソウル　50%
東京23区　8%／48%
大阪市　6%／46%

※1　ロンドンはUKPN資料「UKPN SI1 tables 2018-19」による2018年の状況（ケーブル延長ベース）
※2　パリは海外電力調査会調べによる2004年の状況（ケーブル延長ベース）
※3　香港は国際建設技術協会調べによる2004年の状況（ケーブル延長ベース）
※4　シンガポールは『POWER QUALITY INITIATIVES IN SINGAPORE, CIRED2001, Singapore, 2001』による2001年の状況（ケーブル延長ベース）
※5　台北は台北市道路管線情報センター資料による台北市区の2015年の状況（ケーブル延長ベース）
※6　ソウルは韓国電力統計2019による2018年の状況（ケーブル延長ベース）
※7　日本（上段）は、国土交通省調べによる令和元年度末の状況（道路延長ベース）
　　日本（下段）は、電気事業連合会調べによる平成30年度末の状況（ケーブル延長ベース）
　　＜参考＞東京23区：53%、大阪市48%　NTT調べによる平成30年度末の状況（ケーブル延長ベース）

【動画】
脱・電柱社会 キーワードは低コスト化！
URL：https://www.youtube.com/watch?v=w0sJdcjKIh4

（4）「日本風景街道」の推進

多様な主体による協働の下、道を舞台に、地域資源を活かした修景・緑化を進め、観光立国の実現や地域の活性化に寄与することを目的に「日本風景街道」を推進している。令和4年3月末現在144ルートが日本風景街道として登録されており、「道の駅」との連携を図りつつ、道路を活用した美しい景観形成や地域の魅力向上に資する活動を支援している。

（5）景観に配慮した道路デザインの推進

安全・円滑・快適に加えて、景観面での美しさを備えた道路の整備に関する一般的技術的指針である「道路デザイン指針（案）」や道路附属物等の設置・更新を検討するにあたっての景観への配慮事項を示した「景観に配慮した道路附属物等ガイドライン」等に基づき、良好な景観形成の取組みを推進している。

（6）水辺空間等の整備の推進

河川全体の自然の営みを視野に入れ、地域の暮らしや歴史・文化との調和にも配慮し、河川が本来有している生物の生息・生育・繁殖環境及び多様な河川景観を保全・創出するための「多自然川づくり」をすべての川づくりにおいて推進している。

河口から水源地まで河川とそれにつながるまちを活性化するため、地域の景観、歴史、文化及び観光基盤などの「資源」や地域の創意に富んだ「知恵」を活かし、市町村、民間事業者及び地元住民と河川管理者の連携の下、「かわまちづくり」計画を作成し、河川空間とまち空間が融合した良好な空間の形成を推進している。

具体的には、良好な河川環境を保全・復元及び創出する「総合水系環境整備事業」や河川空間をオープン化する「河川敷地占用許可準則の緩和措置」、ダムを活用した水源地域活性化を図る「水源地域ビジョン」、広く一般に向けて川の価値を見いだす機会を提供する「ミズベリングプロジェクト」等により支援している。

また、下水処理水のせせらぎ水路としての活用等を推進し、水辺の再生・創出に取り組んでいる。さらに、汚水処理の適切な実施により、良好な水環境を保全・創出している。

❷ 自然・歴史や文化を活かした地域づくり

（1）我が国固有の文化的資産の保存・活用等に資する国営公園等の整備

我が国固有の優れた文化的資産の保存及び活用等を図るため、国営公園等（22箇所）の整備及び維持管理を行っている。令和3年度には、国営飛鳥・平城宮跡歴史公園平城宮跡区域の大極門の整備を完了し、また、首里城正殿の復元に向けた技術的な検討等を実施した。

（2）古都における歴史的風土の保存

京都市、奈良市、鎌倉市等の古都においては、「古都における歴史的風土の保存に関する特別措置法（古都保存法）」に基づき、建築物等の新・増・改築、宅地の造成等行為の制限を行うとともに、土地の買入れなどの古都保存事業や普及啓発活動等を実施することにより、歴史的風土の保存を図っている。

（3）歴史的な公共建造物等の保存・活用

　地域のまちづくりに寄与するために、長く地域に親しまれてきた歴史的な官庁施設の保存・活用を推進している。歴史的砂防関係施設（令和3年3月31日現在、重要文化財3件、登録有形文化財204件）については、土砂災害を防止する施設及びその周辺環境一帯を地域の観光資源として位置付け、環境整備を行うなどの取組みを推進している。

（4）歴史文化を活かしたまちづくりの推進

　地域の歴史や伝統文化を活かしたまちづくりを推進するため、「地域における歴史的風致の維持及び向上に関する法律（歴史まちづくり法）」に基づき、87市町（令和4年3月31日現在）の歴史的風致維持向上計画を認定し、計画に基づく取組みを支援している。また、良好な景観や歴史的風致の形成を推進するため、景観・歴史資源となる建造物の改修等の支援を行った。

（5）ミズベリング・プロジェクトの推進

　「ミズベリング」とは、市民や民間企業の水辺への関心を高め、水辺に新たな価値を見いだし、主体的に新しい活用の可能性を創造していく取組みである。

　ミズベリングの普及に向けた取組みは全国で実施され、各地に浸透しつつあるが、より地域に根差した活発な活動としていくため、各地で人材育成や体制づくりを支援したり、水辺の利活用と防災・減災対策との連携を進めるなど、水辺とまちの未来の形を創造するための、さらなる一歩を踏み出すことが期待されている。

図表II-3-3-2　重要文化財に指定された紅葉谷川庭園砂防施設（広島県廿日市市：令和2年に指定）

資料）広島県

図表II-3-3-3　荒川流域の歴史的治水・砂防施設を巡る観光・交流イベントを推進（福島県福島市）

荒川流域の歴史的治水・砂防施設を巡る観光・交流イベントを推進（福島県福島市）

図表II-3-3-4　信濃川やすらぎ堤（信濃川：新潟県新潟市）

【関連リンク】
日本風景街道　URL：https://www.mlit.go.jp/road/sisaku/fukeikaidou/
国営公園 日本の国営公園 公園とみどり
URL：https://www.mlit.go.jp/crd/park/shisaku/p_kokuei/nihon/

【関連リンク】
ミズベリング　URL：https://mizbering.jp/

（6）グリーンインフラの推進

　社会資本整備や士地利用等のハード・ソフト両面において、自然環境が有する多様な機能を活用し、持続可能で魅力ある国土・都市・地域づくりを進める「グリーンインフラ」の社会実装を推進している。令和3年度は、グリーンインフラの導入を目指す地域を対象に技術的・財政的支援を実施するとともに、グリーンインフラ官民連携プラットフォームの活動を通じて、グリーンインフラの社会的な普及等に取り組んでいる。

【関連リンク】
グリーンインフラ官民連携プラットフォーム URL：https://gi-platform.com/

第4章　地域活性化の推進

第1節　地方創生・地域活性化に向けた取組み

　少子高齢化の進展に的確に対応し、人口の減少に歯止めをかけるとともに、東京圏への人口の過度の集中を是正し、それぞれの地域で住みよい環境を確保して、将来にわたって活力ある日本社会を維持していくため、政府としては、平成26年11月に成立した「まち・ひと・しごと創生法」に基づき、まち・ひと・しごと創生総合戦略を策定し、地方創生の取組みを推進してきた。令和3年においては「まち・ひと・しごと創生基本方針2021」を策定するなどの取組みを行ってきた。将来にわたって活力ある地域社会の実現と、東京圏への一極集中の是正を目指し、4つの基本目標と2つの横断的な目標の下、新型コロナウイルス感染症の影響も踏まえ、施策を展開していく。

　国土交通省においては、主に以下の取組みを行う。

- ・近年激甚化する災害等を踏まえ、改正都市再生特別措置法等に基づき、災害ハザードエリアにおける新規立地の抑制を徹底するなど、災害に強く安心して暮らせるまちづくりに取り組む。
- ・改正地域公共交通活性化再生法に基づく地方公共団体を中心とした輸送サービスの確保・充実や、独占禁止法特例法に基づく地方バスの会社間連携の促進、MaaSの全国普及等を進めることにより、高齢者等の移動手段の確保や、観光による地域振興を図る。
- ・アドベンチャーツーリズムのモデルツアーの造成やガイド人材の育成など、新たなインバウンド層への訴求力が高い体験型観光コンテンツ等造成への支援や、キャッシュレス対応・多言語対応・無料Wi-Fi整備等の受入環境整備の推進等を通じて、魅力ある観光地域づくりを進める。
- ・新型コロナウイルス禍に伴う働き方・住まい方の変化に対応するため、職住近接・一体の生活圏形成のためのテレワーク拠点整備等の推進、住宅団地等におけるコワーキングスペース整備の支援、ワーケーションやブレジャー等の普及促進のための環境整備の支援等に取り組む。

　また、仕事・交通・教育・医療をはじめとする地方が抱える課題をデジタル実装を通じて解決し、地域の個性を生かした地方活性化を図るため、政府としては、「デジタル田園都市国家構想」の具体化を進めている。同構想を通じて、地方の豊かさをそのままに、利便性と魅力を備えた新たな地方像を提示し、施策を展開していくこととし、国土交通省においては、デジタル実装を通じた地方活性化の推進に向けて、主に以下の取組みを行う。

- ・MaaSや自動運転等の最新技術の実装を進めつつ、行政、交通事業者、他分野の関係者が「共創」を推進し、持続可能な形で地域交通の刷新・再設計（リ・デザイン）を進める。
- ・各地のローカル鉄道について、国の主体的な関与のもと、鉄道事業者と沿線自治体が相互に協力・協働しながら、デジタル技術の導入等により、利便性と持続可能性の高い地域公共交通へ再構築していくための具体的方策を検討し、その再構築のための環境を整備する。
- ・ドローン等の新技術の社会実装や物流DXを進め、非効率な商慣習の見直し等も行って既存の物流のあり方を大きく変革する。
- ・生産性の向上や地域の活性化などにつながるインフラ分野のDX、防災情報の発信など住民の安全・安心に繋がる流域治水DX、3D都市モデルの整備・活用・オープンデータ化などまちづく

りのDXなどを推進する。
・観光産業や観光地のデジタル実装を進め、消費拡大、再訪促進等を図るとともに、これを支える
デジタル人材を育成し、稼ぐ地域を実現する。
・地方でも利便性が高く安心して暮らし続ける国土づくりを目指して、新たな国土形成計画の策定
に向けた検討を進める。

都市再生については、民間活力を中心とした都市の国際競争力の強化等を図るとともに、「居心地
が良く歩きたくなる」まちなかの創出等による都市再生の推進に取り組んでいる。

さらに、環境に配慮した民間都市開発事業への金融支援の拡充等、民間資金を活用した脱炭素型ま
ちづくりの推進に取り組むこととしている。

第2節　地域活性化を支える施策の推進

① 地域や民間の自主性・裁量性を高めるための取組み

（1）地方における地方創生・地域活性化の取組み支援

地方創生は国による全国一律の取組みではなく、地域ごとに異なる資源や特性を地方自らが活か
し、それぞれ異なる課題に対応することが重要であり、地方公共団体が各自の戦略に沿って施策の企
画立案、事業推進、効果検証を進めていくに当たり、情報面・人材面・財政面から国は伴走的な支援
を続けている。

情報面の支援としては、地域経済に関する官民のデータを分かりやすく「見える化」した、地域経
済分析システム（RESAS）を提供している。地域の現状や課題の把握、強み・弱みや将来像の分析、
基本目標やKPIの設定、PDCAサイクルの確立に活用することで、地方公共団体や民間企業や住民・
NPO等の地方創生の取組みを支援している。

人材面の支援としては、地方創生カレッジによりデジタルを含む地方創生に必要な専門人材を育
成・確保するとともに、各府省に相談窓口を設ける地方創生コンシェルジュ、国や民間企業等の職員
を市町村に派遣する地方創生人材支援制度による支援を行っている。

財政面の支援としては、地方創生推進交付金や、地方創生応援税制（企業版ふるさと納税）等によ
り、地方が地方創生に中長期的見地から安定的に取り組むことができるよう、支援を行っている。

国土交通省においても、全国各地の個性的で魅力ある地域づくりに向けた取組みを一層推進するた
め、社会インフラと関わりのある地域活性化の取組みを「手づくり郷土賞（国土交通大臣表彰）」と
して昭和61年度より表彰している。36回目となる令和3年度は13団体（一般部門12団体、大賞
部門1団体）が同賞を受賞した。受賞団体の取組みは、ウェブサイトへの掲載や受賞団体が取組みの
プレゼンテーションを行う「手づくり郷土賞受賞記念発表会」の開催を通じて、地域づくりに役立つ
好事例として、広く情報発信している。

また、地域間の連携と交流による地域づくり活動の奨励を目的として、創意工夫を活かした自主的
かつ広域的な優れた地域づくり活動に対して「地域づくり表彰（国土交通大臣表彰等）」として昭和
59年度より表彰をしている。令和3年度は全国より30件の推薦があり、愛媛県松山市で歴史ある
港町という地域的資源を再発見し発信、認知度向上・誘客・交流人口拡大を実現した取組み及び佐賀
県嬉野市で地区に関係性のある外部の人と地区住民とが協働し、内外の交流と更に新しい産業を創生
した取組みが国土交通大臣賞を受賞したほか、8団体が各種賞を受賞した。表彰された優良事例の活

動内容等については、国土交通省ウェブサイト等を通じて広く情報発信している。

（2）民間のノウハウ・資金の活用促進

地方都市の成長力・競争力の強化を図るため、地方公共団体が行う都市再生整備計画事業と連携した民間都市開発事業で国土交通大臣認定を受けたもの等、優良な民間都市開発事業に対し、一般財団法人民間都市開発推進機構による出資又は共同施行等の支援を行った。あわせて、同機構が地域金融機関や地方公共団体等との間で設立するまちづくりファンドを通じて、連鎖的に行われるリノベーション事業、クラウドファンディングを活用した事業、老朽ストックを活用したテレワーク拠点等の整備を出資等により支援した。

また、まちの魅力・活力の維持・向上を通じた地域参加型の持続可能なまちづくりの実現と定着を図るため、民間まちづくり活動における先進団体が持つ、活動を行う中で一定の収益を継続的に得るとができるノウハウ等を、これから活動に取り組もうとする他団体に水平展開するための普及啓発に関する事業や、「都市再生特別措置法」の都市利便増進協定に基づく施設整備等を含む先進的な民間まちづくり活動に関する実験的な取組み等への支援を行っている。

さらに、まちなかにおける道路、公園、広場等の官民空間の一体的な修復・利活用等による「居心地が良く歩きたくなる」まちなかの創出を推進する観点から、官民が連携して賑わい空間を創出する取組みを市町村のまちづくり計画に位置づけることなどの措置を講ずる「都市再生特別措置法等」に基づき、引き続き法律・予算・税制のパッケージで支援した。

加えて、首都高速道路日本橋地区の地下化の取組みにおいては、老朽化対策のみならず、その機能向上を図るとともに、日本橋川周辺の水辺空間の再生や都心のビジネス拠点の整備などの民間再開発プロジェクトと連携している。

また、立体道路制度の適用対象を一般道路に拡大する等の措置を講ずる「都市再生特別措置法等の一部を改正する法律」を平成30年7月に施行し、立体道路制度の積極的な活用を推進している。

さらに、地域の賑わい・交流の場の創出や道路の質の維持・向上を図るため、道路を有効活用した官民連携による取組みを推進している。

このほか、平成27年度に、改正構造改革特別区域法が施行され、民間事業者による公社管理有料道路の運営が可能となったことから、愛知県有料道路において、28年10月から愛知道路コンセッション株式会社による運営が開始されている。

図表Ⅱ-4-2-1　優良な民間都市開発事業に対し、共同施工等の支援を行った例　京都四条南座（京都府京都市）

【関連リンク】
手づくり郷土賞ウェブサイト　URL：http://www.mlit.go.jp/sogoseisaku/region/tedukuri/
国土交通省「地域づくり表彰」ウェブサイト　URL：https://www.mlit.go.jp/kokudoseisaku/chisei/crd_chisei_tk_000020.html
官民連携まちづくりポータルサイト　URL：https://www.mlit.go.jp/toshi/toshi_machi_tk_000047.html

② 新型コロナ危機を契機としたまちづくりの方向性の検討

　新型コロナ危機を踏まえ、今後のまちづくりの方向性を検討するため、様々な分野の有識者に個別ヒアリングを実施し、「新型コロナ危機を契機としたまちづくりの方向性」（論点整理）をとりまとめ、令和2年8月に公表した。

　この論点整理を踏まえ、令和2年10月から、「デジタル化の急速な進展やニューノーマルに対応した都市政策のあり方検討会」（座長 出口敦 東京大学大学院新領域創成科学研究科 教授）を開催し、今後目指すべきまちづくりの方向性や都市政策について検討を行い、「ニューノーマルに対応した新たな都市政策はいかにあるべきか―都市アセットの最大限の利活用による人間中心・市民目線、機動的なまちづくりへ―」をとりまとめ、令和3年4月に公表した。

図表Ⅱ-4-2-2　新型コロナ危機を契機としたまちづくりの方向性

■新型コロナ危機を契機とした変化

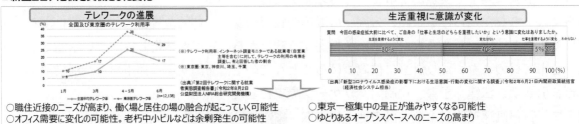

テレワークの進展	生活重視に意識が変化

（※）テレワーク利用率：インターネット調査モニターである就業者（自営業主を含む）に対して、テレワークの利用の有無を調査し、有と回答した者の割合
（※）東京圏：東京、神奈川、埼玉、千葉
（出典）第2回テレワークに関する就業者実態調査報告書」（令和2年8月2日 公益財団法人NIRA総合研究開発機構）

（出典）「新型コロナウイルス感染症の影響下における生活意識・行動の変化に関する調査」（令和2年6月21日内閣府政策統括官（経済社会システム担当）

○職住近接のニーズが高まり、働く場と居住の場の融合が起こっていく可能性
○オフィス需要に変化の可能性。老朽中小ビルなどは余剰発生の可能性

○東京一極集中の是正が進みやすくなる可能性
○ゆとりあるオープンスペースへのニーズの高まり

※なお、感染症対策という面では、ハード面の対応のみならず、日常の手洗い、体調不良の際は休むといったソフト面の対応の徹底が重要

・感染拡大防止には「三つの密」（密閉・密集・密接）の回避が重要
・感染拡大防止と社会経済活動の両立を図ることが重要

都市の持つ集積のメリットは活かしつつ、「三つの密」の回避、感染拡大防止と経済社会活動の両立を図る新しいまちづくりが必要

■今後の都市政策の方向性

ヒアリングを踏まえれば、人や機能等を集積させる都市そのものの重要性に変わりはなく、国際競争力強化やウォーカブルなまちづくり、コンパクトシティ、スマートシティの推進は引き続き重要。こうした都市政策の推進に当たっては、新型コロナ危機を契機として生じた変化に対応していくことが必要。

○ 大都市は、クリエイティブ人材を惹きつける良質なオフィス、住環境（住宅、オープンスペース、インターナショナルスクール等）、文化・エンタメ機能等を、郊外、地方都市は、住む、働く、憩うといった様々な機能を備えた「地元生活圏の形成」を推進

○ 大都市、郊外、地方都市それぞれのメリットを活かして魅力を高めていくことが重要

○ 様々なニーズ、変化、リスクに対応できる柔軟性・冗長性を備えた都市が求められる

○ 老朽ストックを更新し、ニューノーマルに対応した機能（住宅、サテライトオフィス等）が提供されるリニューアルを促進

○ 郊外や地方都市でも必要な公共交通サービスが提供されるよう、まちづくりと一体となった総合的な交通戦略を推進

○ 自転車を利用しやすい環境の一層の整備が必要

○ 街路空間、公園、緑地、都市農地、民間空地などまちに存在する様々な緑やオープンスペースを柔軟に活用

○ リアルタイムデータ等を活用し、ミクロな空間単位で人の動きを把握して、平時・災害時ともに過密を避けるよう人の行動を誘導

○ 避難所の過密を避けるための多様な避難環境の整備

良質なオフィス、テレワーク環境の整備　　居心地の良いウォーカブルな空間の創出　　都市空間へのゆとり（オープンスペース）の創出

上記の都市政策の実現に向けた具体的方策を検討するため、昨年10月に**有識者からなる「デジタル化の急速な進展やニューノーマルに対応した都市政策のあり方検討会」**を設置。**令和2年度末を目途にとりまとめ予定。**

図表Ⅱ-4-2-3	デジタル化の急速な進展やニューノーマルに対応した都市政策のあり方検討会 中間とりまとめ（概要）

デジタル化の急速な進展やニューノーマルに対応した都市政策のあり方検討会　中間とりまとめ（概要）

新型コロナ危機を契機に生じた変化

■ 新型コロナ危機を契機とし、デジタル化の進展も相まって、テレワークの急速な普及、自宅周辺での活動時間の増加等、**人々の生活様式は大きく変化（ニューノーマル）**。
これに伴い、ワークライフバランスの重視など、「**働き方**」や「**暮らし方**」に対する意識や価値観が変化・多様化。

■ 「**働く**」「**暮らす**」場である都市に対するニーズも変化・多様化。職住遊学の融合、自宅以外のワークプレイス、ゆとりある屋外空間の構築などが求められるように。

➡ **二地域居住をはじめ、人々のライフスタイルに応じた多様な働き方・暮らし方の選択肢を提供していくことが必要**

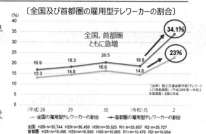

〔全国及び首都圏の雇用型テレワーカーの割合〕

目指すべきまちづくりの方向性

市民一人ひとりの多様なニーズに的確に応える （**人間中心・市民目線のまちづくりの深化**）	ニーズに対応して機敏かつ柔軟に施策を実施 （**機動的なまちづくりの実現**）

地域の資源として存在する官民の既存ストック（都市アセット）を最大限に利活用し、市民のニーズに応えていくことが重要

都市アセットを「使う」「活かす」

 職住遊学の融合など、官民の都市アセットの一体的利活用による空間づくり

 空き家をコワーキングスペースにするなど、都市アセットのリノベーション

 街路⇔オープンスペースなど、都市アセットを可変的・柔軟に利活用

 公・民・学の多様な関係者が連携してまちのビジョンを共有

（イメージ）

スピーディーに「動く」

 公園などまちなかでの社会実験の実施

デジタル技術・データを「使いこなす」

 データを活用したシミュレーションや効果検証、デジタル技術による新たなサービス

❸ コンパクトシティの実現に向けた総合的取組み

　都市のコンパクト化と公共交通網の再構築をはじめとする都市の周辺等の交通ネットワーク形成は、居住や都市機能の集積を図ることにより、住民の生活利便性の維持・向上、サービス産業の生産性の向上等による地域経済の活性化、行政サービスの効率化等による行政コストの削減などの具体的な行政目的を実現するための有効な政策手段であり、中長期的な視野をもって継続的に取り組む必要がある。

　コンパクトシティの実現に向けた市町村の取組みを促進するため、平成26年に「都市再生特別措置法」を改正し、経済的インセンティブによって居住と都市機能の立地誘導を進める「立地適正化計画制度」を創設した。令和3年度末時点において、立地適正化計画の作成については、626市町村が具体的な取組みを行っており、そのうち、448市町村が立地適正化計画を作成・公表済みとなった。地域公共交通計画については、714団体が公表済みとなった。

　また、こうした市町村の取組みが、医療・福祉、住宅、公共施設再編、国公有財産の最適利用等のまちづくりに関わる様々な関係施策との連携による総合的な取組みとして推進されるよう、関係府省庁で構成する「コンパクトシティ形成支援チーム」（事務局：国土交通省）を通じ、現場ニーズに即した支援施策の充実、モデル都市の形成・横展開、取組み成果の「見える化」等に取り組んでいる。

　さらに、頻発・激甚化する自然災害に対応した安全なまちづくりを推進するため、令和2年の「都市再生特別措置法等の一部を改正する法律」に基づき、災害ハザードエリアにおける開発抑制、災害

第4章　地域活性化の推進

ハザードエリアからの移転の促進、立地適正化計画と防災との連携強化を推進している。また、市民の行動データ等に基づく施策の検討・評価を推進するため、「スマート・プランニング実践の手引き」の更なる充実を図ることに加え、その普及を進めていく。

④ 地域特性を活かしたまちづくり・基盤整備

（1）民間投資誘発効果の高い都市計画道路の緊急整備

市街地における都市計画道路の整備は、沿道の建替え等を誘発することで、都市再生に大きな役割を果たしている。このため、残りわずかな用地買収が事業進捗の隘路となっている路線について、地方公共団体（事業主体）が一定期間内の完了を公表する取組み（完了期間宣言路線（令和3年4月現在67事業主体162路線）を通じ、事業効果の早期発現に努めている。

（2）交通結節点の整備

鉄道駅やバスターミナル等の交通結節点には、様々な交通施設が集中し、大勢の人が集まるため、都市再生の核として高い利便性と可能性を有する。

このため、品川駅西口や神戸三宮駅、虎ノ門ヒルズ駅等の交通結節点及びその周辺において、社会資本整備総合交付金や国際競争拠点都市整備事業、都市・地域交通戦略推進事業、鉄道駅総合改善事業等を活用し、交通機関相互の乗換え利便性の

図表Ⅱ-4-2-4　品川駅西口駅前広場の将来イメージ

道、駅、まちが一体となった都市基盤の整備を進め、「世界の人々が集い交わる未来型の駅前広場」を目指す

◆次世代型交通ターミナル◆　◆シンボリックなセンターコア◆　◆開発計画と連携した複合（交通・防災）ターミナル◆　◆人々が集う賑わい広場◆

資料）国土交通省

向上や鉄道等により分断された市街地の一体化、駅機能の改善等を実施し、都市交通の円滑化や交通拠点としての機能強化等を推進している。

（3）交通モード間の接続（モーダルコネクト）の強化

バスタ新宿をはじめとする集約型公共交通ターミナル『バスタプロジェクト』について、官民連携を強化しながら戦略的に展開して、多様な交通モードが選択可能で利用しやすい環境を創出し、人とモノの流れの促進や生産性の向上、地域の活性化や災害対応の強化などのため、バスを中心とした交通モード間の接続（モーダルコネクト）の強化を推進している。

また、民間と連携した新たな交通結節点づくりの推進に向けて、交通混雑の緩和や物流の円滑化のため、バス・タクシー・トラック等の事業者専用の停留施設（特定車両停留施設）を道路附属物として位置づけるとともに、施設運営については、民間の技術やノウハウを最大限に活用するため、コンセッション制度の活用を可能とする事業スキームの構築等を内容とする道路法等の改正法が、令和2年5月に成立し、11月に施行された。

【関連リンク】
バスタプロジェクト　URL：https://www.mlit.go.jp/road/busterminal/

このほか、カーシェアリングやシェアサイクルといった新たな交通モードについて、道路空間を有効活用しながら、公共交通との連携を強化させる取組みを推進している。東京都においては、地下鉄大手町駅に近接した箇所及び新橋駅付近に、カーシェアリングステーションを設置し、公共交通の利用促進の可能性を検証する社会実験を実施している。今後は、この社会実験の結果を踏まえながら、道路空間の有効活用による道路利用者の利便性向上に向けた検討を進めていく。

（4）企業立地を呼び込む広域的な基盤整備等

各地域が国際競争力の高い成長型産業を呼び込み集積させることは、東アジアにおける競争・連携及び地域活性化の観点から大きな効果がある。このため、空港、港湾、鉄道や広域的な高速道路ネットワーク等、地域の特色ある取組みのために真に必要なインフラへ集中投資を行い、地域の雇用拡大・経済の活性化を支える施策を推進している。

①空港整備

国内外の各地を結ぶ航空ネットワークは、地域における観光振興や企業の経済活動を支え、地域活性化に大きな効果がある。アジア等の世界経済の成長を我が国に取り込み、経済成長の呼び水となる役割が航空に期待される中、我が国全体の国際競争力や空港後背地域の地域競争力強化のため、空港の処理能力向上や空港ターミナル地域再編による利便性向上等を図っている。

②港湾整備

四方を海に囲まれている我が国においては、海外との貿易の大部分を海上輸送が担っており、また国内においても、地域間の物流・交流等に海上輸送が重要な役割を担っている。こうした中で、港湾インフラは海外との貿易の玄関口であるとともに、企業活動の場として日本の産業を支えている。物流効率化等による我が国の産業の国際競争力の強化、雇用と所得の維持・創出を図るため、地域の基幹産業を支える港湾において、国際物流ターミナルの整備等を行っている。

③鉄道整備

全国に張り巡らされた幹線鉄道網は、旅客・貨物輸送の大動脈としてブロック間・地域間の交流を促進するとともに、産業立地を促し、地域経済を活性化させることで、地域の暮らしに活力を与えており、鉄道貨物輸送は、地域経済を支える産業物資等の輸送に大きな役割を果たしている。

④道路整備

迅速かつ円滑な物流の実現等により国際競争力を強化するとともに、地域活性化の観点から、高規格道路等の幹線道路ネットワークの形成を進めている。

（5）地域に密着した各種事業・制度の推進
①道の駅

「道の駅」は道路の沿線にあり、駐車場、トイレ等の「休憩機能」、道路情報や地域情報の「情報発信機能」、地域と道路利用者や地域間の交流を促進する「地域の連携機能」の3つを併せ持つ施設で、令和4年2月9日現在1,194箇所が登録されている。

近年、地元の名物や観光資源を活かして、多くの人々を迎え、地域の雇用創出や経済の活性化、住

民サービスの向上にも貢献するなど、全国各地で「道の駅」を地域活性化の拠点とするだけではなく、災害時の防災拠点としての活用や子育て応援施設の整備などの取組みも進展している。令和2年からを「道の駅」第3ステージとして位置づけており、令和元年の『「道の駅」第3ステージの提言』に示された『地方創生・観光を加速する拠点』及び『ネットワーク化で活力ある地域デザインにも貢献』というコンセプトを実現するための取組みを推進していく。

②高速道路の休憩施設の活用による拠点の作成

高速道路利用者だけの使用を前提とした「高速道路の休憩施設」は、近年、ウェルカムゲートやハイウェイオアシス等により、沿道地域への開放による地域活性化が図られており、その促進のため、関係機関が連携の上、進捗状況に応じた支援を実施している。

③官民連携による道路管理の充実

道路管理にあたっては、これまでも地域と協働した取組みとして、ボランティア・サポート・プログラム（VSP）などにより民間団体等の協力を得てきている。「道路法」に基づき指定した道路協力団体は、道路の魅力向上のための活動の実施や、その活動により得られた収益により道路管理の活動を充実させることが可能であり、令和4年3月末までに直轄国道において40団体を指定している。また、道路協力団体が行う道路に関する工事や維持及び道路の占用について、行政手続を円滑、柔軟化する措置を講じている。

④「かわまちづくり」支援制度

河口から水源地まで様々な姿を見せる河川とそれにつながるまちを活性化するため、地域の景観、歴史、文化及び観光基盤などの「資源」や地域の創意に富んだ「知恵」を活かし、市町村、民間事業者及び地元住民と河川管理者の連携の下、「かわまちづくり」計画を作成し、河川空間とまち空間が融合した良好な空間形成を推進している。令和3年8月末までに244箇所が「かわまちづくり」支援制度に登録している。

⑤地域住民等の参加による地域特性に応じた河川管理

河川環境について専門的知識を有し、豊かな川づくりに熱意を持った人を河川環境保全モニターとして委嘱し、河川環境の保全、創出及び秩序ある利用のための啓発活動等をきめ細かく行っている。

また、河川に接する機会が多く、河川愛護に関心を有する人を河川愛護モニターとして委嘱し、河川へのごみの不法投棄や河川施設の異常といった河川管理に関する情報の把握及び河川管理者への連絡や河川愛護思想の普及啓発に努めている。

さらに、河川の維持や河川環境の保全等の河川管理に資する活動を自発的に行う民間団体等を河川協力団体として指定し、河川管理者と連携して活動する団体として法律上の位置付けを行い、団体の自発的活動を促進し、地域の実情に応じた多岐にわたる河川管理の充実を推進している。

【関連リンク】
道の駅　URL：https://www.mlit.go.jp/road/Michi-no-Eki/index.html
海の駅　URL：https://www.umi-eki.jp/

⑥海岸における地域の特色を活かした取組みへの支援

海岸利用を活性化し、観光資源としての魅力を向上させることを目的に、砂浜確保のための養浜や海岸保全施設等の整備を行う海岸環境整備事業の支援を行っている。海岸保全に資する清掃、植栽、希少な動植物の保護、防災・環境教育等の様々な活動を自発的に行う法人・団体を海岸協力団体に指定することにより、地域との連携強化を図り、地域の実情に応じた海岸管理の充実を推進しており、令和4年3月末時点で24団体が指定されている。

⑦港湾を核とした地域振興

地域住民の交流や観光の振興を通じた地域の活性化に資する「みなと」を核としたまちづくりを促進するため、住民参加による地域振興の取組みが継続的に行われる施設を港湾局長が「みなとオアシス」として登録している（令和4年4月1日時点、154箇所）。

「みなとオアシス」は、「みなとオアシス全国協議会」等が主催する「みなとオアシス Sea 級グルメ全国大会」などの、様々な活動を通じ、地域の賑わい創出に寄与している。

近年では、クルーズ船寄港時のおもてなしなど港湾の多様化するニーズに対応するため、官民連携による港湾の管理等を促進するなどの目的で、港湾管理者が適正な民間団体等を指定する「港湾協力団体」制度を活用し、みなとを核とした地域の更なる活性化を図ることとしている（令和4年4月1日時点、42箇所）。

図表Ⅱ-4-2-5　みなとオアシス全国マップ

また、一定の条件を満たすみなとオアシスを災害発生時に復旧・復興の拠点として機能する「災害対応型みなとオアシス」として位置づけるとともに、これらをネットワーク化して、広域的な災害に対応可能な「みなとオアシス防災ネットワーク」の構築に向けて取り組むこととしている。

⑧マリンレジャーの拠点づくり

マリンレジャーの魅力向上のため、既存の港湾施設やマリーナ等を活用した「海の駅」の設置を推進しており、令和4年3月末時点で、全国に177駅が登録されている。また、「海の駅」を寄港地として近郊の観光地やグルメスポット等を巡るためのモデルルートである「マリンチック街道」を選定しており、令和4年3月末時点で全国に23ルートが登録されている。

（6）地籍整備の積極的な推進

　災害後の迅速な復旧・復興、インフラ整備の円滑化等に資する地籍整備を円滑かつ迅速に推進するため、第7次国土調査事業十箇年計画（令和2年5月26日閣議決定）に基づき、地籍調査を行う市町村等への財政支援のほか、新たな調査手続や効率的な調査手法の活用促進、国が実施する基本調査による効率的な調査手法の事例の蓄積・普及、地籍調査以外の測量成果の活用を推進している。

（7）大深度地下の利用

　大深度地下の利用については、大深度地下使用制度に関する内容をウェブサイトに掲載する等、大深度地下の適正かつ合理的な利用を図っている。

❺ 広域ブロックの自立・活性化と地域・国土づくり

（1）対流促進型国土形成のための国土・地域づくり

　地域の活性化及び持続的な発展を図るため、地域の知恵と工夫を引き出しつつ、総合的に施策を展開することが重要である。このため、国土形成計画（全国計画及び広域地方計画）に基づき、対流を全国各地でダイナミックに湧き起こしイノベーションの創出を促す対流促進型国土の形成を目指し、重層的な国土構造、地域構造の形成を図りつつ地域の特性に即した施策展開を図っている。また、地域活性化のための官民連携による戦略や民間活動を支える基盤整備の推進に対する国の支援、多様な主体の協働による自立的・持続的な地域づくりを進めるための施策について取り組んでいる。さらに、リニア中央新幹線の開業に伴うスーパー・メガリージョンの形成を見据え、効果の最大化や広域的拡大に向けた検討を行っている。

①広域的地域活性化のための基盤整備の推進

　自立的な広域ブロックの形成に向け、広域にわたる活発な人の往来又は物資の流通を通じた地域の活性化を図るため、令和3年度においては、37府県が、2〜4府県ごとに協働して35の共通目標を掲げ、延べ80の府県別の広域的地域活性化基盤整備計画を作成しており、同計画に基づくハード・ソフト事業に対して、交付金を交付した。

②官民連携による地域活性化のための基盤整備推進支援事業

　官民が連携して策定した広域的な地域戦略に資する事業について、民間の意思決定のタイミングに合わせ、機を逸することなく基盤整備の構想段階から事業実施段階への円滑かつ速やかな移行を図るため、令和3年度においては、地方公共団体が行う概略設計やPPP/PFI導入可能性検討といった事業化に向けた検討に対して、24件の支援を行った。

③多様な主体の協働による地域づくりの推進

　地方部における多様な主体の協働による自立的・持続的な地域づくりを促進するため、地域づくり活動を生み育てるための多様な主体が連携した支援体制の構築を推進している。

【関連リンク】
大深度地下の利用　URL：https://www.mlit.go.jp/toshi/daisindo/index.html

④連携中枢都市圏等による活力ある経済・生活圏の形成

地方圏の政令指定都市・中核市等を中心とする一定規模以上の人口・経済を擁する都市圏においては、経済成長のけん引、高次都市機能の集積・強化及び生活関連機能サービスの向上の実現を目指す「連携中枢都市圏」の形成を促進しており、令和3年4月1日時点で合わせて34圏域が形成されている。

国土交通省では、社会資本整備総合交付金等の配分に当たり、連携中枢都市圏で策定された都市圏ビジョンに基づき実施される事業に対して一定程度配慮するなどの支援を行っている。

⑤スーパー・メガリージョンの形成及び効果の広域的拡大

リニア中央新幹線の開業により、三大都市圏が一体化したスーパー・メガリージョンが形成されるとともに、三大都市圏と地方圏のアクセス利便性も飛躍的に向上し、沿線以外にも効果が拡大することが期待される。国土交通省では、それらの効果を最大限引き出すための取組みを推進すべく、「スーパー・メガリージョン構想検討会」を開催

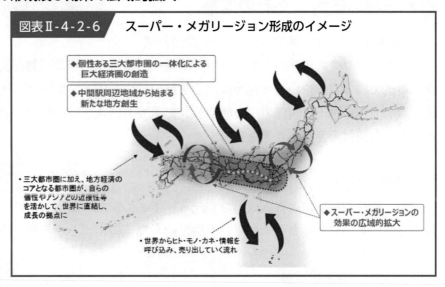

図表Ⅱ-4-2-6　スーパー・メガリージョン形成のイメージ

◆個性ある三大都市圏の一体化による巨大経済圏の創造
◆中間駅周辺地域から始まる新たな地方創生

・三大都市圏に加え、地方経済のコアとなる都市圏が、自らの個性やアジアとの近接性等を活かして、世界に直結し、成長の拠点に

・世界からヒト・モノ・カネ・情報を呼び込み、売り出していく流れ

◆スーパー・メガリージョンの効果の広域的拡大

し、令和元年5月に最終とりまとめを公表した。最終取りまとめで示された、スーパー・メガリージョンの形成と効果の広域的拡大に向けて求められる取組みについて、各広域ブロックで具体化を進めている。

（2）地域の拠点形成の促進等

①多様な広域ブロックの自立的発展のための拠点整備

「多極分散型国土形成促進法」に基づく業務核都市において、引き続き、業務施設の立地や諸機能の集積の核として円滑に整備が実施されるよう、必要な協力を行っている。さらに、「筑波研究学園都市建設法」に基づき、科学技術の集積等を活かした都市の活性化等を目指し、筑波研究学園都市の建設を推進しているほか、つくばエクスプレス沿線で都市開発が進む中、研究学園都市の特性を活かした環境都市づくりに取り組んでいる。また、「関西文化学術研究都市建設促進法」に基づき、文化・学術・研究の拠点形成を目指すため、「関西文化学術研究都市の建設に関する基本方針」を踏まえ、関係省庁、地方公共団体、経済界等との連携のもと、関西文化学術研究都市の建設を推進している。

②集落地域における「小さな拠点」づくりの推進

人口減少や高齢化の進む中山間地域等では、買物、医療等の生活サービス機能やコミュニティ機能が維持できなくなりつつある地域がある。このため、小学校区等複数の集落を包含する地域において、必要な機能や地域活動の拠点を歩いて動ける範囲に集め、周辺の集落との交通ネットワークを確

保した「小さな拠点」の形成を推進している。

　具体的には、遊休施設を活用した生活サービス機能等の再編・集約について支援するとともに、関係府省とも連携して普及・啓発等の取組みを推進している。

③国会等の移転の検討

　「国会等の移転に関する法律」に基づき、国会等の移転に関連する調査や国民への情報提供等、国会における検討に必要な協力を行っている。

❻ 地域の連携・交流の促進

（1）地域を支える生活幹線ネットワークの形成

　医療や教育等の都市機能を有する中心地域への安全で快適な移動を実現するため、日常の暮らしを支える道路網の整備や現道拡幅等による隘路の解消を支援している。また、合併市町村の一体化を促進するため、合併市町村内の中心地や公共施設等の拠点を結ぶ道路、橋梁等の整備について、社会資本整備総合交付金等により推進している。

（2）都市と農山漁村の交流の推進

　幹線道路網の整備による広域的な交流・連携軸の形成、農山村地域、都市の近郊等における優良な住宅の建設を促進するための住宅・宅地供給、交流の拠点となる港湾の整備等を実施している。

（3）二地域居住等の推進

　若者の地方圏での体験交流プログラムを通じた交流拡大を推進するため、国土交通省ウェブサイトにこれらの情報を集約して掲載している。また、二地域居住等を推進するため、地方公共団体等からなる全国二地域居住等促進協議会と連携し、地方公共団体向けガイドラインを作成するなど、関連する支援策や先駆的な取組みの情報提供等に取り組んでいる。

（4）地方版図柄ナンバーの導入について

　地域振興・観光振興の促進を目的に"走る広告塔"として、平成30年10月より、地域の風景や観光資源を図柄にした地方版図柄入りナンバープレート制度を導入した。同年、41地域で交付を開始し、令和2年5月には新たに17地域を加え、全国58地域で交付を行っている。

　同ナンバープレートの交付にあたっては地域への寄付が可能であり、集まった寄付金は各地域において、地域の交通改善や地域・観光振興等の取組みに充てられる。

　地方版図柄入りナンバープレートを普及促進するため、「新たな図柄入りナンバープレートの導入に関する検討会」において、図柄変更制度など地方版図柄入りナンバープレートの制度のあり方について検討を行った。その結果を踏まえ、令和4年4月より新たな地方版図柄入りナンバープレートの導入地域の募集を開始した。

> **コラム**
> **Column**
>
> ## つけて、走って、日本を元気に！
> ## 新たな全国版図柄入りナンバープレート交付開始！
>
> 　東京2020オリンピック・パラリンピック競技大会特別仕様ナンバープレートの後継となる新たな全国版図柄入りナンバープレートは、令和4年4月18日から全国で交付されています。
>
> 　図柄のデザインについては、「日本を元気に！」、「立ち上がれ！美しい日本」をテーマに、若い方たちの活力により日本を元気にしていこうという想いを込め、国民の皆様からデザインの公募を行ったところ47都道府県
>
> の県花をモチーフにしたデザインが選ばれました。
>
> 　新たな全国版図柄入りナンバープレートは、令和9年4月30日までの交付を予定しており、交付に併せて集まった寄付金については、「安全・安心で楽しいお出かけができる環境を実現する」ことをスローガンに、交通サービスの改善・観光振興等の道路交通環境向上に向けた取組みに充てられます。
>
>
>
> 【関連リンク】
> ・国土交通省　新たな全国版図柄入りナンバープレート　URL：https://www.mlit.go.jp/jidosha/zugaranumber_zenkokur4/
> ・図柄ナンバー申込サービス　URL：https://www.graphic-number.jp/html/GKAA0101.html

❼ 地域の移動手段の確保

（1）地域の生活交通の確保・維持・改善

　地域社会の活性化を図るため、日常生活等に必要不可欠な交通手段の確保は重要な課題である。このため、地域公共交通確保維持改善事業において、多様な関係者の連携により、地方バス路線、離島航路・航空路などの生活交通の確保・維持を図るとともに、地域鉄道の安全性向上に資する設備の整備、バリアフリー化等、快適で安全な公共交通の構築に向けた取組みを支援している。

　また、地方自治体における交通施策の立案に当たって参考となるよう、新型コロナウイルス感染症の影響による交通需要の変化等、地域交通体系を支えるために必要な調査を行い、今後の地域交通のあり方を検討した。

図表Ⅱ-4-2-7　地域公共交通確保維持改善事業の概要

地域の多様な主体の連携・協働による、地域の暮らしや産業に不可欠な交通サービスの確保・充実に向けた取組を支援
（上記取組を促進するため、地域公共交通活性化再生法の枠組みを強化（令和2年11月27日施行））

令和4年度予算額　207億円

地域公共交通確保維持事業
（地域の実情に応じた生活交通の確保維持）

＜支援の内容＞
○　幹線バス交通や地域内交通の運行
・地域間交通ネットワークを形成する幹線バス交通の運行や車両購入等
　を支援
・過疎地域等のコミュニティバス、デマンドタクシー、自家用有償旅客運送等の
　運行や車両購入、貨客混載の導入を支援
・旅客運送サービス継続のためのダウンサイジング等の取組を支援

○　離島航路・航空路の運航
・離島住民の日常生活に不可欠な交通手段である離島航路・航空路の運航等を支援

地域公共交通バリア解消促進等事業
（快適で安全な公共交通の実現）

＜支援の内容＞
○　高齢者等の移動円滑化のためのノンステップバス、
　福祉タクシーの導入、鉄道駅における内方線付点状
　ブロックの整備
○　地域鉄道の安全性向上に資する設備の更新等

地域公共交通調査等事業
（持続可能な地域公共交通の実現に向けた計画の策定）

＜支援の内容＞
○　公共交通のマスタープランである「地域公共交通計画」
　の策定に資する調査等
○　バリアフリー化を促進するためのマスタープラン・基本
　構想の策定に係る調査

（2）地域鉄道の活性化、安全確保等への支援

　地域鉄道は、住民の足として沿線住民の暮らしを支えるとともに、観光等地域間の交流を支える基幹的な公共交通として、重要な役割を果たしているが、その経営は極めて厳しい状況にある。このため、地域公共交通確保維持改善事業等及び税制特例により、安全設備の整備等に対して支援を行うほか、幹線鉄道等活性化事業により、鉄道利用の潜在的なニーズが高い地方部の路線について、新駅の設置等に対する支援を行っている。

（3）地域バス路線への補助

　地域住民にとって必要不可欠な乗合バス等の生活交通（地域をまたがる交通ネットワーク[注1]や、幹線交通ネットワークと密接な地域内のバス交通・デマンド交通等）の確保・維持は、重要な課題であり、地域特性や実情に応じた最適な生活交通ネットワークの確保・維持が可能となるよう、生活交通の運行やバス車両の更新等について支援を行っている。また、今後の人口減少が見込まれる中で、生活交通ネットワークを確保・維持するため、地域の特性を十分踏まえつつ、地域の関係者と密接に連携した生産性向上の取組みを促進している。

（4）地方航空路線の維持・活性化

　人口減少に伴う利用者の減少が見込まれるなか、地域航空の路線を持続可能なものとするため、

注1　協議会で維持・確保が必要と認められ、国が定める基準（複数市町村にまたがり、1日の運行回数が3回以上等）に該
　　当する広域的・幹線的なバス交通

「持続可能な地域航空のあり方に関する研究会」及び「地域航空の担い手のあり方に係る実務者協議会」において検討を行い、平成30年12月に報告書を公表した。

報告書では、経営統合については継続課題としつつ、まずは九州地域における有限責任事業組合（LLP）の設立を目指すこととされ、これを受け、系列を超えた更なる協業を促進するため、地域航空会社3社及び大手航空会社2社により、令和元年10月25日に地域航空サービスアライアンス有限責任事業組合（EAS LLP）が設立された。

（5）離島との交通への支援

離島航路は、離島住民が日常生活を行う上で必要不可欠な交通手段である。令和2年度は290航路で輸送人員需要は26.6百万人（ここ5年で約38％減少）となっているが、その多くは本土より深刻な人口減少、高齢化により、航路の運営は極めて厳しい状況である。このため、唯一かつ赤字が見込まれる航路に対し、地域公共交通確保維持改善事業により運営費への補助、離島住民向け運賃割引への補助、運航効率の良い船舶建造への補助を行っている（令和4年3月末現在の補助対象航路：127航路）。

さらに、離島航路利用者の利便性向上や観光旅客需要喚起による地域の活性化のため、高齢又は足の不自由な方がバスに乗車したままフェリーを利用できる海陸連結型バス交通システムの運用を平成27年4月より開始し、令和2年度末現在で22事業者が実施している。

離島航空路については、地域の医療の確保をはじめ、離島の生活を支えるのに欠かせない交通手段であることから、安定的な輸送の確保を図るため、離島に就航する航空運送事業者に対して、総合的な支援（予算：機体購入費補助、運航費補助等　公租公課：着陸料の軽減、航空機燃料税の軽減措置等）を講じている。なお、令和3年度の離島航空路線の数は64路線、うち国庫補助対象は15路線となっている。

第3節　民間都市開発等の推進

1 民間都市開発の推進

（1）特定都市再生緊急整備地域制度等による民間都市開発の推進

都市の再生の拠点として都市開発事業等を通じて緊急かつ重点的に市街地の整備を推進すべき地域として、全国51地域（令和4年3月末現在）が「都市再生緊急整備地域」に政令指定され、各地域で様々な都市開発事業が着々と進行している。また、昨今の成長が著しいアジア諸国の都市と比較し、我が国都市の国際競争力が相対的に低下している中、国全体の成長をけん引する大都市について、官民が連携して市街地の整備を強力に推進し、海外から企業・人等を呼び込むことができるような魅力ある都市拠点を形成することが、重要な課題になっている。このため、特に都市の国際競争力の強化を図る地域として、15地域（令和4年3月末現在）が「特定都市再生緊急整備地域」に政令指定され、多くの地域において、官民連携による協議会により整備計画が作成されている。整備計画に基づき、地域の拠点や基盤となる都市拠点インフラの整備を重点的かつ集中的に支援する補助制度として、「国際競争拠点都市整備事業」を設けている。

II

第4章

地域活性化の推進

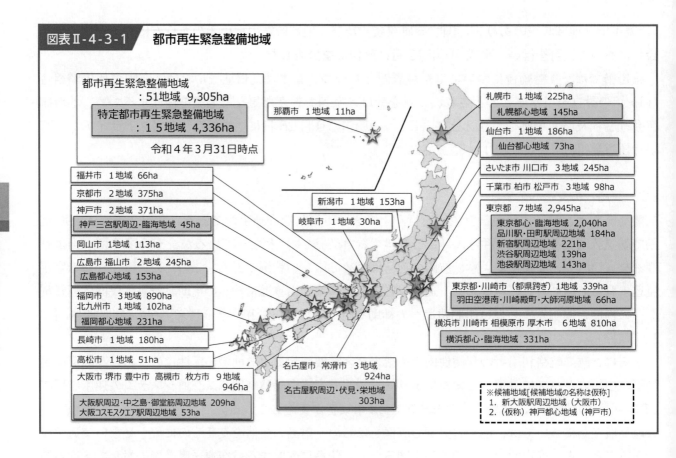

図表II-4-3-1　都市再生緊急整備地域

（2）都市再生事業に対する支援措置の適用状況

①都市再生特別地区の都市計画決定

　既存の用途地域等に基づく規制を適用除外とした上で、自由度の高い新たな都市計画を定める「都市再生特別地区」は、令和4年3月末現在で110地区の都市計画決定がなされ、うち78地区が民間事業者等の提案によるものとなっている。

②民間都市再生事業計画の認定

　国土交通大臣認定（令和4年3月末現在147件）を受けた民間都市再生事業計画については、一般財団法人民間都市開発推進機構による金融支援（メザニン支援事業注2）や税制上の特例措置が講じられている。

（3）大街区化の推進

　我が国の主要都市中心部の多くは、戦災復興土地区画整理事業等により街区が形成されており、現在の土地利用や交通基盤、防災機能に対するニーズ等に対して、街区の規模や区画道路の構造が十分には対応できていない。大都市の国際競争力の強化や地方都市の活性化、今日の土地利用ニーズを踏まえた土地の有効高度利用等を図るため、複数の街区に細分化された土地を集約し、敷地の一体的利用と公共施設の再編を推進している。

注2　メザニン支援事業とは、公共施設の整備を伴う優良な民間都市開発事業のうち、国土交通大臣の認定を受けたものに対して、一般財団法人民間都市開発推進機構がミドルリスク資金（金融機関が提供するシニアローンと民間事業者等が拠出するエクイティとの間に位置し、一般的に調達が難しいとされる資金）を提供する事業をいう。

② 国家戦略特区の取組み

平成 25 年 12 月に成立した「国家戦略特別区域法」において、規制改革事項として措置した「建築基準法」、「道路法」、「都市計画法」等の特例のみならず、近年の待機児童の増加への対応として、27 年 7 月成立の改正法において、保育所等を都市公園に占用により設置することを可能とする特例措置等を講じ、29 年の都市公園法の改正により全国措置化している。今後も、具体的な事業を実施し、目に見える形で岩盤規制改革を進めていく。

第4節　特定地域振興対策の推進

① 豪雪地帯対策

毎年の恒常的な降積雪により、住民の生活水準の向上や産業の発展が阻害されてきた地域の経済の発展と住民生活の向上に寄与するため、「豪雪地帯対策特別措置法」に基づき、交通の確保、生活環境・国土保全関連施設の整備、雪処理の担い手の確保等の豪雪地帯対策を推進している。加えて、豪雪地帯において除排雪時の死傷事故が多発していることを踏まえ、「豪雪地帯安全確保緊急対策交付金」により、将来を見据えた戦略的な方針の策定と、持続可能な除排雪体制の整備等に取り組む自治体を支援している。なお、豪雪地帯に指定されている市町村数は 532 市町村（うち特別豪雪地帯 201 市町村）、国土の 51％（うち特別豪雪地帯は 20％）に及ぶ広大な面積を占めている。

② 離島振興

「離島振興法」に基づき、都道県が策定した離島振興計画による離島振興事業を支援するため、公共事業予算の一括計上に加え、「離島活性化交付金」により、離島における産業の育成による雇用拡大等の定住促進、観光の推進等による交流の拡大促進、安全・安心な定住条件の整備強化等の取組みへの支援等を行っている。加えて、ICT やドローン等の新技術を離島の課題解決に役立てる「スマートアイランド推進実証調査」を行っているほか、離島と都市との交流事業「アイランダー」をオンライン開催するとともに、離島と企業をつなぐマッチングの場を提供する「しまっちんぐ」を実施している。

③ 奄美群島・小笠原諸島の振興開発

「奄美群島振興開発特別措置法」、「小笠原諸島振興開発特別措置法」に基づく振興開発事業等により、社会資本の整備等を実施しているほか、更なる自立的で持続可能な発展に向けて、世界自然遺産等の保全・活用を図りつつ、地域の特性に応じた観光・農業等の産業振興による雇用の拡大と定住の促進を図るため、交付金等を活用し、地域の取組みを支援している。

④ 半島振興

「半島振興法」に基づき、道府県が作成した半島振興計画による半島振興施策を支援するため、半

島振興対策実施地域（令和3年4月現在23地域（22道府県194市町村））を対象として、「半島振興広域連携促進事業」により、半島地域における資源や特性を活かした交流促進、産業振興、定住促進に資する取組みへの補助を行うとともに、「半島税制」による産業の振興等や、半島循環道路等の整備を図っている。

第5節　北海道総合開発の推進

1 北海道総合開発計画の推進

（1）北海道総合開発計画の推進

　我が国は、北海道の優れた資源・特性を活かしてその時々の国の課題の解決に寄与するとともに、地域の活力ある発展を図るため、北海道の積極的な開発を行ってきた。計画期間を平成28年度からおおむね令和7年度までとする第8期の北海道総合開発計画（平成28年3月閣議決定）は、「世界の北海道」を形成すべく、「人が輝く地域社会」、「世界に目を向けた産業」、「強靱で持続可能な国土」を目標として掲げ、諸施策を進めている。

　具体的には、「食料供給基地としての持続的発展」、「『観光先進国』実現をリードする世界水準の観光地の形成」、これら食と観光等を担う北海道の「生産空間」注3を支える取組みを重点的に取り組む事項として、目指す姿や行動の指針となる数値目標を設定し、関係者で共有しながらフォローアップを行い、本計画を踏まえ北海道開発を着実に推進している。

　計画策定から5年目を迎えた令和3年2月には、主要施策の進捗状況や、計画策定後の状況の変化と課題及びこれらを踏まえた今後の推進方策を中間点検報告書として取りまとめた。また、中間点検以降も、新型コロナウイルス感染症の更なる拡大や2050年カーボンニュートラルに向けた国の施策の展開など、北海道開発を取り巻く状況に急速かつ大きな変化が生じているため、同年10月、国土審議会北海道開発分科会の下に計画部会を設置し、新たな北海道総合開発計画の策定に向けた検討を進めている。

注3　ここでは、主として農業・漁業に係る生産の場（特に市街地ではない領域）を指す。生産空間は、生産のみならず、観光その他の多面的・公益的機能を提供している。

図表Ⅱ-4-5-1　北海道開発を取り巻く状況の変化

第8期北海道総合開発計画

3つの目標と主要施策
- ○人が輝く地域社会の形成　　○世界に目を向けた産業の振興
- ○強靱で持続可能な国土の形成

計画策定以降における状況の変化
- 2016.8 北海道豪雨災害　　2018.9 北海道胆振東部地震
- 2020.1 新型コロナウイルス感染症の拡大　等

中間点検（令和3年2月取りまとめ）
【調査審議事項】
①第8期計画の施策の点検：施策の進捗状況を把握
　目標の達成状況を評価、課題を明らかにする
②2021年度以降の計画の推進方策を検討

【今後の計画推進の基本的考え方】
- ○感染症による経済への被害は甚大。感染拡大防止と社会
　経済活動の両立が必要。
- ○感染症の影響を受けても、「食」と「観光」の強みは失われない。
- ○「新たな日常」を先導する地域を創出する。
　※数値目標については感染症の影響を分析した上で改めて整理

中間点検以降の状況の変化
- ○新型コロナウイルス感染症の更なる感染拡大
　経済・社会に対するダメージ等の深刻化
- ○2050年カーボンニュートラル等、国の政策の迅速な展開

我が国及び北海道開発をめぐる情勢
【気候変動と自然災害の激甚化・頻発化】
- ○地球温暖化の進行により、農業・漁業、水資源等に広範な影響
- ○カーボンニュートラルに向けて世界、日本において取組が加速
- ○水災害や巨大地震・津波等、自然災害の激甚化・頻発化が懸念

【国際環境の変化と資源に係る需要の見通し】
- ○世界人口はさらに増加し、アジア主要国の経済成長は続く見込み
- ○感染症や国際秩序の変動によりグローバル・サプライチェーンに変化
- ○世界のエネルギー需要、食料需要、水需要はさらに増加の見通し

【人口減少・少子高齢化の加速】
- ○人口減少が全国に先行し、高齢化は全国を上回るスピードで進展
- ○感染症により東京一極集中に変化の兆し、札幌一極集中は更に進行

【地域・暮らし等の変化】
- ○「物の豊かさ」を求める時代から「心の豊かさ」を求める時代へ
- ○地方への関心の高まり、自由な働き方や暮らし方を求める考え方　等

国の課題解決に貢献する北海道の資源・特性
- ○2050年カーボンニュートラルに資する豊富な再生可能エネルギー賦存量等
- ○地球規模の資源需要の増加の中で我が国の食料安全保障を支える食料供給力
- ○恵み豊かな自然に囲まれて心の豊かさにあふれた開放的な暮らし

中間点検以降の状況変化を踏まえ、2050年の長期を見据えて、新たな北海道総合開発計画の策定に向けた検討に着手

（2）現行の計画の実現を支える施策の推進

　第8期の計画は、本格的な人口減少時代の到来、グローバル化の更なる進展と国際環境の変化、大規模災害等の切迫といった我が国をめぐる諸課題に中長期的な視点で対応するため策定されたものであり、次の目標実現に向けた施策を進めている。

①人が輝く地域社会

　北海道の「生産空間」は、他地域とはスケールの異なる広域分散型社会を形成しており、戦略的産業である「食」と「観光」を担っている。

　一方で、全国に先行した人口減少・高齢化の急速な進展等により、その維持が困難となるおそれがあることから、生産空間から都市部に至るまで人々が住み続けられる地域社会構造の確立を図るとともに、多様な人々を引きつけ、活発な対流を促進することが重要である。

　このため、地域課題の解決に向けて先導的に取り組むためのモデル圏域を選定し、有識者・地元企業・自治体等からなる圏域検討会等を開催して、生産空間の暮らしと産業を守るために不可欠な物流の維持に向けた検討を行うなど、様々な課題の解決に向けた取組みを進めているほか、定住・交流環境の維持増進に向けて、高規格道路等の広域的な交通ネットワークの整備、「道の駅」の機能強化や「みなとオアシス」の活用を通じた賑わいの創出等を進めている。あわせて、多様な地域づくり人材の広域的・横断的な交流・連携を支援する「北海道価値創造パートナーシップ活動」の充実等を進めている。さらに、新型コロナウイルス感染症の拡大に伴い地方移住、二地域居住、ワーケーション等の機運が高まっていることを踏まえ、これらの促進にも資する交通アクセスの強化を進めている。

> ### コラム Column
> ## 北海道の「食」を届ける！〜物流を効率化し、我が国の食料供給を担う生産空間の暮らしと産業を支えます〜
>
> 　北海道の北部地域は、ホタテ等の海産物や乳製品を産出し、トラック輸送を通じて全国各地に出荷しています。一方、道央圏の物流拠点から遠距離に位置しているため、近年、運送事業者の撤退が相次いでいます。
>
> 　このため、令和3年度に、「道の駅」を活用した中継輸送の実証実験を行いました。「道の駅」の駐車場を利用し、2台のトラックのヘッドを交換する方式で輸送を行ったところ、ドライバーの拘束時間や輸送費用を低減でき、物流事業者や荷主の方々からも、大きな期待をいただきました。
>
> 　本取組みは他地域においても有効であるため、生産空間における物流機能の維持に向けて、引き続き検討を進めていきます。
>
> 【中継輸送によるドライバー拘束時間の減少】
>
>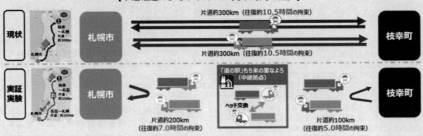
>
> 【ヘッド交換状況】
>
>
>
> 【関連リンク】
> 北海道型地域構造（生産空間）の保持・形成（北海道開発局）
> URL：https://www.hkd.mlit.go.jp/ky/ki/keikaku/splaat0000013gzk.html#s0

②世界に目を向けた産業

　北海道は、農林水産業、食・観光関連産業などの移輸出型産業に比較優位があり、新型コロナウイルス感染症拡大による影響も踏まえながら、これらを戦略的に育成することが重要である。

　このため、スマート農業の推進等に資する農地の大区画化や排水改良、路網の整備、漁港の高度衛生管理対策等による農林水産業の持続的発展や食料供給力の向上を図るとともに、高規格道路、港湾における農水産物輸出促進基盤の整備等による農水産物の輸出促進等を進めている。

　観光においては、国内旅行とインバウンドの両輪による世界水準の観光地の形成に向けて、新千歳空港等における空港機能の強化、クルーズ船の受入環境整備、高規格道路等の整備によるアクセス強化等を進めている。また、ドライブ観光やサイクルツーリズム、景観・地域・観光空間づくりに取り組むシーニックバイウェイ北海道、河川空間やインフラ、アイヌ文化・縄文文化・近代の開拓を始めとする歴史的資源を活用したツーリズム、国際会議等（MICE）の北海道開催等に取り組んでいる。

③強靱で持続可能な国土

　近年、平成28年8月の一連の台風や平成30年北海道胆振東部地震などの大規模災害が発生しており、気候変動等の影響による災害の頻発化・激甚化が懸念されている。安全・安心の確保は経済社会活動の基盤であり、人命を守り被害を最小化するとともに災害に強い国土を構築することが重要である。また、美しく雄大な自然環境を有し、再生可能エネルギー源が豊富に賦存する北海道は、持続可能な地域社会の形成に向け、先導的な役割を果たすことが期待されている。

　このため、災害からの復旧・復興、気候変動による水災害リスクの増大に備えるための北海道の特性を活かした「流域治水」の本格的展開、切迫する日本海溝・千島海溝沿いの巨大地震・津波等の大規模自然災害や冬期災害に備えたハード・ソフト一体の防災・減災対策、災害時の人的・物的支援等の広域支援体制の強化、社会資本の老朽化等に対応するための戦略的な維持管理・更新等を進めている。また、河川環境の保全や湿原等の自然再生、森林資源の適正な管理・活用、沿岸域におけるブルーカーボン生態系の創出に取り組むとともに、再生可能エネルギー活用等の温室効果ガス排出削減対策や、「北海道水素地域づくりプラットフォーム」[注4] による水素社会形成に向けた普及啓発を進めている。

❷ 特色ある地域・文化の振興

（1）北方領土隣接地域の振興

　領土問題が未解決であることから望ましい地域社会の発展が阻害されている北方領土隣接地域[注5]を対象に、「北方領土問題等の解決の促進のための特別措置に関する法律」に基づく第8期北方領土隣接地域の振興及び住民の生活の安定に関する計画（平成30年度～令和4年度）の下、必要な施策を総合的に推進している。

　具体的には、農水産業の振興、交通体系の整備等を図る公共事業の実施や北方領土隣接地域振興等事業推進費補助金による活力ある地域経済の展開や交流人口の拡大等の取組みへの支援など、隣接地域の魅力ある地域社会の形成に向けた施策を推進している。

（2）アイヌ文化の振興等

　アイヌ文化の復興・創造等の拠点であるウポポイ（民族共生象徴空間）においては、国内外から多くの人々が訪れ、アイヌ文化の素晴らしさを体験し、民族共生の理念に共感してもらえるよう、年間来場者数100万人を目指し、国立民族共生公園等の新型コロナウイルス感染症対策にも対応した適切な管理運営、コンテンツの充実、誘客促進に向けた広報活動等を行っている。このほか「アイヌの人々の誇りが尊重される社会を実現するための施策の推進に関する法律」（平成31年法律第16号）に基づき、アイヌ文化等に関する知識の普及啓発等を推進している。

注4　北海道に豊富に賦存する再生可能エネルギーの活用を、水素を利用することにより促進させ、水素を活用した地域づくりを検討することを目的に設立された、国、地方公共団体、有識者、民間企業等が参加するプラットフォーム
注5　根室市、別海町、中標津町、標津町、羅臼町（1市4町）

Ⅱ

第4章　地域活性化の推進

コラム
Column

ウポポイ　アイヌ文化と共に

アイヌ文化の復興・創造等の拠点である「ウポポイ（民族共生象徴空間）」は、北海道白老町にあります。

ウポポイは、「国立民族共生公園」「国立アイヌ民族博物館」等から成り、アイヌの暮らしや伝統芸能を様々な視点から体感することができる、アイヌ文化の素晴らしさを伝える施設です。

令和3年8月には、札幌での東京オリンピックのマラソン・競歩で注目が集まる機会を活用して、オリンピックの公認プログラムとしてアイヌ舞踊を実施し、その映像を国内外に広く発信することにより、アイヌ文化とウポポイの普及・啓発を図りました。

皆さんも是非一度、ウポポイを訪れ、アイヌ文化に触れて、感じてみてください。

ウポポイは札幌からは約65分、新千歳空港からは約40分の立地。

ユネスコの無形文化遺産に登録されているアイヌ古式舞踊

資料）公益財団法人アイヌ民族文化財団

【関連リンク】
ウポポイ（民族共生象徴空間。北海道白老町）　URL：https://ainu-upopoy.jp/
国立アイヌ民族博物館　URL：https://nam.go.jp/
アイヌ文化情報オンライン　ピリカカンピ（facebook）　URL：https://m.facebook.com/pirkakanpi/
イランカラプテキャンペーン～「こんにちは」からはじめよう～　URL：http://www.irankarapte.com/index.html
国土交通省　アイヌ関連政策　URL：https://www.mlit.go.jp/hkb/hkb_fr1_000001.html
内閣官房　アイヌ政策推進会議　URL：https://www.kantei.go.jp/jp/singi/ainusuishin/

第5章　心地よい生活空間の創生

第1節　豊かな住生活の実現

1　住生活の安定の確保及び向上の促進

　令和3年3月に閣議決定した、3年度から12年度を計画期間とする住生活基本計画（全国計画）において、「社会環境の変化」の視点から1）「新たな日常」やDXの進展等に対応した新しい住まい方の実現、2）頻発・激甚化する災害新ステージにおける安全な住宅・住宅地の形成と被災者の住まいの確保、「居住者・コミュニティ」の視点から、3）子どもを産み育てやすい住まいの実現、4）多様な世代が支え合い、高齢者等が健康で安心して暮らせるコミュニティの形成とまちづくり、5）住宅確保要配慮者が安心して暮らせるセーフティネット機能の整備、「住宅ストック・産業」の視点から、6）脱炭素社会に向けた住宅循環システムの構築と良質な住宅ストックの形成、7）空き家の状況に応じた適切な管理・除却・利活用の一体的推進、8）居住者の利便性や豊かさを向上させる住生活産業の発展という8つの目標と基本的な施策を位置づけており、この計画に基づき、社会環境の大きな変化や人々の価値観の多様化に対応した豊かな住生活の実現に向けて、施策を推進している。

図表Ⅱ-5-1-1　新たな住生活基本計画

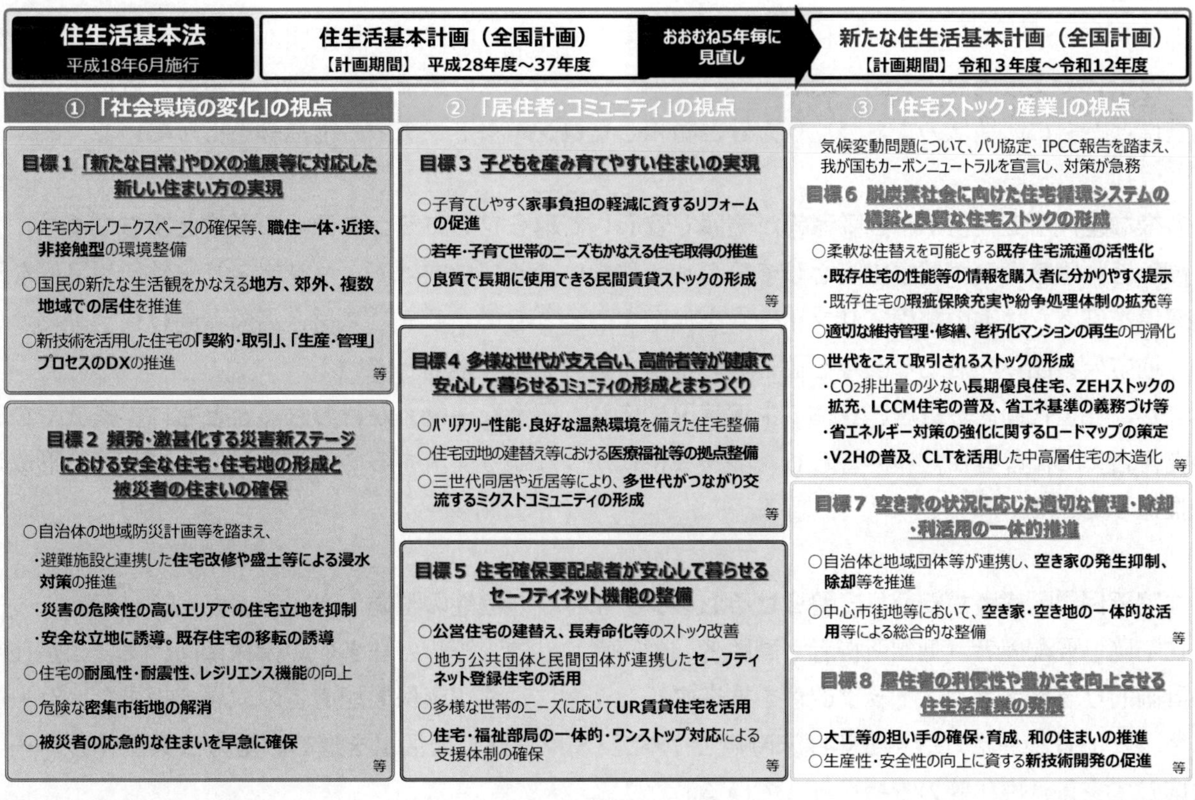

（1）目標と基本的施策

①「新たな日常」や DX の進展等に対応した新しい住まい方の実現

　働き方改革の進展やコロナ禍を契機として、多様な住まい方、新しい住まい方への関心が高まる中、地方、郊外、複数地域での居住など、国民の新たな生活観をかなえる居住の場の多様化を推進している。また、家族構成、生活状況、健康状況等に応じて住まいを柔軟に選択できるよう、既存住宅市場・賃貸住宅市場の整備を推進している。

　さらに、社会経済の DX の進展等を踏まえ、住宅分野においても、契約・取引プロセスの DX や生産・管理プロセスにおける DX を推進している。

②頻発・激甚化する災害新ステージにおける安全な住宅・住宅地の形成と被災者の住まいの確保

　安全な住宅・住宅地の形成に向けて、ハザードマップの整備・周知をはじめとする災害リスク情報の提供、防災・まちづくりと連携し、ハード・ソフト組み合わせた住宅・住宅地の浸水対策の推進とともに、地震時等に著しく危険な密集市街地の解消、住宅・住宅地のレジリエンス機能の向上等に取り組んでいる。

　また、災害発生時には、今ある既存住宅ストックの活用を重視して被災者の住まいを早急に確保することとしている。

③子どもを産み育てやすい住まいの実現

　子どもを産み育てやすく良質な住宅が確保されるよう、子育てしやすく家事負担の軽減に資するリフォームの促進とともに、若年世帯・子育て世帯のニーズにあわせた住宅取得の推進、子どもの人数、生活状況等に応じた柔軟な住替えの推進に取り組んでいる。また、良質で長期に使用できる民間賃貸住宅ストックの形成と賃貸住宅市場の整備を推進している。

　あわせて、子育てしやすい居住環境の実現とまちづくりに向けて、住宅団地の建替えや再開発等における子育て支援施設・公園・緑地、コワーキングスペースの整備など、職住・職育が近接する環境の整備とともに、地域のまちづくり方針と調和したコンパクトシティの推進等を行っている。

④多様な世代が支え合い、高齢者等が健康で安心して暮らせるコミュニティの形成とまちづくり

　高齢者、障害者等が健康で安心して暮らせる住まいの確保に向けて、バリアフリー性能や良好な温熱環境を備えた住宅の整備・リフォームを促進するとともに、サービス付き高齢者向け住宅等について、地方公共団体の適切な関与を通じての整備・情報開示を推進している。

　また、三世代同居や近居、身体・生活状況に応じた円滑な住替えが行われるとともに、家族やひとの支え合いで高齢者が健康で暮らし、多様な世代がつながり交流するミクストコミュニティの形成等を推進している。

⑤住宅確保要配慮者が安心して暮らせるセーフティネット機能の整備

　住宅確保要配慮者（低額所得者、高齢者、障害者、外国人等）の住まいの確保に向けて、公営住宅の計画的な建替え等やストック改善を推進するとともに、住宅確保要配慮者の入居を拒まないセーフティネット登録住宅（令和3年度末時点で734,218戸登録）の活用を進め、地方公共団体のニーズに応じて家賃低廉化等の支援を行っている。

　また、住宅確保要配慮者の入居・生活支援として、地方公共団体の住宅・福祉・再犯防止関係部

局、居住支援協議会（令和3年度末時点で114協議会（47都道府県、72市区町村）が設立）、居住支援法人（令和3年度末時点で511法人を指定）等が連携して、住宅確保要配慮者に対する入居時のマッチング・相談、入居中の見守り・緊急時対応や就労支援等を行っている。

さらに、高齢者の居住を安定的に確保する観点から、賃借人の死亡時に残置物を処理できるよう、賃貸借契約の解除と残置物の処理を内容とする契約条項を策定し、普及啓発を進めている。

⑥脱炭素社会に向けた住宅循環システムの構築と良質な住宅ストックの形成

（ア）既存住宅流通の活性化

既存住宅流通の活性化に向けて、基礎的な性能や優良な性能が確保された既存住宅の情報が購入者に分かりやすく提示される仕組みを改善し、購入物件の安心感を高めていく。具体的には、「長期優良住宅の普及の促進に関する法律」に基づき、住宅の構造や設備について、一定以上の耐久性、維持管理容易性等の性能を備えた住宅（「長期優良住宅」）の普及を図ってきたところである（認定長期優良住宅のストック数（令和2年度末時点）：124万戸）。また、既存住宅に関する瑕疵保険の充実、既存住宅状況調査や安心R住宅制度の普及、紛争処理体制の拡充等により、購入後の安心感を高めるための環境整備に取り組んでいる。

こうした中、長期優良住宅の普及促進、既存住宅に係る紛争処理機能の強化等を通じ、優良なストックの形成と住宅の円滑な取引環境の整備を図ることにより、質の高い既存住宅の流通を促進するため、「住宅の質の向上及び円滑な取引環境の整備のための長期優良住宅の普及の促進に関する法律等の一部を改正する法律」が令和3年5月28日に公布され、一部の規定を除き、令和3年9月30日及び令和4年2月20日に施行された。

加えて、既存住宅流通の活性化には、良質な既存住宅が適正に評価される環境を整備することも重要である。そのため、宅地建物取引業者や不動産鑑定士の適正な評価手法の普及・定着を進め、建物の性能やリフォームの状況が評価に適切に反映されるよう取り組んでいる。また、住宅ストックの維持向上・評価・流通・金融等の仕組みを一体的に開発・普及等する取組みに対し支援を行っている。

（イ）長寿命化に向けた適切な維持管理・修繕、老朽化マンションの再生円滑化

適切な維持管理・修繕がなされるよう、住宅の計画的な点検・修繕と履歴情報の保存を推進している。加えて、耐震性・省エネルギー性能・バリアフリー性能等を向上させるリフォームや建替えに対して補助・税制面での支援を行い、安全・安心で良好な温熱環境を備えた良質な住宅ストックへの更新を図っている。

また、「マンションの管理の適正化の推進に関する法律」に基づく管理計画認定制度等により、マンション管理の適正化や長寿命化、再生の円滑化を推進している。

（ウ）世代をこえて既存住宅として取引されうるストックの形成

2050年カーボンニュートラルの実現に向けて、長期優良住宅ストックやZEHストックの拡充等に取り組むとともに、住宅の省エネルギー基準の義務づけを含めた更なる対策の強化を検討することとしている。

また、炭素貯蔵効果の高い木造住宅等の普及や、CLT等を活用した中高層住宅等の木造化等により、まちにおける炭素の貯蔵を促進している。

⑦空き家の状況に応じた適切な管理・除却・利活用の一体的推進

　平成 27 年 5 月に全面施行された「空家等対策の推進に関する特別措置法」に基づき、空き家の所有者等による適切な管理の促進とともに、周辺の居住環境に悪影響を及ぼす管理不全空き家の除却等や、特定空家等に係る対策の強化を進めている。また、立地・管理状況の良好な空き家の多様な利活用を推進している。

⑧居住者の利便性や豊かさを向上させる住生活産業の発展

　居住者の利便性や豊かさを向上させるために欠かせない住生活産業については、その担い手の確保・育成を図るとともに、更なる成長に向けて新技術の開発や新分野への進出等による生産性向上や海外展開しやすい環境の整備に取り組んでいる。

（2）施策の総合的かつ計画的な推進

①住宅金融

　消費者が、市場を通じて適切に住宅を選択・確保するためには、金利や家賃等に関する理解を深め、短期・変動型や長期・固定型といった多様な住宅ローンが安定的に供給されることが重要である。

　民間金融機関による相対的に低利な長期・固定金利住宅ローンの供給を支援するため、独立行政法人住宅金融支援機構では証券化支援業務（フラット 35）を行っている。証券化支援業務の対象となる住宅については、耐久性等の技術基準を定め、物件検査を行うことで住宅の質の確保を図るとともに、耐震性、省エネルギー性、バリアフリー性及び耐久性・可変性の 4 つの性能のうち、いずれかの基準を満たした住宅の取得に係る当初 5 年間（長期優良住宅等については当初 10 年間）の融資金利を引き下げるフラット 35S を実施している。

　また、同機構は、高齢者が安心して暮らすことができる住まいを確保するため、住宅融資保険を活用したリバースモーゲージ注1型住宅ローンの供給の支援（リ・バース 60）を行っている。

　さらに、災害復興住宅融資やサービス付き高齢者向け賃貸住宅融資等、政策的に重要でかつ民間金融機関では対応が困難な分野について、直接融資業務を行っている。

②住宅税制

　令和 4 年度税制改正において、住宅ローン減税については、適用期限を 4 年間延長した上で、控除率を 0.7%、控除期間を原則 13 年として子育て世帯等中間層への支援を充実させるとともに、既存住宅を含めた借入限度額の上乗せにより環境性能等の優れた住宅への誘導機能を強化した。住宅取得等資金に係る贈与税非課税措置については、令和 4 年 1 月から 5 年 12 月末までに贈与を受けた場合に最大 1,000 万円の非課税限度額を措置した。新築住宅に係る固定資産税の減額措置については、適用期限を 2 年間延長した上で、土砂災害特別警戒区域等の区域内で、都市再生特別措置法に基づく市町村長による適正な立地を促すための勧告に従わないで建設された一定の住宅を適用対象から除外した。

注1　所有する住宅及び土地を担保に融資を受け、毎月利息のみを支払い、利用者（高齢者等）の死亡等で契約が終了したときに、担保不動産の処分等によって元金を一括して返済する金融商品。住宅金融支援機構の住宅融資保険制度を活用する場合は、住宅の建設・購入等に関する融資に限られる。

② 良好な宅地の供給及び活用

（1）地価の動向

　令和4年地価公示（令和4年1月1日時点）によると、全国の地価動向は、全用途平均・住宅地・商業地のいずれも2年ぶりに上昇に転じた。景況感の改善を背景に、住宅地では、低金利環境の継続、住宅取得支援施策等による下支えの効果もあり、住宅需要は回復し、地価は上昇に転じており、商業地では、都心近郊部において、店舗やマンション用地に対する需要が高まり、上昇に転じた地点が多く見られるなど、新型コロナウイルス感染症の拡大の影響が徐々に緩和される中で、全体的に昨年からは回復傾向が見られる。

（2）宅地供給の現状

　良好な居住環境を備えた宅地の供給を促進するため、宅地開発に関連して必要となる公共施設の整備に対する支援等を実施している。

（3）定期借地権の活用

　借地契約の更新が無く、定められた契約期間で確定的に借地契約が終了する定期借地権は、良好な住宅取得を低廉な負担で実現する上で有効な制度である。

（4）ニュータウンの再生

　高度成長期等において大都市圏の郊外部を中心に計画的に開発された大規模な住宅市街地（ニュータウン）は、急速な高齢化及び人口減少の進展を背景に地域の活力の低下等の課題を抱えており、老朽化した住宅・公共施設の更新や生活を支える機能の充実等を通じて、誰もが暮らしやすい街へと再生を進めていく必要がある。

　また、ニュータウンの再生に資するよう、地域における良好な環境や地域の価値を維持・向上させるための、住民・事業主・地権者等による主体的な取組みを推進するため、地方公共団体、民間事業者等からなる「住宅団地再生」連絡会議を開催し、推進の手法や取組み事例に関する情報提供及び意見交換等を行っている。

第2節　快適な生活環境の実現

① 緑豊かな都市環境の形成

　都市公園等については、人々のレクリエーションの空間となるほか、良好な都市環境の形成、都市の防災性の向上、地域の観光拠点・賑わい拠点など多様な機能を有する都市の根幹的な施設であり、全国の国営公園の計画的な整備のほか、地方公共団体による都市公園等の整備を社会資本整備総合交付金等により支援している。

　また、平成28年4月の社会資本整備審議会の「新たな時代の都市マネジメント小委員会」において、今後の都市公園等のあり方として、ストック効果の向上、官民連携の加速、都市公園等の一層柔軟な活用等の方針が示された。令和2年度末現在の都市公園等整備状況は、112,716箇所、約129,187ha となっており、一人当たり都市公園等面積は約10.7m² となっている。また、国営公園

は、17公園が開園しており、年間利用者数は、令和3年度は約2,371万人であった。

　都市における緑地等については、地球温暖化や生物多様性の保全等の地球環境問題への適切な対応、良好な自然的環境の保全・創出による緑豊かな都市環境の実現を目指し、市町村が策定する緑の基本計画等に基づく取組みに対して、財政面・技術面から総合的に支援を行っている。

　また、緑地と農地が調和した良好な都市環境の形成や都市農業の有する多様な機能の発揮に資する取組みについて調査を実施するなど、都市と緑・農が共生するまちづくりの実現に向け

図表Ⅱ-5-2-1　観光振興の拠点となっている国営ひたち海浜公園のみはらしの丘（茨城県ひたちなか市）

た取組みを進めている。併せて、緑に関する普及啓発として、全国「みどりの愛護」のつどいや全国都市緑化フェア等の行事等を開催するとともに、緑化を進める方々への各種表彰や、企業自らの緑化・緑地保全に対する取組みの評価・認証等、様々な施策を展開している。

　緑豊かな都市環境の形成をより一層図るためには、公園、緑地、農地等のオープンスペースの多面的な機能の発揮が必要であり、一人当たり公園面積が少ない地域の存在や、公園施設の老朽化の進行、都市の貴重な緑地である都市農地の減少など様々な課題への対応が必要とされている。また、平成28年5月には、都市農業振興基本計画を閣議決定し、都市政策上、都市農地の位置付けを都市に「あるべきもの」へと転換し、必要な施策の方向性を示したところである。

　これらを背景に、都市における緑地の保全及び緑化の推進並びに都市公園の適切な管理を一層推進するとともに、都市内の農地の計画的な保全を図ることにより、良好な都市環境の形成に資することを目的として、NPO法人等の民間主体が空き地等を活用し、公園と同等の緑地空間を整備して、住民に公開する市民緑地設置管理計画の認定制度や、公園施設の設置又は管理を行うことができる者を公募により決定する制度、農業と調和した良好な住環境を保護するための田園住居地域制度の創設、生産緑地地区の面積要件の緩和等を内容とする「都市緑地法等の一部を改正する法律」が平成30年4月1日までに施行されたことから、市民緑地設置管理計画の認定制度の説明会を開催するとともに、各制度を活用した都市農地の保全について地方自治体への周知・徹底に努めた。

❷ 歩行者・自転車優先の道づくりの推進

①人優先の安全・安心な歩行空間の形成

　安全・安心な社会の実現を図るためには、歩行者の安全を確保し、人優先の安全・安心な歩行空間を形成することが重要である。特に通学路について、平成24年度に実施した緊急合同点検の結果等

【関連リンク】
国営公園 日本の国営公園 公園とみどり（再掲）
URL：https://www.mlit.go.jp/crd/park/shisaku/p_kokuei/nihon/

　緑陰施設でつくる まちなかみどりのクールスポット（再掲）
URL：https://youtu.be/pheqEhOAiuc

を踏まえ、学校、教育委員会、道路管理者、警察などの関係機関が連携して、歩道整備、路肩のカラー舗装、防護柵の設置等の交通安全対策を実施するとともに、「通学路交通安全プログラム」等に基づく定期的な合同点検の実施や対策の改善・充実等の取組みにより、子どもの安全・安心を確保する取組みを推進している。

　また、令和3年6月に発生した下校中の小学生の交通事故を受け、「交通安全対策に関する関係閣僚会議」において、「通学路等における交通安全の確保及び飲酒運転の根絶に係る緊急対策」が決定され、通学路における合同点検を実施するとともに、この結果を踏まえ、学校、警察、道路管理者等の関係者が連携し、ハード・ソフトの両面から必要な対策を推進している。なお、通学路合同点検の結果、抽出された対策必要箇所における交通安全対策に対し、計画的かつ集中的に支援する個別補助制度を創設した。

　その他、交通が著しくふくそうする道路又は幅員が著しく狭い道路について、電柱が車両の能率的な運行や歩行者の安全かつ円滑な通行の支障となっているときは、道路上における電柱の占用を禁止する取組みを実施している。

②子供の移動経路、生活道路のエリア等における交通安全対策の推進

　「未就学児等及び高齢運転者の交通安全緊急対策」（令和元年6月18日関係閣僚会議決定）を踏まえた交通安全対策を推進している。特に、「未就学児が日常的に集団で移動する経路の緊急安全点検」の結果を踏まえ道路管理者による対策を実施する箇所（約28,000箇所）について、早期の対策完了を目指している。

③安全で快適な自転車利用環境の創出

　過去10年間で自転車が関係する事故件数は、概ね半減しているが、自転車対歩行者の事故件数はほぼ横ばいにとどまっている状況であり、より一層安全で快適な自転車の利用環境整備が求められている。このため、警察庁と共同で「安全で快適な自転車利用環境創出ガイドライン」の周知を図っている。また、自転車活用推進法（平成28年法律第113号）により定められる自転車活用推進計画に基づき、自転車ネットワークに関する計画が位置付けられた地方版自転車活用推進計画の作成や車道通行を基本とする自転車通行空間の整備を一層推進するとともに、自転車の交通ルール遵守の効果的な啓発や、自転車を活用した地域の観光振興に資する情報発信等、自転車の活用の推進に関する取組みを進めている。

④多様なニーズに応える道路空間の実現

　「道路法等の一部を改正する法律」を令和2年度に公布、施行し、人々が集い、多様な活動を繰り広げる、賑わいのある道路を構築するための指定制度としてほこみち（歩行者利便増進道路）制度を創設した。また、社会の変化に伴い「賑わい」「安全」「新たなモビリティへの対応」など多様化する道路へのニーズに対応するため、地域内の各道路での機能の分担や場所や時間に応じた道路の柔軟な使い分けなどの検討を推進している。

⑤わかりやすい道案内の推進

　地図を用いた案内標識（地図標識）を交通結節点や観光地への設置など、訪日外国人等の公共交通機関の乗り換えやまちあるき等の支援を進めている。

⑥柔軟な道路管理制度の構築

　自動車交通の一層の円滑化と安全に加え、安全な歩行空間としての機能や地域のにぎわい・交流の場としての機能等の道路が有する多様な機能を発揮し、沿道住民等のニーズに即した柔軟な道路管理ができるよう、（ア）指定市以外の市町村による国道又は都道府県道の歩道の新設等の特例、（イ）市町村による歩行安全改築の要請制度、（ウ）NPO等が設置する並木、街灯等に係る道路占用の特例、（エ）道路と沿道施設を一体的に管理するための道路外利便施設の管理の特例、（オ）道路協力団体が設置する施設等に係る道路占用の特例、（カ）道を活用した地域活動における道路占用許可の弾力的な運用等を実施している。

第3節　利便性の高い交通の実現

（1）都市・地域における総合交通戦略の推進

　安全で円滑な交通が確保された集約型のまちづくりを実現するためには、自転車、鉄道、バス等の輸送モード別、事業者別ではなく、利用者の立場でモードを横断的にとらえる必要がある。このため、地方公共団体が公共交通事業者等の関係者からなる協議会を設立し、協議会において目指すべき都市・地域の将来像と提供すべき交通サービス等を明確にした上で、必要となる交通施策やまちづくり施策、実施プログラム等を内容とする「都市・地域総合交通戦略」を策定（令和4年3月末現在114都市で策定・策定中）し、関係者がそれぞれの責任の下、施策・事業を実行する仕組みを構築することが必要である。国は、同戦略に基づき実施されるLRT[注2]等の整備等、交通事業とまちづくりが連携した総合的かつ戦略的な交通施策の推進を支援することとしている。

（2）公共交通の利用環境改善に向けた取組み

　地域公共交通の利用環境改善や訪日外国人旅行者の受入環境整備を促進するために、LRT、BRT、キャッシュレス決済手段の導入等を支援している。令和3年度においては、秩父鉄道及び四日市あすなろう鉄道でICカードシステムの導入等が行われている。

（3）都市鉄道ネットワークの充実

　既存の都市鉄道ネットワークを有効活用しつつ速達性の向上を図ること等を目的とする都市鉄道等利便増進法を活用し、神奈川東部方面線（相鉄〜JR・東急直通線）の整備を進めており、相鉄・JR直通線が先行して開業しているほか、引き続き、令和5年3月開業に向けて相鉄・東急直通線の整備を進めていく。加えて、3年7月に取りまとめられた交通政策審議会答申「東京圏における今後の地下鉄ネットワークのあり方等について」及び同答申を踏まえた国土交通大臣と東京都知事との合意に基づき、首都・東京の地下鉄ネットワークの拡充、利用者サービスの向上等を図るための東京メトロの完全民営化の促進等に向け、関係者とも連携して必要な取組みを推進する。

　また、これまで大都市圏の鉄道において慢性的に続いていた通勤混雑は、新型コロナウイルス感染

【関連リンク】
自転車活用推進官民連携協議会（再掲）　URL：https://www.jitensha-kyogikai.jp/

注2　Light Rail Transitの略で、低床式車両（LRV）の活用や軌道・電停の改良による乗降の容易性、定時性、速達性、快適性などの面で優れた特徴を有する次世代の軌道系交通システム

症の流行における緊急事態宣言下の外出・移動の自粛等により緩和された。今後は、鉄道の利用状況を継続的に把握するとともに、ポストコロナの利用状況を十分に検証の上、必要な施策を検討する。

　これらの取組みの推進により、国際競争力の強化に資する都市鉄道や豊かな国民生活に資する都市鉄道等、我が国の都市鉄道が目指すべき姿の実現に向けた取組みを推進していく。

（4）都市モノレール・新交通システム・LRT の整備

　少子高齢化に対応した交通弱者のモビリティの確保を図るとともに、都市内交通の円滑化、環境負荷の軽減、中心市街地の活性化の観点から公共交通機関への利用転換を促進するため、LRT 等の整備を推進している。令和3年度は、各都市において都市モノレール・新交通システムの延伸事業や路面電車のバリアフリー化が進められるなど、公共交通ネットワークの再構築等が進められている。

（5）バスの利便性の向上

　バスについては、バスの位置情報を提供するバスロケーションシステム、円滑な乗降を可能とするIC カードシステムの導入促進等を行い、利便性の向上を図っている。

Ⅱ

第5章　心地よい生活空間の創生

第6章　競争力のある経済社会の構築

第1節　交通ネットワークの整備

1 幹線道路ネットワークの整備

（1）幹線道路ネットワークの整備

　幹線道路の整備は、昭和29年に策定された第1次道路整備五箇年計画以来、現在に至るまで着実に進められてきた。例えば、高速道路等の幹線道路ネットワークの整備は、高速道路のインターチェンジ周辺での工場の立地を促すなど、地域経済の活性化に大きく寄与するとともに、地方部における広域的な医療サービスの享受、災害等で幹線道路が途絶した場合の広域的な迂回ルートの確保等が可能となるなど、国民生活の質や安全の向上にも大きく貢献してきた。

　例えば、東京外かく環状道路（三郷南IC～高谷JCT）は平成30年6月2日に15.5kmが開通し、東京外かく環状道路の全体で約6割がつながった。これにより、中央環状内側の首都高（中央環状含む）の渋滞損失時間が約3割減少した。

図表II-6-1-1　災害に強い国土幹線道路ネットワーク（高規格道路）の整備状況

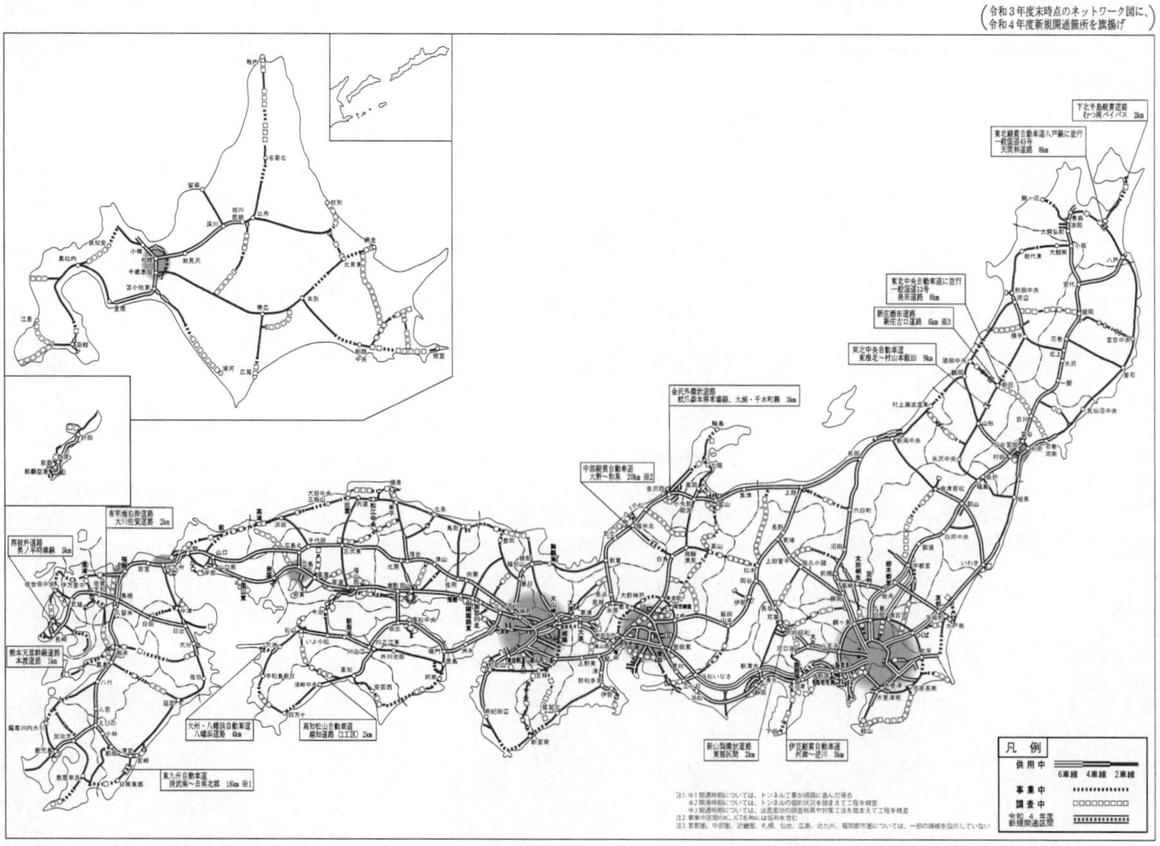

このようなストック効果が最大限発揮されるよう、幹線道路ネットワークの整備を引き続き推進する。特に、全国物流ネットワークの核となる大都市圏環状道路等については、現下の低金利状況を活かし、財政投融資を活用した整備加速による生産性向上を図る。

一方で、全国においては未だ高速道路等の幹線道路ネットワークが繋がっていない地域があることから、計画的に整備を推進していく。

（2）道路のネットワークの機能を最大限発揮する取組みの推進

生産性の向上による経済成長の実現や交通安全確保の観点から、必要なネットワークの整備と合わせ、今ある道路の運用改善や小規模な改良等により、道路ネットワーク全体の機能を最大限に発揮する取組みを推進している。特に平成27年8月より本格的な導入が開始されたETC 2.0がその取組みを支えている。

①道路ネットワーク全体の機能を最大限に発揮する取組みを支えるETC 2.0

ETC 2.0とは、全国の高速道路上に約1,800箇所設置された路側機と走行車両が双方向で情報通信を行うことにより、これまでのETCと比べて、（ア）大量の情報の送受信が可能となる、（イ）ICの出入り情報だけでなく、経路情報の把握が可能となるなど、格段と進化した機能を有し、ITS推進に大きく寄与するシステムである。

②賢い料金

平成28年4月に首都圏で、29年6月に近畿圏で、令和3年5月からは中京圏で新たな高速道路料金を導入し、外側の環状道路への交通の転換や、都心流入の分散化などの効果が発揮されている。令和4年4月からさらに首都圏の高速道路料金を見直し、引き続き、効果を検証する。

また、ETC 2.0搭載車を対象に高速道路外の休憩施設等へ一時退出しても、高速を降りずに利用した料金のままとする実験を全国23箇所で実施した。これにより、休憩施設の空白区間を解消し、良好な運転環境を実現する。

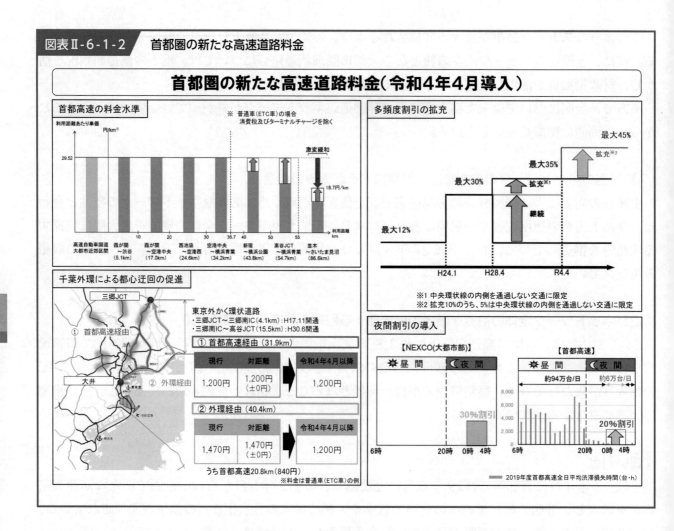

図表Ⅱ-6-1-2　首都圏の新たな高速道路料金

③賢い投資

　今あるネットワークの効果を、最小コストで最大限発揮させる取組みとして、上り坂やトンネルなどの構造上の要因で、速度の低下や交通の集中が発生する箇所を、ETC 2.0等により収集したきめ細かい旅行速度データや加減速データ等のビッグデータにより特定し、効果的に対策するピンポイント渋滞対策を実施している。これまで、関越自動車道の大泉JCT付近等12箇所で、既存の道路幅員の中で、付加車線等を設置する運用を開始している。現在、関越自動車道の高坂SA付近等12箇所で、ピンポイント渋滞対策を実施している。

④その他の取組み

　地域との連携促進のため、高速道路と施設との直結等によるアクセス機能の強化を進めている。スマートIC等を柔軟に追加設置することにより、高速道路から物流拠点や観光拠点等へのアクセス向上や、「コンパクト・プラス・ネットワーク」の考え方による機能の集約化・高度化、既存のIC周辺の渋滞緩和を図る。平成29年7月には高速道路と民間施設を直結する民間施設直結スマートIC制度の具体的なルールを定めた。また、民間施設直結スマートICの整備を促進するため、30年3月には、整備を行う民間事業者に対し民間事業者のIC整備費用の一部を無利子貸付する制度や、民間事業者が整備に係る土地を取得した場合の登録免許税の非課税措置を創設した。スマートICについては、国として必要性が確認できる箇所等について、「準備段階調査」により、計画的かつ効率的なスマートICの準備・検討を実施している。

全国の渋滞箇所において効果的な対策を推進するため、都道府県単位等で道路管理者、警察等から構成される渋滞対策協議会を開催し、必要な対策を検討・実施している。令和3年度は、渋滞対策協議会とトラックやバス等の利用者団体が連携を強化し、利用者の視点で渋滞箇所を特定した上で、速攻対策を実施する取組みを推進した。

重要物流道路における円滑な交通の確保を図るため、沿道の施設立地者に対して、道路交通アセスメントの実施を求める運用を令和2年1月より開始した。

図表Ⅱ-6-1-3　五斗蒔スマートインターチェンジ整備（整備効果事例）

○スマートIC整備後、工業団地「土岐アクアシルヴァ」への企業進出が加速。造成された区画11区画・10社完売（平成28.3）して操業中。約700人の雇用創出と土岐市の製造品出荷額の増加に寄与

資料）国土交通省

広域的に渋滞が発生している観光地において、ETC 2.0に加え多様なセンサーやAIによる解析技術等を融合し、時空間的な変動を考慮した交通マネジメントを強化する。

2　幹線鉄道ネットワークの整備

（1）新幹線鉄道の整備

新幹線は、我が国の基幹的な高速輸送体系であり、地域間の移動時間を大幅に短縮させ、地域社会の振興や経済活性化に大きな効果をもたらす。また、新幹線は安全（昭和39年の東海道新幹線の開業以来、乗客の死亡事故はゼロ）かつ環境にもやさしい（鉄道のCO_2排出原単位（g-CO_2／人キロ）は航空機の1/5、自家用車の1/6）という優れた特性を持っている。全国新幹線鉄道整備法に基づき、昭和48年に整備計画が定められている、いわゆる整備新幹線については、平成9年10月の北陸新幹線（高崎・長野間）の開業を皮切りに、東北新幹線、九州新幹線、北陸新幹線、北海道新幹線と順次開業してきている。

現在建設中の九州新幹線（武雄温泉・長崎間）、北陸新幹線（金沢・敦賀間）及び北海道新幹線（新函館北斗・札幌間）については、着実に整備を進める。

未着工区間である北陸新幹線（敦賀・新大阪間）については、環境影響評価の手続きを実施していくとともに、施工上の課題の検討を行っていく。

また、九州新幹線（西九州ルート）については、九州地域、西日本地域の未来にとってどのような整備のあり方が望ましいか議論を積み重ねることが重要と考えており、今後も関係者との協議を引き続き進める。

北海道新幹線については、新幹線列車と貨物列車がレールを共用し走行している区間のうち、青函トンネル内において、令和2年より、年末年始、ゴールデンウィーク、お盆時期において、始発から

【関連リンク】
ＥＴＣ総合情報ポータルサイト　出典：一般財団法人ITSサービス高度化機構
URL：https://www.go-etc.jp/

15時半頃に青函トンネルを走行する新幹線を対象として、新幹線列車と貨物列車の走行する時間帯を区分して新幹線が高速走行する時間帯区分方式により、210km/hでの走行を実施している。引き続き、安全の確保に万全を期しつつ、新幹線の高速走行と鉄道貨物輸送との二つの機能に十分に配慮しながら、検討を進める。また、営業主体であるJR北海道は現在厳しい経営状況に置かれていることから、新青森・新函館北斗間の収益向上に資する取組みの実施状況や、新函館北斗・札幌間の開業による効果等について確認していく。

その他、全国新幹線鉄道整備法では、四国新幹線、四国横断新幹線等の計11路線が、いわゆる基本計画路線に位置づけられている。平成29年度よりこれら基本計画路線を含む「幹線鉄道ネットワーク等のあり方に関する調査」を行っており、具体的には、新幹線整備が社会・経済に与える効果の検証や、効果的・効率的な新幹線の整備・運行手法の研究等に取り組んでいる。

中央新幹線は、東京・名古屋間を約40分、東京・大阪間を約1時間で結び、全線が開業することで三大都市が1時間圏内となり、人口7千万人を超える巨大な都市圏が形成されることとなる。これにより、我が国の国土構造が大きく変革され、国際競争力の向上が図られるとともに、その成長力が全国に波及し、日本経済全体を発展させるものである。全線開業の時期については、平成28年に独立行政法人鉄道建設・運輸施設整備支援機構法の改正を行い、財政投融資（3兆円）を活用することにより、当初令和27年であった大阪までの全線開業を最大8年間前倒すことを可能としたところである。現在、国土交通大臣が認可した「中央新幹線品川・名古屋駅間工事実施計画（その1）及び（その2）」に従い、JR東海において、品川・名古屋間の早期開業に向け、工事を進めているところである。

図表Ⅱ-6-1-4　全国の新幹線鉄道網の現状

資料）国土交通省

（2）技術開発の促進

①超電導磁気浮上式鉄道（超電導リニア）

超電導リニアの技術開発については、超電導磁気浮上方式鉄道技術開発基本計画に基づき、既に確立している実用技術のより一層の保守の効率化、快適性の向上等を目指した技術開発を推進する。

②軌間可変電車（フリーゲージトレイン）

フリーゲージトレインについては、軌間の異なる在来線間での直通運転を想定し、技術開発を行う。

③ 航空ネットワークの整備

（1）航空ネットワークの拡充

①首都圏空港の機能強化等

　「明日の日本を支える観光ビジョン」における訪日外国人旅行者数を令和12年に6,000万人にする目標の達成、我が国の国際競争力の強化の観点から、首都圏空港（東京国際空港（羽田空港）、成田国際空港（成田空港））の機能強化は必要不可欠であり、両空港で年間約100万回の発着容量とするための取組みを進めているところである。

　具体的には、羽田空港において、令和2年3月29日から新飛行経路の運用を開始し、国際線の発着容量を年間約4万回拡大しているところであり、引き続き、騒音対策・安全対策や、地域への丁寧な情報提供を行う。また、航空旅客の内際乗り継ぎ利便性向上を図るために必要な人工地盤の整備の検討に着手するほか、空港アクセス鉄道の基盤施設及び駐機場の整備等を実施する。成田空港においては、高速離脱誘導路の整備等により、令和2年3月29日から空港処理能力を年間約4万回拡大したところである。また、更なる機能強化として、平成30年3月の国、千葉県、周辺市町、空港会社からなる四者協議会の合意に基づき、B滑走路延伸・C滑走路新設及び夜間飛行制限の緩和により、年間発着容量を50万回に拡大する取組みを進めていくこととしている。

図表Ⅱ-6-1-5　東京国際空港の概要

資料）国土交通省

図表Ⅱ-6-1-7　成田国際空港の概要

資料）国土交通省

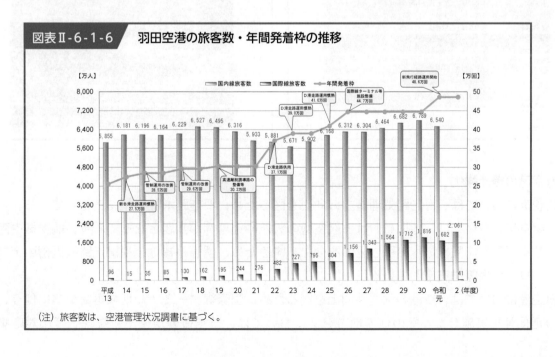

図表Ⅱ-6-1-6　羽田空港の旅客数・年間発着枠の推移

（注）旅客数は、空港管理状況調書に基づく。

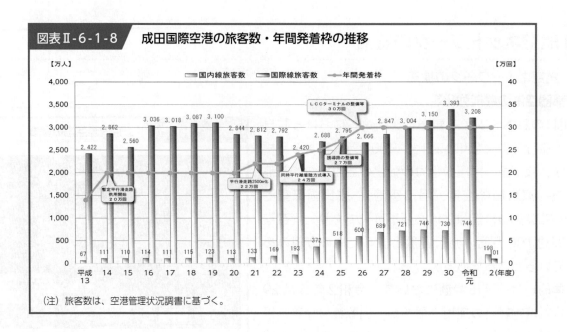

図表Ⅱ-6-1-8　成田国際空港の旅客数・年間発着枠の推移

（注）旅客数は、空港管理状況調書に基づく。

②関西国際空港・中部国際空港の機能強化

　関西国際空港については運営権者において、民間の創意工夫を生かした機能強化が図られており、引き続き、国際線キャパシティーを向上させるため第1ターミナルにおける国際線／国内線エリアの配置の見直しによる施設配置の再編等を含む第1ターミナル改修等による同空港の機能強化を推進する。

　中部国際空港においては、令和元年度の旅客数及び発着回数が過去最高を更新した。また、元年9月第2ターミナルを開業する等、引き続き機能強化の取組みを進めている。

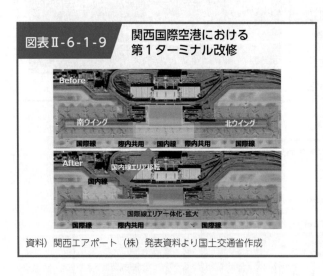

図表Ⅱ-6-1-9　関西国際空港における第1ターミナル改修

資料）関西エアポート（株）発表資料より国土交通省作成

図表Ⅱ-6-1-10　中部国際空港 LCC 専用第2ターミナルチェックインロビー

③地方空港の機能強化

　福岡空港については、滑走路処理能力の向上を図るため、滑走路増設事業を実施している。

　新千歳空港については、冬期における航空機の欠航や遅延等が課題となっており、航空機や除雪車両の混雑を緩和し、駐機場への引き返しを少なくするため、誘導路複線化や滑走路端近傍のデアイシングエプロン整備等を実施している。

　那覇空港においては、空港の利便性向上を図るため、国際線ターミナル地域再編事業に伴う、高架道路の延伸等を実施した。その他の地方空港においては、航空機の増便や新規就航等に対応するた

め、エプロンの拡張やCIQ施設の整備等を実施している。

　また、航空機の安全運航を確保するため、老朽化が進んでいる施設について戦略的維持管理を踏まえた空港の老朽化対策を実施するとともに、地震災害時における空港機能の確保等を図るため、空港の耐震化を着実に推進している。

④航空自由化の戦略的推進による我が国の国際航空網の拡充

　世界的な航空自由化[注1]の動向に対応しつつ、我が国の国際航空網の拡充を図るため、航空自由化を推進中である。我が国の航空自由化は、首都圏空港の厳しい容量制約を背景に、成田空港からの第三国輸送と羽田空港を対象外とするほか一部制約が残るが、関西国際空港や中部国際空港における国際旅客便の大幅な伸びを背景に、我が国を発着する国際旅客便数は平成22年から令和元年までの間におよそ2倍に増加している。一方で、3年の国際旅客便数については、2年に引き続き、新型コロナウイルス感染症拡大の影響により大幅に減少しているところであり、国際航空網の更なる拡充を図る上で、まずは感染拡大防止と両立する形での国際航空網の回復を図る必要がある。

⑤航空機操縦士等の養成・確保

　我が国の航空業界においては、操縦士・整備士共に年齢構成に偏りがあり、今後大量退職が見込まれている。

　現在、新型コロナウイルス感染症の感染拡大により航空需要は一時的に減退しているが、今後予想される航空需要の回復・増加に対応するとともに、操縦士等として第一線で活躍するまでに長い時間を要することから、中長期的な視点で計画的に操縦士等の養成を継続する必要がある。

　これらを踏まえ、複数の操縦士資格を一連の訓練で取得する手法の導入に向けた調査及びより合理的で利便性の高い学科試験方式への移行に向けた調査の実施を進めるほか、航空大学校における操縦士の着実な養成、新たな在留資格（特定技能）による航空機整備分野での外国人材の受け入れ、航空

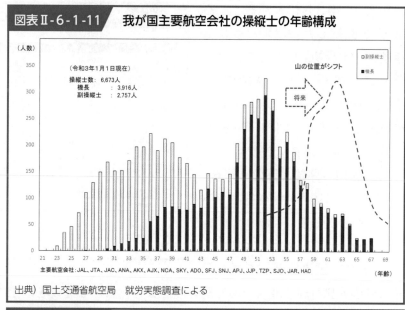

図表Ⅱ-6-1-11　我が国主要航空会社の操縦士の年齢構成

出典）国土交通省航空局　就労実態調査による

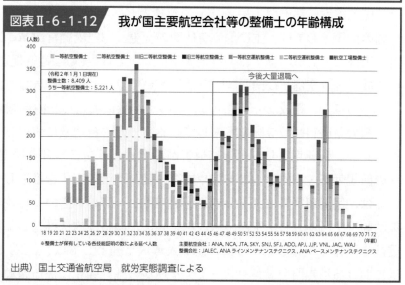

図表Ⅱ-6-1-12　我が国主要航空会社等の整備士の年齢構成

出典）国土交通省航空局　就労実態調査による

注1　航空会社の新規参入や増便、航空会社間の競争促進による運賃低下等のサービス水準の向上を図るため、国際航空輸送における企業数、路線及び便数に係る制約を二カ国間で相互に撤廃することをいう。

業界を志望する若年者の裾野拡大に向けたイベントの開催等に取り組む。

（2）空港運営の充実・効率化

①空港経営改革の推進

　国管理空港等において、「民間の能力を活用した国管理空港等の運営等に関する法律（民活空港運営法）」を活用し、地域の実情を踏まえつつ民間の能力の活用や航空系事業と非航空系事業の一体的経営等を通じた空港経営改革を推進し、空港を活用した内外の交流人口拡大等による地域活性化を図っていくこととしている。

　具体的には、国管理空港について、平成28年7月に仙台空港、30年4月に高松空港、31年4月に福岡空港、令和2年4月に熊本空港、2年6月より順次北海道内7空港（うち3空港は地方管理空港）、3年7月に広島空港の運営委託が開始された。

② LCC の持続的な成長に向けた取組み

　平成24年3月に本邦初となるLCCが就航した。以降、令和3年冬ダイヤ当初計画時点で、ピーチ・アビエーションは国内33路線、国際1路線、ジェットスター・ジャパンは国内17路線、国際3路線、スプリング・ジャパンは国内3路線、国際6路線、ジップエアは国際4路線へネットワークを展開している。

　政府は、国内各地域における、LCCを含む国際線就航を通じた

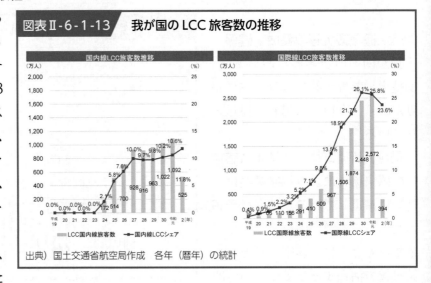

図表Ⅱ-6-1-13　我が国のLCC旅客数の推移

出典）国土交通省航空局作成　各年（暦年）の統計

訪日外国人旅行客の増大や国内観光の拡大等、新たな需要を創出するため「令和7年の地方空港における国際線就航都市数130都市」を目標とし、我が国及び各空港において様々な施策を行っている。

　国の施策としては、主に①料金体系の変更、②空港経営改革、③受入環境整備の3つの観点から検討・実施している。まず、①料金体系については、LCC就航促進のため、LCCの拠点空港となっている成田国際空港及び関西国際空港においては、着陸料を含む空港使用料の引き下げ・見直しを実施しているほか、平成29年度から、この2空港に加えて、中部国際空港を含む3空港発地方空港着の国内線の着陸料軽減措置を実施している。また、各地域における国際線就航を通じた訪日客誘致の促進のため、同年度より、国土交通省が認定した「訪日誘客支援空港」等に対して、LCCを含む国際線の新規就航・増便等への支援や旅客の受入環境高度化を推進している。次に、②空港経営改革については、民間事業者による滑走路等と空港ビル等の運営の一体化などにより、戦略的な料金体系や営業活動等を可能とした空港の活性化を図るため積極的に推進しており、令和3年度は広島空港の運営委託を開始している。さらに、③受入環境整備としては、LCC専用ターミナルの整備の他、地方空港における滑走路増設等やターミナル地域の機能強化に係る整備を進めている。

③ビジネスジェットの受入れ推進

　ビジネスジェットとは、数人から十数人程度を定員とする小型の航空機であり、利用者のスケジュールに応じた時間設定や、プライバシーが確保されるため搭乗中に商談等が可能など、時間価値の高いビジネスマン等が利用の対象となっている。

　欧米では既にビジネスジェットがグローバルな企業活動の手段となっている。我が国においても、経済のグローバル化に伴い、従来より東京国際空港・成田国際空港の両空港を中心にアジア地域における経済成長の取り込みの観点から、その振興は重要な課題であったが、近年は富裕層旅客の取込み等インバウンド振興の観点からも重要性が増している。

　そこで、我が国ではビジネスや上質なインバウンド観光の需要に応えるべく、ビジネスジェットの利用環境の改善を図っている。例えば、東京国際空港においては、令和3年にビジネスジェット専用施設を一新し、出発と到着の動線を分離して利便性の向上を図った他、駐機スポットの増設を行う方針としている。また地方空港においても同年、那覇空港、鹿児島空港において専用動線の整備が行われるなど、ビジネスジェットの利用環境改善を着実に進めている。

④地方空港における国際線の就航促進

　平成28年3月に策定された「明日の日本を支える観光ビジョン」において掲げられている、令和12年に訪日外国人旅行者数6,000万人という目標の実現に向けては、国際線就航による地方イン・地方アウトの誘客促進が重要である。

　各地域における国際線就航を通じた訪日客誘致の促進のため、東京国際空港以外の国管理空港・共用空港について、国際線の着陸料を定期便は7/10、チャーター便は1/2に軽減しており、平成28年度より、地方空港において国際旅客便の新規就航又は増便があった場合に、路線誘致等にかかる地域の取組みと協調して、更に着陸料を1/2軽減する措置を行っている。更に、平成29年度より、国土交通省が認定した「訪日誘客支援空港」等に対して、着陸料やグランドハンドリング経費等の新規就航・増便等への支援やボーディングブリッジやCIQ施設の整備等の旅客の受入環境高度化への支援等を実施し、各地における国際線就航に向けた取組みを促進している。

（3）航空交通システムの整備

　長期的な航空交通需要の増加やニーズの多様化に対応するとともに、国際民間航空機関（ICAO）や欧米等の動向も踏まえた世界的に相互運用性のある航空交通システムの実現のため、平成22年に「将来の航空交通システムに関する長期ビジョン（CARATS）」を産学官の航空関係者により策定し、ICAOの「世界航空交通計画（GANP）」と協調しつつ、その実現に向けた検討を進めている。

　令和3年度の取組みとしては、新技術や新方式の導入に関して、GPSを利用した航法精度の高い高規格進入方式（RNP AR）について導入を進め、現在までに36空港に計78方式を設定した。今後も継続的に設定を行うとともに、世界的に進められている更なる高規格な進入方式の開発の動向を注視、導入を図ることで、航空機の運航効率の向上や悪天候時における就航率の向上等を図っていく。さらに、航空情報や運航情報など航空交通管理に必要な情報を世界的に共有するための新たな情報共有プラットフォームの導入とその運用に関する具体的な検討を引き続き実施している。

（4）航空インフラの海外展開の戦略的推進

　アジア・太平洋地域は、近い将来世界最大の航空市場に成長するとされている。同地域の航空ネッ

トワークの強化に貢献するとともに、数多くの航空インフラプロジェクトが進行中である新興国の成長を我が国に積極的に取り込むことが、成長戦略として重要な課題である。

令和3年度においては、ASEAN諸国の空港関係者向けに我が国の環境に配慮した省エネ等のエコエアポート技術の紹介を行っており（令和4年3月）、我が国の優れたエコエアポート技術の認知向上及び推進を図っている。

タイにおいては、スワンナプーム国際空港のGBAS（地上直接送信型衛星航法補強システム）導入事業の推進が引続き行われた。また、ウタパオ国際空港の運営企業に対して、成田国際空港㈱が新ターミナルの施設計画に関するアドバイザリー業務を実施した。

❹ 空港への交通アクセス強化

空港への鉄道アクセスの更なる改善のため、国際拠点空港等へのアクセス線の整備等に向けた取組みを推進している。

東京圏では、平成28年4月に取りまとめられた交通政策審議会答申「東京圏における今後の都市鉄道のあり方について」を踏まえ、羽田空港と多方面とを結ぶJR東日本の羽田空港アクセス線について令和3年1月に鉄道事業許可を行ったことに続いて、羽田空港発着列車の増発のための京急空港線羽田空港第1・第2ターミナル駅引上線（以下「京急空港線引上線」という。）について令和4年3月に鉄道施設の変更を認可した。また、羽田空港内においては、空港整備事業として、令和2年度に引き続き、京急空港線引上線及び羽田空港アクセス線の設計を進めるとともに、京急空港線引上線については、令和3年度から現地工事に着手した。そして、京浜急行電鉄品川駅において、線路の増設やホームドア設置、昇降施設の増設工事を進める等、空港アクセス乗換駅等の利便性向上やバリアフリー化の推進を図った。

大阪圏では、令和13年春の開業に向けて、関西国際空港と新大阪駅・大阪都心部とのアクセス改善に資するなにわ筋線の整備を引き続き推進していく。

また、天神南・博多間の延伸を予定している福岡市地下鉄七隈線は、福岡空港と天神地区とのアクセスの改善に寄与する路線であり、令和5年3月の開業に向けて引き続き整備を進めていく。一方、国家戦略特区内の空港へのバスによるアクセスの改善については、運賃や運行計画の提出期間の短縮など手続の弾力化を可能とした。

第2節　総合的・一体的な物流施策の推進

「総合物流施策大綱（令和3年度〜令和7年度）」に基づき、関係省庁・官民で連携しながら物流施策を総合的・一体的に推進している。

❶ 物流DXや物流標準化の推進によるサプライチェーン全体の徹底した最適化

総合物流施策大綱の1つ目の柱として、「①物流DXや物流標準化の推進によるサプライチェーン全体の徹底した最適化（簡素で滑らかな物流）」を掲げている。ここでは、新型コロナウイルス感染症の流行により、非接触・非対面型の物流への転換が喫緊に求められているところ、これまで生産性向上等の観点からその必要性が認識されながらもなかなか進捗してこなかった物流の機械化やデジタ

ル化、そしてそれらの前提となる物流標準化、すなわち、伝票やデータ、外装やパレットなど、物流を構成する各種要素の標準化を、時機を逸せず集中的に推進するべき機会と捉え、その推進を通じて物流分野におけるデジタルトランスフォーメーション（物流DX）の実現を目指していくこととしている。

（1）物流DXとその前提となる物流標準化の推進

　物流DXやこれを通じた物流効率化の推進のためには、伝票・データ・外装サイズ・パレット等、物流を構成するソフト・ハードの各種要素の標準化が極めて重要であるが、現在は個社最適や少数のグループに閉じた部分最適が主流であり、物流全体での標準化の実現には至っていない。国土交通省では、この物流標準化の実現に向け、経済産業省・農林水産省・物流団体と連携のもと、個社や業界、官民の垣根を越えて長期的視点でその課題や推進方策を議論・検討するため、令和3年6月から、「官民物流標準化懇談会」を設置・開催し、同年9月から懇談会の下でパレット分科会を開催して具体的な議論を進めている。

　また、モーダルシフトや輸送網の集約など物流効率化の取組みと併せて、自動化・省人化に資する機器等を導入する取組みの支援を実施するほか、物流事業者における物流DXに関するニーズ、導入事例、効果・課題等を調査・整理し情報発信することにより、物流DXを推進していく。

　さらに、発荷主・輸送事業者・着荷主等が連携計画を策定し、物流システムの標準化・共通化、AIやIoT等の新技術の導入により、サプライチェーン全体の効率化を図る取組みの支援を推進することにより、物流効率化に向けた相乗効果の発揮を目指す。

　倉庫等の物流施設においては、庫内作業や荷待ちの削減等の労働力不足対策のみならず、エネルギー消費の削減にも資する自動化機器・システムの導入を支援する。

　小型無人機（いわゆるドローン等）は、離島や山間部等における物流網の維持等の地域課題の解決手段として期待されていることから、無人航空機の導入等の支援により社会実装を推進している。

　また、自動配送ロボットを活用した新たなサービスの実現に向けた実証実験や研究開発が進んでいる。

❷ 時間外労働の上限規制の適用を見据えた労働力不足対策の加速と物流構造改革の推進

　大綱の2つめの柱である、「②労働力不足対策と物流構造改革の推進（担い手にやさしい物流）」については、生産年齢人口の減少や、令和6年4月に迫ったトラックドライバーへの時間外労働の上限規制の適用を踏まえ、トラックドライバーや船員の働き方改革や、労働生産性の改善に向けた革新的な取組みの推進等を図っていくこととしている。

（1）物流分野における働き方改革

　少子高齢化や人口減少を背景として、物流分野においても、特にトラック業界、内航海運業界を中心として高齢化が進んでおり、大量退職や、生産年齢人口の減少に伴う人材確保が困難になることへの対応が引き続き必要となる。

　トラック運送事業については、平成30年12月に成立した改正貨物自動車運送事業法に基づき、令和2年4月に告示した「標準的な運賃」の浸透を図るなど各種施策に取り組むとともに、「自動車運送事業の働き方改革の実現に向けた政府行動計画」に基づき、物流の効率化、取引環境の適正化等

Ⅱ

第6章　競争力のある経済社会の構築

を推進している。

　内航海運業については、令和3年5月に成立した「海事産業の基盤強化のための海上運送法等の一部を改正する法律」に基づき、労務管理責任者の選任制度の創設等により船員の労務管理の適正化を推進するとともに、オペレーターに対して船員の労働時間を考慮した適切な運航計画の作成を義務付けること等により、船員の働き方改革を推進した。

（2）高度化・総合化・効率化した物流サービス実現に向けた更なる取組み

　物流分野における労働力不足、多頻度小口輸送の進展等に対応し、物流事業の省力化及び環境負荷低減を推進するため、関係者が連携した物流の総合化・効率化に関する幅広い取組みを支援することを旨とした物流総合効率化法に基づき、共同輸配送、モーダルシフト、輸送網の集約等を内容とする合計312件（令和4年3月31日現在）の総合効率化計画を認定し、運行経費等補助や税制特例措置等の支援を行った。また、物流事業者や荷主等の連携による物量の平準化及び荷姿やデータ仕様の標準化等を推進することにより、積載効率の向上や事業者間連携の円滑化等を図ることとしている。また、我が国における物流のあるべき将来像を検討するため「フィジカルインターネット実現会議」を令和3年10月から開催し、令和4年3月に、令和22年までのロードマップを策定した。

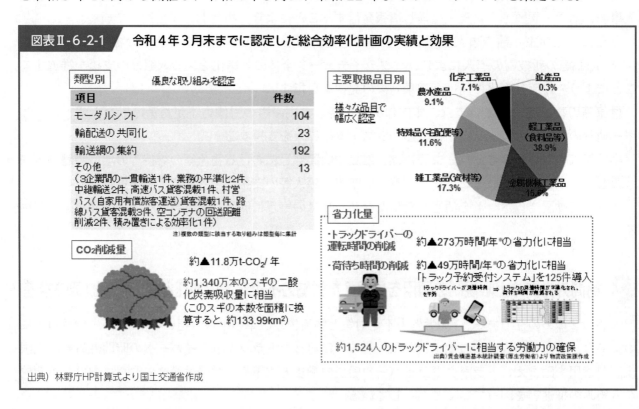

図表II-6-2-1　令和4年3月末までに認定した総合効率化計画の実績と効果

出典）林野庁HP計算式より国土交通省作成

【関連リンク】
「ホワイト物流」推進運動 URL：https://white-logistics-movement.jp/
トラガール促進プロジェクト URL：https://www.mlit.go.jp/jidosha/tragirl/
船員の働き方改革 URL：https://www.mlit.go.jp/maritime/maritime_tk4_000026.html
『輝け！フネージョ★』プロジェクト　URL：https://www.mlit.go.jp/maritime/maritime_tk5_000060.html

---

 高速道路におけるトラックの後続車無人隊列走行技術を実現しました技術説明（再掲）
URL：https://www.youtube.com/watch?v=cdLg6QbErms
動画

（3）地域間物流の効率化

複合一貫輸送等の推進に向け、港湾・貨物駅等の物流結節点の整備等を進めている。これまで鉄道貨物輸送力増強事業を行った施設整備を活用することで、更なる鉄道貨物輸送の効率化が期待される。このほか、北九州港等で海上輸送と他の輸送モードとの連携強化のため、複合一貫輸送ターミナルの整備等を実施している。また、トラック輸送の効率化に向けて、基幹的な道路ネットワークを整備する。

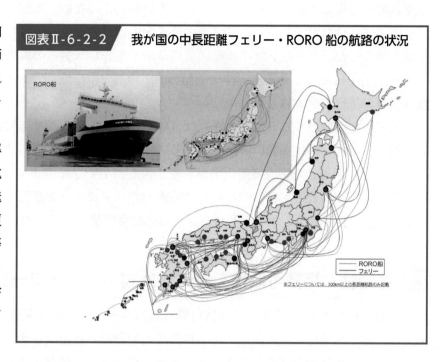

図表Ⅱ-6-2-2　我が国の中長距離フェリー・RORO船の航路の状況

（4）都市・過疎地等の地域内物流の効率化

「流通業務市街地の整備に関する法律」に基づき、令和3年3月末までに20都市、29箇所の流通業務市街地[注2]の整備が行われ（うち27箇所が稼働中）、流通業務施設の適切かつ集約的な立地により都市の流通機能の向上及び道路交通の円滑化を図っている。

路上荷さばき駐車を削減するため、駐車場法に基づく駐車場附置義務条例に荷さばき駐車施設を位置付けるよう地方公共団体に促している。令和3年3月末現在で、88都市において、一定規模以上の商業施設等への荷さばき駐車施設の設置を義務付ける条例が適用されている。

また、大規模建築物が物流を考慮した設計となるよう、物流を考慮した建築物の設計・運用の手引きを周知し、その活用を促進している。

このほか、交通流対策として、渋滞ボトルネック箇所への集中的対策、交差点の立体化、開かずの踏切等の解消を図るとともに、「都市の低炭素化の促進に関する法律」に基づき共同輸配送の促進等のソフト施策を併せて推進している。

さらに、過疎地等において、物流総合効率化法の枠組みを活用し、路線バスを利用した宅配便の貨客混載事業を認定するなど地域の持続可能な物流ネットワークの構築の取組みを推進している。また、平成29年9月の制度改正以降、過疎地域における旅客運送と貨物運送の事業の「かけもち」による荷物の集配が開始されるなど、生産性向上を可能とする取組みを進めている。

トラックドライバー不足が深刻化する中、再配達の削減に向けては、これまで国や関係事業者等が連携し開催してきた「宅配事業とEC事業の生産性向上連絡会」や「置き配検討会」における検討なども踏まえ、オープン型宅配ボックスや置き配などの推奨を図ってきており、今後もこうした多様な受取方法を推進する。

特に新型コロナウイルス感染症の流行に伴い、非接触・非対面による受取方法である宅配ボックス

注2　トラックターミナル、倉庫等の物流関連施設が集約的に立地した大規模物流拠点として、高速道路インターチェンジ周辺部等の適地に建設された市街地

や置き配の活用などがクローズアップされている。このため、令和2年3月に公表した「置き配の現状と実施に向けたポイント」に基づき、置き配の普及や運用の改善に努める。また、接触や対面機会を極力減らしたラストワンマイル配送に係るモデル的な取組みの構築・普及を推進するべく、令和2年度3次補正において非接触・非対面型のB to C配送モデルについて実証事業を通じた検証と、優良事例等の横展開を実施した。

　小型無人機（いわゆるドローン等）は、離島や山間部等における物流網の維持や買物における不便を解消するなど、地域課題の解決手段として期待されている。令和2年度には「過疎地域等における無人航空機を活用した物流実用化事業」を創設し、令和3年度までの2箇年において、全国30地域の事業を採択するとともに、同年6月に公表した「ドローンを活用した荷物等配送に関するガイドライン Ver.2.0」も活用しながらドローン物流の社会実装を推進した。

❸ 強靱性と持続可能性を確保した物流ネットワークの構築

　3つ目の柱である、「③強靱で持続可能な物流ネットワークの構築（強くてしなやかな物流）」においては、昨今激甚化・頻発化している自然災害や今般の新型コロナウイルス感染症の流行によるサプライチェーンの途絶などを踏まえ、物流ネットワークの強靱性・持続可能性の確保を喫緊の課題として捉えて、我が国産業の国際競争力強化などに資する物流ネットワークの構築のほか、脱炭素社会の実現という目標達成に向けた取組みを推進することとされている。

（1）物流上重要な道路ネットワークの戦略的整備・活用

　国内輸送の約9割を担う貨物自動車による輸送における効率的な物流ネットワークの構築は極めて重要であり、三大都市圏環状道路や空港・港湾へのアクセス道路等の整備を進めている。平常時・災害時を問わない安定的な輸送を確保するため、国土交通大臣が物流上重要な道路輸送網を「重要物流道路」として指定し、トラックの大型化に対応した道路構造の強化や災害時の道路の啓開・復旧の迅速化等の機能強化及び重点支援を実施している。令和3年4月1日には、供用中の道路を重要物流道路に追加指定し、3年7月2日には、重要物流道路のうち国際海上コンテナ車（40ft背高）の通行に道路構造等の観点から支障のない区間を、特車許可不要区間として追加指定した。

　また、車両運行管理支援サービス等の、ETC 2.0を活用した取組みを推進しているほか、車載型センシング技術等を活用した道路構造の電子データ化により、地方管理道路分も含めた国による一括審査を推進し、特殊車両通行許可の迅速化を図るとともに、令和2年5月27日に公布された改正道路法により創設された特殊車両の新たな通行制度の施行に向けて、制度運用に係る手続の検討や必要となるシステムの構築を実施した。

　さらに、トラック輸送の省人化を促進し、生産性向上を図るため、一台で大型トラック2台分の輸送が可能な「ダブル連結トラック」を、特車許可基準の車両長を緩和し、平成31年1月より新東名を中心に本格導入した。その後、物流業者等のニーズを踏まえ、令和元年8月より、東北道や山陽道など、特車許可基準の車両長緩和の対象路線を拡充した。加えて、ダブル連結トラックの確実な休憩機会確保を目的として、駐車予約システムの実証実験を令和3年4月から開始した。

　さらに、高速道路と民間施設を直結する民間施設直結スマートIC制度の活用を推進するとともに、引き続き、スマートICの整備を進めるなど、既存の道路ネットワークの有効活用・機能強化を図っていく。

（2）国際海上貨物輸送ネットワークの機能強化

　経済のグローバル化が進展する中、世界的な海上輸送量は年々増加してきており、大量一括輸送による海上輸送の効率化の観点から、コンテナ及びバルク貨物輸送船舶の大型化等が進展している。このような状況の中、コンテナ貨物についてはアジア各国の主要港が順調に取扱貨物量を増やす一方で、日本へ寄港する国際基幹航路の運航便数は、寄港地の絞り込み等により減少傾向にある。また、バルク貨物[注3] については大型船への対応が遅れており、相対的に不利な事業環境による国内立地産業の競争力低下等が懸念されている。

　このような状況を踏まえ、我が国の経済活動や国民生活を支える物流の効率化を進め、企業の国内立地環境を改善することで、我が国の産業競争力の強化と経済再生を実現するため、国際基幹航路に就航するコンテナ船の寄港回数の維持又は増加や主要な資源・エネルギー等の輸入の効率化・安定化に向けた取組みを行っている。

　また、このような取組みとともに、引き続き、国際・国内一体となった効率的な海上輸送ネットワークを実現するための取組みを推進するとともに、施策の更なる充実・深化を図ることとしている。

①国際コンテナ戦略港湾の機能強化

　我が国産業の国際競争力を強化し、国民の雇用を維持・創出するためには、我が国と欧州・北米等を結ぶ国際基幹航路を安定的に維持・拡大していくことが必要である。

　このため、平成22年8月に、阪神港及び京浜港を国際コンテナ戦略港湾として選定し、ハード・ソフト一体となった総合的な施策を実施してきた。31年3月に「国際コンテナ戦略港湾政策推進委員会最終とりまとめフォローアップ」、令和3年5月に「国際コンテナ戦略港湾政策推進ワーキンググループ中間とりまとめ」を公表し、それまでの個別施策の取組状況と政策目標のフォローアップを行い、現在はこれに基づき、欧州・北米航路をはじめ、中南米・アフリカ航路等を含めた国際基幹航路の多方面・多頻度の直航サービスの充実を図るため、「集貨」「創貨」「競争力強化」の取組みを進めている。

　「集貨」については、港湾運営会社が実施する集貨事業に対して国が補助する「国際戦略港湾競争力強化対策事業」により、国内及び東南アジア等からの集貨のためのフィーダー航路網の充実等に取り組んだ。

　「創貨」については、コンテナ貨物の需要創出に資する流通加工機能を備えた物流施設に対する無利子貸付制度が横浜港4事業、神戸港2事業で活用されたほか、物流施設を再編・高度化する補助制度が神戸港2事業で活用されているところであり、引き続き、流通加工系企業等の国際コンテナ戦略港湾背後への誘致を促進する。

　「競争力強化」については、横浜港南本牧ふ頭コンテナターミナルにおいて、令和3年4月からMC4が本格供用し、水深16m ～ 18m、岸壁総延長1,600mを有するMC1～4ターミナルを、2大アライアンスによる柔軟な一体的な利用が可能となった。また、国際基幹航路に就航する大型船の入港を可能とするため、国際コンテナ戦略港湾において、大水深コンテナターミナルの機能強化を推進した。さらに、良好な労働環境と世界最高水準の生産性を創出する「ヒトを支援するAIターミナル」の実現に向けた取組みを進めている。具体的には、元年度に開始した、AIターミナル高度化実証事業の各種取組を推進するとともに、遠隔操作RTGの導入に係る事業に対する支援制度（補

注3　穀物、鉄鉱石、石炭、油類、木材等のように、包装されずにそのまま船積みされる貨物の総称

助率1/3以内）により、元年度には、名古屋港における事業を、2年度には清水港・横浜港・神戸港における事業を採択しており、遠隔操作RTGの導入促進を図っている。加えて、我が国の民間事業者間の港湾物流手続を効率化するため、3年4月に「サイバーポート」（港湾物流分野）の第一次運用を開始するとともに、更なる利用促進等を図るため、輸出入・港湾関連情報処理システム（NACCS）等とのデータ連携について検討を行った。さらに、サイバーポートの動作性や利用効果を検証すること等を目的とする「Cyber Port利用促進・運用効率化実証事業」を行った。今後、NACCSとの連携機能を構築するとともに、他のシステムとの連携についての検討や利用者のニーズに応じた機能改善を実施する。港湾行政手続情報等の電子化（港湾管理分野）や、施設情報等の電子化（港湾インフラ分野）については、4年度中の稼働を目指しシステムの設計検討ならびにシステム構築を進めている。また、5年度以降の港湾物流・港湾管理・港湾インフラの三分野一体運用を目指す。更に情報通信技術を活用し、ゲート処理の迅速化を図るために開発した新・港湾情報システム「CONPAS」については、3年4月より横浜港での本格運用が開始され、また、3年8～9月には神戸港での試験運用を実施した。今後、各ターミナルの実情に応じた形でさらなる導入促進を図っていく。

　こうした中で、「集貨」「創貨」「競争力強化」の取組みの成果として、京浜港（横浜港）においては、令和3年3月には日本に寄港するコンテナ船としては過去最大の船型である24,000 TEU級船舶の寄港が実現している。

　今後も、官民一体となった取組みを進め、国際コンテナ戦略港湾政策を推進する。

図表Ⅱ-6-2-3　集貨施策（集貨事業スキーム）

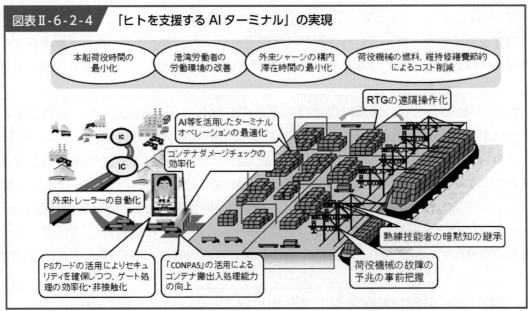

図表Ⅱ-6-2-4　「ヒトを支援するAIターミナル」の実現

図表Ⅱ-6-2-5 大型船の入港

大型コンテナ船の寄港（横浜港）

②資源・エネルギー等の安定的かつ効率的な海上輸送ネットワークの形成

　資源、エネルギー等の物資のほぼ100%を輸入に依存する我が国において、安定的かつ安価な輸入を実現し、我が国産業の国際競争力の強化、雇用と所得の維持・創出を図ることは重要な課題の一つである。

　平成23年5月に資源・エネルギー等のバルク貨物の海上輸送網の拠点となる国際バルク戦略港湾を10港選定し、輸入拠点としての機能強化を図り、企業間連携による効率的な輸送を促進するため、大型船が入港できる岸壁等の整備、民間による荷さばき施設等の整備や保有に対する補助や税制特例措置などハード・ソフト一体となった取組みを行っている。

　令和3年度は、徳山下松港、水島港、志布志港において岸壁等の整備を進めており、公共投資に伴い民間投資が誘発されている。

③日本海側港湾の機能別拠点化

　経済成長著しい対岸諸国と地理的に近接する日本海側港湾において、既存ストックを活用しつつ、伸ばすべき機能の選択と施策の集中及び港湾間の連携を通じて、対岸諸国の経済発展を我が国の成長に取り入れるとともに災害に強い物流ネットワークの構築を進めている。

④国際・国内一体となった効率的な海上輸送ネットワークの構築

　国際海上輸送ネットワークや地域の拠点となる港湾において、地域の基幹産業の競争力強化等のため、国際物流ターミナル等の整備を行うとともに、ふ頭再編による国際ターミナルと内貿ユニットロードターミナルの近接化、港湾と背後の道路等とのシームレスな接続、船舶大型化への対応等を推進している。さらに、企業によるサプライチェーンマネジメントの高度化・効率化に対応し、迅速かつ低廉な物流体系を構築するため、ユニットロードターミナル注4の機能強化や貨物積替円滑化施設等の整備を進めている。

【関連リンク】
Cyber Port（サイバーポート）（再掲）　URL：https://www.cyber-port.net/

注4　物流の迅速性・効率性を向上させるため、貨物をシャーシやコンテナ等にまとめて（ユニット化）積み卸しする輸送体系に対応したターミナル

⑤海上交通環境の整備

　国際幹線航路のうち、浅瀬等の存在により、湾内航行に支障のある箇所の改良等を行うとともに、航路標識の整備等を行うことにより、船舶航行の安全性と海上輸送の効率性を両立させた海上交通環境の整備を行っている。

⑥国際海上コンテナ輸送の需給逼迫への対応

　国際海上コンテナ輸送については、令和2年7月以降、アジア発北米向けのコンテナ荷動き量が大幅に増加したこと、北米西岸を中心とする港湾において貨物を運び出すトラックドライバーやシャーシ、倉庫の空きスペースが不足し、コンテナが港湾に滞留して発生した港湾混雑等によって、コンテナ船の洋上での滞船や慢性的な運航遅延が生じていること等により、世界的な需給の逼迫が発生し、その結果、海上運賃の高騰やスケジュールの乱れが生じている。

　このため、国土交通省としては、令和3年2月に、荷主・物流事業者及び船社に対し、コンテナの早期引取・返却や輸送力の増強等、状況の改善に向けた協力を要請した。また、国土交通省は、令和3年4月及び令和4年1月に、船社・荷主団体等が一堂に会した情報共有会合を経済産業省、農林水産省と共同で開催するなど、現状や今後の見通し等に関して随時情報提供を行っている。

（3）国際競争力の強化に向けた航空物流機能の高度化

　我が国の国際航空貨物輸送については、今後も伸びが期待されるアジア発着貨物を積極的に取り込むため、首都圏空港の機能強化や関西国際空港の貨物ハブ化の推進、中部国際空港の利活用の促進に向けた取組み等を進めている。

（4）農林水産物・食品の輸出促進に向けた物流の改善

　我が国の農林水産物・食品の輸出額は、令和3年に1兆1,626億円となり、9年連続過去最高を更新し、少額貨物等を含む輸出額は1兆2,382億円となった。令和12年に5兆円とする目標に向けて、輸出先国・地域のニーズや規制に対応する、産地が連携して取り組む大ロット・高品質・効率的な輸出を後押しするため、農林水産省との連携した取り組みを進めている。具体的には、日本式コールドチェーン物流サービスの国際標準化及びASEAN等への普及を推進するとともに、港湾・空港を活用した輸出をさらに促進するため、コールドチェーンを確保するための温度・衛生管理が可能な荷さばき施設の整備への支援等を行う。

（5）我が国物流システムの海外展開の推進

　サプライチェーンのグローバル化が深化する中、我が国の産業の国際競争力を維持・向上させていくためには、成長するアジア市場の取り込みが不可欠であり、その基盤となる質の高い国際物流システムの構築が求められている。また、産業のアジア展開を支える我が国の物流事業者にとっても、物流需要の獲得は急務となっている。しかし、我が国の物流システムのアジア地域への展開に当たっては、相手国の制度上・慣習上等の課題が存在している。このため、物流パイロット事業、政府間での政策対話、物流関連インフラ整備支援、人材育成事業、物流システムの国際標準化の推進等を通じ、官民連携により物流システムの海外展開に向けた環境整備を図っている。

（6）国際物流機能強化に資するその他の施策

　大都市圏における国際物流の結節地域である国際港湾等周辺及び物流・産業の拠点である港湾において物流拠点及び物流施設の整備・再整備を推進することにより、大規模災害時における防災機能の向上を図りつつ、都市環境の改善とあわせた国際競争力の強化及び効率的な物流網の形成を図る。

第3節　産業の活性化

1 鉄道関連産業の動向と施策

（1）鉄道分野の生産性向上に向けた取組み

　将来的な人材不足に対応し、特に経営の厳しい地方鉄道におけるコスト削減等を図るため、踏切がある等の一般的な路線での自動運転の導入に向けた検討、無線通信技術の活用により信号機などの地上設備の削減を可能とする地方鉄道向けの無線式列車制御システムや、レーザーを活用した鉄道施設等の保守点検システムの開発等鉄道分野における生産性向上に資する取組みを推進する。

（2）鉄道事業

①鉄道事業の動向と施策

　各鉄道事業者においては、鉄道の競争力向上、生活サービスとの連携等による更なる利便性の向上や、訪日外国人への対応として、案内表示の多言語化や路線名や駅名にアルファベットや数字を併記するナンバリング、無料公衆無線 LAN サービスの提供などを進めている。

　また、平成 13 年に JR 東日本が「Suica」を導入してから全国で交通系 IC カードの普及が進んでいる。25 年 3 月からは、JR と主な民鉄等の各エリアで導入されている 10 種類の交通系 IC カードの全国相互利用が開始された。今後も順次、導入事業者やエリアが拡大するなど、更なる利用者の利便性の向上及び地域の活性化が期待される。

② JR の完全民営化に向けた取組み

　かつての国鉄は、公社制度の下、全国一元的な組織であったため、適切な経営管理や、地域の実情に即した運営がなされなかったことなどから、巨額の長期債務を抱え、経営が破綻した。このため、昭和 62 年 4 月に国鉄を分割民営化し、鉄道事業の再生が行われた。平成 29 年 4 月に JR 各社の発足から 30 年を迎えた。

　国鉄の分割民営化によって、効率的で責任のある経営ができる体制が整えられた結果、全体として鉄道サービスの信頼性や快適性が格段に向上し、経営面でも、JR 東日本、JR 西日本及び JR 東海に続いて JR 九州も完全民営化されるなど、国鉄改革の所期の目的を果たしつつある。

　一方で、JR 北海道、JR 四国及び JR 貨物については、未だ上場が可能となるような安定的利益を計上できる段階には至っていないため、国としても、設備投資に対する助成や無利子貸付など、経営自立に向けた様々な支援を行ってきた。しかしながら、JR 北海道及び JR 四国については、地域の人口減少や他の交通手段の発達、低金利による経営安定基金の運用益の低下等に加え、新型コロナウイルスの感染拡大の影響により、その経営環境はより一層厳しさを増している。また、JR 貨物については、近年は経常黒字を計上しているものの、災害等の影響を受けやすいなど安定的な事業運営にはなお課題が残されている。

こうした背景を踏まえ、令和3年度以降も各社の経営状況に応じた適切な支援を講じ、各社の完全民営化に向けた経営自立を図っていくことを目的に、令和3年3月に「日本国有鉄道清算事業団の債務等の処理に関する法律等の一部を改正する法律（令和3年法律第17号）」が可決・成立し、各社への支援の期限が延長された。これに基づき、令和3年度より、各社に対して経営安定基金の下支え、安全に資する設備投資や修繕費に対する助成金の交付、省力化・省人化に資する設備投資のための出資、DES（債務の株式化）など、経営自立に向けた支援を順次実施している。

（3）鉄道車両工業

鉄道新造車両の生産金額は、国内向けは平成28年度から増加傾向である一方、輸出向けはその年の受注状況によって波がある。令和2年度の生産金額は2,286億円（1,784両）であった。生産金額の構成比は国内向け86.4％（1,974億円）、輸出向け13.6％（312億円）であり、前年度比は国内向け0.6％減少、輸出向け19.2％増加であった。

また、鉄道車両部品（動力発生装置、台車等）の生産金額は4,228億円（前年度比7.5％増）、信号保安装置（列車自動制御装置用品、電気連動装置等）の生産金額は1,308億円（前年度比6.0％減）となっている。

車両メーカー等は、鉄道事業者と連携し、高速化、安全性・快適性等の向上、低騒音・バリアフリーといった様々な社会的ニーズを満たす車両の開発を進めている。

❷ 自動車運送事業等の動向と施策

（1）旅客自動車運送事業

①乗合バス事業

乗合バスの輸送人員及び収入は、人口が増加した大都市部では若干の増加がみられ、地方部ではモータリゼーションの進展等に伴う自家用自動車の普及等による減少がみられたが、新型コロナウイルス感染症の影響により、乗合バスを取り巻く環境は極めて厳しい状況が続いている。

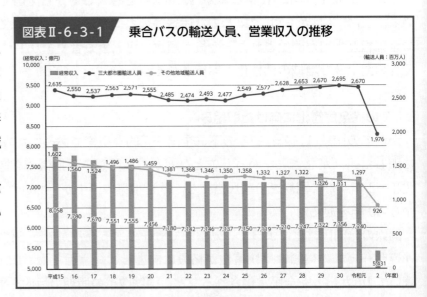

図表Ⅱ-6-3-1　乗合バスの輸送人員、営業収入の推移

②貸切バス事業

貸切バス事業については、平成12年2月の規制緩和後、低廉で多様なバスツアーが催行されるなど、利用者へのサービスの向上が図られる一方で、事業者数の増加に伴い競争は激化してきたが、軽井沢スキーバス事故を受けた「安全・安心な貸切バスの運行を実現するための総合的な対策」に基づく、29年4月の事業許可更新制の導入や同年8月の民間指定機関による巡回指導の開始等により、事業から自ら退出するなど事業者数は減少している。他方で、安全コストが適切に反映された新運賃・料金制度の導入や訪日外国人旅行者の増加等により運送収入は増加に転じ、貸切バス事業を取り巻く環境は、改善しつつあったが、令和2年以降、新型コロナウイルス感染症の影響による外出自粛

等により運送需要が低下し、極めて厳しい経営状況が続いている。

③タクシー事業

タクシー事業については、運転者の労働条件の改善やタクシーのサービス水準の向上等を実現するため、「特定地域及び準特定地域における一般乗用旅客自動車運送事業の適正化及び活性化に関する特別措置法」が、平成26年1月に施行された。

国土交通省では、法律の規定に基づき、特定地域（3地域）及び準特定地域（152地域）を指定し、供給過剰状態の適正化や需要を喚起する活性化を進めることにより、タクシー事業における生産性の向上を図ることとしている。

（2）自動車運転代行業

自動車運転代行業は、飲酒時の代替交通手段として活用されており、令和3年12月末現在、自動車運転代行業者は8,106者となっている。国土交通省では、平成24年3月に警察庁と連携した

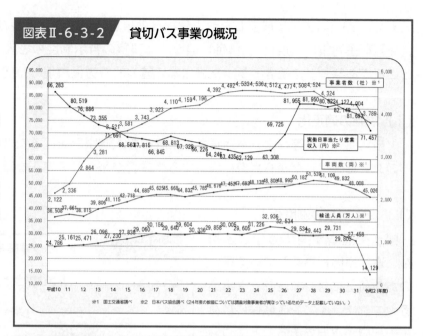

図表Ⅱ-6-3-2　貸切バス事業の概況

※1　国土交通省調べ　※2　日本バス協会調べ（24年度の数値については調査対象事業者が異なっているためデータ上記載していない。）

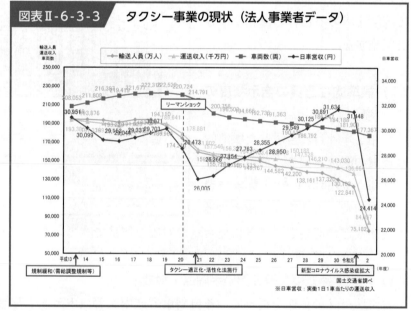

図表Ⅱ-6-3-3　タクシー事業の現状（法人事業者データ）

国土交通省調べ
※日車営収：実働1日1車当たりの運送収入

「安全・安心な利用に向けた自動車運転代行業の更なる健全化対策」を策定し、さらに28年3月に国土交通省において「自動車運転代行業における適正な業務運営に向けた「利用者保護」に関する諸課題への対策」を策定し、各種の施策を推進しているところである。

（3）貨物自動車運送事業（トラック事業）

トラック事業者数は長期にわたり増加していたが、平成20年度以降は約62,000者とほぼ横ばいで推移している。

中小企業が99％を占めるトラック運送事業では、荷主都合の長時間の荷待ち等によるドライバーの長時間労働、荷主に対して立場が弱く適正な運賃が収受できないなどの課題がある。このため、平成29年7月から、荷待ち時間の削減に向けその実態を把握すること等を目的として、荷主都合による荷待ち時間を記録することをトラック事業者に義務付ける措置を講じたほか、運送の対価である「運賃」と運送以外の役務の対価である「料金」の範囲を明確化するため、同年8月に標準貨物自動車運送約款等の改正を行い同年11月に施行し、取引環境の適正化等に向けた取組みを推進している。

Ⅱ

第6章　競争力のある経済社会の構築

　また、30年12月に成立した改正貨物自動車運送事業法に基づき、以下の「（ⅰ）規制の適正化」、「（ⅱ）荷主対策の深度化」、「（ⅲ）標準的な運賃の告示制度の導入」などの所要の措置を講じているところであり、引き続きトラック運送業の魅力的な労働環境の整備に向けた取組みを推進する。

（ⅰ）規制の適正化：
　欠格期間の延長等により不適正な事業者の参入制限等を図るなどの環境整備に取り組み、コンプライアンスを確保しながら真摯に努力する事業者が報われる適正な競争環境を実現する。

（ⅱ）荷主対策の深度化：
　国土交通省が関係省庁と連携し、違反原因行為をしている疑いのある荷主に対してトラック事業者のコンプライアンス確保には荷主の配慮が重要であることについて理解を求めるための働きかけ等を実施する。

（ⅲ）標準的な運賃の告示制度の導入：
　令和2年4月に告示した標準的な運賃の浸透を図り、荷主に対して交渉力の弱いトラック事業者が、燃料費、人件費、車両や設備

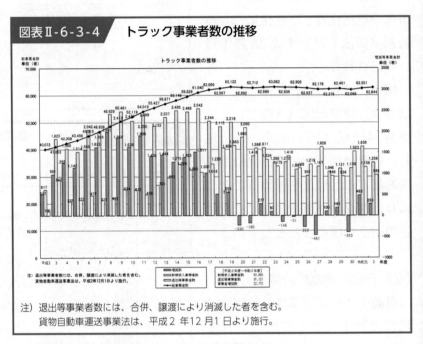

図表Ⅱ-6-3-4　トラック事業者数の推移

注）退出等事業者数には、合併、譲渡により消滅した者を含む。
　　貨物自動車運送事業法は、平成2年12月1日より施行。

の更新などの必要なコストに見合った対価を収受できていない状況を改善させる。

（4）自動車運送事業等の担い手確保・育成
　ヒト・モノの輸送を担っている自動車運送事業等（トラック事業、バス事業及びタクシー事業並びにこれらの事業の安全確保に貢献する自動車整備業）は、日本経済及び地域の移動手段の確保を支える重要な社会基盤産業である。しかしながら、自動車運送事業等の就業構造をみると、中高年層の男性に依存した状態であり、女性の比率はわずか3％程度に留まっている等、担い手不足が深刻化している。このため、自動車運送事業（トラック事業、バス事業及びタクシー事業）については、平成29年に内閣官房副長官を議長とする「自動車運送事業の働き方改革に関する関係省庁連絡会議」が立ち上げられ、同会議により決定された「自動車運送事業の働き方改革の実現に向けた政府行動計画」等に基づき、関係省庁と連携して当該施策を推進している。
　トラックについては、①トラック輸送の生産性の向上・物流の効率化、②取引適正化を通じた女性や60代以上の運転者等も働きやすい労働環境の実現に取り組む「ホワイト物流」推進運動の推進や、複数人で長距離運送を分担する中継輸送の取組事例集の周知、荷待ち時間の発生件数が多い「加工食品、紙・パルプ、建設資材、生鮮食品、飲料・酒」について、サプライチェーンの関係者が連携した実証実験を行うなど取引環境の適正化や生産性向上に向けた取組みを実施している。さらに、担い手を確保するため、効果的な理解促進・魅力発信、人材確保・育成等に向けた基礎調査を実施し、その

結果を踏まえたパンフレット・好事例集を策定するとともに、「トラガール促進プロジェクトサイト」等を活用した情報発信や経営者への啓発強化を行う等の対策に取り組んでいる。

　また、バスについては、若年層や女性の求職者向けのチラシ・リーフレットを作成し、求職者に対してバス運転者を就職先の一つとしてもらえるよう PR するとともに、事業者がバス運転者を募集する際や育成していく際の手引き書を作成することで、バス運転者の担い手確保・育成に努めている。

　また、タクシーについては、平成 28 年 6 月に「女性ドライバー応援企業」認定制度を創設し、女性ドライバーの採用に向けた取組みや、子育て中の女性が働き続け

図表Ⅱ-6-3-5	自動車運送事業等の就業構造				
	バス	タクシー	トラック	自動車整備	全産業平均
運転者・整備要員数	13 万人 （令和 2 年度）	27 万人 （令和 2 年度）	85 万人 （令和 3 年）	40 万人 （令和 3 年）	—
女性比率	2.2% （令和 2 年度）	4.0% （令和 2 年度）	3.6% （令和 3 年）	1.7% （令和 3 年）	44.7% （令和 3 年）
平均年齢	53.0 歳 （令和 3 年）	60.7 歳 （令和 3 年）	48.6 歳 （令和 3 年）	46.4 歳 （令和 3 年）	43.4 歳 （令和 3 年）
労働時間	186 時間 （令和 3 年）	176 時間 （令和 3 年）	209 時間 （令和 3 年）	183 時間 （令和 3 年）	176 時間 （令和 3 年）
年間所得額	404 万円 （令和 3 年）	280 万円 （令和 3 年）	446 万円 （令和 3 年）	454 万円 （令和 3 年）	489 万円 （令和 3 年）

注1：運転者・整備要員数：バス、タクシーは自動車局調べ
注2：自動車整備の女性比率は 2 級自動車整備士における比率
注3：労働時間＝「賃金構造基本統計調査」中「所定内実労働時間数＋超過実労働時間数」から国土交通省自動車局が推計した値
　　所定内実労働時間数＝事業所の就業規則などで定められた各年 6 月の所定労働日における始業時刻から終業時刻までの時間に実際に労働した時間数
　　超過実労働時間数＝所定内実労働時間以外に実際に労働した時間数及び所定休日において実際に労働した時間数
注4：年間所得額＝「賃金構造基本統計調査」中「きまって支給する現金給与額×12 ＋年間賞与その他特別給与額」から国土交通省自動車局が推計した値
注5：トラックの平均年齢、労働時間、年間所得額は、賃金構造基本統計調査における「営業用大型貨物自動車運転者」と「営業用貨物自動車運転者（大型車を除く）」の数値を労働者数により加重平均して算出した結果である。
　　きまって支給する現金給与額＝6 月分として支給された現金給与額（所得税、社会保険料等を控除する前の額）で、基本給、職務手当、精皆勤手当、通勤手当、家族手当、超過勤務手当等を含む
　　年間賞与その他特別給与額＝調査年前年 1 月から 12 月までの 1 年間における賞与、期末手当等特別給与額
資料：総務省「労働力調査」、厚生労働省「賃金構造基本統計調査」、日本バス協会「日本のバス事業」、全国ハイヤー・タクシー連合会「ハイヤー・タクシー年鑑」、（一社）日本自動車整備振興会連合会「自動車整備白書」から国土交通省自動車局作成

ることのできる環境整備を行っている事業者を支援・PR することにより、女性の新規就労・定着を図っていくこととしている。

　さらに、自動車整備については、産学官が協力して、高等学校訪問やパンフレット等による女性・若者への自動車整備士の PR やイメージの向上に取り組むとともに、業界と連携して、インターンシップによる職場体験学習受入れ及びインターネットを活用した情報発信等の取組みを進めた。また、経営者向け「人材確保セミナー」を開催することにより、自動車整備人材の確保・育成を図っている。これに加え、平成 31 年度より開始された新たな在留資格「特定技能」による外国人労働者の受入れについて適切な運用を行い、引き続き外国人材の適正な受入れ環境の確保に取り組んでいく。

③ 海事産業の動向と施策

（1）海事産業の競争力強化に向けた取組み

　四面を海に囲まれる我が国において、海上輸送は、我が国の貿易量の 99.6％、国内の貨物輸送量の 39.8％を担っており、我が国の国民生活や経済活動を支える社会インフラである。そして、我が国の海上輸送は、海運と、その物的基盤である造船業及び人的基盤である船員の 3 分野が一体となって支えており、相互に密接に関連した我が国海事産業を構成している。

　こうした海事産業において、造船、海運、船員の各分野が様々な課題に直面している。

　地方の経済・雇用を支える造船業は、世界単一市場であり、中国・韓国と厳しい受注競争を行っているほか、新型コロナウイルス感染症の感染拡大による新造船商談の停滞等、かつてない危機的経営

状況に陥っていた。我が国造船業が今後も地域の経済と雇用に貢献し、船舶を安定的に供給できる体制を確保するために、生産性向上や事業再編を通じた事業基盤の強化が必要である。また、海運業に対して新造船発注を喚起する環境を整備することが必要であるほか、環境性能等に優れた高性能・高品質な船舶の導入等による外航海運業の競争力強化が不可欠である。

　内航海運業においては、若手船員の定着が課題であり、人材を持続的に確保できる環境整備や経営力の向上を図るため、船員の働き方改革を進めるとともに、取引環境の改善と生産性向上を促すことが必要である。

　これらの課題に対して、予算・税制・財政投融資による措置に加え、必要な制度の創設や改正を行うことで、我が国の海事産業全体の基盤強化を一体的に講じるため、「海事産業の基盤強化のための海上運送法等の一部を改正する法律」を国会に提出し、令和3年5月に成立した。

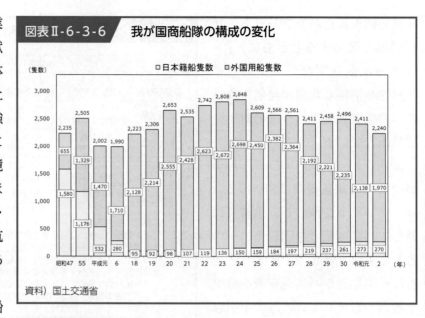

図表II-6-3-6　我が国商船隊の構成の変化

資料）国土交通省

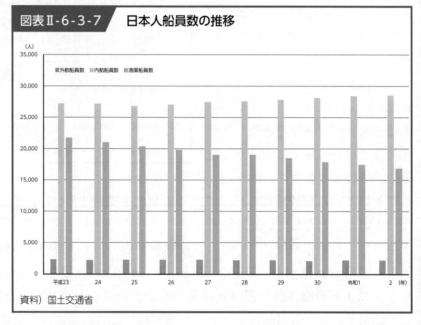

図表II-6-3-7　日本人船員数の推移

資料）国土交通省

　具体的には、造船業・舶用工業の事業基盤強化のため、造船・舶用事業者が生産性向上や事業再編等に取り組む「事業基盤強化計画」注5 認定制度を令和3年8月に施行し、これまでに14件（28社）の認定をした。これにより、認定事業者に対し、認定した事業に係る税制特例及び政府系金融機関からの長期・低利融資等の必要な支援措置を講じる。同時に、海運業の競争力強化を図るため、事業基盤強化計画の認定を受けた造船事業者が建造し、安全・低環境負荷で船員の省力化に資する高品質な船舶を海運事業者が導入する「特定船舶導入計画」注5 に対しても国土交通大臣による認定制度を創設し、これまでに4件の認定をした。また、認定事業について税制特例及び政府系金融機関からの長期・低利融資等の必要な支援措置を講じる。

　加えて、令和3年11月にはデジタル技術やデータの利活用を促進するため、船舶検査の合理化制

注5　事業基盤強化計画・特定船舶導入計画に関するウェブサイト
　　 https://www.mlit.go.jp/maritime/maritime_tk5_000068.html

度が施行され、令和4年4月からは、船員の働き方改革を進めるため、労務管理責任者の選任制度等を創設し、併せて、内航海運の取引環境の改善と生産性向上のため、契約の書面交付を義務化するとともに、荷主勧告・公表制度や船舶管理業の登録制度を創設した。

　これらの取組みを通じて、造船業においては事業基盤強化による安定的な船舶供給のためのサプライチェーンの確保と地方創生への貢献、海運業においては、競争力強化による安定的な海上輸送の確保、船員においては、安定的な船員の確保・育成を実現し、海事産業全体の基盤の強化を図る。

（2）造船・舶用工業

①造船・舶用工業の現状

　我が国は、前述したように、海運業、造船業、舶用工業が互いに強く結びついて集積した海事産業クラスターを有しており、そのうちの我が国造船業・舶用工業は、我が国海運業及び経済安全保障を支えている。加えて、地域経済・雇用に貢献しており、さらに、艦艇・巡視船を全て国内で建造・修繕しており、我が国の安全保障を支える非常に重要な産業である。

　しかし、船舶は世界単一市場の製品であり、我が国造船業

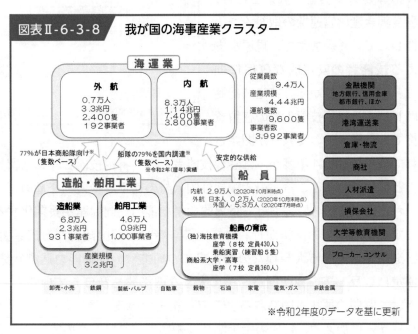

図表Ⅱ-6-3-8　我が国の海事産業クラスター

は、非常に厳しい国際競争に加え、新型コロナウイルス感染症の世界的な流行は、国際的な人流・物流、新造船商談の停滞を引き起こしており、我が国造船業の手持工事量は危機的な状況まで落込んでいた。足元では、一定の回復を示している一方、鋼材価格の高騰などにより採算性に課題が生じているほか、依然として世界的な供給能力過剰状態にあり、今後も厳しい国際競争が続くことが予想される。このような中、我が国造船業・舶用工業が基幹産業として持続的に発展するためには、省エネ性能等の性能や品質などの強みを生かしながら、社会的要請や海運のニーズにいち早く対応する必要がある。

②造船・舶用工業の国際競争力強化のための取組み

　国土交通省は、前述の海事産業強化法に基づく事業基盤強化計画等の支援措置と併せて、船舶産業全体の生産性向上、国際競争力強化のため、造船事業者間の連携・協業や造船・舶用業界の垣根を越えたサプライチェーン全体での造船プロセスの最適化を推進する。また、デジタル化等により、船舶の開発・設計、建造から運航・メンテナンスまでの船舶のライフサイクル全体を効率化する「DX造船所」へとビジネスモデルの転換を促すため、造船所における実証を支援していく。

　我が国の造船業が発展していくためには、現場で船づくりを支える技能者と、技術開発や設計を支える技術者の確保・育成も重要である。技能者の育成については、国、地方自治体、日本財団、日本海事協会等が設立・運営支援を行った造船技能研修センターを活用して造船会社が共同で研修を行っ

ている。技術者の育成については、大学等の教員と造船所が連携した円滑なインターンシップ実施のためのガイダンスの作成や、海洋開発分野における教育カリキュラムや教材等の開発に取り組んできた。令和4年度からは「船舶工学」を新たに盛り込んだ新高等学校指導要領が実施されたところ、引き続き産学官連携の取組みを後押ししていく。加えて、現場を支える技能者の安定的な確保に向け、令和元年度から「特定技能制度」による特定技能1号の在留資格での外国人材の受入れが開始さ

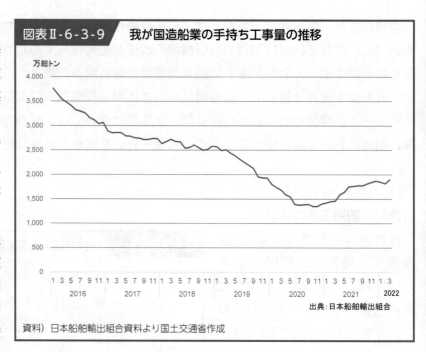

図表Ⅱ-6-3-9　我が国造船業の手持ち工事量の推移

万総トン

出典：日本船舶輸出組合

資料）日本船舶輸出組合資料より国土交通省作成

れている。令和4年度からは熟練技能者として特定技能2号の在留資格に切り替える方も出てくるものと見込まれるところ、引き続き外国人材の適正な受入れを進め、日本人材との共生を実現する。

　さらに、造船分野における世界的な供給能力過剰問題が長期化する中、一部の国において市場を歪曲するような公的支援が行われている。特に、韓国政府が政府系金融機関を通じて実施している自国造船業に対する大規模な公的助成については、供給能力過剰状態の解消を遅らせ、WTO補助金協定に違反して、我が国造船業に大きな悪影響を及ぼしているとして、WTO紛争解決手続に基づき、本問題の解決が図られるよう取り組んでいる。また、OECD造船部会では、各国の造船政策のレビューに加えて、造船需給予測及び船価モニタリングの実施や各国公的支援措置の通報制度の強化に関する議論を行っている。引き続き、造船市場を歪曲する公的支援の是正・阻止に向けた取組み等を推進し、公正な競争条件の確保に努める。

（3）海上輸送産業

①外航海運

　外航海運は、経済安全保障の確保に重要な役割を果たしていることから、緊急時においても、我が国と船舶の船籍国との管轄権の競合を排除できる日本船舶・日本人船員を確保することは極めて重要である。

　このような課題に対処するため、「海上運送法」に基づき日本船舶・船員確保計画の認定を受けた本邦対外船舶運航事業者が確保する日本船舶を対象に、平成21年度からトン数標準税制[注6]の適用を開始した。また、25年度には日本船舶を補完するものとして、当該対外船舶運航事業者の子会社が保有する船舶のうち、当該対外船舶運航事業者が運航し、航海命令発令時に日本籍化が可能である外国船舶（準日本船舶）に対象を拡充して、日本船舶・日本人船員の確保を進めている。

　さらに、30年度より、本邦船主の子会社が保有する同様の要件を満たした外国船舶まで、準日本

注6　毎年の利益に応じた法人税額の算出に代わり、船舶のトン数に応じた一定のみなし利益に基づいて法人税額を算出する税制。世界の主要海運国においては、同様の税制が導入されている。

船舶の対象に拡大した当該計画の適用を開始し、安定的な海上輸送の早期確保を図っている。
　こうした取組みを通じて、できる限り早期の安定的な海上輸送の確保を図っていく。

②国内旅客船事業

　令和2年度の国内旅客船事業の輸送需要は45.3百万人（前年度比43.5％減）と、新型コロナウイルス感染症拡大の影響等を受け大幅に減少しており、燃油価格高騰も相まって、経営環境は大変厳しい状況にある。国内旅客船事業は地域住民の移動や生活物資の輸送手段として重要な役割を担っており、また、海上の景観等を活かした観光利用の拡大も期待される。さらに、フェリー事業についてはモーダルシフトの受け皿として、また、災害時の輸送にも重要な役割を担っている。

　このため、独立行政法人鉄道・運輸機構の船舶共有建造制度や税制特例措置により省エネ性能の高い船舶の建造等を支援している。さらに、海運へのモーダルシフトを一層推進するため、平成29年6月にとりまとめた「内航未来創造プラン」に基づき、モーダルシフト船の運航情報等一括情報検索システムの運用に向けた検討を実施するとともに、新たな表彰制度として、モーダルシフトに最も貢献度の高かったと認められる事業者を表彰する「海運モーダルシフト大賞」を令和元年度に創設、4年4月には令和3年度の表彰を実施している。

　また、船旅に係る新サービス創出を促進するため、平成28年4月から3年間「船旅活性化モデル地区」制度を設け観光利用に特化した航路の旅客船事業の制度運用を試験的に弾力化した。この結果を踏まえ、31年4月からは「インバウンド船旅振興制度」を創設し、インバウンド等の観光需要を取り込む環境整備を図っていく。さらに、「訪日外国人旅行者受入環境整備緊急対策事業」等により、無料公衆無線LAN環境の整備、案内標識等の多言語化等を支援するなど、訪日外国人旅行者の利便性向上を図るために必要な取組みを推進している。

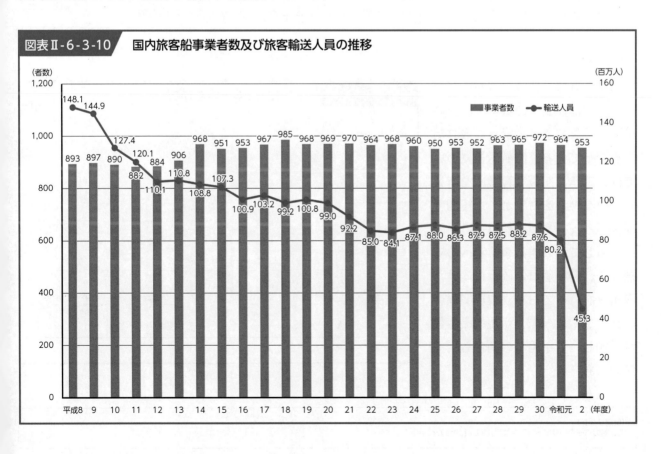

図表Ⅱ-6-3-10　国内旅客船事業者数及び旅客輸送人員の推移

③内航海運

　令和2年度の内航海運の輸送量は1,538億トンキロであり、国内物流の約4割を担っている。内航海運は、我が国の経済・国民生活を支える基幹的輸送インフラであるとともに、フェリーと並んでモーダルシフトの重要な担い手となっている。また、内航船舶については、船齢が法定耐用年数（14年）以上の船舶が全体の約7割を占めているものの、平成のバブル期に大量建造した船舶の撤退等により、船齢構成は徐々に平準化が見込まれる。一方で、船員は従前に比して30歳未満の割合が増加傾向であるものの、若手船員の定着率の向上が課題となっている。

　令和3年8月には内航海運暫定措置事業が終了し、約50年続いた船舶の供給に関する規制が解除されたことで、今後、代替建造の促進や事業者間の競争促進等、業界の活性化が期待されるところである。このように、事業環境が大きく変化する中でも、内航海運が社会に必要とされる輸送サービスを持続的に提供し続けるため、令和4年4月より施行された改正内航海運業法において内航海運業に係る契約の書面交付を義務化するとともに、内航海運業者による法令違反が荷主の要求に起因する場合の「荷主に対する勧告・公表制度」や、「船舶管理業の登録制度」等を創設した。

　また、内航海運業者と荷主との連携強化のためのガイドラインや、荷主業界と内航海運業界との意見交換の場である「安定・効率輸送協議会」の開催を通じて、取引環境の改善や内航海運の生産性向上等を図ることとしている。

④港湾運送事業

　港湾運送事業は、海上輸送と陸上輸送の結節点として、我が国の経済や国民の生活を支える重要な役割を果たしている。令和2年3月末現在、「港湾運送事業法」の対象となる全国93港の指定港における一般港湾運送事業等の事業者数は858者（前年度より1者減）となっている。また、令和2年度の船舶積卸量は、全国で約12億9,640万トン（前年度比9.1％減）となっている。

（4）船員

　船員の確保、育成は我が国経済の発展や国民生活の維持・向上に必要不可欠であり、様々な取り組みを行っている。内航船員については、近年、船員教育機関を卒業していない者を対象とした短期養成課程の支援や新人船員を計画的に雇用して育成する事業者への支援など、若手船員の確保に向けた取組みを行っており、業界関係者の努力も相まって、新規就職者数が増加し、若手船員の割合も増加傾向にある。

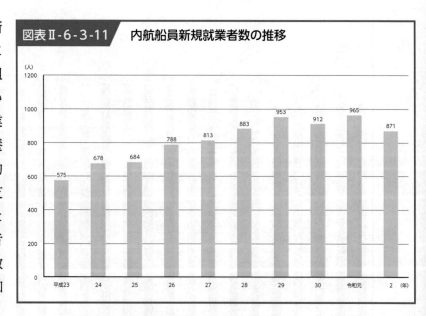

図表II-6-3-11　内航船員新規就業者数の推移

【関連リンク】
海と船のポータルサイト「海ココ」　URL：https://c2sea.jp/

　一方、入出港を頻繁に繰り返すなど厳しい労働環境にさらされている船舶にあっては、若手船員の定着が課題であることから、令和3年5月に成立した「海事産業の基盤強化のための海上運送法等の一部を改正する法律」に基づき、労務管理責任者の選任制度の創設等により船員の労務管理の適正化を推進するなど船員の働き方改革の実現に取り組んでいる。

　また、外航日本人船員は、経済安全保障等の観点から一定数の確保・育成が必要であるため、日本船舶・船員確保計画の着実な実施等による日本人船員の確保に取り組んでいる。

　さらに、国土交通省が所管する船員養成機関として独立行政法人海技教育機構（JMETS）が設置されている。JMETSは、我が国最大の船員養成機関として、新人船員の養成、海運会社のニーズに対応した実務教育及び商船系大学・高等専門学校の学生等に対する航海訓練を実施している。

　JMETSは、今後とも、最近の技術革新等に適応した優秀な船員の養成に取り組み、保有するリソースを最大限に活用して、若手船員の確保・育成を着実に推進していく。

（5）海洋産業

　海底からの石油・天然ガスの生産に代表される海洋開発分野は中長期的な成長が見込まれ、我が国の海事産業（海運業、造船業、舶用工業）にとって重要な市場である。しかしながら、国内に海洋資源開発のフィールドが少なく、我が国の海洋開発産業は未成熟である。このため、国土交通省生産性革命プロジェクトのひとつとして位置づけた「j-Ocean」により、海洋開発市場への進出を目指す取組みを推進している。具体的には、平成30年度より海洋開発用設備に係るコストやリスクの低減に資する付加価値の高い製品・サービスの開発支援を行っているほか、我が国が優れた技術を有する浮体式洋上風力発電施設の普及促進や洋上風力関係作業員輸送船の国産化に向けた環境整備に取り組んでいる。

（6）海事思想普及、海事振興の推進

　海洋立国である我が国において、国民の海洋に対する理解や関心の増進や、暮らしや経済を支える海事産業の認知度向上は、安定的な海上輸送及びそれを支える人材の確保のために重要な取り組みである。このため、国土交通省は、海事関連団体等と連携して、海事振興事業及び海洋教育事業を全国で展開しており、令和3年度には、主に以下の事業を実施した。

【海事振興事業】

　令和3年度の「海の日」中央行事は、新型コロナウイルスの感染状況を踏まえ、船舶の一般公開等のイベントに代えて、オンラインイベント「海の日プロジェクト2021」を開催し、本田望結・紗来姉妹が様々な海事関連施設を巡りながら「海の日」の意義や海事産業の重要性、ボートレジャーの楽しさを学ぶ「海の日動画」をはじめ、多様なWEBコンテンツを公開した。また、「C to Seaプロジェクト」では、海事産業の現場取材などのオリジナルYouTube動画を公開するとともに、関係団体や事業者、インフルエンサーと連携し、「海の絶景」を切り口とした海事観光プロモーションを実施した。

【海洋教育事業】

　海洋教育事業では、平成29年3月改訂の小中学校の学習指導要領に基づき、令和2年4月から小学校（中学校は同3年4月から）において海事産業の重要性等が盛り込まれた授業が開始されたことから、新しい学習指導要領に対応して作成した「海洋教育プログラム（学習指導案）」の全国小学校教員への周知を行うとともに、教員により授業の補完、児童生徒の自宅学習に対応するため同プログ

ラムに応じたウェブ授業動画の作成・公開等を実施した。

④ 航空事業の動向と施策

　航空産業を取り巻く状況は、LCC の路線拡充や訪日外国人の増加等もあり、航空旅客数は国内・国際ともに 7 年連続で増加していたが、新型コロナウイルス感染症の影響を受け、前々年度から減少へと転じた。我が国航空企業の輸送実績についてみると、令和 2 年度の国内旅客は 3,377 万人（前年度比 66.9％減）と、国際旅客は 81 万人（前年度比約 96.2％減）となり、いずれ

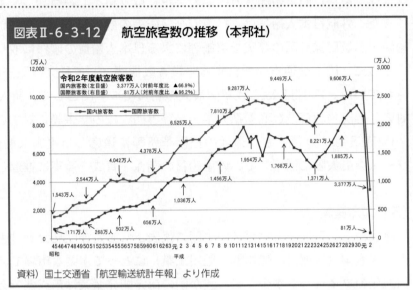

図表Ⅱ-6-3-12　航空旅客数の推移（本邦社）

令和2年度航空旅客数
国内旅客数（左目盛）　3,377万人（対前年度比 ▲66.9%）
国際旅客数（右目盛）　81万人（対前年度比 ▲96.2%）

資料）国土交通省「航空輸送統計年報」より作成

も比較的新型コロナウイルス感染症の影響が軽微であった前年度から著しく減少した。平成 24 年 3 月以降、我が国においても LCC の参入が相次いでおり、令和 3 年冬ダイヤ当初計画時点で運航している本邦 LCC は 4 社となっている。ピーチ・アビエーションは国内 33 路線、国際 1 路線、ジェットスター・ジャパンは国内 17 路線、国際 3 路線、スプリング・ジャパンは国内 3 路線、国際 6 路線、ジップエアは国際線 4 路線に就航している。我が国の令和 2 年の本邦 LCC の旅客数シェアは、国内線で 11.2％、国際線で 23.6％となっている。

⑤ 貨物利用運送事業の動向と施策

　貨物利用運送事業[注7] は、複数の輸送機関を組み合わせることで、多様な利用者のニーズに対応したサービスの提供を行っている。近年は、荷主企業のグローバル化のニーズを反映し、国際輸送に関する利用運送事業への参入が増えている。

　また、国際貿易の重要性が一層高まり、その迅速性が求められる一方で、輸送の安全確保も重要である。国土交通省では監査等を通じて事業者のコンプライアンスの徹底を図るなど、安全で確実な物流サービスの確保に取り組んでいる。

⑥ 倉庫業の動向と施策

　倉庫業は、物流の結節点として生産者と消費者を結ぶ中核的な役割を担っている。近年、コロナ禍による電子商取引市場規模の拡大や物流施設の郊外への立地の増加等により、物流分野における労働力不足が深刻化しているため、省人化・自動化機器の導入支援策を講じることにより、庫内作業の効

注7　貨物の集荷から配達までの Door to Door の複合一貫輸送の担い手として、実運送事業者（自ら運送を行う者）の輸送手段（貨物自動車、鉄道、航空機、船舶）を利用して貨物の輸送サービスを行う事業

率化や生産性向上等に資する取組みを促進している。

❼ トラックターミナル事業の動向と施策

トラックターミナル事業は、幹線と端末のトラック輸送の結節点として、輸送の効率化等に重要な役割を果たしている。近年は、高度化・多様化する物流ニーズに対応するため、配送センター機能（仕分け・流通加工等）も有する施設の整備が進んでいる。

❽ 不動産業の動向と施策

（1）不動産業の動向

不動産業は、全産業の売上高の3.3％、法人数の12.4％（令和2年度）を占める重要な産業の1つである。令和4年地価公示（令和4年1月1日時点）によると、全国の地価動向は、全用途平均・住宅地・商業地のいずれも2年ぶりに上昇に転じた。景況感の改善を背景に、住宅地では、低金利環境の継続、住宅取得支援施策等による下支えの効果もあり、住宅需要は回復し、地価は上昇に転じており、商業地では、都心近郊部において、店舗やマンション用地に対する需要が高まり、上昇に転じた地点が多く見られる。既存住宅の流通市場については、指定流通機構（レインズ）における令和3年度の成約件数が18.6万件（前年度比0.8％減）となった。

（2）不動産業の現状

宅地建物取引に係る消費者利益の保護と流通の円滑化を図るため、「宅地建物取引業法」の的確な運用に努めている。宅地建物取引業者数は、令和2年度末において127,215業者となっている。国土交通省及び都道府県は、関係機関と連携しながら苦情・紛争の未然防止に努めるとともに、同法に違反した業者には、厳正な監督処分を行っており、2年度の監督処分件数は161件（免許取消122件、業務停止19件、指示20件）となっている。

また、マンションの適正な管理を図るため、「マンションの管理の適正化の推進に関する法律」に基づき、マンション管理業者の登録制度や適正な業務運営を確保するための措置を実施している。マンション管理業者数は、令和2年度末において1,957業者となっている。マンション管理業者に対しては、不正行為の未然防止等を図る観点から、立入検査を実施するとともに、必要な指導監督に努めている。

さらに、「住宅宿泊事業法」に基づき、住宅宿泊管理業を営む者の登録業務を推進したほか、住宅宿泊管理業者に関係法令等の遵守徹底を求めるなど、同事業の適正な運営の確保に努めている。

加えて、「賃貸住宅の管理業務等の適正化に関する法律」に基づき、マスターリース契約を巡るトラブルの未然防止を図るため、マスターリース契約のルールについて、建設・不動産などの関係業界や賃貸住宅のオーナーの方々への周知を徹底するとともに、賃貸住宅の適正な管理を図るため、令和3年6月に施行された賃貸住宅管理業登録制度について、適切な運用を通じて賃貸住宅管理業の適正な運営の確保に努めている。

Ⅱ

第6章　競争力のある経済社会の構築

（3）市場の活性化のための環境整備

①不動産投資市場の現状

　我が国における不動産の資産額は、令和2年末現在で約2,838兆円となっている[注8]。

　国土交通省では、令和12年頃にリート等[注9]の資産総額を約40兆円にするという目標を新たに設定したところ、不動産投資市場の中心的存在であるJリートについては、令和4年3月末現在、61銘柄が東京証券取引所に上場されており、同年3月末現在で対象不動産の総額は約21.5兆円、私募リートと不動産特定共同事業と併せて約26.9兆円[注10]となっている。

　Jリート市場全体の値動きを示す東証REIT指数は、令和2年11月から上昇傾向であり、令和3年6月には2,100ポイント台まで回復したが、米金利上昇への警戒感や新型コロナウイルス感染症の再拡大等による投資家心理の悪化やロシアによるウクライナ侵略が影響し、令和4年2月末には1,800ポイント台まで下落した。そこからウクライナ情勢についての改善期待や米金融政策に係る警戒感の後退から、同年3月末には2,000ポイント台まで回復した。

　また、Jリートにおける令和3年の1年間における資産取得額は、約1.6兆円となった。

②不動産特定共同事業の推進

　不動産特定共同事業の意義・活用のメリットや好事例、成功のポイントをまとめた「不動産特定共同事業（FTK）の利活用促進ハンドブック」を作成・周知した。

　また、不動産特定共同事業等の不動産証券化を活用したモデル事業の支援等、民間の資金・アイデアを活用した老朽・遊休不動産の再生の推進に向けた取組みを実施した。

③ ESG投資等による良好な不動産の形成促進

　我が国不動産へのESG投資を促進するため、不動産のE（環境課題）分野についてTCFD対応ガイダンスの周知を行うとともに、S（社会課題）分野における評価項目等を検討する有識者会議を開催し、中間とりまとめを行った。

　また、環境不動産等の良質な不動産の形成を促進するため、耐震・環境不動産形成促進事業においては、令和3年度には約100億円の出資を決定した。

④不動産に係る情報の環境整備

　国土交通省では、不動産市場の透明化、不動産取引の円滑化・活性化等を図るため、以下の通り、不動産に係る情報を公表している。

（ア）不動産取引価格情報

　全国の不動産の取引価格等の調査を行っている。調査によって得られた情報は、個別の物件が特定できないよう配慮した上で、国土交通省ホームページ（土地総合情報システム）で、取引された不動産の所在、面積、価格等を四半期ごとに公表している（令和4年3月末現在の提供件数は、約457万件）。

注8　国民経済計算をもとに建物、構築物及び土地の資産額を合計
注9　Jリート、私募リート、不動産特定共同事業
注10　不動産特定共同事業については、令和2年度末時点の数値を使用

（イ）不動産価格指数

IMF等の国際機関が作成した基準に基づき、不動産価格指数（住宅）を毎月、不動産価格指数（商業用不動産・試験運用）を四半期毎に公表している。即時的な動向把握を可能とするため、令和2年6月より、季節調整を加えた指数の公表を開始した。

（ウ）既存住宅販売量指数

令和2年4月より、建物の売買を原因とした所有権移転登記個数をもとに、個人が購入した既存住宅の販売量に係る動向を指数化した「既存住宅販売量指数」の公表（試験運用）を開始した。

図表II-6-3-13　土地総合情報システム

（エ）法人取引量指数

令和4年3月より、建物の売買を原因とした所有権移転登記件数をもとに、法人が購入した既存建物の取引量に係る動向を指数化した「法人取引量指数」の公表（試験運用）を開始した。

⑤安心・安全な不動産取引環境の整備

既存住宅の流通促進を図るため、「安心R住宅」制度の運用や、インスペクション（建物状況調査等）の活用促進など、消費者が安心して既存住宅を取引できる市場環境整備の推進を図っている。さらに、地方公共団体が把握・提供している空き家・空き地の情報について、横断的に簡単に検索することを可能とする「全国版空き家・空き地バンク」の活用促進を通じて、空き家等に係るマッチング機能の強化を図っている。加えて、不動産売買取引におけるオンラインによる重要事項説明の本格運用を開始するとともに、「デジタル社会の形成を図るための関係法律の整備に関する法律」により改正される宅地建物取引業法の令和4年5月までの施行に向け、書面の電磁的方法による交付に係る社会実験を引き続き実施し、オンラインでの不動産取引実現に向けた環境整備を推進した。

⑥土地税制の活用

景気回復に万全を期すため、土地に係る固定資産税及び都市計画税の負担調整措置について、激変緩和の観点から、令和4年度に限り、商業地等における課税標準額の上昇幅を評価額の2.5%（現行：5%）とする。

このほか、所有者不明土地法に基づく地域福利増進事業に係る特例措置の対象事業等の拡充や、工事請負契約書及び不動産譲渡契約書に係る印紙税の特例措置の適用期間の延長といった措置を講じた。

第6章　競争力のある経済社会の構築

⑦不動産市場を支える制度インフラの整備

　不動産鑑定評価の信頼性を更に向上させるため、不動産鑑定業者に対し、法令及び不動産鑑定評価基準の遵守状況を検査する鑑定評価モニタリングを実施した。また、不動産鑑定評価基準等について、社会ニーズや環境の変化に的確に対応していくための検討を実施した。

コラム Column　幸せなくらしの場の「共創」に向けて ～「ひと」と「くらし」の未来研究会～

　コロナ禍を経て人々の生活様式が大きく変化する中、居心地がよい「くらし」を実現するには、各地の「ひと」と「くらし」に関わるあらゆる産業が連携し「共創」することで、幸せなくらしの場を生み出していく必要があります。

　そこで国土交通省では『「ひと」と「くらし」の未来研究会』を立ち上げ、住民と各種産業が幸せなくらしの場の「共創」に取り組む先行事例を調査しました。そし

て、各地域に住まい、集う「ひと」と、人々の「くらし」の舞台である地域の両面に接点を持つ不動産業者・不動産管理業者が、幸せなくらしの場の創出に重要な役割を果たすことを確認しました。

　今後も先行事例の認知度向上を図りつつ、不動産業者・不動産管理業者の「共創」への参画を促し、幸せなくらしの場づくりを全国に広げてまいります。

高円寺アパートメント（東京都杉並区）

資料）まめくらし
　スタッフが住み込みで住人との関係性を育み、住人が住まいに愛着をもち、暮らしがより楽しくなるよう賃貸住宅を運営。

ハラッパ団地（埼玉県草加市）

資料）（株）アミックス
　団地をリノベーションし、カフェや保育園を併設するなど、家族一人ひとりが「自分」らしく過ごせる空間を実現。

【関連URL】
「ひと」と「くらし」の未来研究会　ホームページ（研究会の資料や録画等を公開しています。）
URL：https://www.mlit.go.jp/tochi_fudousan_kensetsugyo/miraiken.html
「ひと」と「くらし」の未来研究会（Season 1）ダイジェスト動画（研究会の様子をダイジェストでご覧いただけます。）
URL：https://youtu.be/AOGDFf-ud4E

---

❾ 持続可能な建設産業の構築

（1）建設産業を取り巻く現状と課題

　建設産業は、社会資本の整備を支える不可欠の存在であり、都市再生や地方創生など、我が国の活力ある未来を築く上で大きな役割を果たすとともに、震災復興、防災・減災、老朽化対策など「地域の守り手」としても極めて重要な役割を担っている。

　一方、建設業の現場では担い手の高齢化が進んでおり、将来的な担い手の確保が課題となっている。建設業の働き方改革等の推進を目的として、令和元年6月に成立した新・担い手3法（「公共工事の品質確保の促進に関する法律の一部を改正する法律」及び「建設業法及び公共工事の入札及び契約の適正化の促進に関する法律の一部を改正する法律（令和元年法律第三十号）」）に基づき、働き方

改革の推進、生産性向上、処遇改善等を推進するための取組みを進めていく必要がある。

　また、平成28年12月に成立した「建設工事従事者の安全及び健康の確保の推進に関する法律」及び同法に基づく基本計画に基づき、安全衛生経費が下請まで適切に支払われるような施策の検討を進める。加えて、都道府県における建設工事従事者の安全及び健康の確保に関する計画について、計画策定や計画に基づき実施する取組みの支援を行う。

　建設投資、許可業者数及び就業者数の推移は図表Ⅱ-6-3-14のとおりである。

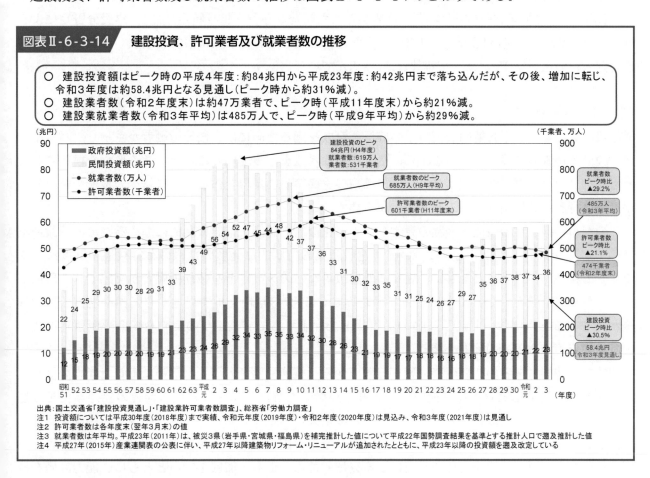

図表Ⅱ-6-3-14　建設投資、許可業者及び就業者数の推移

○　建設投資額はピーク時の平成4年度：約84兆円から平成23年度：約42兆円まで落ち込んだが、その後、増加に転じ、令和3年度は約58.4兆円となる見通し（ピーク時から約31％減）。
○　建設業者数（令和2年度末）は約47万業者で、ピーク時（平成11年度末）から約21％減。
○　建設業就業者数（令和3年平均）は485万人で、ピーク時（平成9年平均）から約29％減。

出典：国土交通省「建設投資見通し」・「建設業許可業者数調査」、総務省「労働力調査」
注1　投資額については平成30年度（2018年度）まで実績、令和元年度（2019年度）・令和2年度（2020年度）は見込み、令和3年度（2021年度）は見通し
注2　許可業者数は各年度末（翌年3月末）の値
注3　就業者数は年平均。平成23年（2011年）は、被災3県（岩手県・宮城県・福島県）を補完推計した値について平成22年国勢調査結果を基準とする推計人口で遡及推計した値
注4　平成27年（2015年）産業連関表の公表に伴い、平成27年以降建築物リフォーム・リニューアルが追加されたとともに、平成23年以降の投資額を遡及改定している

（2）建設産業の担い手確保・育成

　建設産業は、多くの「人」で成り立つ産業である。建設業就業者数は近年、横ばいで推移しているが、今後、高齢者の大量離職が見込まれており、建設産業が地域の守り手として持続的に役割を果たしていくためには、引き続き、若者をはじめとする担い手の確保・育成を図るとともに、働き方改革に取り組んでいくことが重要である。

　このため、令和元年6月に成立した新・担い手3法も踏まえ、長時間労働の是正を図るとともに、賃金引き上げに向けた取組みや社会保険への加入徹底、建設キャリアアップシステムの活用等による処遇改善に取り組む。また、将来の労働力人口の減少を踏まえ、建設現場におけるi-Constructionや重層下請構造の改善、書類作成等の現場管理の効率化、地域建設産業の持続性確保等による生産性の向上も図っていく。

　加えて、近年のICT技術の向上等を踏まえた技術者制度の合理化について検討するとともに、教育訓練を充実強化することで建設業における円滑な技能承継を図るほか、建設産業における女性の定着促進に向けて、令和2年1月に策定した「女性の定着促進に向けた建設産業行動計画」に基づく取

組みを推進する。

　こうした取組みを官民一体となって推進し、建設業への入職を促進し、誇りを持って仕事に打ち込めるような環境整備に取り組んでいく。

　また、将来的に生産性向上や国内人材確保の取組みを行ってもなお不足すると考えられる労働力を、外国人材の受入れによって中長期的に確保する必要がある。現在、平成27年度より時限的に措置された在留資格「特定活動」（外国人建設就労者受入事業）による外国人材2,249人（令和3年12月末時点）に加え、平成31年度より開始された新たな在留資格「特定技能」（建設分野）による外国人材4,871人（令和3年12月末時点）が在留しており、その数は着実に増加している。引き続き外国人材の適正な受入れ環境の確保に取り組んでいく。

（3）建設キャリアアップシステムの推進

　建設産業における中長期的な担い手の確保・育成を図るためには、技能労働者がキャリアパスや処遇について将来の見通しを持ちながら、働きがいや希望をもって働くことができる環境を構築するとともに、ダンピング受注が起こりにくい市場構造を構築し、業界全体として人材への投資や賃金設定が適切に行われる好循環を生み出すことが重要である。

　このため、担い手の技能・経験の見える化や適正な能力評価を業界横断的に進めるための建設キャリアアップシステム（CCUS）について、建設産業の持続的な発展のための業界共通の制度インフラとして普及を促進するとともに、更なる処遇改善などのメリットを技能労働者が実感できる環境づくりを目指す。また、公共工事において率先してCCUSの活用を促す見地から、国や地方公共団体等が発注する工事において、CCUSの活用状況を評価するモデル工事の実施や総合評価落札方式における加点等の取組みの促進を図る。

　加えて、技能労働者の処遇改善に資する観点から、技能労働者の技能と経験に応じた能力評価制度の活用を更に進めるとともに、能力評価制度と連動した専門工事業者の施工能力の見える化を推進し、技能労働者の処遇改善や人材投資を行う建設企業が適正に評価され選ばれる環境を整備する。

　技能労働者の賃金上昇につながるような好循環を生み出すべく、賃金目安に応じた賃金支払いの原資確保のための見積りの適正化や元請による見積り尊重の促進・徹底を図るとともに、能力評価を技能労働者の手当につなげるなどの個々の元請建設企業の取組みについて水平展開を行う。

　また、CCUSは、施工体制台帳の作成機能の活用等により、事務の効率化や書類削減などにも資するものであり、その普及を通じて、建設産業の生産性向上への寄与を図る。

（4）公正な競争基盤の確立

　建設産業においては、「技術力・施工力・経営力に優れた企業」が成長していけるよう、建設業者の法令遵守の徹底をはじめとする公正な競争基盤の確立が重要である。このため、従前より下請取引等実態調査や立入検査等の実施、建設工事の請負契約を巡るトラブル等の相談窓口「建設業取引適正化センター」の設置、「建設業取引適正化推進月間」の取組みを行っているほか、「建設企業のための適正取引ハンドブック」の作成、配布を通じて、建設業における元請・下請間の取引の適正化に取り組んでいる。

【関連リンク】
建設女子を応援する "おうちクラブ"　URL：http://ouchi-club.com/
建設産業女性定着支援 WEB URL：https://www.kensetsu-kikin.jp/woman/

（5）建設企業の支援施策

①地域建設業経営強化融資制度

地域建設業経営強化融資制度は、元請建設企業が工事請負代金債権を担保に融資事業者（事業協同組合等）から工事の出来高に応じて融資を受けることを可能とするものであり、これにより元請建設企業の資金繰りの円滑化を推進している。本制度では、融資事業者が融資を行うにあたって金融機関から借り入れる転貸融資資金に対して債務保証を付すことにより、融資資金の確保と調達金利等の軽減を図っている。

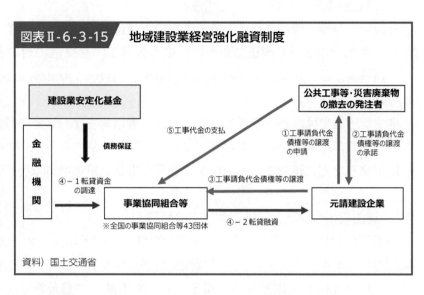

図表Ⅱ-6-3-15　地域建設業経営強化融資制度

資料）国土交通省

なお、本制度は平成20年11月から実施されており、令和3年度以降も引き続き実施することとした。

②下請債権保全支援事業

下請債権保全支援事業は、ファクタリング会社[注11]が、下請建設企業等が元請建設企業に対して有する工事請負代金等債権の支払を保証する場合に、保証時における下請建設企業等の保証料負担を軽減するとともに、保証債務履行時のファクタリング会社の損失の一部を補償することにより、元請建設企業の倒産等に伴う下請建設企業等の連鎖倒産を防止する事業である。

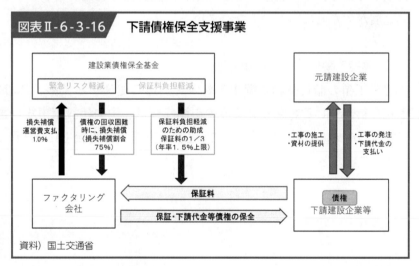

図表Ⅱ-6-3-16　下請債権保全支援事業

資料）国土交通省

なお、本事業は平成22年3月から実施されており、令和4年度においても引き続き実施することとした。

③地域建設産業生産性向上・事業継続支援事業

建設産業の大宗を占める中小中堅企業では、経営者の高齢化に伴う持続性の確保や投資余力や人材が限られる中での生産性向上が課題である。地域建設産業生産性向上・事業継続支援事業では、非接触化や省人化といった新技術導入による生産性向上及び企業活動の持続性確保を図るために、ICT技術活用や事業承継に係る現状・課題の把握、専門家によるコンサルティングのほか、事例集等を通じたノウハウの横展開と普及啓発を実施した。

注11 他人が有する売掛債権の保証や債権の買取りを行い、その債権の回収を行う金融事業会社のこと。現在、銀行子会社系・前払保証会社系・リース会社系など9社のファクタリング会社が、当事業を運営している。

（6）建設関連業の振興

　社会資本整備・管理を行う上で、工事の上流に当たる測量や調査設計の品質確保が重要であることから、令和元年6月の改正で新たに、広く公共工事品確法の対象として位置付けられたところであり、建設業だけでなく、建設関連業（測量業、建設コンサルタント、地質調査業）も重要な役割が求められている。

　国土交通省では、建設関連業全体の登録業者情報を毎月、その情報を基にした業種ごとの経営状況の分析を翌年度末に公表しており、また関連団体と協力し就職前の学生を対象に建設関連業の説明会を開催するなど、建設関連業の健全な発展と登録制度の有効な活用に努めている。

（7）建設機械の現状と建設生産技術の発展

　我が国における主要建設機械の保有台数は、令和元年度で約103万台であり、建設機械の購入台数における業種別シェアは、建設機械器具賃貸業が約49%、建設業が約27%となっている。

　i-Constructionの取組みの一環として、ICT施工の普及促進を推進しており、3次元データを活用した建設機械の自動制御等により高精度かつ効率的な施工を実現するマシンコントロール／マシンガイダンス技術等の積極的な活用を図っている。ICT施工の普及促進のためには、ICT建設機械の普及が必要であり、建設業とともに、建設機械の購入シェアの大きい建設機械器具賃貸業の健全な育成発展が欠かせないものとなっている。

（8）建設工事における紛争処理

　建設工事の請負契約に関する紛争を迅速に処理するため、建設工事紛争審査会において紛争処理手続を行っている。令和2年度の申請実績は、中央建設工事紛争審査会では32件（仲裁6件、調停22件、あっせん4件）、都道府県建設工事紛争審査会では89件（仲裁21件、調停52件、あっせん16件）である。

第7章　安全・安心社会の構築

第1節　ユニバーサル社会の実現

① ユニバーサルデザインの考え方を踏まえたバリアフリー化の実現

「どこでも、だれでも、自由に、使いやすく」というユニバーサルデザインの考え方を踏まえた「高齢者、障害者等の移動等の円滑化の促進に関する法律（バリアフリー法）」に基づき、旅客施設等（旅客施設、車両等、道路、路外駐車場、都市公園、建築物等）の新設等の際の「移動等円滑化基準」への適合義務、既存の旅客施設等に対する適合努力義務を定めている。こうした中、令和2年5月に、東京2020大会のレガシーとしての共生社会の実現に向け、ハード対策に加え、移動等円滑化にかかる「心のバリアフリー」の観点からの施策の充実などソフト対策を強化する「高齢者、障害者等の移動等の円滑化の促進に関する法律の一部を改正する法律」が成立し、3年4月に全面施行された。

また、バリアフリー法に基づく「移動等円滑化の促進に関する基本方針」に係るバリアフリー整備目標について、障害当事者団体や有識者の参画する検討会において議論を重ね、ハード・ソフト両面でのバリアフリー化をより一層推進する観点から、各施設等について地方部を含めたバリアフリー化の一層の推進、聴覚障害及び知的・精神・発達障害に係るバリアフリーの進捗状況の見える化や、「心のバリアフリー」の推進等を図るとともに、新型コロナウイルス感染症による影響への対応も考慮して、令和2年11月に最終とりまとめを公表し、基本方針を改正して5年間の新たなバリアフリー整備目標を3年4月に施行した。

加えて、「交通政策基本法」に基づく「交通政策基本計画」においても、バリアフリーをより一層身近なものにすることを目標の一つとして掲げており、これを踏まえながらバリアフリー化の更なる推進を図っている。

図表Ⅱ-7-1-1	公共交通機関のバリアフリー化の現状

○旅客施設（1日あたりの平均的な利用者数が3,000人以上のもの）

「段差の解消」がされている旅客施設の割合	総施設数	移動等円滑化基準（段差の解消）に適合している旅客施設数	総施設数に対する割合	目標値令和2年度末
	令和2年度末	令和2年度末	令和2年度末	
鉄軌道駅	3,251	3,090	95.0%	100%
バスターミナル	36	34	94.4%	100%
旅客船ターミナル	8	8	100.0%	100%
航空旅客ターミナル	16	16	100.0%	100%

1) 「段差の解消」については、バリアフリー法に基づく公共交通移動等円滑化基準第4条（移動経路の幅、傾斜路、エレベーター、エスカレーター等が対象）への適合を持って算定。

○車両等

「移動等円滑化基準に適合している車両等」の割合	車両等の総数	移動等円滑化基準に適合している車両等の数	車両等の総数に対する割合	目標値令和2年度末
	令和2年度末	令和2年度末	令和2年度末	
鉄軌道車両	52,645	40,027	76.0%	約70%
ノンステップバス（適用除外認定車両を除く）	46,226	29,489	63.8%	約70%
リフト付きバス（適用除外認定車両）	11,688	674	5.8%	約25%
貸切バス	—	1,975	—	約2,100台
福祉タクシー	—	41,464	—	約44,000台
旅客船	668	356	53.3%	約50%
航空機	641	639	99.7%	約100%

1) 「移動等円滑化基準に適合している車両等」は、各車両等に関する公共交通移動等 円滑化基準への適合をもって算定。

資料）国土交通省

　また、市町村が作成する移動等円滑化促進方針及び基本構想に基づき、移動等円滑化促進地区及び重点整備地区において面的かつ一体的なバリアフリー化を推進するとともに、バリアフリー化の促進に関する国民の理解を深め、協力を求める「心のバリアフリー」を推進するため、高齢者、障害者等の介助体験や疑似体験を行う「バリアフリー教室」の開催や高齢者障害者等用施設等の適正利用を推進しているほか、移動等円滑化基準やガイドラインの見直し等、バリアフリー施策のスパイラルアップ（段階的・継続的な発展）を図っている。

　さらに東京2020大会のレガシーとしての共生社会の実現に向け、全国において更にバリアフリー化を推進するための取組みの強化を行っている。

（1）公共交通機関のバリアフリー化

　「バリアフリー法」に基づき公共交通事業者等に対して、旅客施設の新設・大規模な改良及び車両等の新規導入の際に移動等円滑化基準に適合させることを義務付け、既存施設については同基準への適合努力義務が課されているとともに、その職員に対し、バリアフリー化を図るために必要な教育訓練を行うよう努力義務を定めている。また、平成30年のバリアフリー法改正により、公共交通事業者等によるハード・ソフト一体的な取組みを推進するため、一定の要件を満たす公共交通事業者等が、施設整備、旅客支援、情報提供、教育訓練、推進体制等を盛り込んだハード・ソフト取組計画を毎年度作成し、国土交通大臣に提出するとともに、その取組状況の報告・公表を行うよう義務付ける制度を新たに設ける等、既存の設備を含む更なるハード対策、旅客支援等のソフト対策を一体的に推進している。さらに、旅客船、鉄道駅等旅客ターミナルのバリアフリー化やノンステップバス、リフト付きバス、福祉タクシーの導入等に対する支援措置を実施している。

> ### コラム Column　全国の鉄道駅におけるバリアフリー化の加速
>
> 　令和7年度までの新たな整備目標の達成に向けて、「交通政策基本計画」で示された方向性を踏まえ、3年12月に、利用者の薄く広い負担により鉄道駅のバリアフリー化を進める枠組みとして新たな料金制度を創設するとともに、地方部における支援措置の重点化として市町村が作成するバリアフリー基本構想に位置付けられた鉄道駅の施設整備に係る補助率を現行の最大1/3から最大1/2に拡充することが4年度予算に盛り込まれました。
>
> 　国土交通省としては、引き続き予算の確保に努めながら、都市部において新たな料金制度を活用いただくとともに、地方部において鉄道駅のバリアフリー予算を重点化することで、全国の鉄道駅バリアフリー化を加速していきます。
>
> #### 令和7年度までのバリアフリー化の主な整備目標
>
> | | 旧目標（令和2年度まで） | 新目標（令和7年度まで） |
> |---|---|---|
> | 段差解消
（エレベーター等の設置） | 3千人以上/日の駅
（実績:令和2年度末）
95.0%で段差解消済み | 2千人以上/日の駅
（最大＋200駅※）
※3千人以上/日の段差未解消駅とあわせ、最大＋361駅 |
> | ホームドア | 約800駅
（実績:令和2年度末）
943駅 | 3,000番線
（＋808番線※）　　※整備ペースを2倍に加速化
うち10万人以上/日の駅
800番線
（＋466番線） |

鉄道駅における主な整備内容

段差の解消（エレベーター）　　バリアフリートイレの整備駅　　ホームからの転落防止対策（ホームドア）

【関連リンク】
URL：https://www.mlit.go.jp/tetudo/tetudo_tk6_000008.html

（2）居住・生活環境のバリアフリー化

①住宅・建築物のバリアフリー化

　高齢者、障害者等が地域の中で安全・安心で快適な住生活を営むことができるよう、一定のバリアフリー性を満たした住宅を取得する際の独立行政法人住宅金融支援機構のフラット35Sにおける融資金利の引き下げ、バリアフリー改修工事に対する支援等によって住宅のバリアフリー化を促進しているほか、公営住宅や建替え事業によって新たに供給する都市再生機構賃貸住宅については、バリアフリー化を標準仕様とするとともに、民間事業者等によるサービス付き高齢者向け住宅の整備に対する支援等を実施している。

　また、不特定多数の者や主に高齢者、障害者等が利用する建築物で、一定規模以上のものを建築する場合には、「バリアフリー法」に基づくバリアフリー化を義務付けるとともに、多数の者が利用する建築物について、所定の基準に適合した認定特定建築物に対する容積率の特例等の措置を行っている。官庁施設については、不特定かつ多数の者が利用する施設について「バリアフリー法」に基づく建築物移動等円滑化誘導基準に規定された整備水準を確保するなど、高齢者、障害者等を含むすべての人が安全に、安心して、円滑かつ快適に利用できる施設を目指した整備を推進している。その際、高齢者、障害者等の施設利用者の意見を施設整備に反映するなどの取組みを行っている。

図表Ⅱ-7-1-2	「バリアフリー法」に基づく特定建築物の建築等の計画の認定実績											
年度	平成20	21	22	23	24	25	26	27	28	29	30	令和元	2
認定件数（年度）	255	184	208	130	196	174	208	187	162	183	146	148	112
認定件数（累計）	4,248	4,432	4,640	4,770	4,966	5,140	5,348	5,535	5,697	5,880	6,026	6,174	6,286

資料）国土交通省

②歩行空間のバリアフリー化

　駅、官公庁施設、病院等を結ぶ道路や駅前広場等において、高齢者・障害者をはじめとする誰もが安心して通行できるよう、幅の広い歩道の整備や歩道の段差・傾斜・勾配の改善、無電柱化、視覚障害者誘導用ブロックの整備等による歩行空間のユニバーサルデザイン化を推進している。

③都市公園等におけるバリアフリー化

　都市公園等において、出入口や園路の段差解消、高齢者や障害者等が利用しやすいトイレの設置等のバリアフリー化を推進するため、「バリアフリー法」に基づく基準やガイドラインを定めるとともに、それに基づく公園施設の整備を支援している。

❷ 少子化社会の子育て環境づくり

（1）仕事と育児との両立の支援
①子育て世帯に適した住宅確保等の支援

　子育て世帯に適した住宅・居住環境を確保するため、高齢者等が有する比較的広い住宅を子育て世帯等向けの賃貸住宅として活用する取組みを支援している。また、子育て世帯向けの賃貸住宅（地域優良賃貸住宅）の整備及び家賃低廉化や、公的賃貸住宅と子育て支援施設等との一体的整備に対して、地方公共団体を通じて支援している。

　さらに、子どもの安全・安心や、子育て期の親同士の交流機会の創出に資する共同住宅の整備に対し支援をしている。

②テレワークの推進

　ICT（情報通信技術）を活用し、時間や場所を有効に活用できる柔軟な働き方であるテレワークは、子育て・介護等を行う労働者に対する就業継続性の確保、女性・高齢者・障害者等の社会進出や新たな働く場の創出等による地方都市等の活性化及び企業活動の生産性やワーク・ライフ・バランスの向上につながるものとして、その推進が求められている。

　令和3年12月24日に閣議決定された「デジタル社会の実現に向けた重点計画」等において、テレワークの推進が位置づけられており、新型コロナウイルス感染症拡大防止と社会経済活動の維持の両立を持続的に可能とするためにも、テレワークの推進は必要である。

　国土交通省では、総務省、厚生労働省、経済産業省や関係者団体等とともに、東京2020大会の開会式が予定されていた7月24日[注1]を「テレワーク・デイ」と定め、平成29年から全国一斉のテレワーク実施を呼びかけている。東京2020大会が開催された令和3年は、大会期間を含む7月19日～9月5日を「テレワーク・デイズ2021」としてテレワークの実施を呼びかけ、1,531団体、約92.2万人が参加した。

　また、新たな働き方・住まい方への対応として、職住近接・一体の生活圏の形成に向け、テレワーク拠点整備等の推進を行ったほか、テレワークによる働き方の実態やテレワーク人口の定量的な把握を行った。

（2）子どもがのびのびと安全に成長できる環境づくり

　子どもをはじめとした公園利用者の安全・安心を確保するため、「都市公園における遊具の安全確保に関する指針（改訂第2版）」、「プールの安全標準指針」、「公園施設の安全点検に係る指針（案）」について周知を行うとともに、地方公共団体における公園施設の長寿命化計画の策定や、当該計画に基づき適切に維持管理されている公園施設の改築等を支援している。

注1　令和2年3月30日に、東京オリンピックは令和3年7月23日から、開催されることが決定された。

（3）高速道路のサービスエリアや「道の駅」における子育て応援

　全国の高速道路のサービスエリア及び国が整備した「道の駅」において、子育て応援の目的から24時間利用可能なベビーコーナーの設置、屋根付きの優先駐車スペースの確保等を実施しており、高速道路のサービスエリアについては整備が完了した。

③ 高齢社会への対応

（1）高齢者が安心して暮らせる生活環境の整備

　バリアフリー化された公営住宅等の供給とライフサポートアドバイザーによる日常の生活相談、緊急対応等のサービスを併せて提供するシルバーハウジング・プロジェクトを実施している。

　また、高齢者や子育て世帯等の多様な世帯がいきいきと生活し活動できるよう「スマートウェルネス住宅・シティ」の展開を推進するため、スマートウェルネス住宅等推進事業等において、サービス付き高齢者向け住宅の整備、住宅セーフティネット制度に基づく住宅確保要配慮者専用賃貸住宅への改修、先導的な高齢者等向けの住まいづくり・まちづくり及び高齢者や子育て世帯等の生活支援施設等を導入する再開発事業に関する取組み等を支援している。

（2）高齢社会に対応した輸送サービスの提供

　高齢者や障害者等の移動制約者の病院・施設への通院等の需要に対応するため、福祉タクシー[注2]導入の促進を図っており、令和2年度末現在41,464両[注3]が運行されている。また、地域公共交通確保維持改善事業費補助金を活用し、地域で必要と認められた福祉タクシー車両導入の支援とともに、平成24年度から高齢者等を含む様々な人が利用しやすいユニバーサルデザインタクシーについても国の認定を受けた標準仕様の車両に対して自動車重量税・自動車税（環境性能割）の特例措置を実施している。さらに、バス・タクシー事業者による輸送サービスの提供が困難であり、かつ、地域に必要な旅客輸送を確保するため必要であることについて地域の関係者間で協議が調っている場合に、市町村やNPO等による自家用車を使用した有償運送を可能とする自家用有償旅客運送が、令和2年度末現在3,137団体において実施されている。

④ 歩行者移動支援の推進

　高齢者や障害者等も含め、誰もが屋内外をストレス無く自由に活動できるインクルーシブ社会の構築に向け、「ICTを活用した歩行者移動支援の普及促進検討委員会」（坂村健委員長：現東洋大学情報連携学部INIAD学部長）の提言のもと、ICTを活用した歩行者移動支援施策を推進している。令和3年度に開催された東京2020オリンピック・パラリンピックでは競技会場周辺エリア等における歩道の段差や幅員等の情報をデータ化し、オープンデータとして公開し、オープンデータを利用した案内アプリを大会期間中に配信し、選手及び大会関係者へ提供することができた。また、様々な世代へ向けた発信を目的として、パラリンピック日本代表選手をアンバサダーに任命した。また、高齢者、障害者等を含めた人々を対象としたナビゲーションサービス提供等の利活用検証を民間事業者と

注2　車いすや寝台（ストレッチャー）のまま乗降できるリフト等を備えた専用のタクシー車両や、訪問介護員等の資格を有する者が乗務するタクシー車両
注3　セダン型およびその他に分類される福祉タクシーと、特定旅客運送事業者の保有する福祉タクシーの台数を含む。

連携して実施する等、移動支援サービスの普及を促進した。

図表Ⅱ-7-1-3	バリアフリー・ナビプロジェクトアンバサダー 任命式典

バリアフリー・ナビプロジェクトアンバサダー任命式典
（左写真）吉岡技監から網本選手（左）と瀬立選手（右）に任命状を授与
（右写真）後列中央は「ICTを活用した歩行者移動支援の普及促進検討委員会」坂村健委員長

第2節　自然災害対策

　我が国の国土は、気象、地形、地質等が極めて厳しい状況下にあり、毎年のように地震、津波、風水害・土砂災害等の自然災害が発生している。令和3年も、7月及び8月の大雨をはじめとする自然災害により、全国各地で被害が生じた。特に令和3年7月1日からの大雨では、西日本から東日本の広い範囲で大雨が発生し、多くの地点で記録的な大雨となった。この豪雨によって各地で河川氾濫や内水氾濫による浸水被害が生じるとともに、静岡県熱海市の逢初川で大規模な土石流災害が発生した。また、気候変動の影響による水害・土砂災害の頻発・激甚化、南海トラフ巨大地震・首都直下地震等の巨大地震の発生等も懸念されることから、自然災害対策の重要性はますます高まっている。

❶ 防災減災が主流となる社会の実現

　我が国は、四季があり、美しい自然を持つ一方で、四方を海で囲まれて国土の中央を脊梁山脈が縦貫することから河川が急勾配であり、また河口部の低平地に人口と資産が集積し、特に三大都市圏においては広域なゼロメートル地帯が存在する上、日本列島には多くの活断層やプレート境界が分布しているため、地球上で発生するマグニチュード6以上の地震の約2割、活火山の約1割が日本周辺に集中するなど、自然災害に対し脆弱な国土条件にある。

　このような国土に、近年では、平成28年熊本地震、平成29年7月九州北部豪雨、平成30年の霧島山噴火、7月豪雨、大阪府北部地震、台風第21号、北海道胆振東部地震、令和元年の房総半島台風、東日本台風、令和2年の7月豪雨、台風第10号等、毎年のように地震災害や水災害、火山災害、雪害など、数多くの自然災害が発生している。令和3年においても、福島県沖を震源とする地震や7月、8月の大雨などの自然災害が発生し、全国で被害が発生した。

　特に、降水量について、短時間強雨の発生頻度は直近30 ～ 40年間で約1.4倍に拡大しており、今後も、水災害の更なる頻発化・激甚化が懸念される。また、南海トラフ地震や首都直下地震などの大規模な地震の切迫も懸念されており、今後の30年以内の発生確率は、南海トラフ地震は70 ～ 80%、首都直下地震は約70%となっている。

さらに、新型コロナウイルス感染症の感染状況も踏まえ、引き続き感染症対策を念頭に、災害対応や防災・減災対策を進める必要がある。

このように、気候変動の影響等により激甚化・頻発化する水災害、切迫する地震災害、火山災害など、あらゆる自然災害に対し、国民の命と暮らしを守り、持続可能な経済成長を確実なものとするためには、抜本的かつ総合的な防災・減災対策を早急に講じ、「防災・減災が主流となる社会」を構築することが必要不可欠である。「防災の主流化」は、平成27年3月の第3回国連防災世界会議で採択された「仙台防災枠組」にも盛り込まれた考え方であり、国土交通省では、『防災・減災が主流となる社会』を「災害から国民の命と暮らしを守るため、行政機関、民間企業、国民一人ひとりが、意識・行動・仕組みに防災・減災を考慮することが当たり前となる社会」と捉えて、各種の防災・減災対策を推進している。

引き続き、国民の防災意識を普段から高め、社会全体の災害に備える力を一層向上させるため、切迫する災害に対する危機意識を共有してわかりやすく発信し、全ての施策を国民目線で着実に推進するとともに、国土交通省の強みである現場力を活かしながら国、県、市町村のみならず、企業や住民との連携を強化し、「主体」・「手段」・「時間軸」の総力を挙げて災害に対応する体制を構築し、防災・減災が主流となる安全・安心な社会の実現に向けた取組みを進めていく。

（1）総力戦で挑む防災・減災プロジェクト

国土交通省では、これまでも政府全体の計画と連携しながら、「南海トラフ巨大地震・首都直下地震対策本部（以下、地震本部）（平成25年7月）」、及び「水災害に関する防災・減災対策本部（以下、水本部）（平成26年1月）」のそれぞれにおいて議論を重ね、実行性のある計画を策定し、防災・減災、国土強靱化等の取組みを推進してきたところである。

そのような中、近年、毎年のように全国各地で地震災害や水災害、火山災害などあらゆる自然災害が頻発し、甚大な被害が発生している。今後も気候変動の影響によって水災害の更なる激甚化・頻発化が懸念され、また、首都直下地震や南海トラフ地震などの大規模地震の切迫性も指摘されている。このような中、国民の命と暮らしを守り、我が国の経済成長を確保するためには、防災・減災、国土強靱化等の取組をさらに強化する必要がある。

こうした状況を踏まえ、これまでの災害を教訓とし、あらゆる自然災害に対し、国土交通省として総力を挙げて防災・減災に取り組むべく、令和2年1月、地震本部と水本部を発展的に統合し、国土交通大臣を本部長とする「国土交通省防災・減災対策本部」を設置し、「いのちとくらしをまもる防災減災」をスローガンに、同年7月に関係者や他分野との「連携」による施策の強化・充実、そして「国民目線」に立った分かりやすい施策の推進といった観点から、国民の皆様の命と暮らしを守る10の施策パッケージとして第1弾の「総力戦で挑む防災・減災プロジェクト」をとりまとめた。

一方で、令和2年7月豪雨など激甚化・頻発化する災害への対応力を一層高めることが必要であることから、第1弾のプロジェクトを更に充実・強化し、令和3年6月に「総力戦で挑む防災・減災プロジェクト（第2弾）」をとりまとめた。

第2弾のプロジェクトでは、特に令和2年7月豪雨や年末・年始の大雪など、昨年発生した災害の教訓等も踏まえ、一人でも多くの方が円滑に避難できるようにという観点から「住民避難」と、人や物資の流れが災害時にも滞らないようにという観点から「輸送確保」の2点を重点推進施策として、プロジェクト全体を強化した。また、この重点推進施策以外も含め、他省庁や民間企業等との更なる連携促進、わかりやすい情報発信等の国民目線に立ったリスクコミュニケーションの展開、より効果

的に施策を進めるためのデジタルトランスフォーメーション（DX）の導入といった面でも第1弾の
プロジェクトでとりまとめた施策全体の充実・強化を図った。
　引き続き、防災・減災が主流となる安全・安心な社会の実現に向けて、「総力戦で挑む防災・減災
プロジェクト」に基づく施策の着実な実施とプロジェクトについて不断のブラッシュアップを図って
いく。

コラム
Column

「流域タイムラインの作成・活用」と 「WEB会議ツールによる危機感の共有」の推進

　洪水等による被害を最小限にするためには、これら災
害の発生を前提に、河川事務所等と市区町村等が連携
し、災害時の状況を予め想定し共有した上で、基本的な
防災行動とその実施主体を時系列で整理するタイムライ
ンの作成・活用が有効です。
　令和3年10月に国土交通省防災業務計画を見直し、

国管理河川で先行して「避難情報に着目したタイムライ
ン」を複数の市区町村を対象とした「流域タイムライ
ン」に改めることとしました。
　また、市区町村の防災対応等を支援するため、WEB
会議ツールを活用した危機感の共有にも取り組んでいき
ます。

■ 流域タイムラインのイメージ

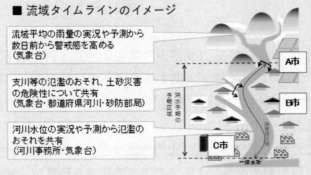

■ WEB会議ツールによる危機感の共有イメージ

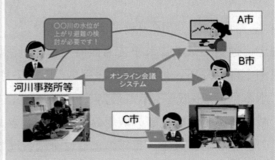

オンライン会議により流域全体で同時に情報共有

【関連リンク】
国土交通省　防災業務計画のページ
URL：https://www.mlit.go.jp/saigai/bousaigyoumukeikaku.html
国土交通省　防災・減災対策本部のページ
URL：https://www.mlit.go.jp/river/bousai/bousai-gensaihonbu/index.html

図表Ⅱ-7-2-1	「住民自らの行動に結びつく水害・土砂災害ハザード・リスク情報共有プロジェクト」

情報を発信する行政と情報を伝えるマスメディア、ネットメディアの関係者等が「水防災意識社会」を構成する一員として、それぞれが有する特性を活かした対応策、連携策を検討し、住民自らの行動に結びつく情報の提供・共有方法を充実させる6つの連携プロジェクト、33の施策を推進する。

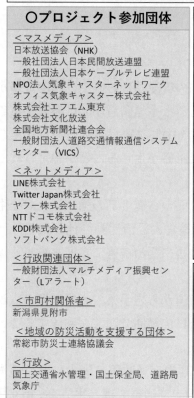

○プロジェクト参加団体

<マスメディア>
日本放送協会（NHK）
一般社団法人日本民間放送連盟
一般社団法人日本ケーブルテレビ連盟
NPO法人気象キャスターネットワーク
オフィス気象キャスター株式会社
株式会社エフエム東京
株式会社文化放送
全国地方新聞社連合会
一般財団法人道路交通情報通信システムセンター（VICS）

<ネットメディア>
LINE株式会社
Twitter Japan株式会社
ヤフー株式会社
NTTドコモ株式会社
KDDI株式会社
ソフトバンク株式会社

<行政関連団体>
一般財団法人マルチメディア振興センター（Lアラート）

<市町村関係者>
新潟県見附市

<地域の防災活動を支援する団体>
常総市防災士連絡協議会

<行政>
国土交通省水管理・国土保全局、道路局
気象庁

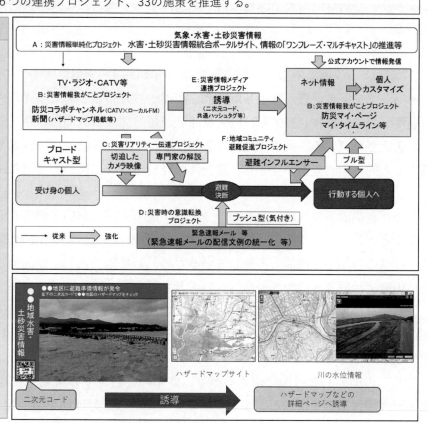

（2）気候変動を踏まえた水災害対策「流域治水」の推進

　近年、激甚化する水災害などを踏まえ、気候変動を踏まえた抜本的な治水対策について社会資本整備審議会において議論を進め、令和2年7月に答申を受けた。

（ア）気候変動を踏まえた計画の見直し

　この答申を受け、国土交通省では、水災害対策に係る各計画を「過去の降雨や潮位などの実績に基づく計画」から「気候変動による降雨量の増加、潮位の上昇などを考慮した計画」に見直していく。
　河川・下水道分野では、計画的に事前防災対策を進めるために、計画を作成する際の基準や、降雨量の増加等を踏まえた計画への見直しを順次進めていく。
　海岸分野では、平均海面水位の上昇や台風の強大化等を踏まえ、「海岸保全基本方針」の変更（令和2年11月）や海岸保全施設の技術上の基準の見直し（令和3年7月）を実施した。今後は、気候変動の影響を明示的に考慮した海岸保全対策へと転換していく。
　また砂防分野では、土砂災害発生数の増加等の課題・解決の方向性をまとめた「気候変動を踏まえた砂防技術検討会中間とりまとめ」を受け、これに基づいた適応策を検討している。

（イ）流域治水の推進（流域治水プロジェクト）

　河川管理者等が主体となって行う治水事業等を強力に推進するとともにあらゆる関係者が協働し

Ⅱ
第7章　安全・安心社会の構築

て、流域全体で治水対策に取り組む「流域治水」を推進する。

　令和3年3月末に全国109の全ての一級水系で策定・公表された「流域治水プロジェクト」に基づくハード・ソフト一体となった事前防災対策に取り組むとともに、取組状況を「見える化」することにより、地域が抱える諸課題に対し、先行事例を踏まえた優良事例の横展開など内容の充実・強化を図る。

（3）南海トラフ巨大地震、首都直下地震、日本海溝・千島海溝沿いの巨大地震への対応

　南海トラフ巨大地震が発生した場合、関東から九州までの太平洋側の広範囲において、震度6弱から震度7の強い揺れが発生し、巨大な津波が短時間で、広範囲にわたる太平洋側沿岸域に襲来することが想定されている。死者は最大で約32万人にのぼるなど、西日本を中心に東日本大震災を超える甚大な人的・物的被害が発生し、国全体の経済活動等に極めて深刻な影響が生じることが想定されている。

　また、首都直下地震が発生した場合、首都圏の広域において震度6弱から震度7の強い揺れが発生することが想定されている。首都圏には、他の地域と比べ人口や建築物、経済活動の他、政治・行政・経済の首都中枢機能も集積しているため、首都圏の人的・物的被害や経済被害にとどまらず、国全体の経済活動等への影響や海外への波及も懸念されている。

　さらに、日本海溝・千島海溝沿いの巨大地震が発生した場合、北海道から岩手県の太平洋側の広範囲において強い揺れが発生し、北海道から千葉県の太平洋沿岸を中心に広範囲で津波が到達することが想定されている。

　これらの国家的な危機に備えるべく、多くの社会資本の整備・管理や交通政策、海上における人命・財産の保護等を所管し、また全国に多数の地方支分部局を持つ国土交通省では、平成26年4月に「応急活動計画」と「戦略的に推進する対策」の2本柱で構成される「国土交通省南海トラフ巨大地震対策計画」及び「国土交通省首都直下地震対策計画」を策定した。その後、平成28年熊本地震や平成30年北海道胆振東部地震等、近年の地震における知見等を踏まえ、本計画の改定を行い、地震の発生に伴う事態をできる限り具体的に想定し、国土交通省の総力を挙げて防災・減災対策を推進している。日本海溝・千島海溝沿いの巨大地震についても、政府の検討と連携しながら、特に寒冷地、積雪地特有の事象等を踏まえ、防災・減災対策を検討していく。

❷ 災害に強い安全な国土づくり・危機管理に備えた体制の充実強化

（1）水害対策

　我が国の大都市の多くは洪水時の河川水位より低い低平地に位置しており、洪水氾濫に対する潜在的な危険性が極めて高い。これまで、洪水を安全に流下させるための河道拡幅、築堤、ダム等の治水対策により、治水安全度は着実に向上してきている。しかしながら、令和3年7月、8月の大雨等、近年毎年のように水害が発生している。今後の気候変動による水害の頻発化・激甚化も踏まえ、河道掘削、築堤、ダムや遊水地などの河川整備等の加速化を図るとともに、流域全体を俯瞰し、国・都道府県・市町村、地元企業や住民などあらゆる関係者が協働してハード・ソフト対策に取り組む「流域治水」の取組を強力に推進する必要がある。

①計画的に実施する治水対策

　気候変動等に伴う水害の頻発・激甚化を踏まえて、事前防災対策を計画的に実施することが重要である。このため、築堤、河道掘削、遊水地、放水路、ダム等の整備を計画的に推進している。そのうち、既存ストックの有効活用として、ダムの貯水容量を増加させるためのかさ上げや放流設備の増設による機能向上、大雨が見込まれる場合に利水容量の一部を事前に放流して空き容量を確保する事前放流等のダム再生にも取り組んでいる。

　また、人口・資産が高密度に集積している首都圏・近畿圏のゼロメートル地帯等の低平地において、堤防決壊による甚大な被害を回避するため高規格堤防の整備を実施している。高規格堤防はまちづくりと一体となって整備を行い、幅を広くなだらかな勾配で堤防を整備することにより、堤防の決壊を防ぐとともに、高台の避難場所としての機能や良好な住環境・都市空間が提供されるなど多様な効果を発揮する。

②水害の再度災害防止対策

　激甚な水害の発生や床上浸水の頻発により、人命被害や国民生活に大きな支障が生じた地域等において、再度災害の防止を図るため、河川の流下能力を向上させるための河道掘削や築堤等を短期集中的に実施している。

③流域の特性等を踏まえた様々な治水対策

（ア）流域治水の推進

　近年、気候変動により水災害が激甚化・頻発化しており、令和元年東日本台風などでは、地方の県庁所在地や中核都市等の都市部を流れる河川において、従来想定していなかった規模での水害が発生しており、「市街化の進展」以外の要因により、河道等の整備による浸水被害の防止が困難となる状況が生じている。

　このような状況を踏まえ、「当該河川が接続する河川の状況若しくは当該都市部を流れる河川の周辺の地形その他の自然的条件の特殊性」により、河道等の整備のみでは浸水被害の防止が困難な河川及びその流域について、「特定都市河川浸水被害対策法」に基づく特定都市河川及び特定都市河川流域の指定対象に加え、河川・下水道における対策の強化、流域における雨水貯留対策の強化、水防災に対応したまちづくりとの連携、住まい方の工夫など、全国で流域一体となった浸水被害対策を推進している。

図表Ⅱ-7-2-2　茨城県ひたちなか市における100mm/h安心プランに基づく対策事例

（イ）局地的な大雨への対応

　近年、短時間の局地的な大雨等により浸水被害が多発していることから、計画を超えるような局地的な大雨に対しても住民が安心して暮らせ

るよう、河川と下水道の整備に加え、住民（団体）や民間企業等の参画の下、浸水被害の軽減を図るために実施する総合的な取組みを定めた計画である「100mm／h安心プラン」に基づき、浸水被害の軽減対策を推進する取組みを実施している。

（ウ）土地利用と一体となった治水対策

　近年、浸水被害が著しい地域であり、土地利用状況等により、連続した堤防を整備することに比べて効率的かつ効果的な場合には、輪中堤注4の整備等と災害危険区域の指定等による土地利用規制とを組み合わせる「土地利用と一体となった治水対策」を地方公共団体等と協力して推進している。

（エ）内水対策

　内水氾濫による浸水を防除し都市等の健全な発達を図るため、下水管きょや排水機場等の整備を進めている。しかしながら、近年、計画規模を上回る局地的な大雨等の多発、都市化の進展による雨水流出量の増大、人口・資産の集中や地下空間利用の拡大等による都市構造の高度化等により都市部等における内水氾濫の被害リスクが増大している。このため、下水道浸水被害軽減総合事業等を活用し、地方公共団体、関係住民、民間の事業者等が一体となって、雨水流出抑制施設を積極的に取り入れるなどの効率的なハード対策に加え、降雨情報の提供、土地利用規制、内水ハザードマップの作成等のソフト対策、止水板や土のう等の設置、避難活動といった自助の取組みを組み合わせた総合的な浸水対策を推進している。

④水防体制の強化

　水防管理団体等と連携し、出水期前に洪水に対しリスクの高い区間の共同点検を実施するとともに、水防技術講習会、水防演習等を実施し、水防技術の普及を図るなど、水害による被害を最小限にするための水防体制の強化に向けた支援を行っている。

　また、市町村地域防災計画に位置づけられた浸水想定区域内の地下街等（建設予定・建設中のものを含む。）、要配慮者利用施設、大規模工場等における避難確保・浸水防止計画作成等の取組みを支援している。

⑤自衛水防の取組みの推進

　市町村地域防災計画に定められた高齢者施設等の要配慮者利用施設については、水防法及び土砂災害防止法により、当該施設管理者等に洪水等に対する避難確保計画の作成及び避難訓練の実施が義務付けられている。また、令和3年の水防法及び土砂災害防止法の改正では、要配慮者利用施設の管理者等から市町村長への洪水等に対する避難訓練の結果報告を義務付けるとともに、上記の避難確保計画や避難訓練の結果報告を受けた市町村長が施設管理者等に対して必要な助言・勧告をする制度を創設し、要配慮者利用施設における避難の実効性を確保することとした。

　市町村地域防災計画に定められた地下街等については、水防法により、当該施設管理者等に避難確保・浸水防止計画の作成及び洪水等に対する訓練の実施が義務付けられている。また、市町村地域防災計画に定められた大規模工場等については、水防法により、当該工場等の管理者等に浸水防止計画の作成及び洪水等に対する訓練の実施が努力義務として課されている。

注4　住宅等がある区域の周囲を取り囲む堤防

また、国民一人一人が水防の意義及び重要性について理解を深められるよう、毎年5月（北海道では6月）を水防月間として定め、各地域において、総合水防演習等の水防訓練や水防団等と河川管理者による河川の合同巡視など様々な取組みを実施している。さらに、水防団の士気向上や団員確保につなげるため、全国で実施された水防活動の状況を毎年とりまとめて公表するとともに、水防団に関する広報の実施や水防活動に従事し水災害による被害の防止・軽減に貢献した水防団等に対して水防功労者国土交通大臣表彰を実施している。

国土交通省としては、水災害の防止・軽減を図るため、こうした自衛水防の取組みを推進している。

⑥洪水時の予報・警報の発表や河川情報の提供

国土交通大臣又は都道府県知事は、流域面積が大きい河川で洪水によって国民経済上重大又は相当な損害が生じるおそれのある河川を洪水予報河川として指定し、気象庁長官と共同して水位又は流量を示した洪水予報を発表している。すべての国の洪水予報では、令和3年6月から6時間先までの予測水位の提供を開始した。また、洪水予報河川以外の主要な河川を水位周知河川として指定し、洪水時に氾濫危険水位（洪水特別警戒水位）への到達情報を発表している。令和3年7月末現在、洪水予報河川は426河川、水位周知河川は1,732河川が指定されている。さらに、現在国が管理する洪水予報河川の全109水系を対象に洪水情報のプッシュ型配信も運用開始している。このような河川を対象にした情報のほか、気象庁からは、洪水によって災害が起こるおそれがある場合に、国土交通省令で定める予報区を対象に洪水警報等を発表している。

雨量観測については、適切な施設管理や防災活動等に役立てるために、高分解能・高頻度に集中豪雨や局地的な大雨を的確に把握できるXRAIN（国土交通省高性能レーダ雨量計ネットワーク）での観測を行っており、インターネット上でも雨量情報の提供を行っている。

また、国管理河川においては、災害の切迫感をわかりやすく伝えるため、雨量や観測水位をもとに、河川の上下流連続的な水位を推定し、堤防等の高さとの比較により危険度を表示する、洪水の危険度分布（水害リスクライン）を公表している。また、洪水予報河川以外の河川を対象に、河川の上流域の降雨が地表面や地中を通って河川を流れ下る流量を指数化し、過去の災害時の指数値と比較して洪水危険度を表した「洪水キキクル（洪水警報の危険度分布）」を公表しており、現在、洪水危険度を同一画面上でひとめで確認できるよう、これらを統合する取組を進めている。なお、この「洪水キキクル（洪水警報の危険度分布）」においても、危険度が上昇したときに、希望者向けのプッシュ型通知を民間事業者と協力して実施している。

河川の水位、河川カメラ、洪水予報、水防警報等の河川情報や、河川の水位に影響を及ぼす雨量等の気象データや気象警報等の発表状況については、国土交通省「川の防災情報」ウェブサイトより、リアルタイムで河川管理者、市町村、住民等に提供を行っており、洪水時の警戒や避難等に役立てられている。

また、河川の水位等の河川情報をデータ配信し、民間企業によりウェブサイトやアプリを通じて配信する等、メディア等と連携した防災情報の発信を推進するとともに、アプリ等によりプッシュ型で離れて暮らす家族の住む地域の防災情報を入手し、直接電話をかけて避難を呼びかける「逃げなきゃコール」等により、住民の適切な避難行動等を支援する取組みの高度化を図っている。

⑦水害リスク情報の充実

令和3年の水防法改正により、住宅等の防護対象のある全ての一級・二級河川について、想定最大規模の降雨に対応した洪水浸水想定区域の指定・公表の対象に追加された。

都道府県が実施する洪水浸水想定区域の指定・公表及び市町村が実施する洪水ハザードマップの作成・公表について、防災・安全交付金により支援する。

洪水浸水想定区域については、洪水予報河川及び水位周知河川の約99%[注5]において指定・公表済みであり、洪水ハザードマップについては、この浸水想定区域を含む市町村の約98%[注6]で作成済みである。

また、想定最大規模の降雨に対応した浸水想定区域図に加えて、浸水範囲と浸水頻度の関係をわかりやすく図示した「水害リスクマップ（浸水頻度図）」を新たに整備し、水害リスク情報の充実を図り、防災・減災のための土地利用等の促進を図る。

⑧河川の戦略的な維持管理

樋門、水門、排水機場等の河川管理施設が洪水時等に所要の機能を発揮できるよう、施設の状態を把握し、適切な維持管理を行う必要がある。河川整備の推進により管理対象施設が増加してきたことに加え、今後はそれら施設の老朽化が加速的に進行する中、「河川法」では、管理者が施設を良好な状態に保つように維持・修繕し、施設の点検を適切な頻度で行うことが明確化されている。

このことから、河川管理施設等の維持管理は、機能に支障が生じてから対策を行う従来の事後保全型から、点検等により状態を把握して適切な時期に対策を行う予防保全型への転換を図りつつ、主要な河川構造物については長寿命化計画を策定し、計画的に施設の修繕や更新等を行うこととしている。あわせて、長寿命化のために必要な技術開発等を進めるとともに、中小河川についても適切な維持管理が進むよう、維持管理に関する技術基準等の検討を都道府県等と連携して進めている他、各地方整備局等に相談窓口を設け、技術支援等を行っている。

⑨河川における不法係留船対策

河川において不法係留船は、河川管理上の支障（河川工事実施の支障、洪水時の流下阻害、河川管理施設の損傷、燃料漏出による水質汚濁、河川利用の支障等）となるため、その所有者等に対し、適法な係留・保管施設への移動を指導するとともに、必要に応じて所有者に代わり行政代執行等を実施して、不法係留船の解消に取り組んでいる。

なお、平成25年5月に「プレジャーボートの適正管理及び利用環境改善のための総合的対策に関する推進計画」を策定し、令和元年9月には、対策の効果を検証するため、三水域（港湾・河川・漁港）合同による「プレジャーボート全国実態調査」の結果を公表した。また、3年3月には放置艇解消に向けた対策の実効性を高めるための方策を「プレジャーボートの放置艇対策の今後の対応について」としてとりまとめ取組みを推進しているところである。

注5　令和2年7月末現在
注6　令和2年7月末現在

⑩道路における洪水・冠水対策

　道路においては、近年の豪雨被害を踏まえ、渡河部の橋梁や河川に隣接する道路構造物の流失防止対策を行うとともに、各道路管理者、警察、消防等とアンダーパス等の冠水危険箇所に関する情報を共有し、情報連絡及び通行止め体制を構築するとともに、冠水の警報装置や監視施設の整備、ウェブサイト[注7]による冠水危険箇所の公開等を推進している。

⑪下水道の耐水化

　令和元年東日本台風や令和2年7月豪雨において、河川からの氾濫や内水氾濫の発生により、下水処理場、ポンプ場の浸水に伴う機能停止等の被害が発生したことを踏まえ、耐水化を検討する上での浸水深の設定方法や効率的・効果的な対策手法などを通知するとともに、令和3年度までに耐水化計画を策定し、早期にポンプ設備等の耐水化を目指すとともに、浸水への備えを盛り込むなどのBCP（業務継続計画）の見直しを実施している。

（2）土砂災害対策

　平地が少なく急峻な地形と脆弱な地質が広く分布している我が国では、経済の発展・人口の増加に伴い、丘陵地や山麓斜面にまで宅地開発等が進展している。その結果、土石流等の土砂災害のおそれのある箇所は令和3年12月末時点で68万箇所存在することが明らかとなっており、多くの人々が土砂災害の危険に曝されている。豪雨や地震等に伴う土砂災害は、過去10年（平成24年～令和3

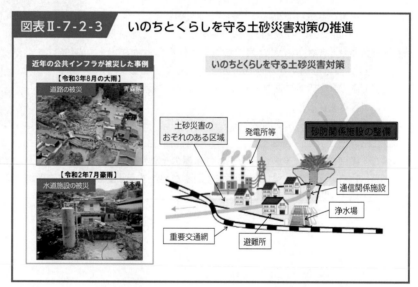

図表Ⅱ-7-2-3　いのちとくらしを守る土砂災害対策の推進

年）の平均で、1年間に約1,450件発生しており、令和3年も972件の土砂災害が発生し、死者・行方不明者33名となる等、多大な被害が生じている。

　土砂災害による被害の防止・軽減を図るため、事前防災を重視し、土砂災害防止施設の整備や、土砂災害警戒区域等の指定及び標識の設置等による周知並びに実効性のある警戒避難体制の構築の促進等、ハード・ソフト一体となった総合的な土砂災害対策を各法令に基づき推進している。

　令和3年7月・8月の大雨では、砂防関係施設によって下流家屋等が保全された事例が全国で26件確認された。

　また、他機関との連携も強化しており、令和3年7月・8月の大雨等では、宇宙航空研究開発機構（JAXA）との協定に基づいて人工衛星による被災地域の緊急観測を実施し、土砂移動等が発生したと推定される箇所を早期に把握し、地方整備局による迅速な被災状況調査を実施した。

注7　「道路防災情報ウェブマップ」ウェブサイト
　　URL：http://www.mlit.go.jp/road/bosai/doro_bosaijoho_webmap/index.html

①根幹的な土砂災害対策

　近年の大規模な土砂災害では、人命だけでなく道路やライフライン等の公共インフラが被災し、応急対策や生活再建に時間を要する事例が多数生じている。土石流や土砂・洪水氾濫等の大規模な土砂災害から、人命はもちろん地域の社会・経済活動を支える公共インフラを保全するため、土砂災害防止施設の整備を推進している。

コラム **Column** **土砂・洪水氾濫により大きな被害のおそれがある流域の調査について**

　土砂・洪水氾濫[注1]は、気候変動の影響により平成後半以降、頻発化の傾向にある土砂災害の一種です。特に土砂・洪水氾濫の発生のおそれがある流域を事前に抽出することが難しく、そのため、砂防堰堤等の対策施設を優先して整備する流域を絞り込むことが困難でした。

　そこで、国土交通省では土砂・洪水氾濫により過去に大きな被害が発生した流域の地形的特徴を指標化し、勾配1/200以上の河川の区間の最下流端より、①上流の流域面積が3km^{2}以上、②流出しうる土砂量の合計が10万m^{3}以上を満たす流域を抽出することで、土砂・洪水氾濫の発生の可能性が高い流域を絞り込む調査手法をとりまとめました。

　今後はこの手法による調査を進めるとともに、抽出さ

れた流域については、必要な砂防堰堤等の対策施設のハード対策を進めていく予定です。

令和元年東日本台風
宮城県丸森町における土砂・洪水氾濫

五福谷川

注1　豪雨の際に上流域から流出した多量の土砂が谷出口より下流の河道に堆積し、河床上昇や河道埋塞が引き起こされ、土砂を多量に含む泥水の氾濫が発生する現象。市街地や道路等の広い範囲に亘って被害をもたらし、地域の復旧・復興の大きな障害となる。

近年土砂・災害氾濫が発生した流域と同様の地形的特徴を有する流域の調査概念図

抽出手法

以下に示す①と②の特徴を満たす流域
① 下流の河川の勾配が1/200以上の河川の区間の
　最下流端より、上流の流域面積が3km²以上

② 下流の河川の勾配が1/200以上の河川の区間の
　最下流端より上流において、流出しうる土砂量の
　合計が10万m³以上

【②の算出の例】
流域内の土砂災害警戒区域（土石流、未指定の場合
は相当する区域）が下流の河川に接触する支川（支川
タイプAとタイプB）、本川に合流する支川（支川タイプC
）、および、本川（本川D）の流出しうる土砂量の合計が
10万m³以上（支川タイプA、B、Cからの土砂量の合計
＋本川Dからの土砂量）となる（ただし、1km²あたりの
流出しうる土砂量10,000m³/km²を下回らない。）。

河床勾配2°以下で
本川へ流入する支川は、
本川への土砂流入を想定しない

※勾配1/200以下の河川の区間を含め、
流域の詳細な土砂・洪水氾濫被害の想定は、
河床変動計算によって評価する。

河川の勾配が
1/200以上の
区間の最下流端

土砂災害警戒区域に相当する区域
（計画上、土砂の流出を見込む支川）

流域面積
（3km²以上）

土砂災害
警戒区域

支川
本川への土砂流入を
想定する支川
本川への土砂流入を
想定しない支川

本川

土砂・洪水氾濫により
特に危険な区域

（幅は、最深河床から比高差5m以内となる区域、
ただし河道中央から350m以内。
家屋流出等の深刻な家屋被害が生じるおそれのある区域）

流域界

【関連リンク】
土砂・洪水氾濫の概要　URL：https://www.mlit.go.jp/mizukokudo/sabo/doshakozuihanran.html
土砂・洪水氾濫により大きな被害のおそれのある流域の調査要領（案）（試行版）（令和4年3月）
URL：https://www.mlit.go.jp/river/shishin_guideline/sabo/dosyakouzuihanran_youryou_r0403.pdf

②土砂災害発生地域における緊急的な土砂災害対策

　土砂災害により人命被害や国民の生活に大きな支障が生じた地域において、安全・安心を確保し、社会経済の活力を維持・増進していくため、再度災害防止を目的とした土砂災害防止施設の集中的な整備を推進している。

図表Ⅱ-7-2-4　再度災害防止を目的とした土砂災害対策の効果事例（長野県岡谷市小田井沢川）

　平成18年7月に発生した土石流により、多くの人家等に被害が発生した長野県岡谷市の小田井沢川において、短期的・集中的に砂防設備の整備を実施。
　令和3年8月の大雨に伴う土石流を捕捉し、下流への被害を未然に防止。

土石流発生前
小田井沢川4号砂防堰堤

土石流発生直後

下流の人家
90戸を保全
諏訪湖

③要配慮者を守る土砂災害対策

　自力避難が困難な高齢者や幼児等は、日本の人口の約3割（総務省統計局『令和2年国勢調査』より算出）にも関わらず過去20年間の土砂災害による死者行方不明者の約半分を占めている。このため「土砂災害警戒区域等における土砂災害防止対策の推進に関する法律（土砂災害防止法）」に基づき、土砂災害警戒区域内に位置する要配慮者利用施設のうち、市町村地域防災計画に名称及び所在地等を定められた施設の管理者等に対し避難確保計画の作成及び計画に基づく訓練の実施を義務づけ、施設利用者の円滑かつ迅速な避難の確保が図られるよう支援を行っている。

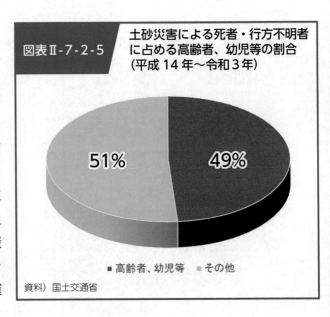

図表Ⅱ-7-2-5　土砂災害による死者・行方不明者に占める高齢者、幼児等の割合（平成14年～令和3年）

51%　49%

■高齢者、幼児等　■その他

資料）国土交通省

④市街地に隣接する山麓斜面における土砂災害対策

　山麓斜面に市街地が接している都市において、土砂災害に対する安全性を高め緑豊かな都市環境と景観を保全・創出するために、市街地に隣接する山麓斜面にグリーンベルトとして一連の樹林帯の形成を図っている。

⑤道路に隣接する法面・盛土の防災対策

　道路に隣接する土砂災害等の危険性のある法面・盛土に対し、法面・盛土防災対策を実施している。

⑥地域防災力向上に資する土砂災害対策

　土砂災害リスクが高く、土砂災害の発生による地域住民の暮らしへの影響が大きい中山間地域において、地域社会の維持・発展を図るため、人命を守るとともに、避難場所や避難路、役場等の地域防災上重要な役割を果たす施設を保全する土砂災害防止施設の整備を推進している。また、リスク情報の提示など土砂災害警戒区域等における避難体制の充実・強化に係る取組みに対して支援している。

⑦土砂災害防止法に基づく土砂災害対策の推進
（ア）土砂災害警戒区域等の指定等による土砂災害対策の推進

　「土砂災害防止法」に基づき、土砂災害が発生するおそれがある土地の区域を明らかにするため、法に基づく基礎調査を行い、土砂災害により住民等の生命又は身体に危害が生ずるおそれのある区域を土砂災害警戒区域に、建築物に損壊が生じ住民等の生命又は身体に著しい危害が生ずるおそれのある区域を土砂災害特別警戒区域に指定している。土砂災害警戒区域にかかる基礎調査は令和元年度末までに一通り完了し、引き続き、土砂災害警戒区域等の指定を推進している。また、近年の土砂災害の発生状況等を踏まえた社会資本整備審議会からの答申を受け、令和2年8月に土砂災害対策基本指針を変更し、土砂災害警戒区域等の指定基準を満たす箇所の抽出精度を向上させるため、今後の基礎調査においてより詳細な地形図データを用いることとした。さらに、土砂災害警戒区域等の認知度向上を図るため、標識の設置等の取組みを推進している。

　土砂災害警戒区域においては、市町村地域防災計画に避難場所、避難経路等に関する事項を定める等により警戒避難体制の整備を図るとともに、土砂災害特別警戒区域においては、一定の開発行為の制限、建築物の構造規制等を図るなどのソフト対策を講じている。また、土砂災害に対する警戒避難体制の整備やハザードマップの作成のためのガイドラインや事例集を示し、市町村における取組みを促進している。

　さらに、土砂災害警戒情報を警戒レベル4避難指示の判断に資する情報と明確に位置付け、都道府県知事から関係市町村長への通知及び一般への周知を義務付けるなど、情報伝達体制の確立を図っている。

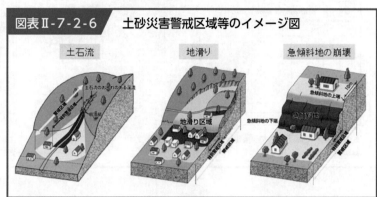

図表Ⅱ-7-2-6　土砂災害警戒区域等のイメージ図

土石流　　　地滑り　　　急傾斜地の崩壊

（イ）危険住宅の移転の促進

　崩壊の危険があるがけ地に近接した危険住宅については、がけ地近接等危険住宅移転事業の活用等により移転を促進している。令和3年度は、この制度により危険住宅46戸が除却され、危険住宅に代わる住宅23戸が建設された。

⑧大規模な土砂災害への対応

　深層崩壊による被害を軽減するため、土砂災害防止施設の整備や深層崩壊の危険度評価マップの活用等による警戒避難体制の強化等の取組みを推進している。

　河道閉塞（天然ダム）や火山噴火に伴う土石流等のおそれがある場合には、「土砂災害防止法」に基づく緊急調査を行い、被害が想定される土地の区域及び時期の情報を市町村へ提供している。近年、雨の降り方の激甚化・頻発化に伴い土砂災害が発生しているため、緊急調査を含め災害対応力向上を図る訓練や関係機関との連携強化を推進している。

⑨土砂災害警戒情報の発表

　大雨による土砂災害発生の危険度が高まった時に、市町村長が警戒レベル4避難指示を発令する際の判断や住民の自主避難の参考となる情報を対象となる市町村等を特定し、土砂災害警戒情報として都道府県と気象庁が共同で発表している。また、土砂災害警戒情報を補足する情報として、土砂災害発生の危険度をより詳細に示したメッシュ情報等を提供している。

Ⅱ

第7章　安全・安心社会の構築

図表Ⅱ-7-2-7	土砂災害警戒情報及び大雨警報（土砂災害）の危険度分布

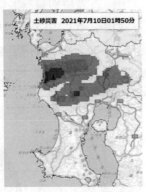

土砂災害警戒情報及び大雨警報（土砂災害）の危険度分布
資料）気象庁

土砂災害危険度の変化等を示したグラフ
資料）岩手県

（3）火山災害対策

①活発な火山活動に伴う土砂災害への対策

　火山噴火活動に伴い発生する火山泥流や降雨による土石流等に備え、被害を防止・軽減する砂防堰堤や導流堤等の整備を進めている。また、継続的かつ大量の土砂流出により適正に機能を確保することが著しく困難な施設は、除石等を行い機能の確保を図っている。

　火山噴火活動に伴う土砂災害は、大規模となるおそれがあるとともに、あらかじめ噴火位置や規模を正確に予測することが困難であることから、被害が大きくなる傾向にある。このため、活発な火山活動等があり噴火に伴う土砂災害のおそれがある49火山を対象として、事前の

図表Ⅱ-7-2-8	「火山防災のために監視・観測体制の充実が必要な火山」として火山噴火予知連絡会によって選定された50火山における火山ハザードマップの整備、火山噴火緊急減災対策砂防計画の策定、噴火警戒レベルの運用状況

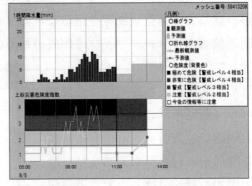

資料）国土交通省

施設整備とともに噴火状況に応じた機動的な対応によって被害を軽減するため「火山噴火緊急減災対策砂防計画」の策定を進めている。また、改正「活動火山対策特別措置法」が平成27年12月に施行され、火山防災協議会の構成員となる都道府県及び地方整備局等の砂防部局が、噴火に伴う土砂災害の観点から火山ハザードマップの検討を行うこととなった。そのため、「火山砂防ハザードマップ（火山ハザードマップのうち、土砂災害に関するもの）」を整備することにより、火山防災協議会における一連の警戒避難体制の検討を支援している。

　火山噴火の際に噴火前後の比較による迅速な状況把握を可能とするため、測量用航空機に搭載したSAR観測機器を用いて、全国の活動的な火山を対象とした周期的な観測を実施している。

　また、火山噴火リアルタイムハザードマップシステムの整備を行い、浅間山や富士山を始めとした12火山を対象に運用するなど（令和3年度末時点）、噴火時に自治体を支援する取組みを推進してい

る。

コラム
Column 富士山ハザードマップ改定の取組み

　富士山では平成16年に火山ハザードマップ（以下「HM」という。）が策定されていましたが、その後新たな科学的知見が得られたことにより、富士山火山防災対策協議会（以下「協議会」という。）の一員である国土交通省富士砂防事務所においてHMの基本情報となる溶岩流の流下範囲等のシミュレーションを実施しました。

　そのシミュレーションの結果、各現象の影響範囲が拡大し、特に溶岩流の到達可能性範囲に7市5町が新たに加わり、影響範囲が市街地方面にも広がったことから、協議会では新しいHMを令和3年3月に改定し、これに基づき避難計画の改定作業を行っております。

　国土交通省では、引き続き噴火に伴う土砂災害による被害防止の観点から各火山防災協議会における一連の警戒避難体制の検討を支援して参ります。

平成16年版のハザードマップ（溶岩流）

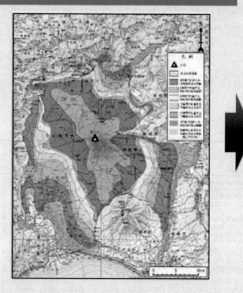

改定後のハザードマップ（溶岩流）

（注）一度の噴火で、ここに塗られた範囲の全てに溶岩流の危険が生じるわけではありません

【関連リンク】
富士山ハザードマップ（山梨県HP）
https://www.pref.yamanashi.jp/kazan/hazardmap.html
富士山ハザードマップ（静岡県HP）
https://www.pref.shizuoka.jp/bousai/fujisanhazardmap.html

---

②活発な火山活動に伴う降灰対策

　道路においては、噴火に伴う路上への降灰が交通の支障になるなど、社会的影響が大きいことから、路面清掃車による迅速かつ的確な除灰作業を行うための体制整備を推進している。

③気象庁における取組み

　火山噴火災害の防止と軽減のため、全国の火山活動の監視を行い、噴火警報等の迅速かつ的確な発表に努めている。特に「火山防災のために監視・観測体制の充実等が必要な火山」として火山噴火予

知連絡会によって選定された50火山については、観測施設を整備し、24時間体制で火山活動を監視している（常時観測火山）。

また、平成26年9月の御嶽山の噴火災害を踏まえた活動火山対策特別措置法の改正等による火山防災協議会の必須構成員として、警戒避難体制の整備に必要な事項である噴火警戒レベルについて、火山災害警戒地域に指定されている49火山全てで運用するとともに改善を進めている。さらに、それら49火山全てにおいて噴火警戒レベルの判定基準の精査及び公表を行っており、引き続き、最新の知見を取り込んで随時見直しを行うなど、火山活動の観測・評価体制・情報提供の強化を進めている。

④海上保安庁における取組み

海域火山噴火の前兆として、周辺海域に認められる変色水等の現象を観測し、航行船舶に情報を提供している。また、海域火山の噴火予知の基礎資料とするため、海底地形、地質構造等の基礎情報の整備を行っている。

令和3年8月13日に噴火した福徳岡ノ場については、直ちに航空機による観測を実施し、約35年ぶりに新島が形成されているのを確認した。また、西之島についても、平成25年の再噴火以来、噴火と休止を繰り返していることから、福徳岡ノ場及び西之島の火山活動の監視観測を重点的に実施している。今後も、航空機により火山活動と島の変化の状況を監視していく。

⑤国土地理院における取組み
（ア）火山活動観測・監視体制の強化

全国の活動的な火山において、電子基準点（GNSS[注8]連続観測施設）やGNSS火山変動リモート観測装置（REGMOS）等によるGNSS連続観測、自動測距測角装置による連続観測を実施し、地殻の三次元的な監視を行っている。さらに、他機関のGNSS観測データを合わせた統合解析を実施し、火山周辺の地殻のより詳細な監視を行っている。また、陸域観測技術衛星2号（だいち2号）のデータを使用したSAR干渉解析[注9]により地盤変動の監視を行っている。

（イ）火山周辺の地理空間情報の整備

火山特有の地形等を詳細に表した火山基本図データや火山の地形分類を表

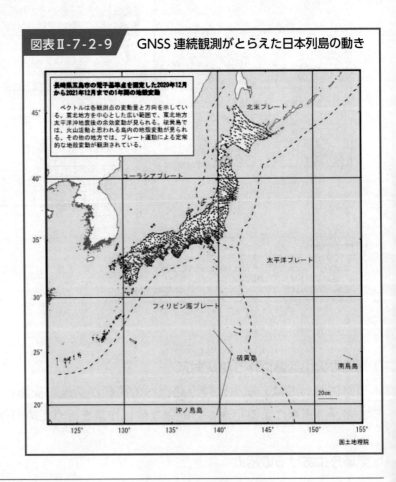

図表Ⅱ-7-2-9　GNSS連続観測がとらえた日本列島の動き

長崎県五島市の電子基準点を固定した2020年12月から2021年12月までの1年間の地殻変動

ベクトルは各観測点の変動量と方向を示している。東北地方を中心とした広い範囲で、東北地方太平洋沖地震後の余効変動が見られる。硫黄島では、火山活動と思われる島内の地殻変動が見られる。その他の地方では、プレート運動による定常的な地殻変動が観測されている。

国土地理院

注8　Global Navigation Satellite System：全球測位衛星システム
注9　人工衛星で宇宙から地球表面の変動を監視する技術

した火山土地条件図の整備・更新を行っている。

（ウ）火山噴火等に伴う自然災害に関する研究等

GNSSや干渉SAR等の観測と解析の精度を向上する研究や、それらの観測データの解析結果から火山活動のメカニズムを解明する研究を行っている。

（4）高潮・侵食等対策
①高潮・高波対策の推進

令和元年東日本台風により駿河海岸等で記録的な高潮や高波が発生したものの、これまでの海岸堤防等の整備及び維持管理により、市街地への浸水を防ぐことができ、「事前防災」の重要性をあらためて認識させられることとなった。頻発する高潮や高波による災害等から人命や財産を守るため、海岸堤防の整備等のハード対策を行うとともに、水防法に基づく水位周知海岸及び高潮浸水想定区域の指定等のソフト対策を推進しており、令和3年にはハザードマップの作成対象を拡大し、浸水リスク情報の空白域を解消するために、水防法が改正された。この水防法改正を踏まえ、高潮浸水想定区域図作成の手引きを改定した。4年3月末までに20都道府県（北海道、千葉県、東京都、神奈川県、静岡県、愛知県、三重県、大阪府、兵庫県、岡山県、広島県、徳島県、香川県、愛媛県、福岡県、佐賀県、大分県、熊本県、宮崎県、鹿児島県）で高潮浸水想定区域図が公表されている。

また、港湾の堤外地には物流・産業機能が集中していることから、これらを高潮・高波による被害から守るため、令和元年房総半島台風による被害も踏まえ、港湾管理者や港湾で活動する企業等の関係者が連携した高潮・高波対策に取り組む。

②海岸侵食対策の推進

様々な要因により全国各地で海岸侵食が生じていることから、離岸堤・突堤等の整備や養浜等に加え、河川、海岸、港湾、漁港の各管理者間で連携したサンドバイパス[注10]やサンドリサイクル[注11]等の侵食対策を進めている。

③高潮にかかる防災気象情報の提供

気象庁では、高潮による災害のおそれがある場合、高潮特別警報、高潮警報、高潮注意報を発表し、警戒・注意を呼びかけるとともに、高潮にかかる防災気象情報の改善も進めている。台風や発達した低気圧等

図表Ⅱ-7-2-10　台風19号における海岸保全施設の整備効果—静岡県・駿河海岸—

注10 海岸の構造物によって砂の移動が断たれた場合に、上手側に堆積した土砂を、下手側海岸に輸送・供給し、砂浜を復元する工法
注11 流れの下手側の海岸に堆積した土砂を、侵食を受けている上手側の海岸に戻し、砂浜を復元する工法

の接近に伴う高潮災害では、潮位が上昇する前に風が強まり屋外への立退き避難が困難な状況となることがあり、このような場合、暴風が吹き始める前に避難を完了することが重要である。このため、警戒レベル4避難指示を発令する目安となる高潮警報について、暴風が吹き始める時間帯も考慮して十分なリードタイムを確保して発表する改善を令和3年6月に実施した。また、令和4年度には、高潮の早期注意情報（警報級の可能性）の運用を開始する予定である。

（5）津波対策
①津波対策の推進

南海トラフ巨大地震等による大規模な津波災害に備え、最大クラスの津波に対しては津波防災地域づくりに関する法律に基づき、ハードとソフトの施策を組み合わせた多重防御による対策を進めており、津波浸水想定の設定、ハザードマップの作成支援、津波災害警戒区域等の指定、推進計画の作成、避難計画の立案等において地方公共団体を支援している。

また、地方自治体の津波防災地域づくりに関する取組みを支援する相談窓口を国に設け、ワンストップで相談・提案を行う体制を構築している。

海岸の津波対策においては、堤防の損傷等を軽減する機能を発揮する粘り強い構造の海岸堤防等の整備や耐震化、水門・陸閘等の統廃合や自動化・遠隔操作化等のハード対策を行うとともに、水門・陸閘等の安全かつ確実な操作体制の構築等のソフト対策を推進している。水門・陸閘等については、海岸法において操作規則の策定を義務付けるとともに、平成28年4月に補訂した「津波・高潮対策における水門・陸閘等管理システムガイドライン」により、現場操作員の安全の確保を最優先した上で、津波・高潮等の発生時に水門等の操作を確実に実施できる管理体制の構築を図っている。

港湾の津波対策については、大規模津波発生時にも港湾機能を維持するため、「粘り強い構造」の防波堤の整備や航路啓開訓練、迅速な沖合退避や係留強化に資する海・船の視点から見た港湾強靭化の検討等、防災・減災対策を推進している。また、津波防災等の分野で顕著な功績を挙げた方々を表彰する「濱口梧陵国際賞」授賞式を昨年に引き続き開催し、津波防災に係る普及啓発活動を行っている。

さらに、全国の「港則法」の特定港（87港）を中心に「船舶津波対策協議会」を開催しており、関係機関や海事関係者の協力の下、各港において船舶津波対策を推進している。

道路の津波対策については、避難誘導標識システムの整備、地域住民の方々と利用訓練等を実施し、防災機能の強化を図っている。

空港の津波対策については、津波被災の可能性のある空港において、津波被災後に早期に緊急物資・人員の輸送拠点機能を確保するための、地震・津波に対応する避難計画・早期復旧計画を策定し、計画に基づき避難訓練等の取組みや関係機関との協力体制構築等の取組みを推進している。

鉄道の津波対策については、南海トラフ巨大地震等による最大クラスの津波からの避難の基本的な考え方（素早い避難が最も有効かつ重要な対策であること等）を踏まえた津波発生時における鉄道旅客の安全確保への対応方針と具体例等を取りまとめており、鉄道事業者における取組みを推進している。

その他、切迫する巨大地震・津波等に備え、津波浸水リスクの高い地域等において、河川堤防のかさ上げ、液状化対策、復興まちづくりの事前準備等を推進している。

②津波にかかる防災情報の提供

　津波による災害の防止・軽減を図るため、気象庁は、全国の地震活動を24時間体制で監視し、津波警報、津波情報等の迅速かつ的確な発表に努めている。平成31年3月に、気象庁は、関係機関による沖合の津波観測データを用いて津波をより精度良く予測する技術を導入し、令和4年3月末現在、214箇所の海底津波計、18箇所のGPS波浪計、174箇所の沿岸の津波観測点のデータを監視し、津波警報の更新や津波情報等に活用している。

　今後の取組みとして、津波発生が予想された際に適切な避難行動を促進するため、津波避難の緊急性がより分かりやすく伝わるよう、津波到達予想時刻のビジュアル化による提供や、津波発生後の適切な救助活動等の応急対策を支援するため、津波警報・注意報の解除見込み時間の提供に向けた準備を進めている。

　そのほか、聴覚障害者や遊泳中の方などへの視覚による情報伝達手段として、気象庁では令和2年6月に「赤と白の格子模様の旗」を定めた。この旗を「津波フラッグ」と呼び、関係機関と連携して、全国的な周知・普及を図っている。

　さらに、令和4年1月15日に発生した、フンガ・トンガーフンガ・ハアパイ火山の噴火による潮位変化に関する情報発信の課題について、有識者による潮位変化のメカニズム等の分析・情報発信のあり方の検討を行っている。

　船舶の津波対策に役立てるため、海上保安庁は、令和4年3月末現在、南海トラフ巨大地震、首都直下地震等による津波の挙動を示した津波防災情報図204図を作成、提供している。

③津波避難対策

　将来、南海トラフ巨大地震をはじめとする巨大地震の発生による津波被害が懸念されることから、都市計画の基礎的なデータを活用した避難施設等の適正な配置を行うための方法を取りまとめた技術的な指針を平成25年6月に策定し、公表するとともに、都市防災総合推進事業等を通じて、地方公共団体が実施する避難路・避難場所等の整備を支援している。

　港湾においては、地方自治体等による津波避難計画の策定や津波避難施設の整備を促進している。また、津波等からの退避機能を備えた物流施設等を整備する民間事業者に対しても、一般財団法人民間都市開発推進機構による支援を行っている。

④津波被害軽減の機能を発揮する公園緑地の整備

　東日本大震災の教訓を踏まえ、地方公共団体が復興まちづくり計画の検討等に活用できるよう「東日本大震災からの復興に係る公園緑地整備に関する技術的指針」を平成24年3月に取りまとめ、公園緑地が多重防御の1つとしての機能、避難路・避難地としての機能、復旧・復興支援の機能、防災教育機能の4つの機能を有するものとし、減災効果が発揮されるための公園緑地の計画・設計等の考え方を示している。

⑤官庁施設における津波対策

　官庁施設は、災害応急対策活動の拠点施設として、あるいは、一時的な避難場所として、人命の救済に資するものであるため、津波等の災害発生時において必要な機能を確保することが重要である。

　平成25年2月に社会資本整備審議会より答申を受けた「大津波等を想定した官庁施設の機能確保の在り方について」において示されたハード・ソフトの対策の組み合わせによる津波対策の考え方を

踏まえ、官庁施設を運用管理する機関と連携しつつ、総合的かつ効果的な津波対策を推進している。

（6）地震対策

①住宅・建築物の耐震・安全性の向上

令和12年までに耐震性が不十分な住宅を、7年までに耐震性が不十分な耐震診断義務付け対象建築物を、それぞれおおむね解消とする目標を達成するため、「建築物の耐震改修の促進に関する法律」に基づき、耐震診断義務付け対象建築物の耐震診断結果の公表等により耐震化の促進を図っている。

住宅・建築物の耐震化については、社会資本整備総合交付金等により、耐震診断及び耐震改修等に要する費用への支援を行っている。また、耐震診断義務付け対象建築物については、重点的かつ緊急的な支援を実施している。

ブロック塀等については、大阪北部地震の発生後、所有者等に向けた安全点検チェックポイントの周知を行うとともに、避難路沿道のブロック塀等に対し耐震診断の義務付けを可能とする「建築物の耐震改修の促進に関する法律施行令」の一部改正や、ブロック塀等の耐震診断や診断の結果、撤去等を行う場合の費用に対する支援等により、ブロック塀等の安全確保の推進を図っている。

②宅地耐震化の推進

地震等による盛土造成地の滑動崩落や宅地の液状化による被害を防ぐため、宅地耐震化推進事業により地方公共団体が実施する変動予測調査を支援するとともに、平成30年北海道胆振東部地震で発生した盛土造成地の滑動崩落や液状化による宅地被害の再度災害防止等、宅地の安全性確保に対する対策を支援している。

③被災地における宅地の危険度判定の実施

地震等により被災した宅地における二次災害を防止し、住民の安全確保を図るため、被災後に迅速かつ的確に宅地の危険度判定を実施できるよう、都道府県・政令市から構成される被災宅地危険度判定連絡協議会と協力して体制整備を図っている。

④密集市街地の改善整備

防災・居住環境上の課題を抱えている密集市街地の早急な改善整備は喫緊の課題であり、「地震時等に著しく危険な密集市街地（危険密集市街地）」（約2,220ha、令和2年度末）について12年度までに最低限の安全性を確保し、おおむね解消することとしている。また、地域防災力の向上に資するソフト対策について、7年度までに、全ての危険密集市街地で実施されることを目標としている。

この実現に向け、幹線道路沿道建築物の不燃化による延焼遮断機能と避難路機

図表Ⅱ-7-2-11　密集市街地の整備イメージ

狭あい道路の整備　公共施設の整備　沿道建築物の不燃化　共同建替え　耐震改修　老朽建築物の除却　避難経路の確保

資料）国土交通省

能が一体となった都市の骨格防災軸（防災環境軸）や避難地となる防災公園の整備、防災街区整備事

業、住宅市街地総合整備事業、都市防災総合推進事業等による老朽建築物の除却と合わせた耐火建築物等への建替え、避難や消防活動に資する狭あい道路の拡幅等のハード対策及び感震ブレーカーの設置や防災マップの作成、訓練の実施等の地域防災力の向上に資するソフト対策を推進している。

⑤オープンスペースの確保

防災機能の向上により安全で安心できる都市づくりを図るため、地震災害時の復旧・復興拠点や物資の中継基地等となる防災拠点、市街地火災等から避難者の生命を保護する避難地等として機能する防災公園等の整備を推進している。また、防災公園と周辺市街地の整備改善を一体的に実施する防災公園街区整備事業を実施している。

⑥防災拠点等となる官庁施設の整備の推進

官庁施設については、災害応急対策活動の拠点としての機能を確保するとともに人命の安全を確保する必要があることから、官庁施設の耐震基準を満足する割合を令和7年度までに100％とすることを目標とし、所要の耐震性能を満たしていない官庁施設について、耐震改修等による耐震化を推進している。また、地方公共団体をはじめとする様々な関係者との連携の下、大規模災害の発生に備え、防災拠点等となる官庁施設の整備を推進している。

⑦公共施設等の耐震性向上

河川事業においては、いわゆるレベル2地震動においても堤防、水門等の河川構造物が果たすべき機能を確保するため、耐震照査を実施するとともに、必要な対策を推進している。

海岸事業においては、ゼロメートル地帯等において地震により堤防等が損傷し、大規模な浸水が生じないよう、また、南海トラフ地震等において、津波到達前に堤防等の機能が損なわれないよう、施設の機能や背後地の重要度等を考慮して、耐震対策を推進している。

道路事業においては、地震による被災時に円滑な救急・救援活動、緊急物資の輸送、復旧活動に不可欠な緊急輸送を確保するため、緊急輸送道路上の橋梁及び同道路をまたぐ跨道橋、ロッキング橋脚橋梁の耐震補強対策や無電柱化を実施している。

港湾事業においては、災害時に陸上輸送が遮断された場合でも緊急物資の海上輸送機能を確保するとともに、発災直後から企業活動の維持を図るため、耐震強化岸壁の整備、臨港道路の耐震化及び民有港湾施設の耐震化支援等を推進している。

空港事業においては、地震発生後における緊急物資等輸送拠点としての機能確保や航空ネットワークの維持に必要となる基本施設（滑走路及び誘導路等）の耐震化を実施している。

鉄道事業においては、首都直下地震や南海トラフ地震等の大規模地震に備え、地震時における、鉄道ネットワークの維持や鉄道利用者の安全確保等を図るため、主要駅や高架橋等の鉄道施設の耐震対策を推進している。

下水道事業においては、地震時においても下水道が果たすべき機能を確保するため、防災拠点等と処理場とを接続する管路施設や水処理施設等の耐震化・耐津波化を図る「防災」と、被災を想定して被害の最小化を図る「減災」を組み合わせた総合的な地震対策を推進している。

⑧大規模地震に対する土砂災害対策

南海トラフ地震等の大規模地震に備え、防災拠点や重要交通網等への影響、孤立集落の発生が想定

される土砂災害警戒区域等において、ハード・ソフト一体となった総合的な土砂災害対策を推進している。

また、大規模地震発生後は、関係機関と連携を図り、災害状況等を迅速に把握するとともに、応急対策を的確に実施することが重要である。このため、衛星等を活用した状況把握の迅速化や関係機関等と実践的な訓練を行うなど危機管理体制の強化を図っている。

⑨気象庁における取組み

地震による災害の防止・軽減を図るため、全国の地震活動及び南海トラフ沿いの地殻変動を24時間体制で監視し、緊急地震速報、地震情報、南海トラフ地震に関連する情報等の迅速かつ的確な発表に努めている。今後の取組みとして、地震発生直後の迅速な救助活動を支援するため、より詳細な推計震度分布情報を提供する準備を進めている。

緊急地震速報については、引き続き海底地震計データの活用により発表の迅速化を図った。長周期地震動については、気象庁ウェブサイトで提供している観測情報を、令和4年度後半からオンライン提供を予定しているほか、長周期地震動の予測を緊急地震速報に含めて発表する準備を進めている。

⑩海上保安庁における取組み

巨大地震発生メカニズムの解明のため、海溝型巨大地震の発生が将来予想されている南海トラフ等の太平洋側海域において、海底地殻変動観測を実施し、想定震源域におけるプレート境界の固着状態の把握に努めている。特に、南海トラフの強固着域の沖側におけるゆっくりすべりの検出（令和元年度）、及び東北地方太平洋沖地震後の経時的な地殻変動メカニズムの理解（令和3年度）に貢献している。

⑪国土地理院における取組み
（ア）地殻変動観測・監視体制の強化

全国及び地震防災対策強化地域等において、電子基準点等約1,300点によるGNSS連続観測、水準測量等による地殻変動の監視を強化している。また、だいち2号のデータを使用したSAR干渉解析により地盤変動の監視を行っている。

（イ）防災地理情報の整備

主要な活断層が存在する地域や、人口や社会インフラが集中している地域を対象に、活断層の位置情報及び土地の自然条件等に関する防災地理情報を整備・更新している。

（ウ）地震に伴う自然災害に関する研究等

GNSS、干渉SAR、水準測量等測地観測成果から、地震の発生メカニズムを解明するとともに、観測と解析の精度を向上する研究を行っている。また、国土の基本的な地理空間情報と震度を組み合わせて解析し、災害時における迅速な情報の提供に関する研究開発及び評価を行っている。さらに、関係行政機関・大学等と地震予知に関する調査・観測・研究結果等の情報交換とそれらに基づく学術的な検討を行う地震予知連絡会、地殻変動研究を目的として関係行政機関等が観測した潮位記録の収集・整理・提供を行う海岸昇降検知センターを運営している。

コラム Column　自然災害伝承碑の取組み

　我が国は、昔から様々な自然災害にたびたび見舞われており、先人はその教訓を石碑やモニュメントに刻み、後世に遺しています。一方で、石碑に遺された教訓が必ずしも地域住民に活かされていないことも懸念されます。

　このため、国土地理院は、石碑やモニュメントなどを「自然災害伝承碑」として地図に掲載することにより、災害教訓の伝承に地図・測量分野から貢献し、教訓を踏まえた的確な防災行動による被害の軽減を目指しています。

　現在、国土地理院のウェブ地図「地理院地図」には1,345基（令和4年3月29日時点）の自然災害伝承碑が掲載されています。

ウェブ地図「地理院地図」における表示
令和元年6月から提供開始

2万5千分1地形図における表示
令和元年9月から順次提供開始

掲載分布図
■ 公開中
令和4年3月29日時点

【関連リンク】
URL：https://www.gsi.go.jp/bousaichiri/denshouhi.html

⑫帰宅困難者対策

　大都市において大規模地震が発生した場合、都市機能が麻痺し東日本大震災以上の帰宅困難者が発することが予想されることから、人口・都市機能が集積した地域における滞在者等の安全確保のため、平成24年に都市再生安全確保計画制度を創設し、都市再生緊急整備地域（全国51地域：令和4年3月末現在）において、都市再生安全確保計画の作成や、都市再生安全確保施設に関する協定の締結、各種規制緩和等により、官民の連携による都市の防災性の向上を図っている。また、主要駅周辺等も補助対象地域としている都市安全確保促進事業により、都市再生安全確保計画等の作成や計画に基づくソフト・ハード両面を総合的に支援している。加えて、帰宅困難者等への対応能力を都市機能として事前に確保するため、主要駅周辺等を補助対象地域としている災害時拠点強靱化緊急促進事業により、防災拠点の整備を支援している。

⑬災害時の業務継続機能の確保

　大都市の業務中枢拠点において、世界水準のビジネス機能・居住機能を集積し、国際的な投資と人

Ⅱ

第7章　安全・安心社会の構築

材を呼び込むためには、我が国大都市の弱みである災害に対する脆弱性を克服していくことが必要である。

　このため、災害に対する対応力の強化として、災害時の業務継続に必要なエネルギーの安定供給が確保される業務継続地区の構築を行うため、エネルギー面的ネットワークの整備を推進している。

⑭地下街の安心安全対策

　都市内の重要な公共的空間である地下街は、大規模地震等災害発生時に利用者等の混乱が懸念されるとともに、施設の老朽化も進んでいることから、「地下街の安心避難対策ガイドライン」を策定し、利用者等の安心避難のための防災対策を推進している。

（7）雪害対策
①冬期道路交通の確保（雪寒事業）

　積雪寒冷特別地域における安定した冬期道路交通を確保するため、「積雪寒冷特別地域における道路交通の確保に関する特別措置法」に基づき、道路の除雪・防雪・凍雪害防止の事業（雪寒事業）を進めている。また、除雪体制の強化方策として、情報連絡本部の設置、関係道路管理者等が連携したタイムラインの策定、立ち往生等の発生が懸念される箇所の事前把握及び必要な除雪機械の確保や適切な配置、AI技術を活用したカメラ画像の解析による交通障害自動検知の推進、関係機関及び民間企業との災害時における協定の締結等を推進している。さらに、人命を最優先に幹線道路上で、大規模な車両滞留を徹底的に回避することを基本的な考え方とし、短期間の集中的な大雪時には、出控えなどの行動変容を促す取組みを行うとともに広範囲での通行止めや高速道路と並行する国道等の同時通行止めも含めた躊躇ない通行止めと、その後の集中除雪による物流等の途絶の回避を行う。また、立ち往生車両が発生した場合には、滞留状況を正確に把握できる体制確保、関係機関の連携強化、地方整備局と地方運輸局等を中心とした乗員保護などに取り組むこととしている。

②豪雪地帯における雪崩災害対策

　全国には、約21,000箇所の雪崩危険箇所があり、集落における雪崩災害から人命を保護するため、雪崩防止施設の整備を推進している。

③大雪に関する防災気象情報の提供

　気象庁では大雪による災害の防止や交通障害等の雪による社会的な混乱を軽減するために、警報・注意報や気象情報等を発表し段階的に警戒や注意を呼びかけている。大雪による交通障害を避けるためには、大雪が予想されている地域への行動を控えることが重要なことから、5日先までに警報級の大雪が予想されている時には、「早期注意情報（警報級の可能性）」を発表して注意を呼びかけ、冬型の気圧配置により日本海側で数日間降雪が持続するようなときなどで精度良く予測が可能な場合には48時間先からの24時間予想降雪量を情報発表して、早めの対策を呼びかけている。社会的影響の大きい災害が起こるおそれのある時には、そのおおむね3～6時間前に「大雪警報」を発表して警戒を呼びかけ、短時間に顕著な降雪が観測され今後も継続すると見込まれる場合には、「顕著な大雪に関する気象情報」を発表し大雪への一層の警戒を呼びかける。

　加えて、令和元年11月からは、現在の積雪の深さと降雪量の分布を推定した「現在の雪（解析積雪深・解析降雪量）」を気象庁ホームページで公開し、令和3年11月には、6時間先までの予報を

加え「今後の雪（降雪短時間予報）」として更新した。積雪の深さと降雪量の実況と予報を一体的に
確認でき、外出予定の変更や迂回経路の選択等の行動判断を支援する資料となっている。

（8）防災情報の高度化

①防災情報の集約
　「国土交通省防災情報提供センター」[注12]では、国民が防災情報を容易に入手・活用できるよう、保
有する雨量等の情報を集約・提供しているほか、災害対応や防災に関する情報がワンストップで入手
できるようにしている。

②ハザードマップ等の整備
　災害発生時に住民が適切な避難行動をとれるよう、市町村によるハザードマップの作成及び住民へ
の周知・活用を促進するとともに、全国の各種ハザードマップを検索閲覧できるハザードマップポー
タルサイト[注13]を整備し、公開している。

図表Ⅱ-7-2-12　ハザードマップの整備状況

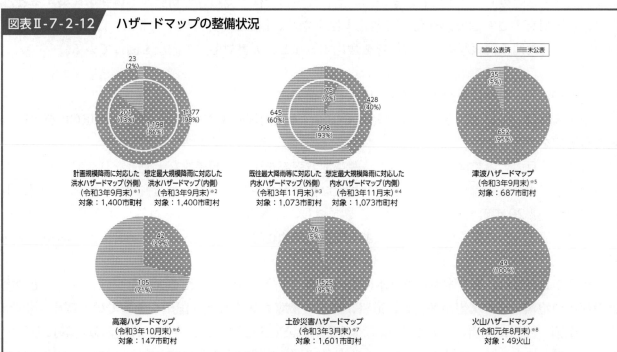

※1：水防法第14条に基づく洪水浸水想定区域のうち、洪水予報河川・水位周知河川に対する洪水浸水想定区域が指定された市町村において、
　　水防法第15条第3項に基づいたハザードマップを公表済みの市町村（特別区を含む）
※2：想定最大規模降雨に対応した洪水ハザードマップ公表済みの市町村（特別区を含む）
※3：下水道による浸水対策が実施されている市町村のうち、既往最大降雨等に対応した内水ハザードマップ公表済みの市町村（特別区を含む）
※4：下水道による浸水対策が実施されている市町村のうち、想定最大規模降雨に対応した内水ハザードマップ公表済みの市町村（特別区を含む）
※5：沿岸の市町村及び津波浸水想定が設定されている内陸の市町村のうち、津波ハザードマップを公表済みの市町村
※6：水防法第14条の3に基づく高潮浸水想定区域が指定された市町村のうち、水防法第15条第3項に基づいたハザードマップを公表済みの
　　市町村
※7：土砂災害警戒区域を指定、又は指定予定の市町村のうち、土砂災害防止法第8条第3項に基づく、ハザードマップ公表済みの市町村
　　（特別区を含む）
※8：活火山法第4条に基づき火山防災協議会が設置された火山のうち、協議事項として定められた火山ハザードマップが公表済みの火山
　　（内閣府調べ）
資料）国土交通省

注12「国土交通省防災情報提供センター」ウェブサイト：http://www.mlit.go.jp/saigai/bosaijoho/
注13「ハザードマップポータルサイト」：https://disaportal.gsi.go.jp/

③防災気象情報の改善

　気象庁では、気象災害を防止・軽減するために、特別警報・警報・注意報や気象情報等を発表し段階的に警戒や注意を呼びかけるとともに、実際にどこで危険度が高まっているかリアルタイムで予測し地図上で確認できるキキクル（大雨・洪水警報の危険度分布）等を提供している。また、国土交通省や都道府県と共同で土砂災害警戒情報、指定河川洪水予報を発表している。

　令和3年度は、令和3年4月に取りまとめられた防災気象情報の伝え方の改善策と推進すべき取組みとして、線状降水帯がもたらす降り続く顕著な大雨への注意喚起や大雨特別警報の改善等、防災気象情報がより一層避難をはじめとする防災対策に役立てられるような取組みを順次進めた。他方、防災気象情報の複雑化が指摘されていることを踏まえ、河川・砂防・海岸部局等との緊密な連携の下、有識者検討会を開催し、防災気象情報全体の体系整理や個々の防災気象情報の抜本的な見直しを行うこととしている。

（9）危機管理体制の強化

　自然災害への対処として、災害に結びつくおそれのある自然現象の予測、迅速な情報収集、災害時の施設点検・応急復旧、海上における救助活動、被災自治体の支援等の初動対応体制を構築するとともに、災害対応のさらなる迅速化・高度化を図るため、「統合災害情報システム（DiMAPS）」等を用いて災害初動期の情報収集・共有体制を強化するなど、災害対応力の向上を図っている。

① TEC-FORCE（緊急災害対策派遣隊）による災害対応

　令和3年度は、主に令和3年7月の大雨及び8月の大雨等の災害に対し、TEC-FORCEを派遣し被災自治体を支援した。

　令和3年7月の大雨では、東海地方から関東地方南部を中心に記録的な大雨となり、静岡県熱海市における大規模な土石流をはじめ、各地で甚大な被害が発生した。国土交通省では、中部、九州、中国地方の14県20市町村へTEC-FORCEを派遣し、熱海市では、ドローン等による被災状況調査、渓流の最上流部等への監視カメラ設置による監視体制強化等を実施し、行方不明者の捜索活動等を支援した。

　令和3年8月には、西日本から東日本の広い範囲で1週間以上にわたる大雨となり、各地で土砂災害や河川の氾濫、浸水被害が多発し、道路、鉄道の被害も発生した。国土交通省では、関東、北陸、中部、中国、四国、九州の20県27市町へTEC-FORCEを派遣し、六角川の氾濫箇所等において排水ポンプ車による浸水排除を行ったほか、各地で被災状況調査を実施するなど、被災地の早期の復旧・復興を支援した。

　これらの被災状況調査では、オンラインでの被災状況の集約などを可能とするiTEC（TECアプリ）を活用し、活動の効率化や調査結果の迅速な共有等に効果を発揮した。

②業務継続体制の確保

　首都直下地震発生時に防災対策業務を遅滞なく実施するとともに、業務停止が社会経済活動に重大な影響を及ぼす業務の継続性を確保することを目的に、平成30年5月に国土交通省業務継続計画

【関連リンク】
【TEC-FORCE について】
URL：https://www.mlit.go.jp/river/bousai/pch-tec/index.html

（第4版）を取りまとめた。また、業務の継続体制確保に向け、首都直下地震を想定した職員非常参集訓練等を毎年実施している。

③災害に備えた情報通信システム・機械等の配備

　災害時の情報通信体制を確保するため、本省、地方整備局、関係機関等の間で、マイクロ回線と光ファイバを用いた信頼性の高い情報通信ネットワーク整備に加え、災害現場からの情報収集体制を強化するために衛星通信回線を活用した通信機器や臨時回線を構築可能なi-RAS、公共BBといった通信機器も全国に配備し、機動性の高い運用体制を整えている。また、大規模災害が発生した場合、全国の地方整備局等に配備している災害対策用ヘリコプター、衛星通信車、排水ポンプ車、照明車等の災害対策用機械を迅速に派遣できる体制をとっており、令和3年度に発生した災害時においてこれらの災害対策用機械を現地へ派遣し、復旧活動の支援等を行った。

④実践的・広域的な防災訓練の実施

　「防災の日」（9月1日）に際しては、首都直下地震を想定した国土交通省緊急災害対策本部運営訓練を実施したほか、地方整備局等において自治体とのTV会議等による情報伝達訓練等を実施し、大規模地震への対応力の向上を図った。さらに、「津波防災の日」「世界津波の日」（11月5日）に際し、大分県津久見市で国・県・市の参加のもと、南海トラフ巨大地震を想定した大規模津波防災総合訓練を実施し、住民等の避難訓練、救助訓練、道路・航路啓開や緊急排水訓練などを行った。

　これらの訓練では、分散開催やWEB会議の活用など、コロナ禍であることに配慮しながら取り組んだ。

　例年「水防月間」（5月）に実施している総合水防演習については、令和3年度は新型コロナウイルスの感染拡大を踏まえ、北陸地方では無観客での開催、その他の地方では開催を見送り、各地域の特性に応じ、個別の水防活動訓練、避難所開設訓練、Webを活用した情報伝達訓練等を実施した。

⑤海上保安庁による災害対応

　海上保安庁では、組織力・機動力を活かし、海上で発生した災害のほか、陸域で発生した災害に対しても巡視船艇・航空機や特殊救難隊等を出動させ、人命救助や被害状況調査等を実施するとともに、被災地域の状況やニーズに合わせ情報発信を行いつつ、被災者支援を実施している。

　令和3年も自然災害による被害が各地にもたらされ、行方不明者の捜索のほか、多数の漂流物等に関する航行警報や海の安全情報による情報提供、さらには、電気等のライフライン確保のため、協定に基づく電力会社の人員及び資機材の搬送や、支援物資の輸送による被災者支援を実施した。

図表Ⅱ-7-2-13　海上保安庁による災害対応の状況

「協定に基づいて電力会社社員を搬送」

「前進配備する巡視船」

「支援物資の搬送に当たる職員」

⑥地方整備局及び北海道開発局の体制の確保

　国土交通省の現場を支える地方整備局及び北海道開発局は、災害からの復旧・復興や新たな社会資本整備などに努めてきたところであり、近年の激甚化・頻発化する自然災害の中で、その役割や地域からの期待も大きくなっている。

　一方で、地方整備局等については、避難につながる迅速な情報提供や災害発生時の機敏な初動対応など、国民の命と暮らしを守るための的確な対応を行う上で多くの課題に直面している。

　こうした中、数多くの自然災害からの復旧・復興や、防災・減災、国土強靱化への取組等に対応するため、地方整備局等に必要な体制を確保していく。

（10）ICTを活用した既存ストックの管理

　光ファイバ網の構築により、ICTを活用した公共施設管理、危機管理の高度化を図っている。具体的には、インターネット等を活用した防災情報の提供等、安全な道路利用のための対策を進めている。また、排水機場等河川管理施設の遠隔監視・操作、河川の流況や火山地域等の遠隔監視のほか、下水処理場・ポンプ場等の施設間を光ファイバ等で結び、遠隔監視・操作を実施するなど、管理の高度化を図っている。

図表Ⅱ-7-2-14　水門・陸閘等自動閉鎖システム（岩手県）のイメージ

資料）岩手県

　さらに、津波・高潮等による災害に対して、水門・陸閘等を安全かつ迅速、確実に閉鎖するため、衛星通信等を利用した水門・陸閘等の自動化、遠隔操作化について、防災・安全交付金により支援している。

（11）公共土木施設の災害復旧等

　令和3年の国土交通省所管公共土木施設（河川、砂防、道路、海岸、下水道、公園、港湾等）の被害は、令和3年7月1日からの大雨や令和3年8月の大雨など、全国的に災害が頻発したことにより、約2,591億円（9,776箇所）と報告されている。

　これらの自然災害による被害について、被災直後から現地にTEC-FORCEを派遣し、被災調査等を実施したほか、災害復旧や改良復旧の計画立案を支援するため、本省災害査定官を派遣し、復旧方針、工法等の技術的助言など、被災自治体への支援を実施した。

　また、特に被害が集中した自治体に対し、早期復旧を支援するため、災害復旧の迅速化に向け、様々な災害査定の効率化（机上査定限度額の引上げ、設計図書の簡素化）を実施した。加えて、大規模災害発生時における被災地域のより迅速な復旧・復興に備え、災害査定の効率化として実施する内容をあらかじめ定め、政府の激甚災害指定の見込みが立った時点で速やかに効率化を開始する運用を平成29年から行っている。令和3年度は、被災地方公共団体から要請のあった道路2路線について、直轄権限代行による災害復旧事業を実施している。あわせて、環境省と連携し宅地内やまちなかに堆積した廃棄物や土砂を一括して撤去できるスキームを活用する等、関係機関が緊密に連携することに

より、市町村が行う土砂等の撤去の迅速化が図られた。

これらの他に、令和3年7月1日からの大雨等により被災した地域や事前防災・減災対策を図る必要の生じた地域等143地区において、緊急的かつ機動的に防災・減災対策等強化事業推進費を配分し、住民等の安全・安心の確保を図っている。

(12) 安全・安心のための情報・広報等ソフト対策の推進

安全・安心の確保のために、自然災害を中心として、ハード面に限らずソフト面での対策の取組みを進めるため、「国土交通省安全・安心のためのソフト対策推進大綱」に基づき、毎年、進捗状況の点検を行ってきたが、東日本大震災を受けて、ソフトとハードの調和的かつ一体的な検討が必要であることが顕在化したことから、社会資本整備重点計画・国土交通省防災業務計画の見直しを踏まえ、検討を行っている。

(13) 盛土による災害防止に向けた取組み

①盛土による災害防止に向けた必要な対応策の検討

令和3年7月1日からの大雨により、静岡県熱海市の土石流災害をはじめ、全国各地において土砂災害や浸水被害が発生し、大きな被害をもたらした。このため、政府は、同年7月30日に「令和3年7月1日からの大雨に係る支援策とりまとめ」を策定し、今後起こりうる災害への対応に万全を期し、被害の発生を最小限に抑えるため、「危険な盛土の総点検を行うとともに、有識者会議・関係省庁連絡会議を立ち上げ、点検状況等を踏まえ、危険箇所への対応や土地利用規制など安全性を確保するために必要な対応策を検討する。」こととした。

これを受け、同年8月10日には、関係府省を構成員とした「盛土による災害防止のための関係府省連絡会議」（以下「関係府省連絡会議」という。）が内閣官房の下に設置され、盛土による災害防止に向けた対策について議論が行われた。併せて、同年9月30日から、民間の有識者を構成員とした「盛土による災害の防止に関する検討会」（以下「有識者検討会」という。）が内閣府の下で開催され、各分野の専門的な見地から議論が行われた。

同年12月24日には、有識者検討会において、危険な盛土箇所に関する対策や、危険な盛土等を規制するための新たな法制度の創設等が盛り込まれた提言が取りまとめられた（提言の概要は以下のとおり。）。また、同年12月27日に、関係府省連絡会議が開催され、有識者検討会の提言に記載された全ての事項について、関係府省の緊密な連携の下、その施策を速やかに具体化し、盛土による災害の防止に全力で取り組んでいくこととしている。

②盛土の総点検及び危険箇所への対応

人家等に影響のある盛土について、その実態を把握するとともに、危険と思われる箇所については早急に対策を講じる必要があることから、令和3年8月11日に、農林水産省、林野庁、国土交通省、環境省の関係局長等による連名にて、都道府県知事に対し盛土の総点検を依頼し、各都道府県等において全国的な盛土の総点検が行われた。

これに際して、全国の盛土の点検に資するため、国土地理院は、盛土の可能性がある箇所を推定するための参考資料として、作成時期の異なる基盤地図情報数値標高モデルのデータを比較することにより、一定以上標高に変化のある箇所（標高差＋5ｍ以上）を盛土の可能性のある箇所として抽出し、関係省庁や地方公共団体に提供した。

　盛土の総点検は、土地利用規制等を所管する部署が連携し、全国約3.6万箇所（規制区域の重複含む）を対象に各々の規制区域及び規制事項の観点から目視による確認を行った。

　この点検結果を踏まえ、地方公共団体による安全性把握のための詳細調査を支援するなど、関係省庁と連携しながら危険箇所への対応を行っている。

③危険な盛土等を規制するための新たな法制度の構築による対応

　土地の用途に関わらず全国一律の基準により、人家等に被害を及ぼしうる盛土等の行為を都道府県知事等の許可の対象とし、安全性を確保するとともに、土地所有者や盛土等の行為者の責任の明確化、罰則の強化等の措置を講ずる「宅地造成等規制法の一部を改正する法律案」を令和4年3月に国会に提出した。

図表Ⅱ-7-2-15　盛土による災害の防止に関する検討会提言概要

❸ 災害に強い交通体系の確保

（1）多重性・代替性の確保等

　風水害・土砂災害・地震・津波・噴火・豪雪・原子力災害等が発生した直後から、救命・救助活動等が迅速に行われ、社会経済活動が機能不全に陥ることなく、また、制御不能な二次災害を発生させないことなどを目指し、高規格道路のミッシングリンクの解消及び暫定2車線区間の4車線化、高規格道路と代替機能を発揮する直轄国道とのダブルネットワークの強化、災害時の道路閉塞を防ぐ無電柱化等を推進し、災害に強い道路ネットワークの構築を進め、鉄道・港湾・空港等の施設の耐災化や緊急輸送体制の確立を図ることにより多重性・代替性を確保するとともに、利用者の安全確保に努めている。

（2）道路防災対策

　大規模災害時の救急救命活動や復旧支援活動を支えるため、災害に強い国土幹線道路ネットワークの構築、レーザープロファイラ等を活用した土砂災害等の危険箇所の把握及び防災対策（斜面・盛土対策等）、震災対策（耐震補強等）、雪寒対策（防雪施設の整備等）、道路施設への防災機能強化（道の駅及びSA・PAの防災機能の付加、避難路・避難階段の整備）等を進めるとともに、道路啓開計画の実効性を高めるため、民間企業等との災害協定の締結や、道路管理者間の協議会による啓開体制の構築を推進している。また、平成26年11月の「災害対策基本法」の改正を踏まえ、速やかな道路啓開に資する、道路管理者による円滑な車両移動のための体制・資機材の整備を推進している。

　さらに、バイクや自転車、カメラの活用に加え、UAV（無人航空機）による迅速な状況把握やETC2.0等の官民ビッグデータなども活用した「通れるマップ」により関係機関に情報共有・提供を実施している。

　また、近年の自然災害の頻発化・激甚化を踏まえ、広域災害応急対策の拠点となる道の駅等について、災害時に防災拠点としての利用以外の禁止・制限等が可能となる防災拠点自動車駐車場の指定制度の創設や、都道府県が、市町村からの要請により、市町村管理道路の道路啓開・災害復旧を迅速に代行できる制度を創設する道路法の改正について、令和3年6月に施行した。

　このほか、地方公共団体のニーズを踏まえた、津波や洪水による浸水から避難するため、道路の高架区間等の活用が可能な箇所において、避難階段等の整備を推進している。

　なお、東日本大震災による津波により壊滅的な被害を受けた地域等において、復興計画に位置付けられた市街地整備に伴う道路整備や、高速道路ICへのアクセス道路等の整備を推進している。また、津波被害を軽減するための対策の一つとして、標識柱等へ海抜表示シートを設置し、道路利用者への海抜情報の提供を推進している。

（3）無電柱化の推進

　道路の防災性の向上や安全で快適な通行空間の確保、良好な景観の形成、観光振興の観点から、令和3年5月に策定した無電柱化推進計画に基づき、無電柱化を推進した。また、緊急輸送道路や幅員が著しく狭い歩道等も対象に電柱の新設を禁止する措置を拡大、道路事業等や市街地開発事業等にあわせた道路上の電柱の設置抑制、沿道区域における電柱等を設置する場合の届出・勧告制度の運用を開始するとともに、地方公共団体が実施する無電柱化への重点的な支援を実施した。

（4）各交通機関等における防災対策

　鉄道については、旅客会社等が行う落石・雪崩対策等の防災事業や、開通以来30年以上が経過する青函トンネルについて、独立行政法人鉄道建設・運輸施設整備支援機構が行う先進導坑や作業坑に発生している変状への対策等に対し、その費用の一部を助成している。

　また、土砂災害等からの鉄軌道の安全確保を図るため、トンネル、雪覆、落石覆その他の災害等防止設備等の点検、除雪体制の整備及び災害により列車の運転に支障が生ずるおそれのあるときには当該路線の監視等の適切な実施など、災害に強く安全な鉄道輸送の確保のために必要な対応を行っている。

　さらに、平成30年度からの取組みである「防災・減災、国土強靱化のための3か年緊急対策」の更なる加速化・深化を図るため、令和2年12月に「防災・減災、国土強靱化のための5か年加速化対策」がとりまとめられ、河川橋梁の流失・傾斜対策、斜面からの土砂流入防止対策、地下駅・電源設備等の浸水対策、地震による駅、高架橋等の倒壊・損壊対策を推進するとともに、予防保全に基づいた鉄道施設の老朽化対策についても、7年度までの間に集中的に実施することとしている。

　被災した鉄道に対する復旧支援については、鉄道軌道整備法に基づく災害復旧事業費補助により、地震や豪雨などの災害で被災した鉄道の早期復旧を支援している。また、特に大規模な災害で甚大な被害を受けた鉄道において、事業構造を変更し、公的主体が鉄道施設を保有する場合に、国の支援を

【動画】
脱・電柱社会 キーワードは低コスト化！
URL：https://www.youtube.com/watch?v=w0sJdcjKlh4

手厚くし、復旧を強力に支援している。

　港湾については、熊本地震の教訓を踏まえ、非常災害時に港湾管理者からの要請に基づき、国が港湾施設の管理を行う制度が平成29年6月に創設された。運天港においては、海底火山「福徳岡ノ場」の噴火による軽石により航路・泊地が埋塞し、離島航路の運航に支障が生じたことから、本制度に基づき、令和3年12月、港湾管理者である沖縄県の要請を受け、運天港の一部の港湾施設を国が管理し、軽石対策の円滑な実施体制を確保した。また、大規模災害時でも港湾機能を維持するため、関係機関と連携し、防災訓練の実施や港湾BCPの改善を図ることや、衛星やドローン、カメラ等を活用して、港湾における災害関連情報の収集・集積を高度化し、災害発生時における迅速な港湾機能の復旧等の体制を構築する等、災害対応力強化に取り組んでいる。

　空港については、平成30年の台風第21号や北海道胆振東部地震、また令和元年房総半島台風により空港機能やアクセス機能が喪失し、多くの滞留者が発生したことを踏まえ、このような大規模自然災害による多様なリスクに対し、アクセス事業者を含めた関係機関が一体となって対応する「統括的災害マネジメント」の実現による自然災害に強い空港作りを目指している。

　そのため、耐震対策や浸水対策等のハード対策に加え、ソフト対策として「統括的災害マネジメント」の考え方を踏まえ、各空港で策定された空港ＢＣＰ（「Ａ２-ＢＣＰ」[注14]）に基づき、災害時の対応を行うとともに、訓練の実施等による空港ＢＣＰの実効性強化に取り組んでいる。

（5）円滑な支援物資輸送体制の構築等

　首都直下地震や南海トラフ巨大地震等の広域かつ大規模な災害が発生し、物流システムが寸断された場合、国民生活や経済活動へ甚大かつ広域的な影響が生じることが想定される。

　被災者の生活の維持のためには、必要な支援物資を迅速・確実に届けることが重要であることから、災害時における円滑な支援物資物流を実現するため、引き続き、地方ブロックごとに国、地方公共団体、物流事業者団体等の関係者が参画する協議会等において、物流専門家の派遣を含む都道府県と物流事業者団体との災害時協力協定の締結の促進や、平成30年度に策定した「ラストマイルにおける支援物資輸送・拠点開設・運営ハンドブック」等の周知、新たな民間物資拠点のリストアップの促進を行った。

　また、令和2年度においては、空港が被災した場合等を想定した代替輸送手段の確立のため、主要空港が機能不全に陥った場合を想定し、災害時においてもサプライチェーンを維持できるよう、代替輸送手段の活用等に係る物流関係者間の連携体制の構築に向けた指針を策定した。

第3節　建築物の安全性確保

（1）住宅・建築物の生産・供給システムにおける信頼確保

　平成19年に施行された改正「建築基準法」により、建築確認・検査の厳格化が図られたが、建築確認手続の停滞が生じ、建築確認件数が大幅に減少するなどの影響があったことなどを踏まえ、建築確認審査の迅速化・申請図書の簡素化等を図るため、22年及び23年の二度にわたって建築確認手続等の運用改善を実施した。

注14　「A2（Advanced/Airport）-BCP」…空港全体としての機能保持及び早期復旧に向けた目標時間や関係機関の役割分担等を明確化した空港の事業継続計画

平成24年8月には、国土交通大臣が社会資本整備審議会に対し、「今後の基準制度のあり方」について諮問し、同年9月より同審議会建築分科会に設置された建築基準制度部会において特に見直し要請の強い項目について優先して検討を進めた。このうち、「住宅・建築物の耐震化促進方策のあり方」については、25年2月に第一次答申を取りまとめ、これに基づき、同年11月に改正「建築物の耐震改修の促進に関する法律」が施行された。

「木造建築関連基準等のあり方」及び「効率的かつ実効性ある確認検査制度等のあり方」については、同年2月に第二次答申を取りまとめた。これに基づき、平成27年6月に「建築基準法の一部を改正する法律」が施行された。

「建築物・市街地の安全性の確保」、「既存建築ストックの活用」及び「木造建築を巡る多様なニーズへの対応」については、平成30年2月に第三次答申を取りまとめた。これに基づき、令和元年6月に「建築基準法の一部を改正する法律」が全面施行された。

また、令和2年3月には、建築物の質の向上や安全・安心を担う建築士を将来にわたって安定的かつ継続的に確保するため、建築士試験の受験機会を拡大する内容を盛り込んだ「建築士法の一部を改正する法律」が施行された。

新築住宅に瑕疵が発生した場合にも確実に瑕疵担保責任が履行されるよう、「特定住宅瑕疵担保責任の履行の確保等に関する法律」に基づき、建設業者等に資力確保（保証金の供託又は瑕疵保険の加入）を義務付けることとし、消費者への普及啓発等に取り組んでいる。

（2）昇降機や遊戯施設の安全性の確保

昇降機（エレベーター、エスカレーター）や遊戯施設の事故原因究明のための調査並びに地方公共団体及び地方整備局職員を対象とした安全・事故対策研修を引き続き行うとともに、昇降機の適切な維持管理に関する指針等の積極的な活用及び既設エレベーターへの戸開走行保護装置の設置の促進等についての周知を行い、安全性の確保に向けた取組みを進めた。

第4節　交通分野における安全対策の強化

安全の確保は交通分野における根本的かつ中心的な課題であり、ひとたび事故が発生した場合には多大な被害が生じるおそれがあるとともに、社会的影響も大きいことから、事故の発生を未然に防ぐため、各種施策に取り組んでいる。

1　運輸事業者における安全管理体制の構築・改善

「運輸安全マネジメント制度」は、運輸事業者に安全統括管理者の選任と安全管理規程の作成を義務付け、経営トップのリーダーシップの下、会社全体が一体となった安全管理体制を構築することを促し、国土交通省が運輸安全マネジメント評価（運輸事業者の取組状況を確認し、必要な助言等を行うもの）を行う制度であり、JR西日本福知山線列車脱線事故等の教訓を基に、平成18年10月に導入されたものである。

令和3年度においては、運輸安全マネジメント評価を延べ374者（鉄道23者、自動車291者、海運52者、航空8者）に対して実施した。

また、同制度への理解を深めるため、国が運輸事業者を対象に実施する運輸安全マネジメントセミ

ナーについては、令和3年度において2,249人が受講した。さらに、中小事業者に対する同制度の一層の普及・啓発等を図るため、平成25年7月に創設した認定セミナー制度（民間機関等が実施する運輸安全マネジメントセミナーを国土交通省が認定する制度）に関しては、令和3年度において6,724人がセミナーを受講した。

運輸安全マネジメント制度においては、自動車輸送分野における取組みの一層の展開の必要性、未だ取組みの途上にある事業者への対応と取

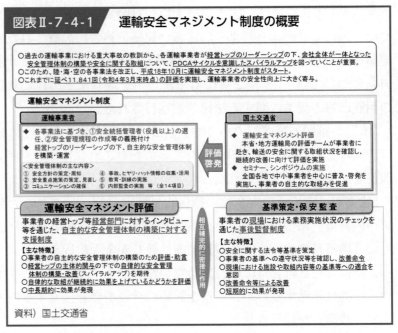

図表Ⅱ-7-4-1　運輸安全マネジメント制度の概要

〇過去の運輸事業における重大事故の教訓から、各運輸事業者が経営トップのリーダーシップの下、会社全体が一体となった安全管理体制の構築や安全に関する取組について、PDCAサイクルを意識したスパイラルアップを図っていくことが重要。
〇このため、陸・海・空の各事業法を改正し、平成18年10月に運輸安全マネジメント制度がスタート。
〇これまでに延べ11,841回（令和4年3月末時点）の評価を実施し、運輸事業者の安全性向上に大きく寄与。

資料）国土交通省

組みの深化を促進する必要性、効果的な評価実施のための国の体制強化の必要性等の課題が存在している。

このため、平成29年7月に運輸審議会の答申を踏まえて、令和3年度までにすべての貸切バス事業者の安全管理体制を確認することとし、同年度において、評価が未実施であった事業者229者の評価を実施し、代表者変更により評価が実施できなかった1者を除く全ての貸切バス事業者への安全管理体制の確認を完了した。さらに、取組みの深化を図るため、運輸事業者の安全統括管理者や安全管理部門同士が交流を深める「横の連携」の場として、「安統管フォーラム（安全統括管理者会議）」を平成29年10月に創設し、毎年開催している。加えて、運輸事業者における安全文化の構築・定着、継続的な見直し・改善に向けた取組みを支援することを目的として、国土交通大臣表彰を平成29年5月に創設し、運輸安全マネジメントに関する取組みに優れた事業者に対して毎年表彰を行っている。

また、昨今の自然災害の頻発化・激甚化を受け、運輸安全マネジメント制度の中に自然災害対応を組み込むことにより運輸事業者の取組みを促進するため、令和2年7月、「総力戦で挑む防災・減災プロジェクト」の一環として、運輸事業者が防災マネジメントに取り組む際のガイダンスとなる「運輸防災マネジメント指針」を策定・公表した。以後の運輸安全マネジメント評価においては、同指針を活用し、防災マネジメントに関する評価を実施している。

加えて、令和3年度には、中小事業者における運輸防災マネジメントへの理解を深めるため、認定セミナー制度に「防災マネジメントセミナー」を位置付け、申請の

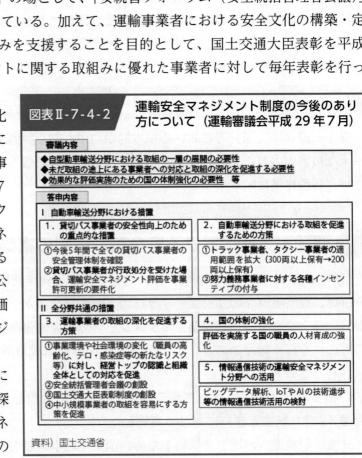

図表Ⅱ-7-4-2　運輸安全マネジメント制度の今後のあり方について（運輸審議会平成29年7月）

資料）国土交通省

あったセミナーの認定を行い、民間機関等においてセミナーが実施されている。また、国土交通省としても、「運輸防災マネジメント強化キャンペーン」として、セミナー・ワークショップを集中的に実施した。

　これらの取組みを行うなど、運輸安全マネジメント制度の取組みの強化・拡充を図っている。

② 鉄軌道交通における安全対策

　鉄軌道交通における運転事故件数は、自動列車停止装置（ATS）等の運転保安設備の整備や踏切対策の推進等を行ってきた結果、長期的には減少傾向[注15]にあるが、一たび列車の衝突や脱線等が発生すると、多数の死傷者を生じるおそれがあることから、引き続き安全対策の推進が必要である。

（1）鉄軌道の安全性の向上

　過去の事故等を踏まえて、必要な基準を制定するなどの対策を実施し、これを鉄軌道事業者が着実に実行するよう指導するとともに、保安監査等を通じた実行状況の確認や、監査結果等のフィードバックによる更なる対策の実施を通じて、鉄軌道の安全性の向上を促している。

　また、鉄軌道事業者に対し、計画的に保安監査を実施するほか、重大な事故、同種トラブル等の発生を契機に臨時に保安監査を実施するなど、メリハリの効いた効果的な保安監査を実施することにより、保安監査の充実を図っている。

（2）踏切対策の推進

　都市部を中心とした「開かずの踏切」[注16]等は、踏切事故や慢性的な交通渋滞等の原因となり、早急な対策が求められている。このため、道路管理者と鉄道事業者が連携し、「踏切道改良促進法」及び「第11次交通安全基本計画」に基づき、立体交差化、構造改良、横断歩道橋等の歩行者等立体横断施設の整備、踏切遮断機等の踏切保安設備の整備等により踏切事故の防止に努めている。

　令和3年度は、改正された「踏切道改良促進法」に基づき、改良すべき踏切道として、新たに156箇所

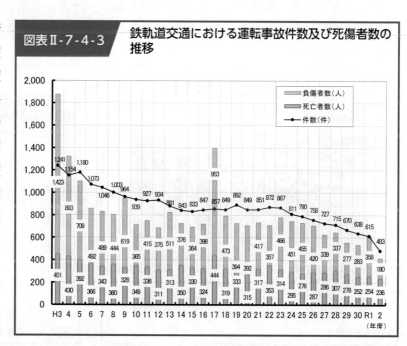

図表 II-7-4-3　鉄軌道交通における運転事故件数及び死傷者数の推移

を指定した。指定した踏切道をはじめ、課題のある踏切道については、地方踏切道改良協議会を適宜開催し、道路管理者と鉄道事業者が、地域の実情に応じた踏切対策の一層の推進を図った。

　また、新たに創設された災害時の管理方法の指定制度に基づき、災害時の管理の方法を定めるべき

注15　JR西日本福知山線列車脱線事故があった平成17年度など、甚大な人的被害を生じた運転事故があった年度の死傷者数は多くなっている。
注16　列車の運行本数が多い時間帯において、踏切遮断時間が40分／時以上となる踏切

踏切道として181箇所を指定した。指定した踏切道については、道路管理者と鉄道事業者が、災害時に長時間遮断が生じないよう、連絡体制や優先開放の手順等の管理方法の策定に向けた協議を行い、取組みを推進した。さらに、道路管理者と鉄道事業者が連携して作成・公表している「踏切安全通行カルテ」を更新し、踏切対策の「見える化」を進めた。

　令和4年度は、引き続き、改良すべき踏切道を国土交通大臣が機動的に指定し、立体交差化や踏切周辺道路の整備、踏切保安設備の整備などの総合的かつ一体的な対策を推進する。また、災害時の管理の方法を定めるべき踏切道として、法指定を進めるとともに、指定された踏切道における管理の方法の策定を目指し、災害時の適確な管理の促進を図る。併せて、改良後の踏切対策の評価により、着実なフォローアップを実施する。

（3）ホームドアの整備促進

　視覚障害者等をはじめとしたすべての駅利用者の安全性向上を図ることを目的に、ホームからの転落等を防止するホームドアの整備を促進しており、「交通政策基本計画」（平成27年2月）において定められた、令和2年度までに約800駅に整備するという目標に対して、2年度末時点で943駅に整備され、目標は達成された。3年度以降については、きめ細かな進捗をフォローするため、番線単位の数値目標とし、具体的には、2年12月に改正された「移動等の円滑化の促進に関する基本方針」において、駅やホームの構造・利用実態、駅周辺エリアの状況などを勘案し、優先度が高いホームでの整備を加速化することを目指し、7年度までに、駅全体で3,000番線、うち平均利用者数が10万人/日以上の駅で800番線を整備することとしている。

　また、内方線付き点状ブロックの整備促進等ハード面の対策、視覚障害者等への声かけの推進等ソフト面の対策、ホームドアのない駅における新技術等を活用した視覚障害者の安全対策の検討にも取り組んでいる。

図表Ⅱ-7-4-4　ホームドア

資料）国土交通省

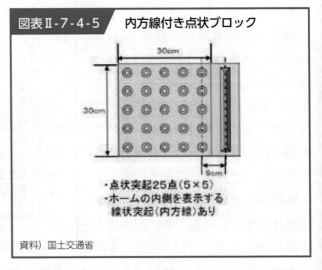

図表Ⅱ-7-4-5　内方線付き点状ブロック

30cm
30cm
9cm

・点状突起25点（5×5）
・ホームの内側を表示する
　線状突起（内方線）あり

資料）国土交通省

（4）鉄道施設の戦略的な維持管理・更新

　鉄道の橋梁やトンネル等については、法定耐用年数を超えるものも多く、老朽化が進んでおり、これらの鉄道施設を適切に維持管理することが課題となっている。鉄道利用者の安全確保及び鉄道の安全・安定輸送の確保を図るため、地域の人口減少が進み経営環境が厳しさを増す地方の鉄道事業者に対して、鉄道事業の継続性等を確認した上で、将来的な維持管理費用を低減し長寿命化に資する鉄道

施設の改良・補強を支援している。

③ 海上交通における安全対策

　我が国の周辺海域では、毎年 2,000 隻弱の船舶事故が発生している。ひとたび船舶事故が発生すると、尊い人命や財産が失われるばかりでなく、我が国の経済活動や海洋環境にまで多大な影響を及ぼす可能性があるため、更なる安全対策の推進が必要である。

（1）船舶の安全性の向上及び船舶航行の安全確保

①船舶の安全性の向上

　船舶の安全に関しては、国際海事機関（IMO）を中心に国際的な基準が定められており、我が国は IMO における議論に積極的に参画している。

　我が国で航行する船舶の安全を確保するため、日本籍船に対する船舶検査を実施し、国際基準等への適合性を確認している。また、コロナ禍を踏まえ、IT を利用した遠隔検査を推進する等、引き続き船舶検査手続き等の非接触化に努めている。

　ヒューマンエラーの防止等による海上安全の向上等が期待される自動運航船の令和7年（2025年）までの実用化に向け、自動運航船の設計、自動化システムの搭載、運航の各段階で安全上留意すべき事項等をまとめた「自動運航船の安全ガイドライン」を令和4年2月に策定した。

　また、IMO における自動運航船に係る国際ルールの検討に関し、令和3年5月には、我が国が中心となって進めた現行基準の改正の要否等に関する検討が完了し、現在、国際ルールの策定に向けた具体的な検討が進められているところ、引き続き、我が国が実施した実証事業の成果等も活用し、IMO における議論をリードしていく。

　船員の労働条件・労働環境の適正な確保、航行の安全確保等を図るため、運航労務監理官による船舶又は事業場への立入検査を実施し、関係法令の遵守状況等の確認を行っている。立入検査の結果、関係法令に違反していることが判明した事業者等に対しては、再発防止のため、法令に基づく処分や指導等を行っている。

　また、小型船舶の安全対策のため、小型船舶操縦者が遵守すべき事項として、酒酔い操縦の禁止、危険操縦の禁止及びライフジャケットの着用義務等を義務づけており、これらについて、小型船舶乗船者を中心に規制内容の説明やリーフレットの配布を行う等、関係省庁、団体と連携して周知・啓発を図っている。

②船舶航行の安全確保

　STCW 条約[注17] に準拠した「船舶職員及び小型船舶操縦者法」に基づき、船舶職員の資格を定めるとともに、小型船舶操縦者の資格及び遵守事項について定め、人的な面から船舶航行の安全を確保している。また、海難全体の約8割を占める小型船舶の事故隻数減少を目的として、遵守事項の周知徹底を図り、違反者への再教育講習を行っている。

　また、「水先法」に基づき、水先人の資格を定め、船舶交通の安全を確保しており、水先業務の安

注17　昭和53年の船員の訓練及び資格証明並びに当直の基準に関する国際条約。海上における人命及び財産の安全を増進すること並びに海洋環境の保護を促進することを目的として、船員の訓練及び資格証明等について定められている。

定的な提供や人材の確保・育成に向けた施策を推進している。

　海難審判所では、職務上の故意又は過失によって海難を発生させた海技士、小型船舶操縦士及び水先人等に対して「海難審判法」に基づく調査、審判を実施しており、令和3年には259件の裁決を行い、海技士、小型船舶操縦士及び水先人等計335名に対する業務停止（1箇月から2箇月）及び戒告の懲戒を行うなど、海難の発生防止に努めている。

　平成15年以来、おおむね5年間に取組むべき船舶交通安全政策の方向性と具体的施策を「交通ビジョン」として位置づけており、30年4月に新たな「第4次交通ビジョン」を策定し、より広く海上安全を確保するための各種施策を推進している。

　令和3年における船舶事故の特徴として、船舶種類別では、プレジャーボート、漁船、貨物船の順で船舶事故隻数が多く、プレジャーボートの船舶事故隻数は5割以上を占めている。また、プレジャーボートの船舶事故について海難種類別でみると、運航不能（機関故障）が最も多く発生しており、船舶事故全体の1割以上を占めている。

　海上保安庁では、海事局等と連携し海難防止講習会や訪船指導等あらゆる機会を通じて、リーフレットを活用した定期的な点検整備の実施を呼び掛けた。

　近年、カヌー、SUP（スタンドアップパドルボード）、ミニボート等のウォーターアクティビティが盛んになっており、海上活動が多様化・活発化している状況を踏まえ、関係機関と連携し、ユーザーに対する現場指導を実施しているほか、販売店等とも連携協力し安全対策に係る周知啓発活動を実施した。

　また、各ウォーターアクティビティを安全に安心して楽しむために必要な知識及び技術等を総合安全情報サイト「ウォーターセーフティガイド」に取りまとめて公表し、利用者への周知啓発を図った。

　加えて、海難を防止することを目的として、プレジャーボートや漁船等の操縦者、海水浴や釣りのマリンレジャー愛好者等に対して、ミサイル発射や港内における避難勧告等に関する緊急情報、海上工事や海上行事等に関する海上安全情報、気象庁が発表する気象警報・注意報、全国各地の灯台等で観測した気象現況（風向、風速、気圧及び波高）、海上模様が把握できるライブカメラ映像等を「海の安全情報」として提供し、緊急情報、気象警報・注意報及び気象現況については、事前に登録されたメールアドレスに配信している。

　東京湾海上交通センターの体制強化については、平成30年1月に、東京湾海上交通センターにおいて、非常災害時における船舶の円滑な避難及び平時における効率的な運航を実現するため、東京湾の海上交通管制一元化を図り、さらに、大阪湾海上交通センターにおいて、大阪湾北部海域の監視体制強化のため、レーダー施設等の整備を進めており、令和4年度以降の運用開始を予定している。

　「海上交通安全法等の一部を改正する法律」が公布、施行され、船舶に対する湾外等の安全な海域への避難を勧告・命令する制度、バーチャルAIS航路標識の緊急表示制度などの異常気象時における走錨等に起因する事故防止のための制度を創設し、関係法令に基づく指導や情報提供等を的確に行うことで、船舶交通の安全確保に努めている。加えて、走錨対策の一環として、船員が錨泊予定地における自船の走錨リスクを判定し、リスクに応じた走錨対策（錨泊地や錨泊方法の変更等）の実施を促すスマートフォン等向けのアプリである「走錨リスク判定システム」を開発し、令和3年7月に無料公開するとともに、業界団体等とも協力のうえ普及促進を図った。

　海図については、電子海図情報表示装置（ECDIS）の普及に伴い、重要性の増した電子海図の更なる充実を図っている。また、外国人船員に対する海難防止対策の一環として英語表記のみの海図等

を刊行しており、令和3年度は、流通・エネルギー拠点の港湾としての役割が期待されている石狩湾港の海図を、新たな測量成果を取り入れ包含区域を拡大して更新するなど、情報の整備を実施した。

また、水路通報・航行警報はもとより、気象海象や船舶通航量等の様々な情報を提供する海洋状況表示システム（海しる）の運用を平成31年4月から開始し、船舶航行の安全確保に資する様々な情報を提供した。

また、狭水道における船舶の安全性や運航の効率性の向上のため、来島海峡において、面的なシミュレーションによる潮流情報をインターネットで提供している。

航路標識については、海水の浸入を遮断する対策及び電源喪失時における予備電源設備の整備など、船舶交通の環境及びニーズに応じた効果的かつ効率的な整備を行っており、令和元年度に455箇所の改良・改修を実施した。

さらに、国立研究開発法人海上技術安全研究所に設置した「海難事故解析センター」において、事故解析に関する高度な専門的分析や重大海難事故発生時の迅速な情報分析・情報発信を行うとともに、再発防止対策の立案等への支援を行っている。

我が国にとって輸入原油の9割以上が通航する極めて重要な海上輸送路であるマラッカ・シンガポール海峡については、船舶の航行安全確保が重要であり、沿岸国及び利用国による「協力メカニズム」注18の下、我が国として航行援助施設基金注19への資金拠出等の協力を行っている。これに加え、我が国と沿岸3国（インドネシア、マレーシア及びシンガポール）において、日ASEAN統合基金事業（JAIF）として承認された同海峡の水路測量調査に協力するため、我が国としても、海事関係団体からの専門家派遣による技術協力等を行っている。今後も官民連携して同海峡の航行安全・環境保全対策に積極的に協力していく。

図表Ⅱ-7-4-6 レーダー新設等による大阪湾北部海域の監視体制強化

注18 国連海洋法条約第43条に基づき沿岸国と海峡利用国の協力を世界で初めて具体化したもので、協力フォーラム、プロジェクト調整委員会及び航行援助施設基金委員会の3要素で構成されている。
注19 マラッカ・シンガポール海峡に設置されている灯台等の航行援助施設の代替又は修繕等に要する経費を賄うために創設された基金

コラム Column　異常気象時における走錨等に起因する事故防止対策について

　近年の台風等の異常気象が頻発化・激甚化する状況を踏まえ、更なる事故防止対策の強化のため、「海上交通安全法等の一部を改正する法律」（令和3年法律第53号）が令和3年に公布、施行され、
・一定の大型船を対象とする湾外避難、湾内の錨泊制限などを勧告・命令する制度
・湾外避難等の円滑な実施に関する必要な協議を行う

ための協議会を設置する制度
・AIS信号所からAIS搭載船舶のレーダー画面などにバーチャルAIS航路標識を緊急表示させる制度等を創設しました。
　これまで講じてきた対策に加え、新たな制度を適切に運用することにより、船舶交通の安全確保に努めていきます。

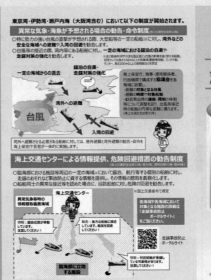

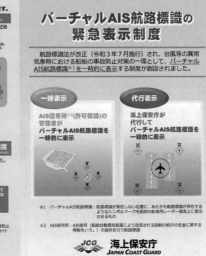

【関連リンク】
走錨事故防止ポータルサイト
URL：https://www.kaiho.mlit.go.jp/mission/kaijyoukoutsu/soubyo.html

（2）乗船者の安全対策の推進

　乗船者の事故における死者・行方不明者のうち約44%は海中転落によるものである。転落後に生還するためには、まず海に浮いていること、その上で速やかに救助要請を行うことが必要である。小型船舶（漁船・プレジャーボート等）からの海中転落による乗船者の死亡率は、ライフジャケット非着用者が着用者の約6倍と高く、ライフジャケットの着用が海中転落事故からの生還に大きく寄与していることがわかる。また、通報時に携帯電話のGPS機能を「ON」にしていることで、緊急通報位置情報システムにより遭難位置を早期に把握することができ、救助に要する時間の短縮につながる。

　このため、海上保安庁では、思わぬ事故から命を守るために必要な①ライフジャケットの常時着用、②防水パック入り携帯電話等の連絡手段の確保、③海上保安庁への緊急通報用電話番号「118番」や「NET118」[注20]の有効活用といった「自己救命策3つの基本」のほか「家族や友人・関係者

注20　聴覚や発話に障がいを持つ方を対象に、スマートフォンなどを使用した入力操作により、海上保安庁への緊急時の通報が可能となるサービス。

への目的地等の連絡」について講習会や巡回時、メディア等の手段を通して周知・啓発を行っている。

（3）救助・救急体制の強化

　海上保安庁では、迅速かつ的確な救助・救急活動を行うため、緊急通報用電話番号「118番」の運用を行っているほか、「海上における遭難及び安全に関する世界的な制度（GMDSS）」により、24時間体制で海難情報の受付を行うなど、事故発生情報の早期把握に努めている。また、海上において発生した海難や人身事故に適切に対応するため、特殊救難隊、機動救難士、潜水士等の救助技術・能力の向上を図るとともに、救急救命士及び救急員が実施する救急救命処置等の質を医学的・管理的観点から保障するメディカルコントロール体制の構築、巡視船艇・航空機の高機能化、関係省庁、地方公共団体、民間救助団体等との連携を推進するなど、救助・救急体制の充実・強化を図っている。

❹ 航空交通における安全対策

（1）航空の安全対策の強化

①航空安全プログラム（SSP）

　航空局は、国際民間航空条約第19附属書に従い、民間航空の安全に関する目標とその達成のために講ずべき対策等を定めた航空安全プログラム（SSP）を平成26年4月から実施している。さらに今後5年程度に実施するべき安全施策の方向性を整理した「航空安全行政の中期的方向性」（27年度策定）を令和3年度に改正し、予防的対策に資する新たな安全指標の導入を検討すること等を追加したところである。

　また、報告が義務づけられていない航空の安全情報を更に収集し、安全の向上に役立てるため、平成26年7月より航空安全情報自発報告制度（VOICES）を運用しており、空港の運用改善等に向けた提言が得られている。新型コロナウイルス感染症による減便の影響もあり、令和3年の報告数は前年より3％程減少したが、引き続き安全情報の重要性の啓蒙を通じ、制度の更なる活用を図るとともに、得られた提言を活用して安全の向上を図ることとしている。

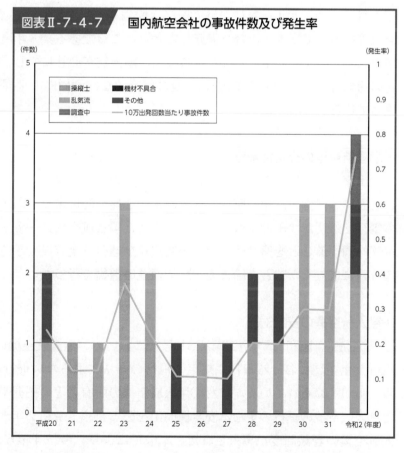

図表II-7-4-7　国内航空会社の事故件数及び発生率

②航空輸送安全対策

特定本邦航空運送事業者[注21] において、乗客の死亡事故は昭和61年以降発生していないが、安全上のトラブルに適切に対応するため、航空会社等における安全管理体制の強化を図り、予防的安全対策を推進するとともに、国内航空会社の参入時・事業拡張時の事前審査及び抜き打ちを含む厳正かつ体系的な立入監査を的確に実施している。また、外国航空会社の乗り入れの増加等を踏まえ、我が国に乗り入れる外国航空機に対して立入検査等による監視を強化してきたところである。

航空機からの落下物対策については、平成29年9月に落下物事案が続けて発生したことを踏まえ、30年3月に「落下物対策総合パッケージ」を策定した。同パッケージに基づき、同年9月に「落下物防止対策基準」を策定し、本邦航空会社のみならず、日本に乗り入れる外国航空会社にも対策の実施を義務付けており、本邦航空会社は31年1月から、外国航空会社は同年3月から適用している。また、29年11月より、国際線が多く就航する空港を離着陸する航空機に部品欠落が発生した場合、外国航空会社を含む全ての航空会社等から報告を求めている。報告された部品欠落情報については、原因究明の結果等を踏まえて国として航空会社への情報共有や指示、必要に応じて落下物防止対策基準への対策追加等を実施しており、再発防止に活用している。引き続き、「落下物対策総合パッケージ」に盛り込まれた対策を関係者とともに着実かつ強力に実施していく。

平成30年10月末以降航空従事者の飲酒に係る不適切事案が相次いで発生したことを踏まえ、31年1月から令和元年7月にかけて厳格な飲酒基準を策定し、こうした基準が適切に遵守されるよう、監査等を通じて指導・監督を実施してきたところである。3年度においては、客室乗務員による飲酒検査の不正事案が発生したことを踏まえ、国内航空会社に対し、飲酒検査体制の強化、アルコール教育の適切な実施（効果測定含む。）及び組織的な飲酒傾向の把握等が図られるよう、指導・監督を実施している。

③国産航空機の安全性審査

国土交通省では、設計・製造国政府としての責任を果たすべく、審査職員の能力維持・向上を図るとともに、米国・欧州の航空当局との密接な連携等により、国産航空機の安全・環境基準への適合性の審査を適切かつ円滑に取り組んだ。また、国と航空機メーカーとが連携して安全運航維持のための措置を講ずることを盛り込んだ「航空法及び運輸安全委員会設置法の一部を改正する法律」が令和元年6月に成立したことを踏まえ、関連通達の整備を行った。

④無人航空機の安全対策

「航空法」（昭和27年法律第231号）において、無人航空機の飛行禁止空域や飛行の方法に加え、飛行禁止空域における飛行や規定の飛行の方法によらない飛行の場合の許可・承認などの基本的なルールが定められている。また、無人航空機の所有者等の把握や安全上問題のある機体の排除を通じた無人航空機の飛行の更なる安全性向上を図るため、令和2年6月に公布された改正航空法により無人航空機の登録制度が導入された。本改正により、令和4年6月から無人航空機の登録が義務化され、未登録の無人航空機の飛行は認められなくなる。さらに、令和4年度の有人地帯（第三者上空）での目視外補助者なし飛行（レベル4飛行）の実現に向け、機体認証制度や操縦者技能証明制度の導

注21　客席数が100又は最大離陸重量が5万キログラムを超える航空機を使用して航空運送事業を経営する本邦航空運送事業者のこと

入を柱とする航空法等の一部を改正する法律が令和3年の通常国会で成立し、同年6月に公布されている。

⑤小型航空機の安全対策

小型航空機については、これまでも操縦士に対し定期的な技能審査を義務付ける制度を導入する（平成26年）などの取組みを進めてきたが、東京都調布市における住宅への墜落事故など、近年、事故が頻発しており、更なる安全確保に向けた抜本的な対策が必要である。

このため、国土交通省では、全国主要空港における安全講習会の開催などの追加対策を講じるとともに、平成28年12月に立ち上げた「小型航空機等に係る安全推進委員会」を定期的に開催し、有識者や関係団体等の意見を踏まえながら今後の小型航空機の安全対策の構築に係る調査・検討を進めている。具体的には、定期的な安全啓発メールマガジンの配信、SNSを活用した安全情報・安全啓発動画の配信、航空安全情報ポータルの設立などの注意喚起・安全啓発のための情報発信強化を図っている。また、小型航空機用に開発・販売されている簡易型飛行記録装置（FDM）に係る実証実験を平成30年度より開始しているが、令和元年度からその対象機に自家用機等を追加し、当該機器による事故調査、訓練・審査、リスク分析等への活用策の検討・調査を加速している。さらには、操縦士に対する定期的な技能審査制度の実効性向上を図るため、標準的チェックリストの策定や操縦技能審査員に対する指導・監督の強化などを進めている。

その他、超軽量動力機、ハング・パラグライダー、滑空機、熱気球等のスカイレジャーの愛好者に対し、関係団体等を通じた安全教育の充実、航空安全に係る情報提供等の安全対策を行っている。

（2）安全な航空交通のための航空保安システムの構築

航空機の安全運航及び定時運航を図り、かつ管制業務等の円滑な実施を支援するため、旧来のシステムを統合した新たな管制情報処理システムを平成27年度から順次導入してきたところ、令和3年度の高松空港、高知空港、石垣空港、宮古空港及び下地島空港への導入により同システムの整備を完了した。

❺ 航空、鉄道、船舶事故等における原因究明と事故等防止

運輸安全委員会の調査対象となる事故等は、令和3年度中、航空24件、鉄道15件、船舶849件発生しており、原因究明と事故等防止・被害軽減等を目的とした調査を行っている。

令和3年度に調査を終えた航空事故等については、平成31年4月に山形空港で離陸滑走を開始した際、進行方向が左に偏向して滑走路を逸脱した重大インシデントについての調査報告書を令和3年10月に公表するなど、20件の調査報告書を公表した。

鉄道事故等については、令和2年6月に東京都葛飾区で台車に亀裂が発生した影響で、車輪の荷重バランスが崩れ、車輪がレールに乗り上がり脱線した事故についての調査報告書を4年3月に公表するなど、11件の調査報告書を公表した。

船舶事故等については、令和元年5月に濃霧により視界が制限された状況下、千葉県銚子市犬吠埼南方沖で貨物船同士が衝突し、一方が沈没して乗組員4名が死亡した事故についての調査報告書を3年12月に公表するなど、847件の調査報告書を公表した。

また、運輸安全委員会は事故等防止に関する普及啓発活動の一環として、船舶事故等については、

多発海域や事故等の調査結果を電子地図に表示し検索できる「船舶事故ハザードマップ」及びスマートフォン等に対応した「船舶事故ハザードマップ・モバイル版」のほか、機関故障の部位・部品から調査報告書を検索できる「機関故障検索システム（ETSS）」を、鉄道事故等については、踏切事故防止対策に関する情報をまとめた「踏切事故を起こさないために」を運輸安全委員会ホームページに公開している。令和3年4月には、ETSSに加えて、小型船舶操縦者向けに「小型船舶機関故障検索システム」を新たに公開した。

図表Ⅱ-7-4-8　船舶事故ハザードマップ・モバイル版

トップページ　https://jtsb.mlit.go.jp/hazardmap/mobile/index.html

資料）国土交通省

令和3年6月に公布された航空法等の一部を改正する法律（令和3年法律第65号）により運輸安全委員会設置法（昭和48年法律第113号）が改正され、運輸安全委員会の調査対象に無人航空機の事故等が新たに加わることとなったことに伴い、専門知識を有する人材を調査官に採用するなど体制の整備を進めた。

令和4年4月23日、北海道知床沖で乗員乗客26名を乗せた遊覧船が沈没するという痛ましい海難事故が発生した。事故直後より、国土交通省本省に加え、現地においても事故対策本部を設置し、対応にあたっている。また、運輸安全委員会が事故原因の調査を行うとともに、公共交通事故被害者支援室において相談窓口を開設するなど被害者家族への支援を丁寧に実施している。

本事故を受け、海上保安庁の救助・救急体制の強化を図るとともに、同年4月28日に国土交通省に設置した「知床遊覧船事故対策検討委員会」において、小型船舶を使用する旅客輸送における安全対策を法的規制のあり方も含め、総合的に検討し、検討結果を踏まえ、必要な対応を図っていくこととしている。（令和4年5月末現在）

⑥ 公共交通における事故による被害者・家族等への支援

公共交通事故による被害者等への支援を図るため、平成24年4月に公共交通事故被害者支援室を設置し、被害者等に対し事業者への要望の取次ぎ、相談内容に応じた適切な機関の紹介などを行うこととしている。

令和3年度においても、公共交通事故発生時には、被害者等へ相談窓口を周知するとともに被害者等からの相談を聞き取って適切な機関を紹介し、平時には、支援に当たる職員に対する教育訓練の実施、外部の関係機関とのネットワークの構築、公共交通事故被害者等支援フォーラムの開催、公共交通事業者による被害者等支援計画の策定の働きかけ等を行った。

平成28年1月に発生した軽井沢スキーバス事故について、継続的に遺族会との意見交換会を開催するなどの対応を実施した。

❼ 道路交通における安全対策

令和3年の交通事故死者数は、昭和45年のピーク時の16,765人から2,636人（対前年比203人減）まで減少し、警察庁が保有する昭和23年からの統計で、戦後最少を更新した。しかし、交通事故死者の約半数が歩行中・自転車乗用中で、そのうち約半数が自宅から500m以内の身近な場所で発生するなど依然として厳しい状況である。このため、更なる交通事故の削減を目指し、警察庁等と連携して各種対策を実施している。

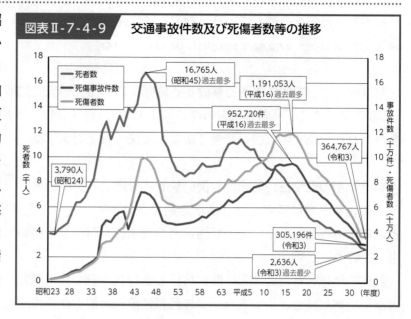

図表Ⅱ-7-4-9　交通事故件数及び死傷者数等の推移

（1）道路の交通安全対策

①ビッグデータを活用した幹線道路・生活道路の交通安全対策の推進

道路の機能分化を推進することで自動車交通を安全性の高い高速道路等へ転換させるとともに、交通事故死者数の約6割を占めている幹線道路については、安全性を一層高めるために都道府県公安委員会と連携した「事故危険箇所」の対策や「事故ゼロプラン（事故危険区間重点解消作戦）」により、効果的・効率的に事故対策を推進している。

一方、幹線道路に比べて死傷事故件数の減少割合が小さい生活道路については、車両の速度抑制や通過交通進入抑制による安全な歩行空間の確保等を目的として、警察庁と国土交通省は、「ゾーン30プラス」として設定し、人優先の安全・安心な通行空間の整備の更なる推進を図ることとした。ETC2.0等のビッグデータを活用し急減速や速度超過等の潜在的な危険箇所を特定するなど警察と道路管理者は、検討段階から緊密に連携して、最高速度30キロメートル毎時の区域規制と物理的デバイスとの適切な組合せにより交通安全の向上を図ろうとする区域を「ゾーン30プラス」として設定し、人優先の安全・安心な通行空間の確保に向けた取組みを実施するとともに、エリア進入部におけるハンプや狭さくの設置等によるエリア内への通過車両の抑制対策や外周幹線道路の交通を円滑化するための交差点改良を推進している。また、自転車対歩行者の事故件数が過去10年でほぼ横ばいにとどまっている状況であり、車道通行を基本とする自転車と歩行者が分離された形態での整備を推進している。

②通学路の交通安全対策の推進

通学路については、平成24年4月に相次いだ集団登校中の児童等の事故を受け、学校や教育委員会、警察等と連携した「通学路緊急合同点検」を実施しており、その結果に基づく対策への支援を重点的に実施している。

さらに、継続的な通学路の安全確保のため、市町村ごとの「通学路交通安全プログラム」の策定などにより、定期的な合同点検の実施や対策の改善・充実等の取組みを推進している。

　また、令和3年6月に発生した下校中の小学生の交通事故を受け、「通学路合同点検」を実施するとともに、この結果を踏まえ、学校、警察、道路管理者等の関係者が連携し、ハード・ソフトの両面から必要な対策を推進している。なお、通学路合同点検の結果、抽出された対策必要箇所における交通安全対策事業への支援を重点的に実施している。

③未就学児が日常的に集団で移動する経路における交通安全対策の推進

　「未就学児等及び高齢運転者の交通安全緊急対策」（令和元年6月18日関係閣僚会議決定）に基づき行われた緊急安全点検の結果を踏まえた交通安全対策事業への支援を重点的に実施している。

④高速道路の安全性、信頼性や使いやすさを向上する取組み

　令和元年9月に策定した「高速道路における安全・安心基本計画」等を踏まえ、利用者視点のもと、新技術等を活用しつつ、高速道路の安全性、信頼性や使いやすさを向上する取組みを計画的に推進していく。

　具体的には、暫定2車線区間における走行性や安全性の課題を効率的に解消するため、時間信頼性の確保や事故防止、ネットワークの代替性確保の観点から選定した優先整備区間の中から財源確保状況も踏まえ、計画的に4車線化等を実施していく。また、正面衝突事故防止対策について、土工部及び中小橋は令和4年度内にワイヤロープの設置を概成、長大橋及びトンネル区間は令和3年度から新技術を実道へ試行設置するなど対策を推進していく。

　また、世界一安全な高速道路の実現を目指し、事故多発地点での集中的な対策に取り組むだけでなく、高速道路での逆走事故対策として、引き続き、一般道側からの誤進入対策、行き先を間違えた車に対する安全・適切な誘導や逆走対策技術の展開を推進する。また、画像認識用標識を用いた路車連携技術による逆走対策の実用化を推進する。

　さらに、災害時の通行止め時間の最小化によるネットワークの信頼性の飛躍的向上を実現するため、現下の低金利状況を活かし、財政投融資を活用して、橋梁の耐震強化対策を加速するとともに、土壌雨量指数等を考慮した新たな通行規制基準の導入を推進する。

　休憩施設の不足解消や使いやすさの改善に向けた取組みとして、休憩施設の駐車マス数の拡充に加え、普通車・大型車双方で利用可能な兼用マスの設定、高速道路外の休憩施設への一時退出を可能とするサービスや、駐車場予約システム等の活用を推進する。

（2）安全で安心な道路サービスを提供する計画的な道路施設の管理

　全国には道路橋が約73万橋、道路トンネルが約1万本存在し、高度経済成長期に集中的に整備した橋梁やトンネルは、今後急速に高齢化を迎える。

　こうした状況を踏まえ、平成26年より、全国の橋やトンネルなどについて、国が定める統一的な基準により、5年に1度の頻度で点検を行っている。

　橋梁、トンネル等の一巡目点検が平成30年度末に概ね完了し、橋梁では次回点検までに措置を講ずべきものが全国に約7万橋存在する。このうち、地方公共団体管理の橋梁では修繕が完了したものが約35％に留まることを踏まえ、「道路メンテナンス事業補助制度」により計画的かつ集中的に支援している。

　今後、地方公共団体が計画的に措置ができるよう、具体的な対策内容を盛り込んだ長寿命化修繕計画の策定・公表を促すとともに、直轄診断・修繕代行による支援、地域単位での一括発注の実施、修

繕に係る研修の充実等、技術的にも支援していく。さらに、高速道路の老朽化に対応するため、大規模更新・修繕事業を計画的に進めているほか、跨線橋の計画的な維持及び修繕が図られるよう、あらかじめ鉄道事業者等との協議により、跨線橋の維持又は修繕の方法を定め、第三者被害の予防及び鉄道の安全性確保等に取り組んでいる。

その他、占用物件の損壊による道路構造や交通への支障を防ぐため、平成30年3月の道路法改正により、道路占用者の維持管理義務を明確化し、道路占用者において物件の維持管理が適切になされるよう取組みを実施しているほか、道路の老朽化に著しい影響を与える過積載を防止するため、違反車両の荷主を特定するための仕組みを31年4月から導入し、基地取締時に聴取した荷主情報を自動車部局へ提供する取組みを実施している。

（3）関越道高速ツアーバス事故を受けた対策の着実な実施

平成24年4月に発生した関越道高速ツアーバス事故を受けて、25年4月に「高速・貸切バス安全・安心回復プラン」を策定し、25・26年の2年間にわたり、高速ツアーバスの新高速乗合バスへの移行・一本化や交替運転者の配置基準の設定等の措置を実施した。引き続き、街頭監査の実施や継続的に監視すべき事業者の把握など本プランの各措置の実効性を確保し、バス事業の安全性向上・信頼の回復に向けた取組みを推進していく。

（4）軽井沢スキーバス事故を受けた対策の着実な実施

平成28年1月に発生した軽井沢スキーバス事故を踏まえ、二度とこのような悲惨な事故を起こさないよう、同年6月に取りまとめた85項目に及ぶ「安全・安心な貸切バスの運行を実現するための総合的な対策」を着実に実施しており、対策については「軽井沢スキーバス事故対策フォローアップ会議」でフォローアップを行っている。

（5）事業用自動車の安全プラン等に基づく安全対策の推進

平成29年に策定した「事業用自動車総合安全プラン2020」に代わる新たなプランとして、「事業用自動車総合安全プラン2025」を令和3年3月に策定し、令和7年までの事業用自動車の事故による死者数を225人以下、重傷者数2,120人以下、事故件数を16,500件以下、飲酒運転を0件とする新たな事故削減目標の設定を行い、その達成に向けた各種取組みを進めている。

①業態毎の事故発生傾向、主要な要因等を踏まえた事故防止対策

輸送の安全を図るため、トラック・バス・タクシーの業態毎の特徴的な事故傾向を踏まえた事故防止の取組みについて評価し、更なる事故削減に向け、必要に応じて見直しを行う等、フォローアップを実施している。

②運輸安全マネジメントを通じた安全体質の確立

平成18年10月より導入した「運輸安全マネジメント制度」により、事業者が社内一丸となった安全管理体制を構築・改善し、国がその実施状況を確認する運輸安全マネジメント評価を、令和2年度は自動車運送事業者365者に対して実施した。特に、平成29年7月の運輸審議会の答申を踏まえ、令和3年度までに全ての事業者の運輸安全マネジメント評価を行うとした貸切バス事業者については、2年度には327者に対して実施した。

Ⅱ

第7章　安全・安心社会の構築

③自動車運送事業者に対するコンプライアンスの徹底

　自動車運送事業者における関係法令の遵守及び適切な運行管理等の徹底を図るため、悪質違反を犯した事業者や重大事故を引き起こした事業者等に対する監査の徹底及び法令違反が疑われる事業者に対する重点的かつ優先的な監査を実施している。

　また、平成28年11月より、事故を惹起するおそれの高い事業者を抽出・分析する機能を備えた「事業用自動車総合安全情報システム」の運用を開始した。

　さらに、貸切バスについては、軽井沢スキーバス事故を受けて取りまとめた総合的対策に基づき、法令違反を早期に是正させる仕組みの導入や行政処分を厳格化して違反を繰り返す事業者を退出させるなどの措置を、同年12月より実施するとともに、平成29年8月より、民間の調査員が一般の利用者として実際に運行する貸切バスに乗車し、休憩時間の確保などの法令遵守状況の調査を行う「覆面添乗調査」を実施している。

④飲酒運転等の根絶

　事業用自動車の運転者による酒気帯び運転や覚醒剤、危険ドラッグ等薬物使用運転の根絶を図るため、点呼時のアルコール検知器を使用した確認の徹底や、薬物に関する正しい知識や使用禁止について、運転者に対する日常的な指導・監督を徹底するよう、講習会や全国交通安全運動、年末年始の輸送等安全総点検なども活用し、機会あるごとに事業者や運行管理者等に対し指導を行っている。

　また、事業用自動車事故調査委員会における提言を踏まえ、令和元年8月に、運行経路にフェリーを組み入れているトラック事業者に対し、フェリー乗船中の運転者の休息方法を改めて点検するなどにより、輸送の安全に万全を期すよう周知徹底を行った。

⑤IT・新技術を活用した安全対策の推進

　自動車運送事業者における交通事故防止のための取組みを支援する観点から、デジタル式運行記録計等の運行管理の高度化に資する機器の導入や、過労運転防止のための先進的な取組み等に対し支援を行っている。

⑥事業用自動車の事故調査委員会の提案を踏まえた対策

　「事業用自動車事故調査委員会」において、社会的影響の大きな事業用自動車の重大事故について、より高度かつ複合的な事故要因の調査分析を行っているところであり、平成28年1月15日に長野県北佐久郡軽井沢町で発生した、貸切バスの転落事故などの特別重要調査対象事案等について、令和2年3月までに40件の報告書を公表した。

図表Ⅱ-7-4-10　事故調査報告書

資料）国土交通省

⑦運転者の体調急変に伴う事故防止対策の推進

　睡眠呼吸障害、脳疾患、心臓疾患等の主要疾病の早期発見に有効と考えられるスクリーニング検査を普及させるための検討に必要となる、事業者における同検査の普及状況や課題等を把握するため、同検査の実施状況等についてのアンケート調査を行っているほか、事業者の運転者に実際にスクリーニング検査を受診してもらい、受診後の運転者に対する事業者の対応等を調査するモデル事業を実施している。また、各種スクリーニング検査の受診促進のため、「事業用自動車健康起因事故対策協議会」において「自動車運送事業者における脳血管疾患対策ガイドライン」をとりまとめ、平成30年2月に公表し、令和元年7月には、「自動車運送事業者における心臓疾患・大血管疾患対策ガイドライン」をとりまとめ、公表した。

⑧国際海上コンテナの陸上運送の安全対策

　国際海上コンテナの陸上運送の安全対策を充実させるため、平成25年6月に新たな「国際海上コンテナの陸上における安全輸送ガイドライン」等を策定し、地方での関係者会議や関係業界による講習会等を通じ、ガイドライン等の浸透や関係者と連携した実効性の確保に取り組んでいる。

（6）自動車の総合的な安全対策

①今後の車両安全対策の検討

　第11次交通安全基本計画（計画年度：令和3年度〜令和7年度）を踏まえ、交通政策審議会陸上分科会自動車部会において、今後の車両の安全対策のあり方、車両の安全対策による事故削減目標等について審議され、令和3年6月に報告書が取りまとめられた。報告書では「歩行者・自転車等利用者の安全確保」、「自動車乗員の安全確保」、「社会的背景を踏まえて重視すべき重大事故の防止」及び「自動運転関連技術の活用・適正利用促進」を今後の車両安全対策の柱とするとともに，令和12年までに，車両安全対策により，年間の30日以内交通事故死者数を1,200人削減、重傷者数を11,000人削減するとの目標が掲げられた。また、高齢運転者の事故防止対策として、ペダルの踏み間違いなど運転操作ミス等に起因する高齢運転者による事故が発生していることや、高齢化の進展により運転者の高齢化が今後も加速していくことを踏まえ、「安全運転サポート車」（サポカー）の普及促進に取り組むとともに、令和3年11月以降の国産新車乗用車から順次衝突被害軽減ブレーキの装着義務化を進める等により、先進的な安全技術を搭載した自動車の性能向上と普及促進に取り組んだ。

②安全基準等の拡充・強化

　自動車の安全性の向上を図るため、国連の自動車基準調和世界フォーラム（WP.29）において策定した国際基準を国内に導入することを通じ、乗用車等の衝突被害軽減ブレーキの要件の対車両及び対歩行者から対自転車への拡充、バックカメラ等の後退時車両直後確認装置の装備義務化など、保安基準の拡充・強化を行った。引き続き、国際議論を主導し、大型車の衝突被害軽減ブレーキの要件の対車両から対歩行者への拡充など自動車の安全性向上に向けて、更なる保安基準の拡充・強化を図っていく。

③先進安全自動車（ASV）の開発・実用化・普及の促進

　産学官の連携により、先進技術を搭載した自動車の開発と普及を促進し、交通事故削減を目指す「先進安全自動車（ASV）推進プロジェクト」では、第7期ASV推進検討会を立ち上げ、「自動運転

の高度化に向けた ASV の更なる推進」を基本テーマとして、令和3年度から令和7年度の5年間で、①既存の ASV 技術の正しい理解・利用のための効果的な普及戦略の検討、②運転者が明らかに誤った操作を行った場合等であっても、システムが安全操作を行う安全技術のあり方の検討、③通信や地図を活用した協調型の安全技術の実用化と普及に向けた共通仕様の検討、④自動運転車においてシステムが負うべき責任の範囲の整理についての検討等に取り組むことを決定した。

④自動車アセスメントによる安全情報の提供

　安全な自動車及びチャイルドシートの開発やユーザーによる選択を促すため、これらの安全性能を評価し結果を公表している。令和3年度は、13車種を対象に、衝突安全性能評価と予防安全性能評価を統合した「自動車の安全性能の総合評価」の結果を公表した。さらに対自転車の衝突被害軽減ブレーキについて、評価試験方法等を策定した。

⑤自動運転の実現に向けた取組み

　高速道路でのレベル4自動運転の実現に向け、国連 WP29 における議論を官民をあげて主導し、車線変更、高速度域に対応した自動運転機能等について検討を進めた。また令和6年10月より開始される「OBD 検査[注22]」の導入に向けて、検査の合否判定に必要なシステムの開発など、環境整備を進めた。さらに、レベル4の自動運転技術に対する審査手法を構築するため、シミュレーション等を活用した安全性評価手法等の策定のための調査を実施した。

⑥自動車型式指定制度

　自動車型式指定制度においては、保安基準への適合性及び生産過程における品質管理体制等の審査を独立行政法人自動車技術総合機構交通安全環境研究所と連携して実施し、自動車の安全性と環境性能の確保を図っている。なお、令和3年度の自動車型式指定件数は1,569件、装置型式指定件数は402件であった。

　また、型式指定を受けた自動車製作者が国に代わって行う完成検査について、「完成検査の改善・合理化に向けた検討会」において、政府のデジタル化の方針に沿って技術進展等に対応した完成検査の改善・合理化の促進に関する検討を進め、令和3年11月には、省令等を改正し、人工知能（AI）等を活用した完成検査を可能とした。

⑦リコールの迅速かつ着実な実施・ユーザー等への注意喚起

　自動車のリコールの迅速かつ確実な実施のため、自動車メーカー等及びユーザーからの情報収集に努め、自動車メーカー等のリコール業務について監査等の際に確認・指導するとともに、安全・環境性に疑義のある自動車については、独立行政法人自動車技術総合機構交通安全環境研究所において技術的検証を行っている。また、リコール改修を促進するため、ウェブサイトやソーシャル・メディアを通じたユーザーへの情報発信を強化した。さらに、自動車不具合情報の収集を強化するため、「自動車不具合情報ホットライン」[注23] について周知活動を積極的に行っている。なお、令和3年度のリコール届出件数は369件、対象台数は426万台であった。

注22 OBD(On Board Diagnosis) 検査：自動車に搭載された電子装置の故障や不具合の有無の検査
注23 www.mlit.go.jp/RJ/

また、国土交通省に寄せられた不具合情報や事故・火災情報等を公表し、ユーザーへの注意喚起が必要な事案や適切な使用及び保守管理、不具合発生時の適切な対応について、ユーザーへの情報提供を実施している。特に、冬季の冬用タイヤやチェーンの適切な使用や、豪雨時の販売店が推奨する脱出用ハンマーの備え付けについて、季節に合わせた報道発表やツイッターを通じて、ユーザー等への注意喚起を行った。

⑧自動車の整備・検査の高度化

令和2年4月に施行された「道路運送車両法の一部を改正する法律」（令和元年法律第14号）により、高度な整備技術を有するものとして国が認証を与えた整備工場（認証工場）でのみ作業が可能な整備の範囲を拡大することで、自動車の使用者が安心して整備作業を整備工場に委託できる環境作りを進めている。具体的には、これまで「対象装置の取り外しを行う整備（分解整備）」がその対象であったのに対し、対象装置に「自動運行装置」を加えるとともに、取り外しは行わずとも制動装置等の作動に影響を及ぼすおそれがある作業を対象に含め、特定整備と改称した。

また、「車載式故障診断装置を活用した自動車検査手法のあり方検討会」最終報告書を踏まえた、令和6年10月開始予定の新たな電子的検査を導入するための体制整備を進めている。

（7）被害者支援

①自動車損害賠償保障制度による被害者保護

自動車損害賠償保障制度では、クルマ社会の支え合いの考えに基づき、自賠責保険の保険金支払い、ひき逃げ・無保険車事故による被害者の救済（政府保障事業）を行っている。また、重度後遺障害者への介護料の支給や療護施設の設置等の自動車事故対策事業も実施している。

令和3年度においては、「今後の自動車事故被害者救済対策のあり方に関する検討会」を開催し、自動車事故被害者、遺族等の関係者や有識者からの意見を踏まえ、自動車事故被害者の治療・リハビリテーションの機会確保に向けた環境整備や介護する家族の高齢化の進展等により、介護をする人がいなくなった場合（いわゆる「介護者なき後」）への対策等を柱とした自動車事故の被害者救済対策の方向性を取りまとめた。

本取りまとめを踏まえ、療護センターにおけるリハビリの充実、脊髄損傷や高次脳機能障害を負った自動車事故被害者向けのリハビリ対策、「介護者なき後」の受け皿拡大に向けたグループホームの新設支援等、必要な施策の実現に向けて取り組んでいく。

②交通事故相談活動の推進

地方公共団体に設置されている交通事故相談所等の活動を推進するため、研修や実務必携の発刊を通じて相談員の対応能力の向上を図るとともに、ホームページでの相談活動の周知を行うなど、地域における相談活動を支援している。これにより、交通事故被害者等の福祉の向上に寄与している。

（8）機械式立体駐車場の安全対策

機械式駐車装置の安全性に関する基準について、国際的な機械安全の考え方に基づく質的向上と多様な機械式駐車装置に適用するための標準化を図るため、平成29年5月にJIS規格を制定した。

また、同年12月に社会資本整備審議会「都市計画基本問題小委員会都市施設ワーキンググループ」で、今後の機械式駐車装置の安全確保に向けた施策の具体的方向性についてとりまとめ、30年7月

には、このとりまとめに基づく「設置後の点検等による安全確保」の推進に向けて、「機械式駐車設備の適切な維持管理に関する指針」を策定した。

さらに、近年、機器等の交換が適切に実施されなかったことによる機械式駐車設備の事故が発生している状況をふまえ、令和3年9月に指針の一部見直しを行った。

第5節　危機管理・安全保障対策

1 犯罪・テロ対策等の推進

（1）各国との連携による危機管理・安全保障対策

①セキュリティに関する国際的な取組み

主要国首脳会議（G7）、国際海事機関（IMO）、国際民間航空機関（ICAO）、アジア太平洋経済協力（APEC）等の国際機関における交通セキュリティ分野の会合やプロジェクトに参加し、我が国のセキュリティ対策に活かすとともに、国際的な連携・調和に向けた取組みを進めている。

平成18年に創設された「陸上交通セキュリティ国際ワーキンググループ（IWGLTS）」には、現在16箇国以上が参加しており、陸上交通のセキュリティ対策に関する枠組みとして、更なる発展が見込まれているほか、日米、日EUといった二国間会議も活用し、国内の保安向上、国際貢献に努めている。

②海賊対策

国際海事局（IMB）によると、令和3年における海賊及び武装強盗事案の発生件数は132件であり、地域別では、ソマリア周辺海域が1件、西アフリカ（ギニア湾）が35件及び東南アジア海域が56件となっている。

平成20年以降、ソマリア周辺海域において凶悪な海賊事案が急増したが、各国海軍等による海賊対処活動、商船側によるベスト・マネジメント・プラクティス（BMP）注24に

図表II-7-5-1　国土交通省に報告された我が国に関係する船舶における海賊及び武装強盗被害発生状況（令和3年）

●：乗り込まれたが、被害を回避した事案

（注）我が国に関係する船舶：日本籍船又は日本の船舶運航事業者が運航する外国籍船

基づく自衛措置の実施、商船の民間武装警備員の乗船等国際社会の取組みにより、近年は低い水準で推移している。しかしながら、不審な小型ボートに追跡され銃撃を受ける事案が依然として発生しており、商船の航行にとって予断を許さない状況が続いている。

このような状況の下、我が国としては、「海賊行為の処罰及び海賊行為への対処に関する法律」に基づき、海上自衛隊の護衛艦により、アデン湾において通航船舶の護衛を行うと同時に、P-3C哨

注24 国際海運会議所等海運団体により作成されたソマリア海賊による被害を防止し又は最小化するための自衛措置（海賊行為の回避措置、船内の避難区画（シタデル）の整備等）を定めたもの。

戒機による警戒監視活動を行っている。国土交通省においては、船社等からの護衛申請の窓口及び護衛対象船舶の選定を担うほか、一定の要件を満たす日本船舶において民間武装警備員による乗船警備を可能とする「海賊多発海域における日本船舶の警備に関する特別措置法」の運用を適切に行い、日本籍船の航行安全の確保に万全を期していく。

　海上保安庁においては、ソマリア沖・アデン湾における海賊対処のために派遣された護衛艦に、海賊行為があった場合の司法警察活動を行うため海上保安官8名を同乗させ、海上自衛官とともに海賊行為の警戒及び情報収集活動に従事させている。また、同周辺海域沿岸国の海上保安機関との間で海賊の護送と引渡しに関する訓練等を実施している。

　東南アジア海域等においては、巡視船や航空機を派遣し、寄港国海上保安機関と海賊対処連携訓練や意見・情報交換を行うなど連携・協力関係の推進に取り組んでいる。

　加えてこれらの海域の沿岸国の海上保安機関職員に対し研修等を行うなど法執行能力向上のための支援に積極的に取り組んでいるほか、アジア海賊対策地域協力協定（ReCAAP）に基づいて設置された情報共有センター（ISC）へ職員を派遣するなど国際機関を通じた国際的連携・協力に貢献している。

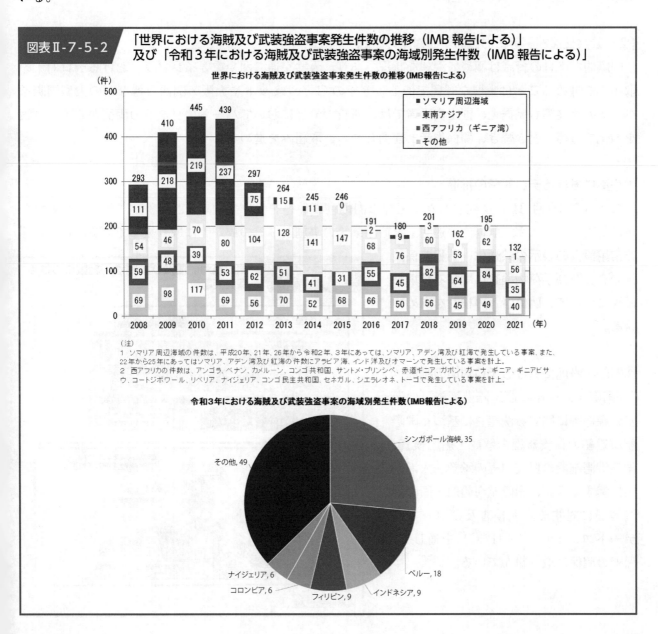

図表Ⅱ-7-5-2　「世界における海賊及び武装強盗事案発生件数の推移（IMB報告による）」及び「令和3年における海賊及び武装強盗事案の海域別発生件数（IMB報告による）」

③中東地域における対応

　我が国に輸入される原油の約9割は中東地域からのものであり、中東地域を航行する船舶の航行の安全を確保することは重要である。中東地域は、高い緊張状態が継続しており、航行船舶に対する事案も発生し、令和元年6月13日にはオマーン湾を航行していた我が国関係船舶が攻撃を受ける事案が発生している。

　我が国としては、令和3年12月24日に元年12月27日の閣議決定「中東地域における日本関係船舶の安全確保に関する政府の取組みについて（2年12月11日一部変更)」を一部変更し、引き続き、更なる外交努力や航行安全対策の徹底、自衛隊による情報収集活動を行っている。国土交通省においても、関係省庁から情報共有を受けつつ関係業界との綿密な情報共有や適時の注意喚起等に引き続き取り組み、我が国関係船舶の航行安全の確保に万全を期していく。

④港湾における保安対策

　日ASEANの港湾保安専門家による会合等、諸外国との港湾保安に関する情報共有等を通じて、地域全体の港湾保安の向上を図る。

（2）公共交通機関等におけるテロ対策の徹底・強化

　国際的なテロの脅威は極めて深刻な状況であり、公共交通機関や重要インフラにおけるテロ対策の取組みを進めることは重要な課題である。今後のG7サミットや大阪・関西万博などの大型国際イベントの開催等も見据え、国土交通省では、所管の分野においてハード・ソフトの両面からテロ対策を強化する等、引き続き、関係省庁と連携しつつ、取組みを進める。

①鉄道におけるテロ対策の推進

　令和3年10月31日に発生した京王線車内傷害事件等を受けて同年12月3日にとりまとめた今後の対策等を踏まえ、駅構内の巡回や警戒添乗等の実施及びその周知等に取り組んでいるほか、各種非常用設備の表示の共通化、防犯関係設備の充実及び手荷物検査に関する環境整備等について、関係者との検討を進めている。

②船舶・港湾におけるテロ対策の推進

　「国際航海船舶及び国際港湾施設の保安の確保等に関する法律」に基づく国際航海船舶の保安規程の承認・船舶検査、国際港湾施設の保安規程の承認、入港船舶に関する規制、国際航海船舶・国際港湾施設に対する立入検査及びポートステートコントロール（PSC）を通じて、保安の確保に取り組んでいる。

図表Ⅱ-7-5-3　国際航海船舶及び国際港湾施設における保安装置

資料）国土交通省

③航空におけるテロ対策の推進

　国際民間航空条約に規定される国際標準に従って航空保安体制の強化を図るとともに、各空港においては、車両及び人の侵入防止対策としてフェンス等の強化に加え、侵入があった場合に迅速な対応ができるよう、センサーを設置するなどの対策を講じている。「テロに強い空港」を目指し、全国の空港において従来型の検査機器からボディスキャナーをはじめとした高度な保安検査機器（爆発物自動検知機器等）への入れ替えを加速度的に促進し、今後の航空需要の回復・増大に向け、航空保安検査の高度化を図るとともに、新技術を活用した新たな検査機器の導入を推進した。保安検査に関する諸課題について検討を行うため、令和2年6月から開催している有識者会議において保安検査の位置付け、保安検査の役割分担、保安検査の量的・質的向上等の課題に関して検討を進めており、その議論を踏まえ、3年6月、保安検査の受検義務付け等を内容とする「航空法等の一部を改正する法律」が成立・公布され、4年3月より施行された。

　加えて、2年7月に「重要施設の周辺地域の上空における小型無人機等の飛行の禁止に関する法律」に基づき8空港（新千歳空港、成田国際空港、東京国際空港、中部国際空港、関西国際空港、大阪国際空港、福岡空港、那覇空港）を対象空港として指定し、当該空港周辺での小型無人機等の飛行を禁止するとともに、これに違反して飛行する小型無人機等に対する退去命令や飛行妨害等の措置をとることができるよう体制整備を行っている。また、上記8空港以外の空港についても、2年9月より、空港の機能を確保する観点から、空港の設置者に対し、空港周辺における無人航空機の飛行等の行為に関し、行為が禁止されていることの周知や場周警備の一環としての巡視の実施、違反行為が確認された場合の連絡体制の構築等を義務付け、これらの実施のための体制整備を行っている。

④自動車におけるテロ対策の推進

　防犯カメラの設置、不審者・不審物発見時の警察への通報や協力体制の整備等、テロの未然防止対策を推進している。多客期におけるテロ対策として、車内の点検、営業所・車庫内外における巡回強化、警備要員等の主要バス乗降場への派遣等を実施するとともに、バスジャック対応訓練の実施についても推進している。

⑤重要施設等におけるテロ対策の推進

　河川関係施設等では、河川・海岸等の点検・巡視時における不審物等への特段の注意、ダム管理庁舎及び堤体監査廊等の出入口の施錠強化等を行っている。道路関係施設では、高速道路や直轄国道の巡回時の不審等への特段の注意、休憩施設のごみ箱の集約等を行っている。国営公園では、巡回警備の強化、はり紙掲示等による注意喚起等を行っている。また、工事現場では、看板設置等による注意喚起等を行っている。

（3）物流におけるセキュリティと効率化の両立

　国際物流においても、セキュリティと効率化の両立に向けた取組みが各国に広がりつつあり、我が国においても、物流事業者等に対してAEO制度注25の普及を促進している。現在では、AEO輸出者により輸出申告される貨物や、AEO保税運送者の輸送を前提にAEO通関業者に委託して輸出申告

注25 貨物のセキュリティ管理と法令遵守の体制が整備された貿易関連事業者を税関が認定し、通関手続の簡素化等の利益を付与する制度

される貨物については、保税地域に搬入することなく輸出許可を受けることも可能となっている。

　航空貨物に対する保安体制については、荷主から航空機搭載まで一貫して航空貨物を保護することを目的に、ICAOの国際基準に基づき制定されたKS/RA制度[注26]を導入している。その後、米国からの更なる保安強化の要求に基づき、円滑な物流の維持にも留意しつつ同制度の改定を行い、平成24年10月より米国向け国際旅客便搭載貨物について適用を開始し、26年4月からはすべての国際旅客便搭載貨物についても適用を拡大した。

　また、主要港のコンテナターミナルにおいては、トラック運転手等の本人確認及び所属確認等を確実かつ迅速に行うため、出入管理情報システムの導入を推進し、平成27年1月より本格運用を開始している。加えて、CONPAS（新・港湾情報システム）における予約確認にも出入管理情報システムにおけるPS（Port Security）カードを活用することでセキュリティと効率化を両立させる取組みを行った。また、新型コロナウイルス感染症への対応の一環として、港湾物流事業を継続する必要があるため、セキュリティを確保しつつ本人確認及び所属確認等を非接触に行えるよう出入管理情報システムの改修を推進する。

（4）情報セキュリティ対策

　近年、情報セキュリティのサプライチェーンリスクが指摘される中、サイバー攻撃が複雑化・巧妙化しており、テレワークや遠隔会議システムの普及・拡大により、情報セキュリティ対策の重要性がますます高まっている。

　国土交通省においては、所管する独立行政法人や重要インフラ事業者等とともに情報セキュリティ対策の強化に取り組んでおり、内閣サイバーセキュリティセンター（NISC）との連携の下、サイバー攻撃への対処態勢の充実・強化等の取組みを推進している。

② 事故災害への対応体制の確立

　鉄道、航空機等における多数の死傷者を伴う事故や船舶からの油流出事故等の事故災害が発生した場合には、国土交通省に災害対策本部を設置し、迅速かつ的確な情報の収集・集約、関係行政機関等との災害応急対策が実施できるよう体制整備を行っている。

　海上における事故災害への対応については、巡視船艇・航空機・大型浚渫兼油回収船等の出動体制の確保、防災資機材や救助資機材の整備等を行うとともに、合同訓練等を実施し、関係機関等との連携強化を図っている。また、油等防除に必要な沿岸海域環境保全情報を整備し提供している。

　その他、海上における船舶の海難に伴って発生する油等の汚染や難破物除去等の損害に関し、船舶油濁等損害賠償保障法により、船舶所有者等の賠償責任、船舶所有者に対する保険者との保障契約締結義務が課せられており、地方運輸局等において、保障契約証明書の交付、入港予定の外航船舶から通報される保障契約情報の確認により、無保険船舶の排除を行うとともに、船舶の海難等からの被害者保護を図り、海上輸送の健全な発達に寄与している。

　また、タンカーの事故により油濁損害が発生した際、船舶所有者等の賠償責任を超える被害に対する補償を行う等の国際的な枠組みである国際油濁補償基金（IOPCF）において、我が国は最大拠

注26 航空機搭載前までに、特定荷主（Known Shipper）、特定航空貨物利用運送事業者又は特定航空運送代理店業者（Regulated Agent）又は航空会社においてすべての航空貨物の安全性を確認する制度

出国の一つとして、基金の運営をリードし、世界各地で発生する油濁損害対応に大きく貢献している。

③ 海上における治安の確保

（1）テロ対策の推進

テロの未然防止措置として、原子力発電所や石油コンビナート等の重要インフラ施設に対して、巡視船艇・航空機による監視警戒を行っているほか、旅客ターミナル、フェリー等のいわゆるソフトターゲットにも重点を置いた警戒を実施している。

ソフトターゲットに対するテロ対策は、それら施設の運営者等の事業者と連携して未然防止策を推進することが不可欠である。このため海上保安庁では、平成29年度から海事・港湾業界団体と関係機関が参画する「海上・臨海部テロ対策協議会」を定期的に開催

図表Ⅱ-7-5-4　選手村前面岸壁にて警戒を行う巡視船

し、旅客船を使用した実動訓練を実施するなど、官民一体となったテロ対策を推進してきた。

また、新たなテロの脅威として、ドローンを使用したテロの発生も懸念されていることから、関係機関と連携して不審なドローン飛行に関する情報を把握するとともに、ドローン対策資機材を活用するなど複合的な対策を講じている。

令和3年7月から9月にかけて開催された「2020年東京オリンピック・パラリンピック競技大会」では、選手村や競技会場等の多くが臨海部に位置するほか、いくつかの競技が海上で実施されたため、全国から勢力を集結させ、過去最大規模の体制でこの海上警備に臨んだ。今後も、大阪・関西万博等大規模行事を見据え、引き続き官民連携のうえテロ対策を推進していく。

（2）不審船・工作船対策の推進

不審船・工作船は、我が国領域内における重大凶悪な犯罪に関与している疑いがあり、その目的や活動内容を明らかにするため、確実に停船させ、立入検査を実施し、犯罪がある場合は適切に犯罪捜査を行う必要がある。このため、不審船・工作船への対応は、関係省庁と連携しつつ、警察機関である海上保安庁が第一に対処することとしている。

海上保安庁では、各種訓練を実施するとともに、関係機関等との情報交換を緊密に行うことにより、不審船・工作船の早期発見及び対応能力の維持・向上に努めている。

（3）海上犯罪対策の推進

最近の海上犯罪の傾向として、国内密漁事犯では、密漁者と買受業者が手を組んだ組織的な形態で行われる事犯や、暴力団が資金源として関与する事犯などが見受けられるほか、海上環境事犯では、処理費用の支払いを逃れるために廃棄物を海上に不法投棄する等の事犯も発生している。また、外国漁船による違法操業事犯でも取締りを逃れるために、夜陰に乗じて違法操業を行うものなどが発生し

第7章　安全・安心社会の構築

ている。違法薬物の密輸事犯では、一度に大量の覚醒剤を海上コンテナ貨物に隠匿して密輸する事件が相次いでおり、密航事犯では、貨物船、訪日クルーズ船を利用した数名規模の不法上陸やブローカーが関与する事件などが発生している。このような各種海上犯罪については、その様態は悪質・巧妙化しており、依然として予断を許さない状況にあり、海上保安庁では、巡視船艇・航空機を効率的かつ効果的に運用することで監視・取締りや犯罪情報の収集・分析、立入検査を強化するとともに、国内外の関係機関との情報交換等、効果的な対策を講じ、厳正かつ的確な海上犯罪対策に努めている。

❹ 安全保障と国民の生命・財産の保護

（1）北朝鮮問題への対応

　我が国では、平成18年7月の北朝鮮による弾道ミサイル発射及び同年10月の北朝鮮による核実験実施を受け、同月、「特定船舶の入港の禁止に関する特別措置法」に基づき、全ての北朝鮮籍船舶の入港禁止措置を実施した。また、28年には、北朝鮮による累次の挑発行動を受け、北朝鮮の港に寄港したことが我が国の法令に基づく手続き等により確認された第三国籍船舶及び日本籍船舶並びに国際連合安全保障理事会の決定等に基づき制裁措置の対象とされた船舶が入港禁止措置の対象として追加され、令和3年4月6日の閣議において、国際情勢にかんがみ、当該入港禁止措置の期限を5年4月13日まで延長することが決定された。国土交通省・海上保安庁では、本措置の確実な実施を図るため、これら船舶の入港に関する情報の確認等を実施しているほか、関係行政機関と緊密に連携し、「国際連合安全保障理事会決議第千八百七十四号等を踏まえ我が国が実施する貨物検査等に関する特別措置法」に基づく対北朝鮮輸出入禁止措置の実効性確保に努めている。

　国土交通省・海上保安庁及び気象庁では、累次の北朝鮮関係事案の発生を踏まえ、関係省庁との密接な連携の下、即応体制の強化、北朝鮮に対する監視・警戒態勢の継続をしているところであり、弾道ミサイル発射事案や核実験においても、関係する情報の収集や必要な情報の提供を行うなど、国民の安全・安心の確保に努めている。特に、北朝鮮の弾道ミサイルが我が国周辺に発射された場合などには、我が国周辺の航空機や船舶に対して直接、又は、事業者などを通じて迅速に情報を伝達し、注意を促すこととしている。

（2）国民保護計画による武力攻撃事態等への対応

　武力攻撃事態等における避難、救援、被害最小化の措置等について定めた「武力攻撃事態等における国民の保護のための措置に関する法律」及び「国民の保護に関する基本指針」を受け、国土交通省・観光庁、国土地理院、気象庁及び海上保安庁において「国民の保護に関する計画」を定めている。国土交通省・観光庁では、地方公共団体等の要請に応じ、避難住民の運送等について運送事業者である指定公共機関との連絡調整等の支援等を実施すること、国土地理院では、地理空間情報を活用した被災状況や避難施設等に関する情報を関係省庁等と連携して国民に提供すること、気象庁では、気象情報等について関係省庁等と連携して国民に提供すること、海上保安庁では、警報及び避難措置の実施の伝達、避難住民の誘導等必要な措置を実施すること等を定めている。

❺ 重篤な感染症及び影響の大きい家畜伝染病対策

（1）重篤な感染症対策

重篤な感染症対策については、関係省庁と緊密に連携し対応している。

①新型インフルエンザ等対策

「新型インフルエンザ等対策特別措置法」（特措法）においては、感染拡大を可能な限り抑制し、国民の生命及び健康を保護し、並びに国民生活及び国民経済に及ぼす影響を最小となるようにするため、国土交通省を含む指定行政機関は自ら新型インフルエンザ等対策を的確かつ迅速に実施し、並びに地方公共団体及び指定公共機関が実施する対策を的確かつ迅速に支援することにより、国全体として万全の態勢を整備する責務を有するとされている。

国土交通省では、国土交通省新型インフルエンザ等対策行動計画において、特措法の各種措置の運用等について、（ア）運送事業者である指定（地方）公共機関の役割等、（イ）新型インフルエンザ等緊急事態宣言時の対応等を規定している。

なお、特措法については、新型コロナウイルス感染症もその対象としている。

②新型コロナウイルス感染症対策

令和元年12月に中国武漢市で感染が広がった新型コロナウイルス感染症について、我が国でも2年1月15日に最初の感染者が確認され、政府は2年1月30日に新型コロナウイルス感染症対策本部を設置（以下「政府対策本部」という。）した。政府対策本部の設置を受け、同日国土交通省に「国土交通省新型コロナウイルス感染症対策本部」（以下「省対策本部」という。）を設置、4年3月末まで44回の省対策本部を開催し、国内における感染防止対策、水際対策等に省を挙げて取り組んだ。

（ア）国内における感染防止対策

国土交通省では、新型コロナウイルス感染症の国内発生以降、空港、鉄道駅等におけるマスク着用の徹底、手洗い励行、消毒液の設置、複数人が接する設備・施設の消毒等の衛生対策の徹底、職員同士の距離確保、事業場の換気励行、発熱等の症状が見られる従業員の出勤自粛等の実施及び職員間のテレワーク・時差出勤の実施を事業者に対して要請している。また、令和2年5月には、事業者及び関係団体による自主的な感染予防対策を進めるため、感染拡大予防ガイドラインを策定することとされ、国土交通省所管の分野においても、4年1月末時点で63の団体が51のガイドラインを策定・公表している。国土交通省では、感染予防対策の徹底が図られるよう、関係団体に対し、ガイドラインを個々の事業者にしっかり周知し、感染予防に万全を期すよう要請している。加えて、公共交通機関においては、利用者に対し、

（1）マスクの着用や会話は控えめにすること

（2）車内換気へのご理解・ご協力

（3）テレワーク・時差出勤へのご協力について、鉄道駅や車内等におけるアナウンスや国土交通省と業界団体が共同作成したポスターの掲示

等を通じ、呼びかけを行っている。

こうした取組みに加え、緊急事態宣言時及びまん延防止等重点措置実施時には、対象都道府県等に

おける外出・移動の自粛の観点から、空港や鉄道駅、高速道路のSA・PA等における移動自粛の呼びかけ、主要空港へのサーモグラフィーの設置及び高速道路周遊パスの新規申込受付停止等の対策を講じている。

　また、新型コロナウイルスのワクチン接種については、ワクチン接種に関する地域の負担を軽減し、接種の加速化を図るため、令和3年6月から職域接種が開始された。国土交通省としても、職域接種の実施にあたり、事業者と政府の間の調整等のサポートを行った。

（イ）水際対策

　新型コロナウイルスについては、国外からの変異株ウイルスの流入防止に万全を期すため、政府として、外国人の新規入国拒否や入国者総数の制限等の水際対策に取り組んできた。

　令和3年10月以降、ワクチン接種者に対する入国後の行動制限の緩和や外国人の新規入国制限の見直しといった水際対策の一部緩和措置が行われた。

　同年11月下旬には、国外において新たな変異株であるオミクロン株が発生したことを受け、当該緩和措置は一時停止されたが、4年3月以降、入国者の待機期間の変更や外国人の新規入国制限の見直し、入国者総数の引上げ等、再び段階的な緩和措置が講じられている。国土交通省としても、内閣官房長官の下に設置されたオミクロン株への対応に関するタスクフォースの一員として、水際対策に取り組んだ。

（2）影響の大きい家畜伝染病対策

　影響の大きい家畜伝染病対策については、平成30年9月、岐阜県の養豚場において、我が国では、4年以来26年ぶりとなる豚熱の発生が確認され、その後、令和4年3月31日現在岐阜県と愛知県を始め16県で77例の発生が確認されている。また、令和3年11月、秋田県の養鶏場において、我が国では前年度に引き続き鳥インフルエンザの発生が確認され、その後10県において、4年3月31日現在、国内で17例の鳥インフルエンザの陽性事案の発生が確認されている。

　国土交通省では、地方公共団体が実施する防疫措置に必要となる資機材の提供、同地方公共団体が行う防疫措置についての関係事業者に対する協力要請を行うなど、更なる感染拡大の防止のため、関係省庁と緊密に連携して必要な対応を講じている。

第8章　美しく良好な環境の保全と創造

第1節　地球温暖化対策の推進

① 地球温暖化対策の実施等

　気候変動の社会経済活動への影響が生じている中、平成28年のパリ協定の発効をはじめ、温室効果ガスの排出削減に向けた国際的な機運が急速に拡大している。我が国においても、令和2年10月に、政府として2050年カーボンニュートラルの実現を目標として掲げ、令和3年4月には、それと整合的で野心的な目標として、令和12年度に温室効果ガスを平成25年度から46％削減することを目指し、さらに、50％の高みに向けて挑戦を続けていくことを宣言、令和3年5月に成立した地球温暖化対策の推進に関する法律の一部を改正する法律では、2050年カーボンニュートラルを基本理念として法定化した。そして令和3年10月には、新たな令和12年度削減目標の実現に向けた裏付けとなる対策・施策を記載して新目標実現への道筋を描く「地球温暖化対策計画」と、2050年カーボンニュートラルに向けた基本的考え方等を示す「パリ協定に基づく成長戦略としての長期戦略」を閣議決定した。

　また、温室効果ガスの排出削減等対策である緩和策のみならず、自然災害の激甚化・頻発化 などの気候危機に対する気候変動影響への適応策の推進を図ることが求められている。国土交通省としては、住宅・建築物の脱炭素化、次世代自動車の普及促進、公共交通の利用促進やグリーン物流の推進、洋上風力発電や下水道バイオマス、太陽光発電など、インフラを活用した再エネの利活用の推進、港湾におけるカーボンニュートラルポートの形成や、ゼロエミッション船の開発・実用化など、水素等の次世代エネルギーの利活用拡大等に取り組むこととしている。また、地球温暖化緩和策のみならず、自然災害の激甚化・頻発化などの気候危機に対する気候変動適応策の推進を図ることが求められている。

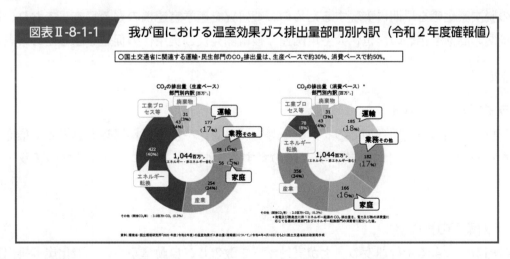

図表II-8-1-1　我が国における温室効果ガス排出量部門別内訳（令和2年度確報値）

【動画】
地球温暖化 ～科学と技術の現場から～
URL：https://www.youtube.com/watch?v=52a3mx99YEo

② 地球温暖化対策（緩和策）の推進

（1）カーボンニュートラルなまちづくりへの転換

　人口と建築物が相当程度集中する都市部において、カーボンニュートラルなまちづくりへの転換を促進するため、市区町村における「都市の低炭素化の促進に関する法律」に基づく「低炭素まちづくり計画」や「都市再生特別措置法」に基づく「立地適正化計画」の作成、これらの計画に基づく取組みに対する各種の税制、財政措置等の活用を通じて、都市のコンパクト化とこれと連携した公共交通機関の利用等を促進し、環境負荷の低減に取り組んでいる。

（2）環境に優しい自動車の開発・普及、最適な利活用の推進

①自動車の燃費改善

　「エネルギーの使用の合理化等に関する法律（省エネ法）」に基づく燃費基準の策定等を行い、自動車の燃費性能の向上を図っている。具体的な取り組みとして、乗用車の燃費基準に関して、モード試験では反映されない燃費向上技術（オフサイクル技術）の評価方法について検討を行うとともに、重量車の電気自動車等のエネルギー消費性能（電費）の測定方法について検討を行った。

②燃費性能向上を促す仕組み

　消費者が燃費性能の高い自動車を容易に識別・選択できるよう、自動車メーカー等に対してカタログに燃費を表示させることを義務づけている。また、燃費性能に係るステッカー表示や、自動車燃費性能評価・公表制度に基づく自動車の燃費性能等の自動車局HPにおける公表を実施している。

③環境に優しい自動車の普及促進

　環境性能に優れた自動車の普及を促進するため、エコカー減税等による税制優遇措置を実施している。また、地球温暖化対策等を推進する観点から、トラック・バス事業者等に、燃料電池自動車、電気自動車、ハイブリッド自動車や天然ガス自動車等の導入に対する補助を行っている。

④次世代大型車等の開発、実用化、利用環境整備

　大型車の脱炭素化等を早期に実現するための調査研究を産学官連携のもと実施しており、電動化技術や内燃機関の高効率化等の次世代大型車関連の技術開発及び実用化の促進を図るための調査研究を行った。

⑤エコドライブの普及・推進

　シンポジウムの開催や全国各地でのイベント等を関係省庁や地方運輸局等と連携して推進し、積極的な広報を行った。また、「エコドライブ10のすすめ」をもとに、エコドライブの普及・推進に努めた。

（3）交通流対策等の推進

　交通流の円滑化による走行速度の向上が実効燃費を改善し、自動車からの二酸化炭素排出量を減らすことから、様々な交通流対策を実施している。具体的には、都市部における交通混雑を解消させるため、都心部を通過する交通の迂回路を確保し都心部への流入の抑制等の効果がある、環状道路等幹

線道路ネットワークの強化、交差点の立体化、開かずの踏切等を解消する連続立体交差事業等を推進するとともに、円滑かつ安全な交通サービスの実現のため、今ある道路の運用改善や小規模な改良等により、道路ネットワーク全体の機能を最大限に発揮する取組みを推進している。また、自転車利用を促進するための環境整備や道路施設の低炭素化を進めるため、LED道路照明灯の整備等を実施している。

（4）公共交通機関の利用促進

自家用乗用車からエネルギー効率が高くCO_2排出の少ない公共交通機関へのシフトは、地球温暖化対策の面から推進が求められている。このため、環境省と連携して、LRT/BRTシステムの導入を支援するほか、エコ通勤優良事業所認証制度を活用した事業所単位でのエコ通勤の普及促進に取り組んだ。

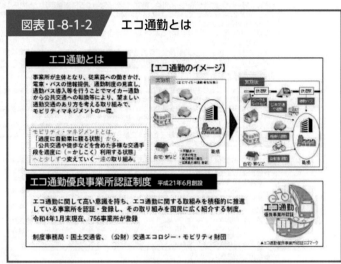

図表Ⅱ-8-1-2　エコ通勤とは

（5）高度化・総合化・効率化した物流サービス実現に向けた更なる取組み

国内物流の輸送機関分担率（輸送トンキロベース）はトラックが最大であり、5割を超えている。トラックのCO_2排出原単位[注1]は、大量輸送機関の鉄道、内航海運より大きく、物流部門におけるCO_2排出割合は、トラックが約9割を占めている。国内物流を支えつつ、CO_2の排出を抑制するために、トラック単体の低燃費化や輸送効率の向上と併せ、鉄道、内航海運等のエネルギー消費効率の良い輸送機関の活用を図ることが必要である。更なる環境負荷の小さい効率的な物流体系の構築に向け、大型CNGトラック等の環境対応車両の普及促進、港湾の低炭素化の取組みへの支援や冷凍冷蔵倉庫において使用する省エネ型自然冷媒機器の普及促進等を行っている。また、共同輸配送やモーダルシフトの促進や、省エネ船の建造促進等内航海運・フェリーの活性化に取り組んでいる。加えて、「エコレールマーク」（令和4年3月現在、商品171件（193品目）、取組み企業95社を認定）や「エコシップマーク」（4年4月末現在、荷主176者、物流事業者199者を認定）の普及に取り組んでいる。また、港湾においては、大量かつ安定・安価な水素・燃料アンモニア等の輸入・貯蔵等を可能とする受入環境の整備や、脱炭素化に配慮した港湾機能の高度化等を通じて、温室効果ガスの排出量を全体としてゼロとすることを目指す「カーボンニュートラルポート（CNP）」の形成に向けて、停泊中船舶に陸上電力を供給する設備や低炭素型荷役機械の導入等の推進に取り組んでいる。さらに、国際海上コンテナターミナルの整備、国際物流ターミナルの整備、複合一貫輸送に対応した国内物流拠点の整備等を推進することにより、貨物の陸上輸送距離削減を図っている。

このほか、関係省庁、関係団体等と協力して、グリーン物流パートナーシップ会議を開催し、荷主と物流事業者の連携による優良事業者への表彰や普及啓発を行っている。

令和3年度には、「総合物流施策大綱（2021年度～2025年度）」（令和3年6月15日閣議決定）の柱である「物流DXや標準化の推進によるサプライチェーン全体の徹底した最適化」や「労働力不足対策の推進と物流構造改革の推進」に則した取組みを行った事業者を表彰する「物流DX・標準

注1　貨物トンを1km輸送するときに排出されるCO_2の量

化表彰」及び「物流構造改革表彰」を新設し、物流の生産性向上等をより一層推進している。

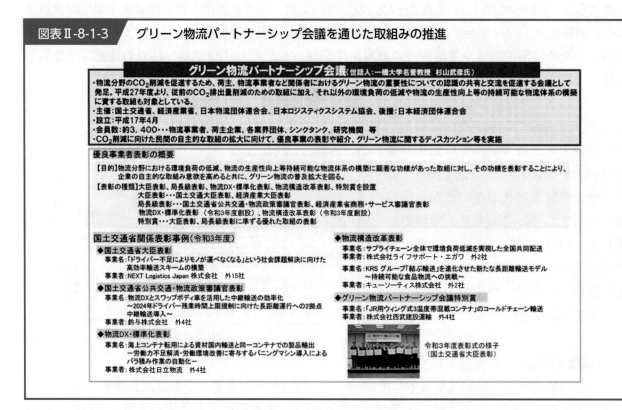

図表Ⅱ-8-1-3　グリーン物流パートナーシップ会議を通じた取組みの推進

（6）鉄道・船舶・航空・港湾における低炭素化の促進

①鉄道分野の更なる環境性能向上に資する取組み

　鉄道は他のモードに比べて環境負荷の小さい交通機関であるが、更なる負荷の軽減を図るため、水素を燃料とする燃料電池鉄道車両の開発を推進するとともに、環境省と連携し、エネルギーを効率的に使用するための先進的な省エネ設備・機器の導入を支援している。

②海運における省エネ・低炭素化の取組み

　国際海運分野については、令和3年6月に、国際海事機関（IMO）において、我が国主導による共同提案を基にした、世界の大型外航船への新たなCO_2排出規制「既存船燃費規制（EEXI）・燃費実績（CII）格付け制度」に関する条約を採択し、当該規制を5年1月から開始することが決定された。また、3年10月26日には、斉藤国土交通大臣より、令和32年までに、国際海運からのGHGの排出を全体としてゼロ（2050年カーボンニュートラル）を目指す旨を公表した。これを受けて、国際海運2050年カーボンニュートラルを実現するべく、我が国は3年11月に、IMOに対し米国、英国等と共同でこの目標を提案した。加えて、グリーンイノベーション基金（「次世代船舶の開発」プロジェクト）を活用して水素・アンモニアを燃料とするゼロエミッション船の実用化に向けた技術開発・実証を行うこととしており、同年10月に4つのテーマ及び実施者（民間企業）を選定した。

　内航海運分野については、革新的省エネルギー技術等の実証事業や内航船省エネルギー格付制度の運用等により、船舶の省エネ・低炭素化を促進している。また、令和3年4月に立ち上げた「内航カーボンニュートラル推進に向けた検討会」では、内航海運を取り巻く状況や取り組むべき施策の方向性等についての検討を行い、同年12月に船舶における「更なる省エネの追求」、及び代替燃料の活用等に向けた「先進的な取組の支援」の二つを柱として掲げた「とりまとめ」を公表した。「更

なる省エネの追求」に関する具体的施策の一つとして、荷主等と連携した新たな技術・手法を組み合わせた「連携型省エネ船」の開発・普及に向けた取組みを進めている。また、「先進的な取組の支援」として、関係省庁とも連携して LNG 燃料船、水素 FC 船、バッテリー船等の実証・導入を支援するなど船舶の低・脱炭素化に向けた取組みを一層加速させている。

③航空分野の CO_2 排出削減の取組み

国による航空分野における脱炭素化の取組みに関する施策の総合的かつ計画的な推進を図るための「基本方針」を策定し、航空運送事業者や空港管理者による上記方針に則った脱炭素化の取組みの内容等について記載した「推進計画」の作成等の促進により、脱炭素社会の実現に向けた航空分野における取組みを着実に進める。

航空機運航分野においては、「航空機運航分野における CO_2 削減に関する検討会」で取りまとめた新技術の導入、管制の高度化及び SAF（Sustainable Aviation Fuel：持続可能な航空燃料）の導入促進に関する工程表を着実に進めていくため、実務的な検討の場として、新たに官民協議会などを設置し、引き続き関係者と連携し、着実に取組みを進める。

特に SAF の導入促進について、令和 12 年時点の SAF 使用量について設定した「本邦エアラインによる燃料使用量の 10% を SAF に置き換える」という目標の下、国産 SAF の研究開発への連携、SAF の実需発生に対応するための輸入 SAF を含めたサプライチェーンの構築等に取り組む。

空港分野においては、「空港分野における CO_2 削減に関する検討会」で取りまとめた工程表等に基づいて空港施設・空港車両等からの CO_2 排出削減、空港の太陽光発電等再生可能エネルギーの導入など各空港における脱炭素化を推進するとともに、空港における省エネ・再エネ設備の導入・整備の際に考慮すべき事項等をまとめた整備マニュアルを令和 4 年度に策定する予定である。

国際航空分野の CO_2 排出削減の長期目標について、我が国が提案し設立した ICAO におけるタスクグループにおいて、議長国として議論をリードしてきたところ、令和 4 年秋の国際民間航空機関（ICAO）総会において、検討結果を踏まえた国際的に調和が図られた野心的な長期目標が決議されるよう、引き続き議論を主導する。

④港湾におけるカーボンニュートラルポート形成の推進

港湾においては、水素・燃料アンモニア等の大量かつ安定・安価な輸入・貯蔵等を可能とする受入環境の整備や、脱炭素化に配慮した港湾機能の高度化、集積する臨海部産業との連携等を通じて「カーボンニュートラルポート（CNP）」を形成し、我が国全体の脱炭素社会の実現への貢献を図ることとしている。

令和 3 年 6 月から、CNP の形成に向けた取組みの加速化を図る各種方策について整理等を行う「カーボンニュートラルポート（CNP）の形成に向けた検討会」を開催し、同年 12 月、検討結果を踏まえ、各港湾管理者が国の方針に基づき CNP 形成計画を策定するためのマニュアルを公表した。本マニュアル等の活用等を通じて、港湾管理者による CNP 形成計画の策定を支援するとともに、停泊中船舶に陸上電力を供給する設備や低炭素型荷役機械の導入等をさらに推進していく。また、水素燃料化した荷役機械等の新技術の導入に関する実証事業を行うとともに、水素・燃料アンモニア等の大量かつ安定・安価な輸入に向けて輸入拠点港湾の形成を含め、効率的な輸送ネットワークの構築について検討する。加えて、LNG バンカリング拠点の整備、洋上風力発電の導入促進、ブルーカーボン生態系の活用等を推進する。

図表Ⅱ-8-1-4	カーボンニュートラルポート（CNP）形成に向けた具体的な取組みのイメージ

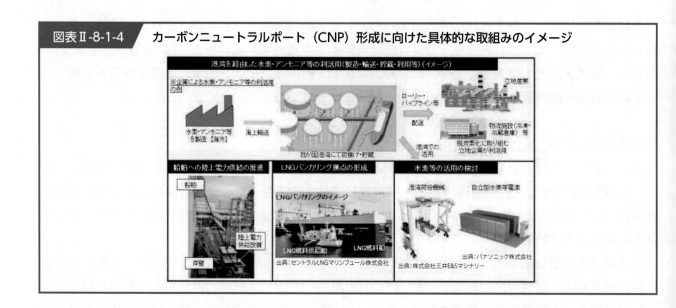

（7）住宅・建築物の省エネ性能の向上

　民生部門のエネルギー消費量は、他の部門に比べると増加が顕著であり、住宅・建築物の省エネルギー性能の向上は喫緊の課題である。

　住宅以外の一定規模以上の建築物の省エネ基準への適合義務等の規制措置を講ずる「建築物のエネルギー消費性能の向上に関する法律」が平成29年4月に全面施行された。また、住宅・建築物の省エネルギー性能の一層の向上を図るため、建築物の規模・用途ごとの特性に応じた実効性の高い対策として、省エネ基準への適合義務の対象となる建築物の範囲を中規模建築物に拡大することや住宅トップランナー制度の対象に注文戸建住宅及び賃貸アパートを追加することなどを内容とする「建築物のエネルギー消費性能の向上に関する法律の一部を改正する法律」が、令和元年5月に公布され、3年4月1日に全面施行された。

　さらに、省エネルギー性能を消費者に分かりやすく表示するため、住宅性能表示制度、建築環境総合性能評価システム（CASBEE）、建築物省エネルギー性能表示制度（BELS）等の充実・普及を図っている。

　このほか、省エネ・省CO$_2$等に係る先導的なプロジェクトや、中小工務店等が連携して建築するZEH（ネット・ゼロ・エネルギー・ハウス）や認定低炭素建築物等の取組みに対する支援を行うとともに、独立行政法人住宅金融支援機構の証券化支援事業の枠組みを活用した金利引下げ等を実施している。また、設計・施工技術者向けの講習会の開催等により、省エネ住宅・建築物の生産体制の整備に対する支援を行っている。

（8）下水道における省エネ・創エネ対策等の推進

　高効率機器の導入等による省エネ対策、下水汚泥の固形燃料化等の創エネ対策、下水汚泥の高温焼却等による一酸化二窒素の削減を推進している。

（9）建設機械の環境対策の推進

　燃費基準値を達成した油圧ショベル、ブルドーザ等の主要建設機械を燃費基準達成建設機械として認定する制度を運営しており、令和4年1月末現在で140型式を認定している。一方、これらの建設機械の購入に対し低利融資制度等の支援を行っている。

　また、令和32年目標である建設施工におけるカーボンニュートラルの実現に向けて、動力源の抜本的な見直しが必要であり、革新的な建設機械（電動、水素、バイオマス等）の導入拡大を図るため、現場導入試験を実施し普及・支援策を講じる。

（10）都市緑化等によるCO_2の吸収源対策の推進

　都市緑化等は、パリ協定に基づく温室効果ガス吸収量報告の対象に含まれており、市町村が策定する緑の基本計画等に基づき、都市公園の整備や、道路、港湾等の公共施設や民有地における緑化を推進している。

　また、地表面被覆の改善等、熱環境改善を通じたヒートアイランド現象の緩和による都市の低炭素化や緑化によるCO_2吸収源対策の意義や効果に関する普及啓発にも取り組んでいる。

（11）ブルーカーボンを活用した吸収源対策の推進

　CO_2吸収源の新しい選択肢として、「ブルーカーボン」、すなわち沿岸域や海洋生態系に貯留される炭素が世界的に注目されており、令和元年6月に「地球温暖化防止に貢献するブルーカーボンの役割に関する検討会」を立ち上げ、さらに、2年7月にブルーカーボンに関する試験研究を行う技術研究組合としては国内初となる「ジャパンブルーエコノミー技術研究組合（JBE）」の設立を認可し、ブルーカーボンを吸収源として活用していくための具体的な検討として、藻場の保全活動等によりブルーカーボン生態系が吸収したCO_2をクレジットとして認証し、取引を可能とする「ブルーカーボン・オフセット・クレジット制度」の試行に取組んでいる。あわせて、鉄鋼スラグ等の産業副産物を有効利用したブルーカーボン生態系の維持・拡大に向けた取組みを引き続き推進する。

❸ 再生可能エネルギー等の利活用の推進

　令和3年10月に閣議決定された「エネルギー基本計画」において、2050年カーボンニュートラル及び令和12年度の温室効果ガス排出削減目標の実現を目指し、再生可能エネルギーの主力電源化を徹底し、最優先の原則で取り組むとされたことを踏まえ、国土交通省では、洋上風力発電、小水力発電、下水道バイオマス、太陽光発電等の再生可能エネルギーの導入拡大を推進している。

（1）海洋再生可能エネルギー利用の推進

　洋上風力発電の導入に関し、港湾区域内においては、平成28年度の改正港湾法により、また、一般海域においても31年4月に施行された「海洋再生可能エネルギー発電設備の整備に係る海域の利用の促進に関する法律」（再エネ海域利用法）により、長期にわたる占用を実現するための枠組みが法制化された。このうち一般海域においては、海洋再生可能エネルギー発電設備整備促進区域として5か所（6区域）を指定しており、令和3年6月に「長崎県五島市沖」、同年12月に「秋田県能代市、三種町及び男鹿市沖」「秋田県由利本荘市沖（北側・南側）」「千葉県銚子市沖」において選定事業者を選定し、「秋田県八峰町及び能代市沖」においても公募手続きを開始している。また、同年9月に新たに4区域を有望な区域として整理するなど、洋上風力発電の導入が加速化している。

　令和元年2月に施行された改正港湾法により、洋上風力発電設備の設置及び維持管理に不可欠な港湾として、国が基地港湾を指定し、発電事業者に長期・安定的に埠頭を貸し付ける制度を創設した。同法に基づき2年9月には、能代港、秋田港、鹿島港、北九州港の4港を基地港湾として指定した。

秋田港については3年4月に発電事業者の貸し付けを開始しており、能代港、鹿島港、北九州港については地耐力強化などの必要な整備を実施している。

また、「洋上風力産業ビジョン（第1次）」を踏まえ、令和3年5月から開催している「2050年カーボンニュートラル実現のための基地港湾のあり方に関する検討会」において、基地港湾の規模及び配置や、基地港湾を活用した地域振興について検討を行い、4年2月にとりまとめを行ったところであり、引き続き洋上風力発電の導入促進を進めていく。

また、浮体式洋上風力発電施設の商用化に向けて同施設のコスト低減が喫緊の課題となっている。このため、平成30年度より安全性を確保しつつ浮体構造や設置方法の簡素化等を実現するための設計・安全評価手法を検討しているところ、令和2年度からは検査の効率化を実現するための手法を検討している。

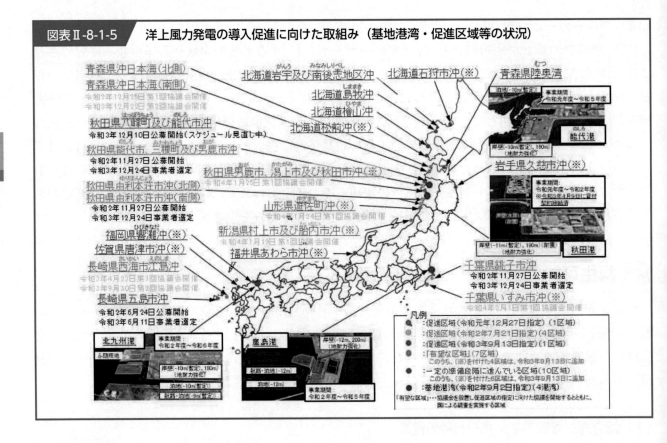

図表II-8-1-5　洋上風力発電の導入促進に向けた取組み（基地港湾・促進区域等の状況）

（2）未利用水力エネルギーの活用

河川等における再生可能エネルギーの導入促進に向けた取組みとして、小水力発電の導入や治水等多目的ダムの運用の高度化等による再生可能エネルギーの創出を推進している。具体的には、登録制による従属発電の導入促進、現場窓口によるプロジェクト形成支援、砂防堰堤における小水力発電の検討についての情報提供等の技術的支援および小水力発電設備の導入支援を行っているほか、国が管理する治水等多目的ダム等において最新の気象予測技術を活用したダムの運用の高度化やダム管理用水力発電設備の積極的な導入による未利用エネルギーの徹底的な活用を図っている。

（3）下水道バイオマス等の利用の推進

国土交通省では、下水汚泥のエネルギー利用、下水熱の利用等を推進している。平成27年5月には、「下水道法」が改正され、民間事業者による下水道暗渠への熱交換器設置が可能になったほか、

下水道管理者が下水汚泥をエネルギー又は肥料として再生利用することが努力義務化された。固形燃料化やバイオガス利用等による下水汚泥のエネルギー利用、再生可能エネルギー熱である下水熱の利用について、PPP/PFI等により推進している。

（4）太陽光発電等の導入推進

公的賃貸住宅、官庁施設や、道路、空港、港湾、鉄道・軌道施設、公園、ダム、下水道等のインフラ空間等を活用した太陽光発電等について、施設等の本来の機能を損なわないよう、また、周辺環境への負荷軽減にも配慮しつつ、可能な限りの導入拡大を推進している。

（5）水素社会実現に向けた取組みの推進

カーボンニュートラル時代を見据え、多様な貢献が期待できる水素の役割は今後一層拡大することが期待される中、水素が日常生活や産業活動で普遍的に利用される "水素社会" の実現に向け、平成29年12月に再生可能エネルギー・水素等関係閣僚会議決定された「水素基本戦略」及び令和3年6月に関係府省庁にて策定された「2050年カーボンニュートラルに伴うグリーン成長戦略」等を踏まえ、関係省庁と連携しつつ取組みを進めていく。

①燃料電池自動車の普及促進

燃料電池自動車の世界最速普及を達成すべく、また、比較的安定した水素需要が見込まれる燃料電池バス等を普及させることが水素供給インフラの整備においても特に重要であるとの認識の下、民間事業者等による燃料電池自動車の導入事業について支援している。令和3年末までに、燃料電池自動車の保有台数は6,697台となった。

②水素燃料電池船の実用化に向けた取組み

平成30年3月に策定した「水素燃料電池船の安全ガイドライン」について、最新の知見や動向を踏まえて、水素燃料電池船の安全性を確保しつつ開発・実用化をより推進する観点から令和3年8月に改訂版を公表した。

③水素燃料船の開発

「グリーンイノベーション基金」を活用した「次世代船舶の開発」プロジェクトにおいて、水素燃料エンジンの開発を含む4つの具体的なテーマ及び実施者（民間企業）を選定した。このプロジェクトを通して、水素燃料船等について、世界に先駆けた実用化を目指す。

④液化水素の海上輸送システムの確立

平成27年度より、川崎重工業株式会社等が、豪州の未利用エネルギーである褐炭を用いて水素を製造し、我が国に輸送を行う液化水素サプライチェーンの構築事業（経済産業省「未利用エネルギー由来水素サプライチェーン構築実証事業」（国土交通省連携事業））を実施している。

⑤下水汚泥由来の水素製造・利活用の推進

下水汚泥は、量・質の両面で安定しており、下水処理場に集約される。下水処理場が都市部に近接している等の特徴から、効率的かつ安定的な水素供給の実現の可能性が期待されている。そこで、再

生可能エネルギーである下水汚泥から水素を製造・利活用するため、下水道施設での水素製造技術の開発・実証等を推進している。

④ 地球温暖化対策（適応策）の推進

気候変動による様々な影響に備えるための取組みは、「気候変動適応法」（平成30年法律第50号）に基づき策定された、政府の「気候変動適応計画」（令和3年10月22日閣議決定）に基づいて、総合的かつ計画的に推進している。

この「気候変動適応計画」に基づき、自然災害分野（水害、土砂災害、高潮、高波等）及び水資源・水環境分野でのハード・ソフト両面からの総合的な適応策の検討・展開に取り組むとともに、気候変動の継続的モニタリング・予測情報等の提供や国民生活・都市生活分野の適応策にも資するヒートアイランド対策大綱に基づく対策等にも取り組んでいる。

第2節　循環型社会の形成促進

① 建設リサイクル等の推進

建設廃棄物は、全産業廃棄物排出量の約2割を占め、その発生抑制、再利用、再生利用は重要な課題である。平成30年度の建設廃棄物の排出量は全国で7,440万トン、最終処分量は212万トンまで減少し、再資源化・縮減率も97.2%に向上するなど、維持・安定期に入ってきたと考えられるが、今後も社会資本の維持管理・更新時代の到来への対応など、更なる建設リサイクルの推進を図る必要がある。

下水汚泥についても、全産業廃棄物排出量の約2割を占め、27年度の排出量は約7,807万トンであり、そのリサイクル、減量化の推進に取り組んでいる。

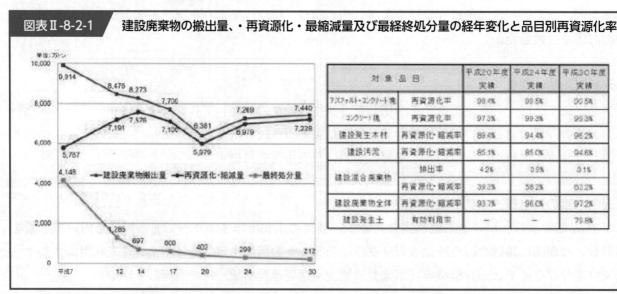

図表Ⅱ-8-2-1　建設廃棄物の搬出量、・再資源化・最縮減量及び最経終処分量の経年変化と品目別再資源化率

対象品目		平成20年度実績	平成24年度実績	平成30年度実績
アスファルト・コンクリート塊	再資源化率	98.4%	99.5%	99.5%
コンクリート塊	再資源化率	97.3%	99.3%	99.3%
建設発生木材	再資源化・縮減率	89.4%	94.4%	96.2%
建設汚泥	再資源化・縮減率	85.1%	85.0%	94.6%
建設混合廃棄物	排出率	4.2%	3.9%	3.1%
	再資源化・縮減率	39.3%	58.2%	63.2%
建設廃棄物全体	再資源化・縮減率	93.7%	96.0%	97.2%
建設発生土	有効利用率	―	―	79.8%

（1）建設リサイクルの推進

「建設工事に係る資材の再資源化等に関する法律（建設リサイクル法）」に基づき、全国一斉パトロール等による法の適正な実施の確保に努めている。

　また、国土交通省における建設リサイクルの推進に向けた基本的考え方、目標、具体的施策を示した「建設リサイクル推進計画 2020 ～「質」を重視するリサイクルへ～」（計画期間：最大 10 年間、必要に応じて見直し）を令和 2 年 9 月に策定し、各種施策に取り組んでいる。

　具体的には、建設副産物の再資源化率等に関する 6 年度達成基準値を設定するとともに、今後は「質」の向上が重要な視点と考え、①建設副産物の高い再資源化率の維持等、循環型社会形成へのさらなる貢献、②社会資本の維持管理・更新時代到来への配慮、③建設リサイクル分野における生産性向上に資する対応等を主要課題とした取り組むべき施策を実施している。

図表Ⅱ-8-2-2	建設リサイクル推進計画 2020 における達成基準値				
品目	指標	2018 目標値	2018 実績値	2024 達成基準値
アスファルト・コンクリート塊	再資源化率	99%以上	99.5%	99%以上
コンクリート塊	再資源化率	99%以上	99.3%	99%以上
建設発生木材	再資源化・縮減率	95%以上	96.2%	97%以上
建設汚泥	再資源化・縮減率	90%以上	94.6%	95%以上
建設混合廃棄物	排出率※1	3.5%以下	3.1%	3.0%以下
建設廃棄物全体	再資源化・縮減率	96%以上	97.2%	98%以上
建設発生土	有効利用率※2	80%以上	79.8%	80%以上

※1：全建設廃棄物排出量に対する建設混合廃棄物排出量の割合
※2：建設発生土発生量に対する現場内利用およびこれまでの工事間利用等に適正に盛土された採石場跡地復旧や農地受入等を加えた有効利用量の割合

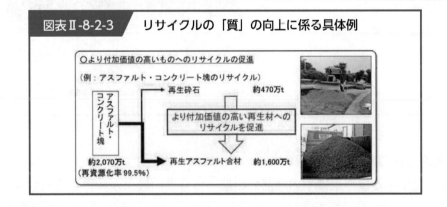

図表Ⅱ-8-2-3　リサイクルの「質」の向上に係る具体例

（2）下水汚泥の減量化・リサイクルの推進

　下水汚泥のリサイクルを推進（令和 2 年度リサイクル率 75%）し、下水汚泥の固形燃料化等によるエネルギー利用を進めている。さらに、下水道革新的技術実証事業（B-DASH プロジェクト）により、下水道資源を有効利用する革新的な技術及びシステムの実証を進めている。

② 循環資源物流システムの構築

（1）海上輸送を活用した循環資源物流ネットワークの形成

　循環型社会の構築に向けて循環資源の「環」を形成するため、循環資源の広域流動の拠点となる港湾をリサイクルポート（総合静脈物流拠点港）として全国で 22 港指定している。リサイクルポー

トでは、岸壁等の港湾施設の確保、循環資源
取扱支援施設の整備への助成、官民連携の促
進、循環資源の取扱いに関する運用等の改善
を行っている。

また、海上輸送を活用した災害廃棄物の広
域処理にあたって生じる課題を整理し、それ
ら課題の対応策及びその実効性を向上させる
ために必要となる関係者の体制及び役割分担
等について、関係省庁及び関係民間団体等と
連携して検討を進めるなど、連携体制の構築
を進める。

図表Ⅱ-8-2-4　リサイクルポートの指定

●平成14.5.30　指定港（5港）
●平成15.4.23　指定港（13港）
●平成18.12.19　指定港（3港）
●平成23.1.28　指定港（1港）

石狩湾新港
室蘭港
苫小牧港
能代港
八戸港
酒田港
釜石港
姫川港
東京港
境港
舞鶴港
木更津港
徳山下松港
川崎港
宇部港
三河港
北九州港
神戸港
三池港
姫路港
三島
川之江港
中城湾港

資料）国土交通省

図表Ⅱ-8-2-5　災害廃棄物の海上輸送を活用した事例

姫川港

熊本港、八代港

海上輸送ルート

姫川港での荷役状況
左：バラ積み貨物で受入れ
右：陸送用トラックに積替え
資料）リサイクルポート推進協議会

（2）廃棄物海面処分場の計画的な確保

　港湾整備により発生する浚渫土砂や内陸部での最終処分場の確保が困難な廃棄物等を受け入れるた
め、海面処分場の計画的な整備を進めている。特に大阪湾では、大阪湾フェニックス計画[注2] に基づ
いて広域処理場を整備し、大阪湾圏域から発生する廃棄物等を受け入れている。また、首都圏で発生
する建設発生土をスーパーフェニックス計画[注3] に基づき海上輸送し、全国の港湾等の埋立用材とし
て広域利用を行っている。

注2　近畿2府4県168市町村から発生する廃棄物等を、海面埋立により適正に処分し、港湾の秩序ある整備を図る事業。
注3　首都圏の建設発生土を全国レベルで調整し、埋立用材を必要とする港湾において港湾建設資源として有効利用する仕
　　組み。

❸ 自動車・船舶のリサイクル

（1）自動車のリサイクル

　「使用済自動車の再資源化等に関する法律（自動車リサイクル法）」に基づき、使用済自動車が適切にリサイクルされたことを確認する制度を導入している。また、「道路運送車両法」の抹消登録を行う際、自動車重量税還付制度も併せて実施し、使用済自動車の適正処理の促進及び不法投棄の防止を図っている。なお、令和2年度において、自動車リサイクル法に基づき解体が確認され、永久抹消登録及び解体届出がなされた自動車は1,320,194台である。

（2）船舶のリサイクル

　船舶の再資源化解体（シップ・リサイクル）^{注4}は、インド、バングラデシュ等の開発途上国を中心に実施されており、労働災害と環境汚染等が問題視されてきた。この問題を国際的に解決するため、我が国は世界有数の海運・造船国として国際海事機関（IMO）における議論及び条約起草作業を主導し、「2009年の船舶の安全かつ環境上適正な再資源化のための香港国際条約」（シップ・リサイクル条約）が採択された。

　シップ・リサイクル条約の早期発効は、シップ・リサイクル施設の労働者の安全確保や環境保全のみならず、老朽船の円滑な市場退出を通じて、世界の海事産業が持続的に発展していく上で重要である。

　我が国は、平成31年3月に同条約を締結し、各国に対して同条約の早期締結に向けて働きかけを行ってきている。特に、同条約の発効には主要解撤国の締結が不可欠であるところ、インドに対しては、平成30年10月の日印首脳会談で安倍首相から同条約の早期締結を期待する旨を伝えるなどの働きかけを行うとともに、ODAを通じたシップ・リサイクル施設改善の支援（ODA事業：円借款額85.2億円）を行い、同条約の実施体制の整備を後押ししている。

　同条約の発効要件は、① 15か国以上が締結、②締約国の商船船腹量の合計が40％以上、③締約国の直近10年における最大年間解体船腹量の合計が締約国の商船船腹量の3％以上であるところ、令和元年11月にはインドが同条約を締結するなど、条約の発効に向けて大きく前進しており、令和4年3月末時点の発効要件の充足状況はそれぞれ① 17か国、② 29.8％、③ 2.4％^{注5}となっている。

　今後も、バングラデシュなど条約未締結の主要解撤国における、条約締結に向けた課題の調査等を行うとともに、当該課題の解決に向けた協力を進め、早期締結を促進していく。

　一方、プレジャーボートの船体はFRP（繊維強化プラスチック）製であるためリサイクルが非常に難しい。このため、使用済FRP船のリサイクルが適切に進むよう、地方ブロックごとに行っている地方運輸局、地方整備局、都道府県等の情報・意見交換会の場を通じて、一般社団法人日本マリン事業協会が運用している「FRP（繊維強化プラスチック）船リサイクルシステム」の周知・啓発を図った。

注4　寿命に達した船舶は、解体され、その大部分は鋼材として再活用される。
注5　令和2年の世界の商船船腹量の40％を締約国の商船船腹量と仮定して試算。

④ グリーン調達に基づく取組み

「国等による環境物品等の調達の推進等に関する法律（グリーン購入法）」に基づく政府の基本方針の一部変更を受け、「環境物品等の調達の推進を図るための方針（調達方針）」を令和4年3月25日に策定した。これに基づき、公共工事における資材、建設機械、工法、目的物等のグリーン調達[注6]を積極的に推進している。

⑤ 木材利用の推進

木材は、加工に要するエネルギーが他の素材と比較して少なく、多段階における長期的利用が地球温暖化防止、循環型社会の形成に資するなど環境にやさしい素材であることから、公共工事等において木材利用推進を図っている。

令和3年10月1日に施行された「公共建築物等における木材の利用の促進に関する法律の一部を改正する法律（令和3年法律第77号）」[注7]により法律の対象が、公共建築物から建築物一般に拡大された。また、同法等に基づき、自ら整備する公共建築物において木造化、内装等の木質化、CLTの活用等に取り組むとともに、木材利用に関する技術基準、手引き等の作成及び関係省庁や地方公共団体等への普及に努めている。

また、温室効果ガスの吸収源対策の強化を図る上でも、我が国の木材需要の約4割を占める建築物分野における取組が求められている。このような中、建築物分野における木材利用の更なる促進に資する規制の合理化なども盛り込んだ「脱炭素社会の実現に資するための建築物のエネルギー消費性能の向上に関する法律等の一部を改正する法律案」（令和4年4月22日閣議決定）を令和4年通常国会に提出した。

さらに、木造住宅・建築物の整備の推進のため、地域材を使用した長期優良住宅やZEH等の良質な木造住宅等の整備に対する支援、先導的な設計・施工技術を導入する中大規模木造建築物や、地域の気候風土に適応した木造住宅の整備に対する支援、地域における木造住宅生産体制の整備、担い手の育成の取組みに対する支援等に取り組んでいる。

図表Ⅱ-8-2-6　木材利用の整備事例

■道の駅たのはた建設工事（岩手県閉伊郡田野畑村）　■高山地方合同庁舎

注6　ここでは「グリーン購入法」第2条に規定された環境物品等を調達することをグリーン調達という。
注7　法改正により名称が「脱炭素社会の実現に資する等のための建築物等における木材の利用の促進に関する法律」に変わっている。

第3節　豊かで美しい自然環境を保全・再生する国土づくり

① 生物多様性の保全のための取組み

　平成22年10月に愛知県名古屋市で開催されたCOP10において戦略計画2011-2020（愛知目標）が採択されたことを受け、その達成に向けて、取組みを推進した。さらに、24年9月には「生物多様性国家戦略2012-2020」が策定され、河川、都市の緑地、海岸、港湾等において生物の生息・生育地の保全・再生・創出等の取組みを引き続き推進することとした。

　また、平成23年10月に、市町村が策定する緑の基本計画の策定時等の参考資料として、「緑の基本計画における生物多様性の確保に関する技術的配慮事項」を策定した。25年5月には、地方公共団体における生物多様性の状況や施策の進捗状況を評価するための「都市の生物多様性指標（素案）」を策定し、28年11月には、改良版として「都市の生物多様性指標（簡易版）」を策定した。そして、30年4月にはこれまでの成果を活用して、都市の生物多様性の確保に配慮した緑の基本計画の策定を促進するため「生物多様性に配慮した緑の基本計画策定の手引き」を作成した。一方27年3月には、我が国の外来種対策を総合的かつ、効果的に推進し、我が国の豊かな生物多様性を保全し、持続的に利用するため、環境省及び農林水産省と共同で、「外来種被害防止行動計画」を策定した。

② 豊かで美しい河川環境の形成

（1）良好な河川環境の保全・形成

①多自然川づくり、自然再生の推進

　河川整備に当たっては、「多自然川づくり基本指針（平成18年10月策定）」に基づき、治水上の安全性を確保しつつ、生物の生息・生育・繁殖環境及び多様な河川景観の保全・創出を図っている。

　また、自然再生事業等による湿地等の再生、魚道整備等による魚類の遡上・降下環境の改善等を推進するとともに、渡良瀬遊水池におけるコウノトリの舞う魅力的な地域づくりの実現を目指した取組みに代表されるような、多様な主体との連携した生態系ネットワークの形成による流域の生態系の保全・創出を推進している。

　さらに、これらの取組みをより効果的に進めるため、河川水辺の国勢調査や大規模な実験水路を有する自然共生研究センターにおける研究成果等を活用するとともに、学識経験者や各種機関との連携を図っている。

②河川における外来種対策

　生物多様性に対する脅威の1つである外来種は、全国の河川において生息域を拡大している。この対策として、「地域と連携した外来植物防除対策ハンドブック（案）」（令和3年7月）等の周知を行うとともに、各地で外来種対策を実施している。

（2）河川水量の回復のための取組み

　良好な河川環境を保全するには、豊かな河川水量の確保が必要である。このため、河川整備基本方針等において動植物の生息・生育環境、景観、水質等を踏まえた必要流量を定め、この確保に努めているほか、水力発電所のダム等の下流の減水区間における清流回復の取組みを進めている。また、ダ

ム下流の河川環境を保全するため、洪水調節に支障を及ぼさない範囲で洪水調節容量の一部に流水を貯留し、活用放流するダムの弾力的管理及び弾力的管理試験を行っているほか、河川の形状等に変化を生じさせる中規模フラッシュ放流の取組みを進めている。さらに、平常時の自然流量が減少した都市内河川では、下水処理場の処理水の送水等により、河川流量の回復に取り組んでいる。

（3）山地から海岸までの総合的な土砂管理の取組みの推進

　土砂の流れの変化による河川環境の変化や海域への土砂供給の減少、沿岸漂砂の流れの変化等による海岸侵食等が進行している水系について、山地から海岸まで一貫した総合的な土砂管理の取組みを関係機関が連携して推進している。具体的には、渓流、ダム、河川、海岸における土砂の流れに起因する問題に対応するため、適正な土砂管理に向けた総合土砂管理計画の策定や、土砂を適切に下流へ流すことのできる透過型砂防堰堤の設置並びに既設砂防堰堤の改良、ダムにおける土砂バイパス等による土砂の適切な流下、河川の砂利採取の適正化、サンドバイパス、養浜等による砂浜の回復などの取組みを関係機関と連携し進めている。

図表Ⅱ-8-3-1　総合的な土砂管理の取組み

透過型砂防堰堤／大規模な土砂流出／土砂バイパス等によるダムの排砂／堆砂の進行／河床低下／サンドバイパス等による砂浜復元／砂利採取の最適化／海岸侵食／土砂排出／土砂採取

資料）国土交通省

（4）河川における環境教育

　川は身近に存在する自然空間であり、環境学習や自然体験活動等の様々な活動が行われている。子どもたちが安全に川で学び、遊ぶためには、危険が内在しているなど、正しい知識が不可欠であることから、市民団体が中心となって設立された特定非営利活動法人「川に学ぶ体験活動協議会（RAC）」等と連携し、川の指導者の育成等を推進している。

　また、学校教育において、河川における環境教育が普及されるよう、教科書出版社に対し、環境教育の取組み紹介などを行っている。

　○子どもの水辺再発見プロジェクト

　　市民団体、教育関係者、河川管理者等が連携して、子どもの水辺を登録し、子どもの水辺サポートセンターにおいて様々な支援を実施している。令和3年3月末現在、305箇所が登録されている。

　○水辺の楽校プロジェクト

　　子どもの水辺として登録された箇所において、体験活動の充実を図るにあたって必要な水辺の整備を実施している。令和3年3月末現在、288箇所が登録されている。

　○全国水生生物調査

　　身近な川にすむ生き物の調査を通じて川への関心を高めることを目的として実施しており、令和2年度は全国の一級河川において、6,956人が参加した。調査地点（250地点）の69％を「きれいな水」と判定した。

❸ 海岸・沿岸域の環境の整備と保全

　津波、高潮、高波等から海岸を防護しつつ、生物の生息・生育地の確保、景観への配慮や海岸の適正な利用の確保等が必要であり、「防護」「環境」「利用」の調和のとれた海岸の整備と保全を推進している。

　また、「美しく豊かな自然を保護するための海岸における良好な景観及び環境並びに海洋環境の保全に係る海岸漂着物等の処理等の推進に関する法律（海岸漂着物処理推進法）」に基づき、関係機関と緊密な連携を図り、海岸漂着物等に対する実効的な対策を推進している。

　また、海岸に漂着した流木等が異常に堆積し、これを放置することにより海岸保全施設の機能を阻害する場合は、海岸管理者に対して「災害関連緊急大規模漂着流木等処理対策事業」により支援している。

　なお、海岸保全施設の機能の確保や海岸環境の保全と公衆の海岸の適正な利用を図ることを目的に、放置座礁船の処理や海域において異常に堆積しているヘドロ等の除去についても支援している。

❹ 港湾行政のグリーン化

（1）今後の港湾環境政策の基本的な方向

　我が国の港湾が今後とも物流・産業・生活の場としての役割を担い、持続可能な発展を遂げていくためには、過去に劣化・喪失した自然環境を少しでも取り戻し、港湾のあらゆる機能について環境配慮に取り込むことが重要である。そのため、港湾の開発・利用と環境の保全・再生・創出を車の両輪としてとらえた「港湾行政のグリーン化」を図っている。

図表Ⅱ-8-3-2　港湾行政のグリーン化

（2）良好な海域環境の積極的な保全・再生・創出

　港湾整備で発生する浚渫土砂等を有効に活用した干潟造成、覆砂、深堀り跡の埋め戻し、生物共生型港湾構造物の普及等を実施するとともに、行政機関、研究所等の多様な主体が環境データを登録・共有することができる海域環境データベースを構築し、環境データの収集・蓄積・解析・公表を図りつつ、沿岸域の良好な自然環境の保全・再生・創出に積極的に取り組んでいる。

　また、自然環境の大切さを学ぶ機会の充実を図るため、保全・再生・創出した場を活用した「海辺の自然学校」を全国各地で実施している。

（3）放置艇対策の取組み

　放置艇は、景観や船舶の航行等に影響を及ぼすとともに津波による二次被害も懸念されることから、小型船舶の係留・保管能力の向上と放置等禁止区域の指定等の規制措置の対策を実施している。

　平成25年5月に策定した「プレジャーボートの適正管理及び利用環境改善のための総合的対策に関する推進計画」に基づき、水域管理者等を中心として各種の放置艇対策の取組みを推進している。

　平成30年度には対策の効果を検証するため、「プレジャーボート全国実態調査」を実施した。また、令和3年3月には放置艇解消に向けた対策の実効性を高めるための方策を「プレジャーボートの

放置艇対策の今後の対応について」としてとりまとめ、放置艇対策の更なる推進に取り組んでいる。

❺ 道路の緑化・自然環境対策等の推進

　道路利用者への快適な空間の提供、周辺と一体となった良好な景観の形成、地球温暖化やヒートアイランドへの対応、良好な都市環境の整備等の観点から、道路の緑化は重要である。このため、道路緑化に係る技術基準に基づき、良好な道路緑化の推進およびその適切な管理を図っている。

図表Ⅱ-8-3-3　道路緑化の事例（東京都千代田区）

資料）国土交通省

第4節　健全な水循環の維持又は回復

❶ 水の恵みを将来にわたって享受できる社会を目指して

　近年、我が国の水資源を巡っては、危機的な渇水、大規模自然災害、水インフラの老朽化に伴う大規模な事故等、新たなリスクや課題が顕在化している。これらを背景として、需要主導型の「水資源開発の促進」からリスク管理型の「水の安定供給」へ水資源政策の転換を進めている。

　平成29年5月の国土審議会からの答申を受け、我が国の産業と人口の約5割が集中する全国7水系（利根川水系及び荒川水系、豊川水系、木曽川水系、淀川水系、吉野川水系、筑後川水系）の水資源開発基本計画を抜本的に見直すこととしており、令和4年3月末時点において、吉野川水系（平成31年4月19日閣議決定・国土交通大臣決定）、利根川水系及び荒川水系（令和3年5月28日閣議決定・国土交通大臣決定）の2計画の見直しが完了している。また、淀川水系については、令和4年2月に国土審議会より計画の見直し案について答申され、筑後川水系については、令和4年3月より計画の見直しに着手したところである。

　リスク管理型の新たな計画では、危機的な渇水時も含めて水需給バランスを総合的に点検し、既存施設の徹底活用によるハード対策と必要なソフト対策を一体的に推進することで、安全で安心できる水を安定して利用できる仕組みをつくり、水の恵みを将来にわたって享受できる社会を目指している。

❷ 水環境改善への取組み

（1）水質浄化の推進

　水環境の悪化が著しい全国の河川等においては、地方公共団体、河川管理者、下水道管理者等の関係機関が連携し、河川における浄化導水、植生浄化、底泥浚渫（しゅんせつ）などの水質浄化や下水道等の生活排水対策など、水質改善の取組みを実施している。

（2）水質調査と水質事故対応

　良好な水環境を保全・回復する上で水質調査は重要であり、令和2年は一級河川109水系の988地点を調査した。

　また、市民と協働で水質調査マップの作成や水生生物調査等を実施しており、ごみやにおい等の指標に基づき住民協働で一級河川を調査した結果、2年は約27%（53地点/197地点）が「泳ぎたいと思うきれいな川」と判定された。

　油類や化学物質の流出等による河川の水質事故は、2年に一級水系で798件発生した。水質汚濁防止に関しては、河川管理者と関係機関で構成される水質汚濁防止連絡協議会を109水系のすべてに設立しており、水質事故発生時の速やかな情報連絡や、オイルフェンス設置等の被害拡大防止に努めている。

・一級河川（湖沼および海域を含む。）において、2年にBOD（生物化学的酸素要求量）又はCOD（化学的酸素要求量）値が環境基準を満足した調査地点の割合は約92%であった。
・人の健康の保護に関する環境基準項目（ヒ素等27項目）については、環境基準を満足した調査地点の割合は約100%で、ほとんどの地点で満足している。

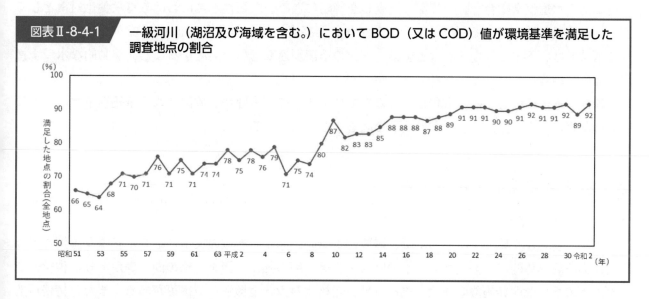

図表II-8-4-1　一級河川（湖沼及び海域を含む。）においてBOD（又はCOD）値が環境基準を満足した調査地点の割合

（3）閉鎖性海域の水環境の改善

　東京湾、伊勢湾、大阪湾を含む瀬戸内海等の閉鎖性海域では、陸域からの汚濁負荷量は減少しているものの、干潟・藻場の消失による海域の浄化能力の低下などにより、依然として赤潮や青潮が発生し漁業被害等が生じている。このほか、漂流ごみ・油による環境悪化や船舶への航行影響等が生じている。

　このため、①汚泥浚渫、覆砂、深堀り跡の埋め戻しによる底質改善、②干潟・藻場の再生や生物共生型港湾構造物の普及による生物生息場の創出、③海洋環境整備船による漂流ごみ・油の回収、④下水道整備等による汚濁負荷の削減、⑤多様な主体が連携・協働して環境改善に取組む体制の整備等、きれいで豊かな海を取り戻す取組みを推進している。

　令和3年8月の大雨に伴い、有明海・八代海等で大量に漂流木等が発生し、船舶航行等に支障が及ぶおそれがあったため、海洋環境整備船が漁業者と連携して回収作業を実施した。さらに同年8月に海底火山「福徳岡ノ場」の噴火に伴って発生した軽石の除去作業を実施した。今後も更なる漂流物回収体制の強化を推進していく。今後も更なる漂流物回収体制の強化を推進していく。

| 図表Ⅱ-8-4-2 | 有明海・八代海の漂流物回収と東京湾で除去した軽石 |

海洋環境整備船と漁業者との連携した回収作業の様子

館山港沖（東京湾）で海洋環境整備船が除去した軽石

（4）健全な水環境の創造に向けた下水道事業の推進

　流域別下水道整備総合計画の策定・見直しを適切に進め、閉鎖性水域における富栄養化対策として部分的な施設改造等による段階的な取組みも含めた高度処理を推進するほか、「豊かな海」が求められる水域では、下水処理場における窒素・リンの季節別運転管理を実施するなど、能動的な水環境管理を進めている。

　合流式下水道については、令和5年度末までに雨天時に雨水吐から放流される未処理下水の量と頻度の抑制等により、緊急改善対策の完了を図ることとしている

❸ 水をはぐくむ・水を上手に使う

（1）水資源の安定供給

　水利用の安定性を確保するためには、需要と供給の両面から地域の実情に応じた多様な施策を行う必要がある。具体的に、需要面では水の回収・反復利用の強化、節水意識の向上等があり、供給面ではダム等の水資源開発施設の建設、維持管理、老朽化対策、危機管理対策等がある。また、持続可能な地下水の保全と利用、雨水・再生水の利用促進のほか、「水源地域対策特別措置法」に基づいて、水源地域の生活環境、産業基盤等を整備し、あわせてダム貯水池の水質汚濁の防止等に取り組んでいる。

　さらに、気候変動の影響により、渇水が頻発化、長期化、深刻化し、渇水による社会生活や経済への更なる影響が発生することが懸念されている。このため、渇水による被害を防止、軽減する対策を推進するべく、既存施設の水供給の安全度と渇水リスクの評価を行うとともに、渇水被害を軽減するための対策等を定める渇水対応タイムライン（時系列の行動計画）の作成を促進する。渇水による影響が大きい水系から渇水対応タイムラインの作成を進め、令和3年度末に国が管理する18水系20河川で運用を開始している。

（2）水資源の有効利用
①下水処理水の再利用拡大に向けた取組み

　下水処理水は、都市内において安定した水量が確保できる貴重な水資源である。下水処理水全体の

うち、約1.5%が用途ごとに必要な処理が行われ、再生水としてせせらぎ用水、河川維持用水、水洗トイレ用水等に活用されており、更なる利用拡大に向けた取組みを推進している。

②雨水利用等の推進

　水資源の有効利用を図り、あわせて下水道、河川等への雨水の集中的な流出の抑制に寄与するため、雨水の利用を推進するための取組みを実施している。

　具体的には、雨水を一時的に貯留し水洗トイレ用水や散水等へ利用する取組みを推進しており、これらの利用施設は、令和2年度末において約4,023施設あり、その年間利用量は約1,241万m^{3}である。

（3）安全で良質な水の確保

　安全で良質な水道水の確保のため、河川環境や水利用に必要となる河川流量の確保や、水質事故などの不測の事態に備えた河川管理者や水道事業者等の関係機関の連携による監視体制の強化、下水道、集落排水施設、浄化槽の適切な役割分担のもとでの生活排水対策の実施により、水道水源である公共用水域等の水質保全に努めた。

（4）雨水の浸透対策の推進

　近年、流域の都市開発による不浸透域の拡大により、降雨が地下に浸透せず短時間で河川に流出する傾向にある。降雨をできるだけ地下に浸透させることにより、豪雨による浸水被害等を軽減させるとともに、地下水の涵養や湧水の復活等の健全な水循環系の構築にも寄与する雨水貯留浸透施設の整備を推進・促進している。

（5）持続可能な地下水の保全と利用の推進

　地下水汚染、塩水化などの地下水障害はその回復に極めて長時間を要し、特に地盤沈下は不可逆的な現象である。このため、地下水障害の防止や生態系の保全等を確保しつつ、地域の地下水を守り、水資源等として利用していくことが求められている。これらの課題に対応し、水循環基本法が地下水の適正な保全及び利用を図るために改正された（令和3年6月）ことも踏まえ、より一層、地域の実情に応じた地下水マネジメントの推進を支援する。

④ 下水道整備の推進による快適な生活の実現

　下水道は、汚水処理や浸水対策によって、都市の健全な発展に不可欠な社会基盤であり、近年は、低炭素・循環型社会の形成や健全な水循環を維持し、又は回復させるなどの新たな役割が求められている。

（1）下水道による汚水処理の普及

　汚水処理施設の普及率は令和2年度末において、全国で92.1%（下水道の普及率は80.1%）となった（東日本大震災の影響により、調査対象外とした福島県の一部市町村を除いた集計データ）ものの、地域別には大きな格差がある。特に人口5万人未満の中小市町村における汚水処理施設の普及率は81.9%（下水道の普及率は53.0%）と低い水準にとどまっている。今後の下水道整備においては、

人口の集中した地区等において重点的な整備を行うとともに、地域の実情を踏まえた効率的な整備を推進し、普及格差の是正を図ることが重要である。

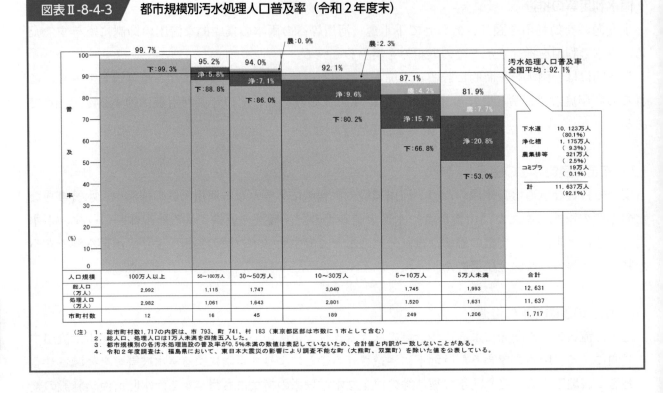

図表Ⅱ-8-4-3　都市規模別汚水処理人口普及率（令和2年度末）

汚水処理人口普及率 全国平均：92.1%

	下水道	10,123万人 (80.1%)
	浄化槽	1,175万人 (9.3%)
	農集排等	321万人 (2.5%)
	コミプラ	19万人 (0.1%)
	計	11,637万人 (92.1%)

人口規模	100万人以上	50～100万人	30～50万人	10～30万人	5～10万人	5万人未満	合計
総人口（万人）	2,992	1,115	1,747	3,040	1,745	1,993	12,631
処理人口（万人）	2,982	1,061	1,643	2,801	1,520	1,631	11,637
市町村数	12	16	45	189	249	1,206	1,717

（注）　1．総市町村数1,717の内訳は、市 793、町 741、村 183（東京都区部は市数に1市として含む）
　　　　2．総人口、処理人口は1万人未満を四捨五入した。
　　　　3．都市規模別の各汚水処理施設の普及率が0.5%未満の数値は表記していないため、合計値と内訳が一致しないことがある。
　　　　4．令和2年度調査は、福島県において、東日本大震災の影響により調査不能な町（大熊町、双葉町）を除いた値を公表している。

①汚水処理施設の早期概成に向けた取組み

　汚水処理施設の整備については、一般的に人家のまばらな地区では個別処理である浄化槽が経済的であり、人口密度が高くなるにつれて、集合処理である下水道や農業集落排水施設等が経済的となるなどの特徴がある。このため、整備を進めるに当たっては、汚水処理に係る総合的な整備計画である「都道府県構想」において、経済性や水質保全上の重要性等の地域特性を踏まえ、適切な役割分担を定めることとしている。令和8年度末までの汚水処理施設整備の概成を目指して整備を促進しており、人口減少等の社会状況変化を踏まえ、汚水処理手法の徹底的な見直しを推進している。

　また、早期、かつ、安価な整備を可能とするため、地域の実情に応じた新たな整備手法を導入するクイックプロジェクトの導入や、民間活力を活用して整備を推進するための官民連携事業の導入など、整備手法や発注方法の工夫により、未普及地域の解消を推進している。

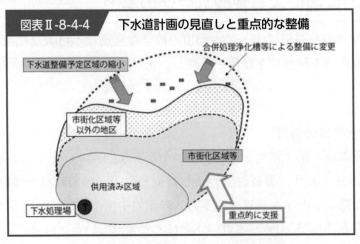

図表Ⅱ-8-4-4　下水道計画の見直しと重点的な整備

（2）下水道事業の持続性の確保

①ストックマネジメントの推進

　下水道は、令和2年度末現在、管渠延長約49万km、終末処理場約2,200箇所に及ぶ膨大なストックを有している。

　これらは、高度経済成長期以降に急激に整備されたことから、今後急速に老朽化施設の増大が見込まれている。小規模なものが主ではあるが、管路施設の老朽化や硫化水素による腐食等に起因する道路陥没が年間に約2,700箇所で発生している。下水道は人々の安全・安心な都市生活や社会経済活動を支える重要な社会インフラであり、代替手段の確保が困難なライフラインであることから、効率的な管路点検・調査手法や包括的民間委託の導入検討を行うとともに、予防保全管理を実践したストックマネジメントの導入に伴う計画的かつ効率的な老朽化対策を実施し、必要な機能を持続させることが求められている。

　平成27年5月には「下水道法」が改正され、下水道の維持修繕基準が創設された。これを受け、腐食のおそれが大きい排水施設については、5年に1度以上の適切な頻度で点検を行うこととされ、持続的な下水道機能の確保のための取組みが進められている。また、本改正においては、下水道事業の広域化・共同化に必要な協議を行うための協議会制度が創設されるなど、地方公共団体への支援を強化することにより、下水道事業の持続性の確保を図っている。

②下水道の広域化の取組み

　下水道の持続可能な事業運営に向け、「全ての都道府県における令和4年度までの広域化・共同化計画の策定」を目標と設定し、平成30年度中にすべての都道府県において検討体制構築を完了させた。国土交通省としても、平成30年度に創設した「下水道広域化推進総合事業」や、先行して計画策定に取り組む都道府県におけるモデルケースの検討成果の水平展開などにより、引き続き財政面、技術面の双方から支援を行っていく。また、国土交通省では、令和3年度より、下水道革新的技術実証事業（B-DASHプロジェクト）として、ICTを活用した下水道施設広域管理システムの実証を進めている。

| 図表Ⅱ-8-4-5 | ICTを活用した下水道施設広域管理システムの開発 |

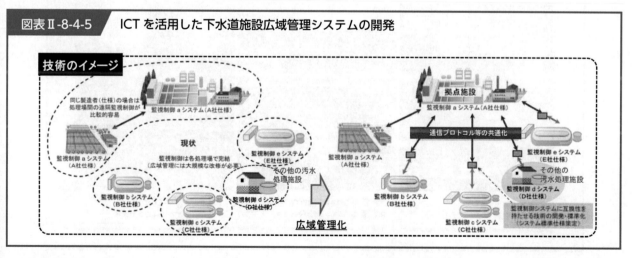

③経営健全化の促進

　下水道は、如何なる状況下でも事業の継続が求められる、国民生活に不可欠なインフラであるが、その経営は汚水処理費（公費で負担すべき部分を除く）を使用料収入で賄うことが原則とされている。人口減少等に伴う収入の減少や老朽化施設の増大等、課題を克服し、将来に渡って下水道サービ

スを維持するため、経営に関する的確な現状把握や中長期収支見通しを含む経営計画の策定、定期検証に基づく収支構造の適正化を促すなど、経営健全化に向けた取組みを推進している。

④民間活力の活用推進と技術力の確保

下水道分野においては、コンセッション方式を含むPPP/PFI手法の導入及び検討や下水処理場等の維持管理業務における包括的民間委託[注8]の更なる活用に向けた取組みを実施している。コンセッション方式については、浜松市において、平成30年4月に国内初となる下水道コンセッション事業が開始され、令和2年4月に高知県須崎市、4年4月に宮城県において事業が開始された。引き続き、コンセッション方式を含むPPP/PFI手法の案件形成の推進を図る。

また、技術力の確保については、地方公共団体の要請に基づき、下水道施設の建設・維持管理等の効率化のための技術的支援、地方公共団体の技術者養成、技術開発等を地方共同法人日本下水道事業団が行っている。

（3）下水道分野の広報の推進

下水道の使命を果たし、社会に貢献した好事例を平成20年度より「国土交通大臣賞（循環のみち下水道賞）」として表彰しその功績を称えるとともに、広く発信することで全国的な普及を図っている。また、先進的な下水道広報活動の事例を各地方公共団体と共有し全国展開を図るほか、将来の下水道界を担う人材の育成や下水道の多様な機能の理解促進を目的に、広報素材を提供するなど下水道環境教育を推進している。

令和3年度は、昨年度に引き続き新型コロナウイルス感染症拡大防止の観点も踏まえ、「下水道の日」である9月10日を中心に、5日間連続で下水道の魅力を伝える10秒動画[注9]を国土交通省公式Twitterアカウントから配信したほか、各自治体で使用できる下水道のポスター[注10]をホームページで公開している。

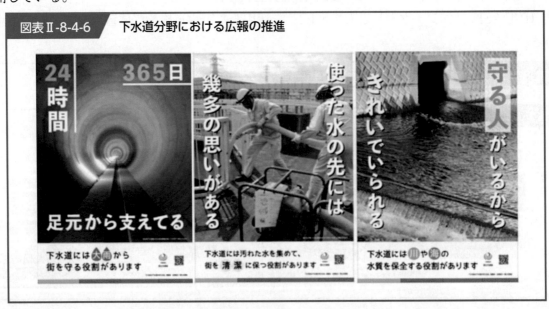

図表Ⅱ-8-4-6　下水道分野における広報の推進

注8　施設管理について放流水質基準の順守等の一定の性能の確保を条件として課しつつ、運転方法等の詳細については民間事業者に任せることにより、民間事業者の創意工夫を反映し、業務の効率化を図る、複数年契約を前提とした発注方式

注9　【10秒動画】YouTubeで公開中（https://www.mlit.go.jp/mizukokudo/sewerage/R3gesuidou-day.html）

注10　【広報ポスター】下水道部ホームページでダウンロード可
　　（https://www.mlit.go.jp/mizukokudo/sewerage/R3gesuidou-day.html）

コラム Column　令和3年度国土交通大臣賞『循環のみち下水道賞』グランプリ 恵庭市「都市代謝施設の集約化を活かした資源・有効利用の取り組み」

　健全な水循環、資源・エネルギー循環を生み出す21世紀の下水道のコンセプト「循環のみち下水道」の優れた先進的な取組みを表彰する国土交通大臣賞「循環のみち下水道賞」の令和3年度グランプリに、北海道恵庭市の「都市代謝施設の集約化を活かした資源循環・有効利用の取り組み」が選ばれました。

　恵庭市では、下水道事業と廃棄物処理事業との連携による『都市代謝施設の集約化』を図り、下水処理場への生ごみ等の地域バイオマスの受入れ及びごみ焼却余熱の供給を行い、効率的なバイオガス発電事業を実施するこ

とで、下水処理場で消費する電力以上の発電量を生み出しております。

　人口減少社会において使用料収入等の財源確保が難しい環境下における健全経営の持続化、加えてカーボンニュートラル実現のためのGX（グリーン・トランスフォーメーション）の加速化に向けて、垣根を越えた他事業間連携等により、処理の共同化・資源循環・再生可能エネルギーの活用がより一層求められていくなかで、他自治体へ水平展開できる有益な事例です。

■廃棄物処理事業との連携フロー

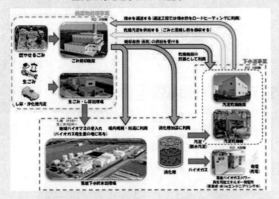

■発電量と電力使用量との関係

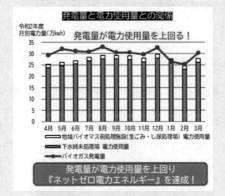

第5節　海洋環境等の保全

（1）船舶からの排出ガス対策

　船舶の排ガス中の硫黄酸化物（SOx）による人や環境への悪影響低減のため、MARPOL条約[注11]により、船舶用燃料油の硫黄分濃度の上限が規制されている。同条約に基づき令和2年1月1日から、基準値が従来の3.5%から0.5%へ強化された。

　本規制に適合するためには、硫黄分の低い燃料油（規制適合油）に切替える必要があることから、業界が規制へ円滑に対応できるよう、さまざまな取組みを行ってきた。また、規制強化開始後も、適切な対処が速やかに行えるよう、省内に設置した本件に関する相談窓口や業界団体等を通じて、引き続き情報の把握に努めている。

【関連リンク】国土交通省　下水道のページ
URL：https://www.mlit.go.jp/mizukokudo/sewerage/R3_jyunkannomiti.html

---

注11　昭和48年の船舶による汚染の防止のための国際条約に関する昭和53年の議定書によって修正された同条約を改正する平成9年の議定書

（2）大規模油汚染等への対策

　日本海等における大規模な油汚染等への対応策として、日本、中国、韓国及びロシアによる海洋環境保全の枠組みである「北西太平洋地域海行動計画（NOWPAP）」における「NOWPAP地域油危険物質及び有害物質流出緊急時計画」の見直しなど、国際的な協力体制の強化に取り組んでいる。また、「油等汚染事件への準備及び対応のための国家的な緊急時計画」及び「排出油等防除計画」を見直し、本邦周辺海域で発生した大規模油流出事故における防除体制等を整えるとともに、大型浚渫兼油回収船による迅速かつ確実な対応体制を確立しており、令和3年8月に青森県八戸港沖で発生した貨物船座礁に伴う油流出事故の際には、北陸地方整備局所属の大型浚渫兼油回収船「白山」が出動し、油回収や放水及び航走拡散作業を実施した。

　さらに、MARPOL条約[注12]において船舶からの油や廃棄物等の排出が規制されており、我が国では、港湾における適切な受入れを確保するため、船舶内で発生した廃油及び廃棄物等の受入施設の整備に対して税制等の支援を行うとともに、「港湾における船内廃棄物の受入れに関するガイドライン（案）」を策定している。

コラム Column　未来に残そう青い海〜海上保安庁の海洋環境保全推進活動〜

　海上保安庁では、「未来に残そう青い海」をスローガンに、海洋環境保全に関する指導・啓発活動に取り組んでいます。

（1）海事・漁業関係者に対する活動

　法令遵守の意識高揚を目的とした海洋環境保全講習会の開催や訪船指導を実施しています。

（2）若年層を含む一般市民に対する活動

　海洋環境保全思想の普及を図ることを目的とした海浜清掃や環境教室などを実施しています。

　また、小中学生を対象とした「未来に残そう青い海・海上保安庁図画コンクール」を公益財団法人海上保安協会と共催しています。

海浜清掃活動

特別賞（国土交通大臣賞）

【関連リンク】海上保安庁ホームページ「海洋環境保全のための指導・啓発」
　　　　　　　　　　　URL：https://www.kaiho.mlit.go.jp/mission/kankyou/kaiyoukankyou.html
公益財団法人海上保安協会ホームページ　URL：https://www.jcga.or.jp
海と日本プロジェクト　　　　　　　URL：https://uminohi.jp/
海ごみゼロウィーク2021　　　　　URL：https://uminohi.jp/umigomi/zeroweek/

注12　船舶による汚染の防止のための国際条約

（3）船舶を介して導入される外来水生生物問題への対応

　水生生物が船舶のバラスト水注13に混入し、移動先の海域の生態系に影響を及ぼす問題に対応すべく、IMOにおいて平成16年に船舶バラスト水規制管理条約が採択され、29年に発効した。令和2年にバラスト水に混入した水生生物を処理する装置に船上性能試験を義務付ける条約改正が採択されたことを受けて、改正後の条約を適切に執行するため、我が国における条約の担保規定を整備した。

　また、水生生物が船舶の外板等に付着し、移動先の海域の生態系に影響を及ぼす問題への対策として、平成23年にIMOにおいて船体付着生物の管理ガイドラインが採択された。令和2年から同ガイドラインの改善に向けた見直しが議論されており、我が国も参画している。

（4）条約実施体制の確立

　船舶事故や海洋汚染の大きな要因となり得るサブスタンダード船を排除するため、国際船舶データベース（EQUASIS）の構築等、国際的な取組みに積極的に参加するとともに、日本寄港船舶に立入検査を行い、基準に適合しているかを確認するポートステートコントロール（PSC）注14を実施している。また、サブスタンダード船の排除には、各国政府が、国際条約等で求められている必要な措置を確実に実施する必要があることから、我が国の提唱により、平成17年に、IMOの監査チームによる各国の条約実施状況を監査する制度が導入され、28年より強制化された。我が国は、ISO9001に基づく品質管理システムを導入し、国際的な水準での条約実施体制を確立している。なお、我が国においては令和4年9月頃にIMO加盟国監査の受入れを予定している。

第6節　大気汚染・騒音の防止等による生活環境の改善

1 道路交通環境問題への対応

（1）自動車単体対策

①排出ガス低減対策

　新車の排出ガス対策に関しては、四輪車及び二輪車について国際調和排出ガス試験法を導入しており、世界的にトップレベルの排出ガス規制を適用している。

　また、平成27年9月に発覚したフォルクスワーゲン社の排出ガス不正問題を契機としてディーゼル乗用車等の型式指定時に路上走行検査を導入し、令和4年から順次適用開始することとしている。

　一方、排気管から排出される有害物質を規制値よりも大きく低減させる自動車については、消費者が排出ガス低減性能に優れた自動車を容易に識別・選択できるよう、その低減レベルに応じ、低排出ガス車として認定する制度を実施している。

　東京、名古屋、大阪等の大都市での排出ガス対策については、「自動車から排出される窒素酸化物及び粒子状物質の特定地域における総量の削減等に関する特別措置法（自動車NOx・PM法）」に基づく対策等を実施している。

注13　主に船舶が空荷の時に、船舶を安定させるため、重しとして積載する海水等。
注14　寄港国による外国船舶の監督

Ⅱ

第8章

美しく良好な環境の保全と創造

②騒音対策

自動車騒音対策に関しては、四輪車及び二輪車の騒音に係る国際基準を導入している。また、定常走行時の寄与率が高い四輪車用タイヤ単体の騒音に係る国際基準を導入し、平成30年4月から順次適用を開始している。

（2）交通流対策等の推進

①大気汚染対策

自動車からの粒子状物質（PM）や窒素酸化物（NOx）の排出量は、発進・停止回数の増加や走行速度の低下に伴い増加することから、沿道環境の改善を図るため、バイパス整備による市街地の通過交通の転換等を推進している。

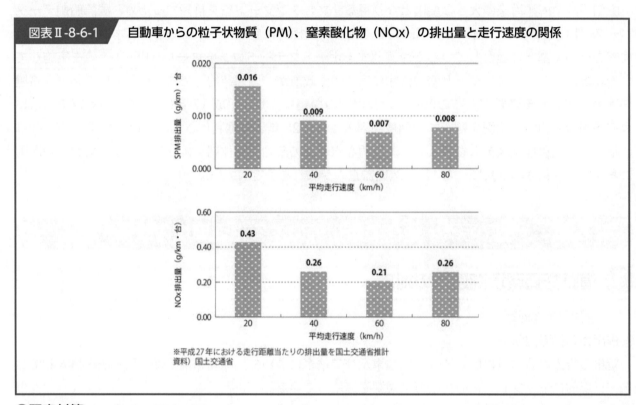

図表Ⅱ-8-6-1　自動車からの粒子状物質（PM）、窒素酸化物（NOx）の排出量と走行速度の関係

※平成27年における走行距離当たりの排出量を国土交通省推計
資料）国土交通省

②騒音対策

交通流対策とともに、低騒音舗装の敷設、遮音壁の設置、環境施設帯の整備等を進めている。また、「幹線道路の沿道の整備に関する法律」に基づき、道路交通騒音により生ずる障害の防止等に加えて、沿道地区計画の区域内において、緩衝建築物の建築費又は住宅の防音工事費への助成を行っている。

❷ 空港と周辺地域の環境対策

これまで我が国では、低騒音型機の導入等による機材改良、夜間運航規制等による発着規制、騒音軽減運航方式による運航方法の改善や空港構造の改良、防音工事や移転補償等の周辺環境対策からなる航空機騒音対策を着実に実施してきたところである。近年、低騒音機の普及等により、航空機の発着回数が増加する中でも、空港周辺地域への航空機騒音による影響は軽減されてきている。

今後も、航空需要の変動など状況の変化に応じ、地域住民の理解と協力を引き続き得ながら総合的

な航空機騒音対策を講じることで、空港周辺地域の発展及び環境の保全との調和を図っていく必要がある。

③ 鉄道騒音対策

　新幹線の騒音については、昭和50年環境庁告示「新幹線鉄道騒音に係る環境基準について」に基づき、環境基準が達成されるよう、音源対策では防音壁の設置や嵩上げ等を行っている。

　また、在来線の騒音については、平成7年環境庁通達「在来鉄道の新設又は大規模改良に際しての騒音対策の指針」に基づき、指針を満たすよう、音源対策ではロングレール化等を行っている。

④ ヒートアイランド対策

　ヒートアイランド現象とは、都市の中心部の気温が郊外に比べて島状に高くなる現象である。地球温暖化の影響により、地球全体の年平均気温は100年当たり約0.8℃、日本の年平均気温は100年当たり約1.3℃の割合で上昇している。一方、日本の大都市では、100年当たり約2～3℃の割合で上昇しており、地球温暖化の傾向に都市化の影響が加わり、気温の上昇は顕著に現れている。

　総合的・効果的なヒートアイランド対策を推進するため、関係省庁の具体的な対策を体系的に取りまとめた「ヒートアイランド対策大綱」（平成16年策定、25年改定）に基づき、空調システムや自動車から排出される人工排熱の低減、公共空間等の緑化や水の活用による地表面被覆の改善、「風の道」に配慮した都市づくり、ヒートアイランド現象に関する観測・監視及び調査等の取組みを進めている。

⑤ シックハウス等への対応

（1）シックハウス対策

　住宅に使用する内装材等から発散する化学物質が居住者等の健康に影響を及ぼすおそれがあるとされるシックハウスについて、「建築基準法」に基づく建築材料及び換気設備に関する規制や、「住宅の品質確保の促進等に関する法律」に基づく性能表示制度等の対策を講じている。

　また、官庁施設の整備に当たっては、化学物質を含有する建築材料等の使用の制限に加え、施工終了時の室内空気中濃度測定等による対策を講じている。

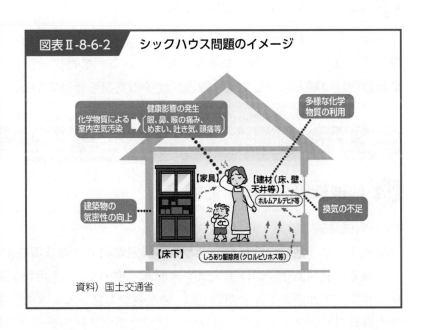

図表Ⅱ-8-6-2　シックハウス問題のイメージ

資料）国土交通省

（2）ダイオキシン類問題等への対応

　「ダイオキシン類対策特別措置法」で定義されているダイオキシン類について、全国一級水系で水質・底質調査を実施している。令和2年度は、水質は約97％（207地点／214地点）、底質はすべての地点で環境基準を満たした。

　なお、河川や港湾では、平成20年4月に改訂した「河川、湖沼等における底質ダイオキシン類対策マニュアル（案）」や「港湾における底質ダイオキシン類対策技術指針（改訂版)」に基づき、必要に応じてダイオキシン類対策を実施している。また、底質から基準を超えたダイオキシン類が検出されている河川及び港湾においては、一定の要件を満たす事業に対して支援を行っている。

（3）アスベスト問題への対応

　アスベスト問題は、人命に係る問題であり、アスベストが大量に輸入された1970年代以降に造られた建物が今後解体期を迎えることから、被害を未然に防止するための対応が重要である。

　アスベスト含有建材の使用実態を的確かつ効率的に把握するため、平成25年度に創設した「建築物石綿含有建材調査者講習」制度に基づき、調査者の育成を行ってきており、30年度には、さらなる充実を図るため、当該制度を厚生労働省及び環境省との共管制度としたところ。

　また、「建築基準法」により、建築物の増改築時における吹付けアスベスト等の除去等を義務付けており、既存建築物におけるアスベストの除去等を推進するため、社会資本整備総合交付金等の補助制度を行っているほか、各省各庁の所管の既存施設における除去・飛散防止の対策状況についてフォローアップを実施している。

　さらに、アスベスト含有建材の識別に役立つ資料（目で見るアスベスト建材）、アスベスト含有建材情報のデータベース化、建築物のアスベスト対策の普及啓発に係るパンフレット等により情報提供を推進している。

⑥ 建設施工における環境対策

　公道を走行しない建設機械等に対し、「特定特殊自動車排出ガスの規制等に関する法律」等により排出ガス（NOx、PM等）対策を実施している。また、最新の排出ガス規制等に適合する環境対策型建設機械の購入に対して低利融資制度等の支援を行っている。

第7節　地球環境の観測・監視・予測

① 地球環境の観測・監視

（1）気候変動の観測・監視

　気象庁では、地球温暖化の原因となる温室効果ガスの状況を把握するため、大気中のCO_2を国内3地点で、北西太平洋の洋上大気や表面海水中のCO_2を海洋気象観測船で観測しているほか、航空機を利用して北西太平洋上空のCO_2等を観測している。また、世界気象機関（WMO）温室効果ガス世界資料センターとして、世界中の温室効果ガス観測データの収集・提供を行っている。

　また、気温、降水量、海面水温・水位等、地球温暖化に伴う気候変動の観測・監視を行い、これら観測結果等を「気候変動監視レポート」で毎年公表しているほか、文部科学省と共に我が国における

気候変動の観測事実と将来予測をまとめた報告書「日本の気候変動2020」（令和2年12月公表）を取りまとめ、気候変動の現状等を公表している。

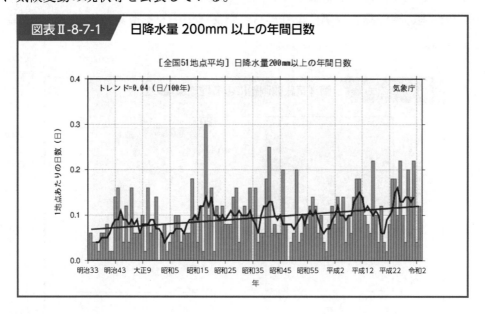

図表Ⅱ-8-7-1　日降水量200mm以上の年間日数

［全国51地点平均］日降水量200mm以上の年間日数

（2）異常気象の観測・監視

気象庁は、我が国や世界各地で発生する異常気象を監視して、極端な高温・低温や多雨・少雨などが観測された地域や気象災害について、定期及び臨時の情報を取りまとめて発表している。また、社会的に大きな影響をもたらした異常気象が発生した場合は、特徴と要因、見通しをまとめた情報を随時発表している。

さらに、気象庁では、アジア太平洋地域の気候情報提供業務支援のため、世界気象機関（WMO）の地区気候センターとしてアジア各国の気象機関に対し、異常気象の監視・解析等の情報を提供するとともに、研修や専門家派遣を通じて技術支援を行っている。

（3）静止気象衛星による観測・監視

気象庁は、静止気象衛星「ひまわり8号・9号」の運用を継続して実施している。「ひまわり8号・9号」の2機体制によって長期にわたる安定的な観測体制を確立し、東アジア・西太平洋地域の広い範囲を、24時間常時観測している。これらの衛星では、台風や集中豪雨等に対する防災機能の向上に加え、地球温暖化をはじめとする地球環境の監視機能を世界に先駆けて強化している。

（4）海洋の観測・監視

海洋は、大気と比べて非常に多くの熱を蓄えていることから地球の気候に大きな影響を及ぼしているとともに、人類の経済活動により排出された CO_2 を吸収することによって、地球温暖化の進行を緩和している。このことから、地球温暖化をはじめとする地球環境の監視のためには、海洋の状況を的確に把握することが重要である。

気象庁では、国際的な協力体制の下、海洋気象観測船により北西太平洋において高精度な海洋観測を行うとともに、人工衛星や海洋の内部を自動的に観測する中層フロート（アルゴフロート）によるデータを活用して、海洋の状況を監視している。

その結果については、気象庁ウェブサイト「海洋の健康診断表」により、我が国周辺海域の海水温・海流、海面水位、海氷等に関する情報とともに、現状と今後の見通しを解説している。

　海上保安庁では、日本周辺海域の海況を自律型海洋観測装置（AOV）、漂流ブイ及び海洋短波レーダーにより常時監視・把握するとともに、観測結果を公表している。また、日本海洋データセンターにおいて、我が国の海洋調査機関により得られた海洋データを収集・管理し、関係機関及び一般国民へ提供している。

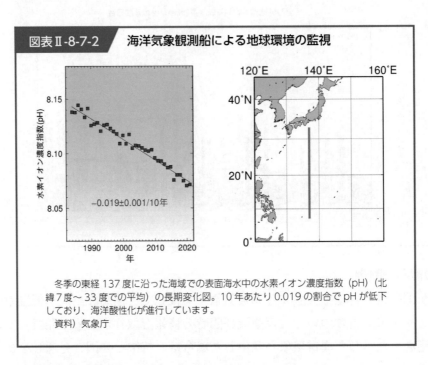

図表Ⅱ-8-7-2	海洋気象観測船による地球環境の監視

冬季の東経137度に沿った海域での表面海水中の水素イオン濃度指数（pH）（北緯7度～33度での平均）の長期変化図。10年あたり0.019の割合でpHが低下しており、海洋酸性化が進行しています。
　資料）気象庁

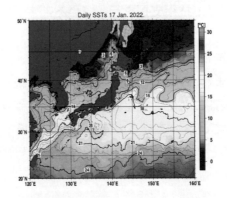

図表Ⅱ-8-7-3	気象庁ウェブサイトで公表している「海洋の健康診断表」の例

【日別海面水温分布図】
・人工衛星とブイ・船舶による観測値を用いて解析した海面水温の分布図をウェブサイトに掲載し、毎日更新している。
・海面水温は、図の右にあるスケールで色分けしている。海氷のために海面水温データがない海域は灰色の網掛けで示している。
　（令和4年1月17日の海面水温分布図）
日本近海の海面水温は、東シナ海を北上してトカラ海峡から日本の南を関東の東まで流れる黒潮や、千島列島に沿って南下して日本の東まで流れる親潮といった海流などの影響を受けて複雑な分布を示す。
　資料）気象庁

（5）オゾン層の観測・監視

　気象庁では、オゾン・紫外線を観測した成果を毎年公表しており、それによると世界のオゾン量は、2000年以降ではわずかな増加がみられるが、1970年代と比較すると少ない状態が続いている。
　また、国民の有害紫外線対策に資するため、気象庁ウェブサイト「紫外線情報」において、現在の紫外線の強さ（紫外線解析値）を毎時間提供し、当日または翌日の紫外線の強さの予測（紫外線予測値）を毎日提供している。紫外線の強さには、有害紫外線の人体への影響度を示す指標（UVインデックス）を用いている。

（6）南極における定常観測の推進

　国土地理院は、南極地域観測隊の活動及び地球環境変動の研究や測地測量に関する国際的活動等に寄与するため、南極地域の基準点・水準測量等の測地観測、GNSS連続観測、地形図の作成・更新、衛星画像図の整備等を実施している。
　気象庁は、昭和基地でオゾン、日射・赤外放射、地上、高層等の気象観測を継続して実施しており、観測データは南極のオゾンホールや気候変動等の地球環境の監視や研究に寄与するなど、国際的な施策策定のために有効活用されている。
　海上保安庁は、海底地形調査を実施しており、観測データは、海図の刊行、氷河による浸食や堆積環境等の過去の環境に関する研究等の基礎資料として役立てられている。また、潮汐観測を実施し、地球温暖化と密接に関連している海面水位変動の監視にも寄与している。

❷ 地球環境の予測・研究

　気象研究所では、世界全体の炭素循環過程等を含む地球システムモデルや、日本付近の気候の変化を詳細に予測可能な地域気候モデルの開発等を行い、気候変動の予測研究を行うとともに、世界気候研究計画（WCRP）等の国際研究計画に積極的に参加している。文部科学省と気象庁が公表した「日本の気候変動2020」（令和2年12月公表）では、日本の気候変動について、今後の世界平均気温が2℃上昇シナリオ及び4℃上昇シナリオで推移した場合の将来予測をとりまとめている。また、気象庁は「日本の気候変動2020」に基づき、都道府県レベルにおける気候変動の将来予測をとりまとめ公表している（令和3年度）。
　このような取組みにより、気候変動の自然科学的根拠について観測成果や予測結果を提供し、気候変動影響評価報告書（令和2年12月公表）、気候変動に関する政府間パネル（IPCC）第6次評価報告書（令和3～4年公表）、地球温暖化対策計画（令和3年10月閣議決定）や気候変動適応計画（令和3年10月22日閣議決定）に基づき、地方公共団体等による適応策策定に向けた取組み等に対し積極的に貢献した。
　国土技術政策総合研究所では、治水、利水、環境の観点からの気候変動適応策に関する研究成果を気候変動適応策に関する研究報告（平成29年、令和元年）等として公表した。また、研究成果は社会整備審議会答申「水災害分野における気候変動適応策のあり方について」（平成27年8月）「気候変動を踏まえた水災害対策のあり方について」（令和2年7月）、国土交通省気候変動適応計画（平成30年11月）等に反映された。

❸ 地球規模の測地観測の推進

　VLBI（天体からの電波を利用してアンテナの位置を測る技術）やSLR（レーザ光により人工衛星までの距離を測る技術）を用いた国際観測、験潮、絶対重力観測、電子基準点によるGNSS連続観測等を通じて全球統合測地観測システム（GGOS）に参加し、地球の形状と動きの決定に貢献することで、地球規模の測地基準座標系（GGRF）の構築の推進を行っている。

第9章 戦略的国際展開と国際貢献の強化

第1節 インフラシステム海外展開の促進

① 政府全体の方向性

　新興国を中心とした世界の膨大なインフラ需要を積極的に取り込むことにより、我が国の経済成長につなげていくため、政府は平成25年3月に国土交通大臣を含む関係閣僚を構成員とする「経協インフラ戦略会議」を設置し、政府一体となってのインフラ海外展開に取り組んできた。

　この結果、我が国企業のインフラシステム受注額は、平成22年の約10兆円から令和元年には約27兆円へと増加しており、そのうち国土交通関係分野については、交通分野で約0.5兆円から約2.1兆円、基盤整備分野で約1.0兆円から約3.0兆円と、22年と比較して大きな伸びを見せており、着実に成果を上げてきている。

　その一方で、中国、韓国、新興国の企業の台頭等による競争環境は激化しているほか、新型コロナウイルス感染拡大への対応を機に、世界全体でデジタル化が加速しているなかで、これに伴うインフラニーズの変容も想定される。加えて気候変動対策など「持続可能な開発目標（SDGs）」達成や、国際社会の安定と繁栄の基盤として我が国が提唱している「自由で開かれたインド太平洋（FOIP）」の実現が国際的な関心事となる中、インフラシステム海外展開においても、これらへの貢献に向けた取組の一層の促進が期待されている。

　このような状況を踏まえ、令和2年12月に、令和7年までのインフラシステム海外展開の方向性を示した「インフラシステム海外展開戦略2025」を策定し、令和7年に34兆円のインフラシステムを受注する目標を掲げ、政府全体で「質の高いインフラシステム」の海外展開に取り組んでいる。

② 国土交通省における取組み

　国土交通省では、「インフラシステム海外展開戦略2025」に基づき、国土交通省の関係者と情報・戦略を共有し、官民一体となった取組みを進めるため、「国土交通省インフラシステム海外展開行動計画」を毎年策定している。令和3年6月に策定した「国土交通省インフラシステム海外展開行動計画2021」では「ポストコロナを見据えたデジタル技術の活用」や「地球規模での気候変動への対応などによる経済と環境の好循環の実現」、「自由で開かれたインド太平洋（FOIP）への寄与」を目的とし、重点的に取り組む分野として交通ソフトインフラ、スマートシティを位置づけ、取組を進めてきた。具体的には以下の（1）～（8）を主な施策として精力的に推進しているところである。

（1）「川上」からの継続的関与の強化

　我が国企業が確実に案件を獲得するために、案件が成立するか不明な「川上」の段階から、相手国のインフラニーズを的確に把握しつつ、相手国に働きかけ、我が国企業が参入しやすい環境整備作り

を行っていく必要がある。このため、相手国の国土計画・マスタープラン等の上位計画に係る調査事業への協力、トップセールスや二国間枠組みによる政府間対話等、GtoGによる情報発信等をオンラインも活用し取り組んでいる。

（2）PPP案件等への対応力の強化

　世界の膨大なインフラ需要を公共投資だけで賄うことは困難であり、新興国の中には対外債務増加に消極的な国もあることから、民間資金を活用する官民連携（PPP：Public-Private Partnership）への期待が高まっている。しかしながら、PPP案件を円滑に進めるための法制度が未整備な場合や、相手国政府に官民の適正なリスク分担に対する理解が不十分な場合もあることから、相手国が置かれている状況を十分に踏まえ、政府としても相手国政府に環境整備を働きかけている。

　また、交通・都市開発分野の事業は、初期投資が大きく資金回収までに長い期間を要することに加えて、政治リスク、需要リスク等の様々なリスクが存在するため、民間だけでは参入が困難なケースも見られる。海外交通・都市開発事業支援機構（JOIN）は、このようなリスクを分担し、出資や人材派遣等を通じて事業参画を行う、ハンズオン機能を有する官民ファンドとして2014年に設立された。

　JOINの業務については、2019年度に行った株式会社海外交通・都市開発事業支援機構法施行5年後の検証作業で交通事業・都市開発事業を支援する事業への支援の拡充などの方向性が示されたところであり、JOINの支援機能の更なる強化を図っている。具体的には令和3年度は米国の環境配慮型都市事業や、北米・欧州の高精度デジタル道路地図整備事業、欧州の無人航空機運航管理システム整備事業などデジタル・エネルギー分野等にも支援を拡大している。

（3）我が国の強みを活かした案件形成

　我が国の「質の高いインフラシステム」は、①使いやすく長寿命であり、初期投資から維持管理まで含めたライフサイクルコストが低廉、②技術移転、人材育成・企業育成等相手国発展のための基盤づくりを合わせて実施、③工期等契約事項の確実な履行、及び④環境や防災、安全面にも配慮し、経験に裏付けられた技術をトータルに導入等を特長として有しており、これらの強みを活かした案件形成を進める。また、デジタル技術の活用・気候変動、FOIPへの対応等、新たな課題や運営・維持管理（O&M）等の我が国の強みを活かした案件形成を進める他、「川下」までを見据えて案件形成後も継続的にフォローを行う。

（4）我が国コンサルタントによる調査等の質の向上

　円滑な案件形成を進めるためには、我が国コンサルタントによる調査、詳細設計等の成果の質のさらなる向上を図る必要がある。このため、我が国コンサルタントの調査等に対する第三者による技術的助言の支援、事業調査の早期段階での我が国企業の知見の聴取及びコンサルタントの業務実施環境の整備等に取り組んでいく。

（5）我が国企業の競争力の強化

　競合国企業は、我が国企業と比べて、海外展開に関し事業の規模と実績において大きく上回っており、単純な価格競争では、我が国企業は不利な状況にある。国内を主な市場としてきた業界では、海外展開することを想定した供給能力を備えていない場合もあり、価格面及び提供する商品の質の柔軟

性を含めた供給能力面において、我が国企業の競争力を強化していく必要がある。

　そのため、現地ローカル企業との連携の促進、コストダウンの一助となる海外での設計・製造拠点の設置や現地職員の活用並びにM&Aによる現地・海外企業の取得といった取組みを支援している。

　デジタル技術の活用や環境基準等の分野を含む幅広い分野において諸外国では標準を戦略的に活用した展開を進めており、政府全体でも「知的財産推進計画」の中に位置づけられたり、統合イノベーション戦略推進会議の中に標準活用推進タスクフォースが設置されたりするなど、取組みが進められている。国土交通省としても、企業が海外市場へ参入しやすい環境を整備するため、国際標準の議論に積極的に参加し我が国の規格等の国際標準化を推進するとともに、国内基準の国際標準への整合を進める。

（6）我が国企業の海外展開に係る人材の確保と環境の整備

　我が国企業が海外案件に従事する際は、語学能力に加え、相手国の情勢、商習慣や海外特有リスクの把握のほか、総合的なプロジェクトマネジメント能力を有する人材が必要であるが、こうした人材が不足しているのが現実である。

　そこで、我が国企業における国内外の人材流動化を促進する観点から、海外工事・業務の実績があり、今後、国内外での活躍が期待される技術者の実績を国内事業で活用できるよう認定するとともに、優秀なものを表彰する「海外インフラプロジェクト技術者認定・表彰制度」の運用を行うほか、政策研究大学院大学が産学官連携の下に行っている「海外インフラ展開人材育成プログラム」の支援や中堅・中小建設業海外展開推進協議会（JASMOC）を通じた中堅・中小建設企業の海外展開を支援している。

（7）案件受注後の継続的なフォローアップ

　海外案件においては、受注後に施工に必要な許認可が円滑に行われない、相手国からの金銭の支払いが遅延するといったトラブルが発生する。これが潜在的なリスクと見込まれ事業価格の高騰を招いている。解決を働きかける相手方が、相手国政府や自治体、公的機関となることも多く、我が国企業の独力での解決は困難を伴いがちである。

　このため、相談窓口である「海外建設・安全対策ホットライン」等を活用し、関係省庁やJICA等と連携して対応策を検討し、必要に応じたトップクレーム等を速やかに実施し、相手国政府に対する働きかけを行っている。

（8）新型コロナウイルス感染症の拡大を踏まえた対応

　新型コロナウイルス感染症の流行により、プロジェクトの工事の一時中断や契約内容の見直し等の多大な影響を受けている。このため、工事の中断等によって生じた工期延長や追加費用の承認等について企業からの相談にきめ細かく対応したり、ウィズコロナによるデジタル技術の期待の高まり等の社会変容を見据えたインフラ展開を推進していく。

（9）各国・地域における取組み

　各国・地域との間でインフラシステム海外展開を促進する対話、協力等に取り組んでおり、令和3年度の取組みは下記のとおり。

①東アジア

令和3年5月には日中観光担当大臣オンライン会談を、同年8月には第8回日中韓物流大臣会談を、それぞれオンラインにて開催した。

中国については、日中経済パートナーシップ協議を通じて、中国での円滑な船員交代及び日中間の航空路線早期回復等について議論し、中国によるシップ・リサイクル条約の早期締結について呼びかけを行った他、日中間におけるインフラ整備に関する第三国連携の可能性を追求した。

モンゴルについては、我が国政府が建設を支援し、我が国企業が運営に参画するチンギスハーン国際空港が令和3年7月4日に開港し、同国の発展に寄与することが期待される。

② ASEAN 地域

巨大な単一市場の実現に向け平成27年末に発足したASEAN経済共同体（AEC）においては、地域の連結性強化等による経済発展が重視されており、今後ヒト、モノ等の流れがより活発になってくることが予想される。また、ASEANはアジア地域においても最も我が国建設企業が多く進出しており、堅調な海外売上高を維持していることから、引き続き我が国企業の重要な市場の一つである。

こうした中、ASEAN諸国から依然として多くの制度整備支援要望が寄せられていることを踏まえ、昨年度に引き続き、令和3年9月、土地・建設関連制度の整備普及を担うことができる人材育成促進を目的に、関連制度の講義等をカリキュラム化した第5回目の「建設産業政策プログラム」をオンラインにて実施しASEAN諸国等8箇国から12名の行政官が参加した。

（ア）インドネシア

令和3年9月、赤羽前国土交通大臣は訪日したブディ・カリヤ・スマディ運輸大臣と面会を行い、二国間で進めている港湾・鉄道・自動車に係るインフラ案件について意見交換を行った。

同年12月、国土交通大臣がトップセールスを実施してきたパティンバン港整備事業に関し、日本企業が出資する運営会社による自動車ターミナルの運営、自動車の本格的な輸出が開始された。

令和4年2月、「第8回日・インドネシア建設次官級会合」をオンラインで開催し、建設分野における両国のインフラ整備の課題・経験を共有するとともに、両国の協力を推進していくことで一致した。

同年3月、道路分野を中心としたインフラメンテナンスに関するセミナーをオンラインで開催し、日本企業のインドネシアにおけるインフラメンテナンス事業への参画・協働に向けたネットワーク構築を支援した。

（イ）カンボジア

官民双方の連携を強化し、都市開発・不動産開発分野における課題の解決に貢献することを目的としてカンボジア国土整備・都市化・建設省との間で設立した「日カンボジア都市開発・不動産開発プラットフォーム」について、第3回会合を令和4年2月にオンラインで開催した。

（ウ）シンガポール

シンガポール行政機関インフラストラクチャー・アジア（IA）と、当面は都市開発分野（スマートシティ含む。）及び道路・橋梁分野に関し、両国のインフラ関連企業の連携を深め、第三国での協力案件形成を図る取組を進めている。令和4年3月、両国の民間企業を対象としたオンラインセミナーを開催し、国土交通省とIAによる第三国での協力についての関心調査の結果の紹介や、両国の

企業からの事業紹介を行った。本セミナーには約150名が参加し、今後の事業連携に関する活発な意見交換が行われた。

（エ）タイ

令和3年5月、国土交通省とタイ王国運輸省との間で、道路交通分野における政策立案及び技術に関する協力覚書を締結した。

令和3年8月、両国間の経済分野における協力の推進に向けた意見交換を行うため、ドーン副首相兼外務大臣、サクサヤーム運輸大臣、茂木外務大臣、渡辺国土交通副大臣らが出席し、オンライン形式で第5回日タイ・ハイレベル合同委員会を開催した。渡辺副大臣からは、スマートシティ、東部経済回廊（EEC）でのインフラ案件、鉄道や道路交通分野での協力について述べ、我が国の質の高いインフラシステムの展開によるEECの開発や地域の連結性の向上に向けた両国の協力について確認した。

バンコク都市鉄道レッドラインについては、我が国鉄道技術が採用されて整備が進められ、令和3年8月にソフトオープンし、同年11月に正式に開業した。

（オ）フィリピン

平成27年から円借款により整備が進められている南北通勤鉄道事業に関し、令和3年11月に第一編成車両が日本から現地に到着した。

令和3年11月、フィリピン初の本格的な道路トンネルの起工を契機として、トンネル及びトンネル関連施設の建設・O&Mについての協力を深化させるべく、国土交通省とフィリピン公共事業道路省は、連携協定書を締結した。

（カ）ベトナム

令和3年11月の日・ベトナム首脳会談において、両首脳は海上保安分野での更なる協力強化並びにベトナムにおける日本のODAプロジェクト実施に関する諸課題の解決及び地域の連結性向上等に資する鉄道、空港、港湾、高速道路などの重点インフラプロジェクトの促進、スマートシティの実現、旅行円滑化、観光協力の促進等に向けた両国間の協力を強化することで一致した。会談後の文書交換式では、国土交通省とベトナム天然資源・環境省との間で「土地、水資源、気象、地理空間情報分野の協力に係る覚書」を更新した。

また、国土交通大臣は、同首脳会談に伴い来日した農業農村開発大臣の表敬訪問を受け、防災分野等に関する意見交換を行い、今後も水防災等についての包括的な協力覚書に基づく協力関係を更に深めていくことを確認した。

国土交通大臣が、円滑なプロジェクトの進捗のためベトナム政府と調整を続けてきたホーチミン市都市鉄道1号線プロジェクトについて、令和3年度も前年度に引き続き車両を納入し、本格運用に向けた準備が着実に進められた。

（キ）マレーシア

令和3年8月、マレーシアとの間で、3L水位計の導入に向けた観測性能・維持管理性能等の検証を行う試験施工実施の合意が得られたため、今後、マレーシアにおいて、3L水位計の展開を図ることを期待し、現地での試験施工に参加する企業の募集を実施した。

（ク）ミャンマー

ミャンマー国内で日本企業により実施されていた建設等のプロジェクトについて、現下の情勢を踏まえ、引き続き今後の事態の推移を注視し対応を検討していく。

③南アジア
（ア）インド

令和3年10月の日印電話首脳会談において、両首脳はムンバイ・アーメダバード間高速鉄道事業を着実に推進していくことを確認した。また、令和4年1月に軌道工事に着手した。

令和3年1月に「第12回都市開発に関する日印交流会議」を開催し、水環境、都市交通、都市開発、良き発注者と質の高い技術者等について、意見交換を行うと共に、日本企業が各社の技術をアピールした。令和4年2月に「第7回日印道路交流会議」をオンラインにて開催し、日本における斜面保護の事例について紹介し、意見交換を実施した。

また、水分野の協力を強化することを目的として、令和元年12月に締結した、国土交通省水管理・国土保全局とインド水活力省水資源・河川開発・ガンガ再生局の間での協力覚書に基づき、令和3年12月に、「第1回日インド水資源管理に関する合同作業部会」を開催した。水資源及び水防災分野において両国が行っている取組について情報共有を行うとともに、今後の具体的な協力の可能性について意見交換を行った。

（イ）バングラデシュ

PPP庁との覚書に基づき日本バングラデシュ・ジョイントPPPプラットフォームを構築し、政府間協力のもとでバングラデシュ側関係省庁と我が国関心企業による各種プロジェクトの案件形成を支援している。

④北米・欧州
（ア）米国

米国は、高速鉄道やスマートシティ、カーボンニュートラルポート等のインフラ分野において、我が国と緊密に連携をしている。また、二国間の取組みのみならず、第三国においても、自由で開かれたインド太平洋（FOIP）の実現に向けた協力を図っている。バイデン政権は、令和3年11月に超党派インフラ投資法を成立させるなど、インフラ整備に積極的であり、今後も、日本の技術力や知見を活用した米国インフラ市場への参画が期待されている。

また、令和3年4月の日米首脳会談では、両国首脳が「日米競争力・強靱性（コア）パートナーシップ」に合意しており、競争力とイノベーションの推進、グリーン成長・気候変動の分野において、国土交通分野の更なる協力の推進が望まれる。

（イ）カナダ

カナダは、他の自由主義諸国と同様に価値観を共有する国家として、自由で開かれたインド太平洋（FOIP）の実現に向けた協力を図っている。令和3年12月には、第31回日本・カナダ次官級経済協議がオンライン形式で開催され、インフラ分野においては、令和3年6月にJOINとInvest Alberta Corporationが協力覚書を締結したこと、カナダ側が国家貿易回廊基金を通じた交通インフラ投資を継続していくことなどが紹介された。

（ウ）欧州

欧州では、英国における HS 2 高速鉄道計画について、日本企業の参画に向けた継続的なトップセールスを実施し、令和3年12月に日本企業とフランス企業による共同での車両の受注が決定した。また、同年9月には、フィンランドのスキンナリ開発協力・外国貿易大臣が赤羽前国土交通大臣を表敬し、二国間の交流拡大等について情報・意見交換を行った。

⑤中南米

令和2年2月にパナマ運河庁は、水不足に起因した運河の水位低下に対応するため、船舶の通航量を調整することを目的とした追加通航料金として上水サーチャージを緊急に導入した。同年9月に、海事局は、Web 形式の局長級会合を通じ、パナマ運河庁に上水サーチャージの導入経緯の説明を求めるとともに、今後我が国がどのような協力ができるか検討する旨伝えた。このような背景から令和3年度に、「パナマ運河の水不足問題の解消に向けた調査」を開始し、水不足が起きている要因を特定するためのパナマ運河の流域周辺の環境、水利用状況等調査や運河の水位低下に伴う船舶の通航への影響に関する調査を実施した。

今後は、水不足への対応策の提案等を行う予定である。

⑥ロシア

政府全体の方針である「ロシアの生活環境大国、産業・経済の革新のための協力プラン」（いわゆる8項目の「協力プラン」）に基づき、都市環境、運輸、観光分野での協力を進めてきた。

しかしながら、現下のウクライナ情勢を踏まえると、ロシアとの間で新たな経済分野の協力を進めていく状況になく、ロシアとの経済分野の協力に関する政府事業については当面見合わせることを基本に、今後の状況を踏まえながら、適切に対応していくこととしている。

⑦中東（トルコ）

令和4年3月には、質の高いインフラ、第三国における両国企業の連携等をテーマにした「日本・トルコ建設企業の第三国連携に関するオンラインセミナー」を開催し日本とトルコ両国企業によるビジネスマッチングを実施した。

⑧アフリカ

第6回アフリカ開発会議（TICAD VI）にあわせて平成28年8月にケニアで開催した「日・アフリカ官民インフラ会議」を契機として設立した「アフリカ・インフラ協議会」（JAIDA）と連携し、アフリカにおける「質の高いインフラ投資」を推進するため、我が国の「質の高いインフラ」を支える技術や経験等について積極的に情報発信するとともに、相手国との官民双方の関係構築を促進した。

これまでアフリカ13箇国（ケニア、エチオピア、モザンビーク、タンザニア、コートジボワール、ナイジェリア、ウガンダ、ザンビア、ガーナ、マダガスカル、セネガル、チュニジア、モロッコ）において「官民インフラ会議」（閣僚級）を開催してきた。

加えて、これまでに官民インフラ会議を開催した国との関係を継続・発展させることを目的として、タンザニア（令和3年4月）、ケニア（同年5月）、ガーナ（同年11月）、ウガンダ（令和4年3月）と「質の高いインフラ対話」を、コートジボワールと実務者レベルの「分科会」を令和4年3月にオンラインで開催した。

　また、令和3年1月にはチュニジア・モロッコ企業と我が国企業の民間企業同士の連携の促進を図るため、第2回日・アフリカ官民経済フォーラムのサイドイベントとして、オンラインフォーラム「アフリカにおける質の高いインフラ」を開催した。

　エジプトとは、円滑なプロジェクトの進捗のためエジプト・アラブ共和国政府と調整を続けてきたカイロ地下鉄四号線第一期整備事業に関し、令和3年11月、車両の調達に関する契約が、本邦企業とエジプト・アラブ共和国運輸省トンネル公団との間で締結された。

第2節　国際交渉・連携等の推進

1　経済連携における取組み

（1）経済連携協定／自由貿易協定（EPA/FTA）

　我が国は、アジア・太平洋地域、東アジア地域、欧州等との経済連携を戦略的に推進している。令和3年3月現在、24箇国・地域と21のEPA/FTA等について、発効済み・署名済みであり、EPA/FTAを活用し、我が国の運輸、建設業等の国際競争力の強化及び海外展開の推進の観点から、相手国の外資規制の撤廃・緩和等を通じたサービス分野の自由化、相手国の政府調達に関する参加機会の拡大に取り組んでいる。

　平成25年5月から、ASEAN諸国、日本、中国、韓国、豪州、ニュージーランド、インドの16箇国により交渉を開始した地域的な包括的経済連携（RCEP）協定は、令和2年11月に署名され、4年1月に発効した。

　令和元年11月以降、本協定の交渉に不参加であったインドは、署名にも不参加であったが、本協定では、発効日からインドによる加入のために開かれている旨を規定している。（インド以外の国は発効後18か月を経過した後にのみ加入可）。

　このほか、令和2年1月に英国がEUを離脱したことを受け、同年6月に英国との新たな経済パートナーシップの構築のための交渉を開始、日EU・EPAに代わる日英EPAが同年10月に署名され、3年1月に発効した。

（2）世界貿易機関（WTO）

　WTOは、多角的貿易体制の中核であり、①貿易自由化・ルール形成のための交渉の場、②加盟国によるWTO協定の履行状況の監視、③加盟国間のWTO協定上の貿易紛争を手続に従って解決する制度の運用という機能を果たしている。

2　国際機関等への貢献と戦略的活用

（1）アジア太平洋経済協力（APEC）

　APECは、アジア太平洋地域の持続可能な成長と繁栄に向けて、貿易・投資の自由化、ビジネスの円滑化、経済・技術協力等の活動を行う経済協力の枠組みであり、国土交通省では、APECの交通・観光分野に係る大臣会合及び作業部会に積極的に取り組んでいる。

　交通分野では、地域内のモノと人の流れを円滑化し貿易と投資を支えるべく交通大臣会合が開催されている。

　平成 29 年 10 月にパプアニューギニアで開催された第 10 回 APEC 交通大臣会合では、強靭的且つ持続可能な交通やイノベーションを通じた地域連結性をテーマとした議論が行われ、我が国からは、「インフラプロジェクトにおける PPP の促進」のテーマでプレゼンテーションを行い、これらの議論が共同大臣宣言として取りまとめられた。

　また、APEC の交通分野を取り扱う作業部会「APEC 交通ワーキンググループ」については、新型コロナウイルス感染拡大防止の観点から対面での開催が見送られており、令和 2 年に第 49 回、3 年に第 50 回がオンラインにて開催され、APEC 域内の交通分野における強靭性・接続性、また、コロナからのより良い回復等について議論された。

　国内では、平成 31 年 3 月に開催した「APEC 質の高いインフラ東京会議」における議論を踏まえ、APEC 加盟国・地域における「質の高いインフラ」及びスマートシティの更なる理解の醸成や国際的スタンダード化の推進を図るため、令和 3 年度に APEC 加盟国・地域のインフラ所管省庁担当者を招聘し、「APEC 質の高いインフラによるスマートシティ推進会議」を開催した。

（2）東南アジア諸国連合（ASEAN）との協力

　国土交通省は、ASEAN における「質の高い交通」をさらに推進するため、平成 15 年に創設された日本と ASEAN の交通分野の協力枠組みである「日 ASEAN 交通連携」の下、道路交通安全に関する共同調査、港湾技術に関する共同研究、マラッカ・シンガポール海峡における水路再測量・海図整備、航空セキュリティ向上の取組み等、陸上、海上、航空にわたる様々な協力プロジェクトを実施している。これらのプロジェクトの進捗状況を確認し、今後の方向性、新たなプロジェクトについて議論するため、「日 ASEAN 交通大臣会合」等の会合が毎年開催されている。令和 3 年 11 月には、「第 19 回日 ASEAN 交通大臣会合」がテレビ会議で開催され、我が国からは中山国土交通副大臣が出席した。本会合においては、「日 ASEAN 交通連携」の具体的実施計画である「日 ASEAN 交通連携ワークプラン 2021-2022」とともに、新規協力プロジェクトとして「ビッグデータの活用によるモビリティの向上」が承認された。さらに、これまでのプロジェクトの成果物として、「過積載車両対策のための ICT ソリューション実証実験報告書」と「日 ASEAN コールドチェーン物流認証審査ガイドライン」の 2 つが承認された。また、本会合に引き続き日本を含む ASEAN 対話国等（米国、中国等）及び協力機関を含めた特別会合が開催され、主に ASEAN 地域における交通・物流のデジタル化の促進をテーマとして意見交換を行った。

　また、国土交通省では、ASEAN 各国のスマートシティ実現に向けたプラットフォームである「ASEAN スマートシティ・ネットワーク（ASCN）」に対して関係府省とも連携して協力するため、令和 3 年 10 月、「第 3 回日 ASEAN スマートシティ・ネットワーク　ハイレベル会合」を愛知県にて、オンラインとのハイブリッド形式で開催した。同会合において、我が国による ASEAN 地域に対するスマートシティ海外展開に関する支援策 - Smart City supported by Japan ASEAN Mutual Partnership - (Smart JAMP) の取組みなどが紹介され、ASEAN でのスマートシティ実現に向けて、日本と ASEAN 各国が引き続き協力をしていくことなどを確認した。

（3）経済協力開発機構（OECD）

　国土交通省では、OECD の活動のうち、国際交通フォーラム（ITF）、造船部会（WP 6）、地域開発政策委員会（RDPC）、開発センター（DEV）、観光委員会等における議論に参画している。

　ITF は、加盟 64 ヵ国が全交通モードを対象に交通政策に関する議論・研究を行っており、そのハ

イライトとして、各国の交通担当大臣が著名な有識者・経済人を交えてハイレベルな議論を行うITFサミットを年に1回開催している。「持続可能な発展のための交通イノベーション」をテーマとして令和3年5月に開催されたサミットには、我が国からは鳩山国土交通大臣政務官が首席代表として出席した。サミットでは、持続可能性の確保が鍵となるコロナ禍における交通分野のイノベーションについて議論が行われ、その重要性を確認する大臣宣言が採択された。

また、ITFの調査研究部門である交通研究委員会（TRC）では、各国の学識経験者や実務者が様々な政策課題について調査・研究を行っている。例えば、「地方のモビリティ改善のためのイノベーション」作業部会では、多くの日本の専門家が知見を共有し、報告書の作成に貢献した。

WP6は、造船に関する唯一の多国間フォーラムとして、国際造船市場に関する政策協調のための重要な役割を担っており、造船に関する公的支援の適正化や透明性確保、輸出信用等に関する議論を行っている。令和3年11月の第133回WP6では、従来から実施している各国の造船政策のレビューに加えて、造船需給予測及び船価モニタリングの実施に向けた具体的な作業を進めたほか、我が国が提案した各国公的支援措置の通報制度の強化に向け運用方法等について議論していくことを合意した。引き続き、このような造船市場に関する共通認識の醸成や、WP6加盟国間における相互監視機能の強化に向けた取組みを推進し、公正な競争条件の確保に努める。

RDPCでは、国土・地域政策等に関する各加盟国の政策レビューや、土地利用のガバナンスに関する調査等に積極的に取り組んでいる。特に令和3年度より、国土交通省として、東南アジアでの都市インフラファイナンス調査と、「スマートシティと包括的成長に関するOECDプログラム」の一環としてのスマートシティのデータガバナンスに関する調査にOECDと共同で取り組んでいる。

DEVは、開発にかかる様々な問題・経済政策に関する調査・研究、先進国、新興国及び途上国による対話やセミナーを通じた知見・経験の共有・普及、政策オプションの提供等を行う機関であり、今後の開発に関する議論を行うとともに、セミナー等により質の高いインフラの途上国への普及・実施についても取り組んでいる。令和3年11月には、政策対話の場において、質の高いインフラに資する能力開発等について議論が行われた。

観光委員会では、各国の観光関連政策のレビューや、観光統計データの整備及び分析等を行っている。我が国は同委員会の副議長国として活動しており、同委員会と積極的に連携している。令和3年には、加盟国における観光産業のデジタル化に向けた労働力対応の課題や、グリーンツーリズムの取組み等に関するレポート作成の他、観光に関する統計・知見・施策を議論するグローバルフォーラムを開催、我が国も関連する施策等を共有した。

（4）国際連合（UN）

①国際海事機関（IMO）

IMOは、船舶の安全・環境等に関する国際ルールを定めている国連の専門機関である。我が国は、世界の主要海運・造船国として同機関の活動に積極的に参加しており、環境関係の条約を採択する委員会の議長は日本人が務めている。

特に、世界的に関心が高まっている気候変動対策を海運分野で強力に進めるべく、我が国は国際枠組みの整備を牽引している。令和3年度には、我が国主導でIMOに提案していた就航済み船舶への新たなCO_2規制が採択された。さらに、「国際海運2050年カーボンニュートラル」を新たな目標として掲げることを、米国、英国等と共同でIMOに提案した。

令和3年度には、我が国独自の衛星測位システム「みちびき」が、船舶で国際的に利用でき

る衛星航法システムとして、IMO で承認された。また、「全世界的な海上遭難・安全システム（GMDSS）注1」について、我が国の提案を反映した条約の改正案が承認された他、我が国がその策定に貢献した燃料電池船の安全要件に関するガイドライン案が最終化されるなど、IMO における安全に関する国際ルール作りに貢献した。

②国際民間航空機関（ICAO）

ICAO は、国際民間航空の安全かつ秩序ある発達及び国際航空運送業務の健全かつ経済的な運営に向け、一定のルール等を定めている国連の専門機関の1つである。我が国は加盟国中第3位（令和3年）の分担金を負担し、また、第1カテゴリー（航空輸送において最も重要な国）の理事国として、ICAO の諸活動に積極的に参加し、国際民間航空の発展に寄与している。

③国連人間居住計画（UN-Habitat）

UN-Habitat は、人間居住問題を専門に扱う国連の基金・計画の一つである。我が国は、設立以来の理事国として UN-Habitat の諸活動に積極的に参加し、我が国の国土・地域・居住環境改善分野での経験、知見を活かした協力を通じ、世界、特にアジアでの人口爆発、急激な都市化に伴う人間居住問題の改善に貢献している。

令和3年度は、UN-Habitat 福岡本部（アジア太平洋担当）が令和3年10月に福岡市と共同で開催した第13回アジア太平洋都市サミット「特別版」（オンライン開催）に参加し、「日本とアジアにおける国土の長期展望」をテーマに講演を行うなど持続可能な都市化のための世界共通の目標である「ニュー・アーバン・アジェンダ」の達成に向け、「一極集中の是正を目ざした国土・地域の長期展望」を示すとともに、地方中核都市の重要性を述べた「多様な主体の参加による地方中核都市の戦略的な長期展望」を世界に発信した。

④国連における水と防災に関する取組み

令和2年7月の国連の持続可能な開発に関するハイレベル政治フォーラムにおいて、赤羽国土交通大臣は日本政府を代表し、流域のあらゆる関係者が協働し治水を進める「流域治水」や新型コロナウイルス感染症禍における水災害リスク低減を通じ、SDGs の達成に貢献していくことをビデオスピーチを通じ発信した。3年3月には、「SDGs 水関連目標の実施に関する国連ハイレベル会議」において、赤羽国土交通大臣は水・衛生目標である SDG 6 に加え、災害被害の削減を目指す SDG ターゲット 11.5 を重点的にフォローアップするために必要な進捗管理に貢献していくことをビデオメッセージを通じ発信した。また、「水と災害ハイレベルパネル」の第15・16回会合に参加し、新型コロナウイルス感染症禍での水関連災害に関する国際社会の取組みを議論した。

⑤国連における地理空間情報に関する取組み

国土地理院は、国連経済社会理事会に設置されている「地球規模の地理空間情報管理に関する国連専門家委員会（UN-GGIM）」に防災 WG 共同議長として、また、UN-GGIM の地域委員会の1つである「国連地球規模の地理空間情報管理に関するアジア太平洋地域委員会（UN-GGIM-AP）」に副会長として、また、「国連地名専門家グループ（UNGEGN）」に参加し、我が国で培った技

注1　全世界をカバーする遭難信号の送受信や海上安全情報を自動で受信できる通信システム

術や経験を活かして、地球規模の測地基準座標系（GGRF）の普及や防災など多分野での地理空間情報の利活用推進、地名標準化の促進等に貢献している。令和4年1月には、UN-GGIM防災WG及びUN-GGIM-APと共催で「Geospatial Capacity Development Conference on GNSS Applications and DRR」を開催（オンライン）し、4日間で約400名の参加者を得て能力開発に貢献した。

（5）G7交通大臣会合

英国が議長国を務めるG7交通大臣会合が、令和3年5月及び同年9月に開催され、コロナ禍における国際的な人の往来の再開についての議論が行われた。

第1回会合では英国より、国際的な人の往来の再開に向けた留意点を示した原則の案が提示され、各国間で議論が行われた。

また、第2回会合は、保健担当大臣との合同会合となり、我が国からは赤羽国土交通大臣及び山本厚生労働副大臣が出席した。会合では、新型コロナの影響を受けた国際的な人の往来を安全かつ持続可能な形で再開するため、往来再開に用いるワクチン接種証明書や交通乗組員の公正な扱いに関する取組みに関して議論し、本会合の成果として、「国際的な往来の安全で持続可能な再開のためのハイレベル原則」が採択された。

（6）世界経済フォーラム（WEF)

世界経済フォーラム（WEF）は、年次総会である「ダボス会議」に代表される活動を通じ、産官学の各分野のリーダーが連携し、地球規模の課題の解決に取組む組織である。

交通分野については、WEFにおける取組全体の目標設定、戦略的な助言等を行う会議体であるモビリティ・スチュワード（Mobility Stewards）が設置されており、令和3年5月に開催された会合には、赤羽国土交通大臣が出席し、交通分野の脱炭素化に関する取組みについて世界各国の官民トップと議論を行った。

また、同年4月、WEFは第4次産業革命の技術の開発と実装に向けた議論を行うため、ダボス会議と並ぶハイレベルな会合としてグローバル・テクノロジー・ガバナンス・サミット（GTGS）の第1回会合を、日本をホスト国として開催した。GTGSにおいては、赤羽国土交通大臣が「経済復興とスマートシティ」と題するセッションへ出席し、スマートシティ及びスマートモビリティに関する日本の事例を紹介した。

（7）世界銀行（WB)

国土交通省は、「質の高いインフラ投資」の情報発信のため、世界銀行が実施する各国の住宅・都市開発担当者を対象とした招聘事業（令和元年6月及び2年2月）及び現地でのワークショップ（2年3月：於ケニア）において、日本の住宅供給及び都市開発に関する知見を紹介した。

（8）アフリカ開発会議（TICAD)

アフリカにおける「質の高いインフラ投資」を推進するために、「アフリカ・インフラ協議会（JAIDA）」と連携し、官民インフラ会議の開催等の取組みを進めてきたところ、令和4年8月にチュニジアにて第8回アフリカ開発会議（TICAD 8）の開催が予定されていることから、これに向けて、アフリカ各国関係者と我が国企業の対話など、「質の高いインフラ投資」に対する理解を促進

し具体的な案件受注につなげる取組みを加速していく。

（9）アジア欧州会合（ASEM）

　ASEM は、アジア・欧州関係の強化を目指して平成8年に発足した対話と協力の場であり、アジア側参加メンバー（21か国と1機関）、欧州側参加メンバー（30か国と1機関）の合計51か国と2機関によって構成されている。

　令和元年12月に開催された第5回 ASEM 交通大臣会合では、交通のデジタル化に向けた技術開発の重要性、交通の脱炭素化、環境に優しい交通の重要性などに関する議論が行われた。我が国からは、和田国土交通大臣政務官が出席し、MaaS や自動運転など交通のデジタル化に関する取組みや、交通分野における脱炭素化に向けた取組みを紹介した。

❸ 各分野における多国間・二国間国際交渉・連携の取組み

（1）国土政策分野

　アジア各国等において、政府関係者、国際機関等様々なステークホルダーをネットワーク化し、会議、ウェブサイト等により国土・地域政策に係る課題や知見を共有する仕組みである「国土・地域計画策定・推進支援プラットフォーム（SPP）」の第4回会合を、令和4年2月にオンライン開催した。本会合では、「スマートリージョンの形成と防災・国土強靱化による SDGs の達成とニュー・アーバン・アジェンダの実現に向けて」をメインテーマとし、テーマ1ではスマートリージョンが果たすことのできる役割を議論し、テーマ2では国土のレジリエンスを高める防災戦略について議論した。また、タイ公共事業都市計画省の求めに応じ、同国の国土計画に関する素案について、オンライン会合を3回開催した。

（2）都市分野

　国際的な不動産見本市である「MIPIM」（令和4年3月フランス・カンヌ開催）において、日本の都市開発・不動産市場の PR を行い、シティセールス等を図っている。タイでは、同国運輸省の要請を受け、バンスー中央駅周辺都市開発計画の実現に向けて、現地 JICA 専門家を通じて技術協力を行っている。令和3年度には、Smart JAMP（Smart City supported by Japan ASEAN Mutual Partnership：日 ASEAN 相互協力による海外スマートシティ支援策）に基づき、令和2年に JICA が作成したバンスー中央駅周辺整備におけるスマートシティ構想のもと、バンコクのスマートシティ開発の推進を図るべく、今後の事業推進体制や実行計画等の検討を実施した。

　カンボジアでは、平成31年2月の第1回日カンボジア都市開発・不動産開発プラットフォーム会合において、両国政府の連携の下での両国企業による案件形成が決定されたパイロットプロジェクトについて、資金計画と連動した事業性のある開発計画案を策定し、引き続き事業化に向け検討している。インドネシアでは、独立行政法人都市再生機構が、同国の国鉄（KAI）と MRT を運営するジャカルタ首都特別州の州営企業（MRTJ）の合弁会社であるジャカルタ首都圏交通統合公社（MITJ）との間で公共交通指向型開発（TOD）プロジェクトの実現に係る協力覚書を交換した。

　また、開発途上国の都市における上流段階での計画策定等に係る連携から下流段階の具体の都市開発プロジェクトの実施まで着実につなげていくことを目指し、独立行政法人国際協力機構と独立行政法人都市再生機構との間で連携強化の覚書が交換された。この連携強化によって、開発途上国におけ

るより良好な都市環境整備と本邦企業が関与可能な都市開発案件等のプロジェクトの円滑な組成を促進していく。

さらに、我が国企業の海外展開促進を図るため、都市開発海外展開支援事業を活用し、独立行政法人都市再生機構による調査やセミナー等の取組み、J-CODE（海外エコシティエコシティプロジェクト協議会）による企業マッチング等の取組みを支援している。

（3）水分野

水問題は地球規模の問題であるという共通認識のもと、国際会議等において問題解決に向けた議論が行われている。令和4年4月には、熊本市で第4回アジア・太平洋水サミットの開催が予定されている。同サミットは、アジア太平洋地域の各国政府首脳級や国際機関の代表などが参加し、アジア太平洋地域の水に関する諸問題について、幅広い視点から議論を行うものであり、本サミットの円滑な実施のため、関係各省が連携して準備を進めている。

それに加え、水資源分野では、独立行政法人水資源機構を事務局とし関係業界団体や関係省庁からなる「水資源分野における我が国事業者の海外展開活性化に向けた協議会」を活用し、相手国のニーズや課題に対応し治水・利水機能の向上を図るダム再生事業の案件形成に向けた調査を行うなど、水資源分野の案件形成に向けた取組みを実施した。また、アジア河川流域機関ネットワーク（NARBO）と連携し、統合水資源管理（IWRM）の普及・促進に貢献している。このほか、アジアにおける汚水管理の意識向上等を目的としたアジア汚水管理パートナーシップ（AWaP）を平成30年に設立し、国連サミットで採択されたSDGs（ターゲット6.3「未処理汚水の割合の半減」）の目標達成に貢献するための協力関係を参加国・国際機関及び日本下水道事業団を含む関係機関と構築した。令和2年度は、参加国が自国の下水道に関する現状や課題、取組み等を取りまとめた年次レポートの共有を図るとともに、令和3年3月に運営委員会を書面審議で開催し、同年8月に総会を開催することを確認した。

（4）防災分野

世界の水関連災害による被害の軽減に向けて、災害予防が持続可能な開発の鍵であるという共通認識を形成するため、我が国の経験・技術を発信するとともに、水災害予防の強化に関する国際連帯の形成に努めている。また、相手国の防災課題と日本の防災技術をマッチングさせるワークショップ「防災協働対話」をインドネシアやベトナム、ミャンマー、トルコで実施している。現在、既存ダムを有効活用するダム再生や危機管理型水位計などの本邦技術を活用した案件形成を進めているところである。また、国立研究開発法人土木研究所水災害・リスクマネジメント国際センター（ICHARM）では、統合洪水解析システム（IFAS）や降雨流出氾濫（RRI）モデル等の開発、リスクマネジメントの研究、博士課程及び修士課程を含む人材育成プログラムの実施、UNESCOやアジア開発銀行、及び世界銀行のプロジェクトへの参画及び国際洪水イニシアチブ（IFI）事務局としての活動等を通じ、水災害に脆弱な国・地域を対象にした技術協力・国際支援を実施している。

また、砂防分野においては、イタリア、韓国、スイス及びオーストリアと砂防技術に係る二国間会議を開催しているほか、JICA専門家の派遣等や研修の受入を通じて土砂災害対策や警戒避難、土地利用規制などの技術協力を行っている。

（5）道路分野

　世界道路協会（PIARC）の各技術委員会等に継続的に参画し、国際貢献に積極的に取り組んでいる。令和2年からは4年間の戦略計画がスタートし、1）道路行政、2）モビリティ、3）安全性と持続可能性、4）レジリエントなインフラストラクチャーの4つの戦略テーマの下に17の技術委員会と6つのタスクフォースを設置して、加盟国による調査研究が進められている。

　令和4年2月には第16回冬期サービスとレジリエンスに関する世界大会（カルガリー冬期大会）がオンラインで開催され、大会テーマ「冬期道路サービス」及び「レジリエンス」に関する多くのセッション・展示が行われた。日本からも、斉藤国土交通大臣がビデオレターにて日本の優れた取組みを紹介したほか、展示ブースにおいて「高度技能が必要な除雪作業の自動化」「再生可能エネルギーを利用したロードヒーティング」等、日本が誇る最新の道路技術・政策を紹介した。

　また、日ASEAN交通連携の枠組みの下、ASEAN地域における橋梁維持管理の質の向上を目指した「橋梁維持管理技術共同研究プロジェクト」に取り組んでおり、令和4年1月、同年3月に専門家会合を開催した。

（6）住宅・建築分野

　国際建築規制協力委員会（IRCC）、日米加建築専門家会合（BEC）等への参加など、建築基準等に係る国際動向について関係国間での情報交換を行った。

　また、カンボジアからの要請を受け、建築物の構造安全や火災安全に関する建築技術基準の策定支援に取り組んでいる。さらに、国立研究開発法人建築研究所国際地震工学センター（IISEE）では地震学・地震工学・津波防災の研修を実施し、開発途上国の研究者、技術者の養成を通じて世界の地震防災対策の促進に貢献している。

（7）鉄道分野

　令和3年度も、インド高速鉄道に関する合同委員会や日英鉄道協力会議のオンライン開催、JICA専門家の派遣を通じた技術協力など、二国間での連携に向けた取組みを実施している。

（8）自動車分野

　平成27年の第13回日ASEAN交通大臣会合にて承認された、「自動車基準・認証制度をはじめとした包括的な交通安全・環境施策に関する日ASEAN新協力プログラム」に基づく取組みとして、令和3年12月に第12回アジア地域官民共同フォーラムを開催し、アジア地域における基準調和・相互認証活動、交通安全・環境保全施策などについて情報交換を行った。また、同フォーラムでは令和4年1月から開始されるASEAN域内の自動車部品等の相互承認協定の円滑な運用に向け、日本が官民で最大限支援するとともに、アジア地域での自動車の安全・環境対策に引き続き各国が協力して取り組むことに合意した。加えて、これに合わせて政府実務者級会合を行い、自動車分野のカーボンニュートラルに向けた取り組み等についても意見交換を行った。

（9）海事分野

　海事分野では、IMOにおける世界的な議題への対応の他、局長級会談等を通じた二国間協力、CSG会議（海運先進国当局間会議）や日ASEAN交通連携を通じた多国間協力の取組み等を実施している。

令和3年5月及び11月のCSG会議において、我が国から、米国での港湾混雑による世界的なコンテナ輸送の需給逼迫、特定国の貿易阻害措置（米国産出LNG輸送に係る米国籍船使用義務化法案や危険物船等が中国領海を通航する場合に事前通報を義務付ける中国の法改正）、新型コロナ禍での円滑な船員交代、パナマ運河の新料金体系等について問題提起を行い、海運先進国間の連携を呼びかけた。

我が国は、ASEAN等新興国・途上国に対する海上保安能力向上や公共交通インフラの整備としてODAを通じた船舶の供与を行っており、令和4年3月末現在、ベトナム、フィリピン向け巡視船やサモア向け貨客船など、6か国に対し計14隻の船舶の供与に向けたODA事業が進行中である。この他、平成30年3月より、マラッカ・シンガポール海峡の共同水路測量調査事業の現地調査が実施されている。

また、日ASEAN交通連携協力プロジェクトの一環として、日本とASEANにおけるクルーズ振興に取り組んでいる他、ASEAN域内の内航船等において低環境負荷船を普及促進させるため、「ASEAN低環境負荷船普及戦略」に基づき、令和3年10月の海上交通WGにおいて、ASEAN各国の具体的取組等を共有した。

その他、洋上浮体技術を活用した海洋施設撤去の事業化に向けた取組み、海事分野の人材育成支援等、我が国の優れた海事技術の海外展開にも取り組んでいる。

(10) 港湾分野

北東アジア港湾局長会議やAPEC交通WGを通じて、港湾行政に関する情報交換や、クルーズの促進等を実施している。また、国際航路協会（PIANC）や国際港湾協会（IAPH）等との協調を重視し、政府自らその会員となり、各国の政府関係者等との交流を行うとともに、各種研究委員会活動に積極的に参画している。特にPIANC、IAPHにはいずれも日本から副会長を輩出している。コロナ禍においても、リモートで活発に実施されている取組みに積極的に参画し、我が国の質の高い港湾技術の発信や、世界の様々な港湾技術に関する最新の知見を得るほか、技術基準等の海外展開・国際標準化の推進にも積極的に取り組んでいる。

さらに、令和2年10月には、海運業界の脱炭素化を支援する将来の船舶燃料に対応するための港湾間協力に関する覚書をシンガポール海事港湾庁・ロッテルダム港湾公社・国土交通省港湾局の3者で締結し、港湾間の協力ネットワークへの参加を通じて、船舶燃料としてクリーンな代替燃料の普及促進に取り組んでいる。また、令和3年4月の日米首脳共同声明の別添文書において、日米両国がカーボンニュートラルポート（CNP）について協力することが明記されるなど、CNPの国際協力も開始している。

加えて、令和3年10月には、日本とオランダ間の港湾分野における包括的な協力に関する覚書をオランダ社会基盤・水管理省との間で締結した。

(11) 航空分野

ベトナムにおいて、同国民間航空局（CAAV）より要請を受けている航空機騒音対策に係る技術協力を実現するため、令和3年8月、CAAVとのオンライン会議を開催し、ニーズ把握のための意見交換等を行った。

（12）物流分野

　日中韓物流大臣会合における合意に基づき、北東アジア物流情報サービスネットワーク（NEAL-NET）の加盟国・加盟港湾の拡大等、日中韓の物流分野における協力の推進について中韓と議論を進めた。

　令和3年8月には、第8回日中韓物流大臣会合（テレビ会議）を開催し、昨今の新型コロナウイルス感染症の拡大や世界的な気候変動などの影響を踏まえ、三国間の強靭で円滑かつ環境にやさしい物流の推進に向けた連携強化を確認した。

　また、ASEANとの関係では、コールドチェーン物流サービス規格に関する適切な認証体制の整備を促進するため、認証機関が行うべき手続きや審査の際に確認すべき項目をとりまとめた「日ASEANコールドチェーン物流認証審査ガイドライン」が令和3年11月の日ASEAN交通大臣会合にて承認された。加えて、同年9月にフィリピンとの間で物流政策対話・ワークショップ、4年1月にはマレーシアとの間で物流政策対話を開催したほか、同年2月には、マレーシアの現地物流事業者等を対象としたコールドチェーンの普及啓発に関するセミナーを開催し、日本及びマレーシア政府や現地の日系物流事業者等の取組みに関する紹介等を行った。

（13）地理空間情報分野

　ASEAN地域等に対し、電子基準点網の設置・運用支援等を行っている。具体的にはフィリピン及びインドネシアにおいて、電子基準点を用いた高精度測位の利活用に関するパイロットプロジェクトを実施した。また、令和4年1月には、UN-GGIM防災WG及びUN-GGIM-APと共催で「Geospatial Capacity Development Conference on GNSS Applications and DRR」を開催（オンライン）し、4日間で約400名の参加者を得て各国の電子基準点網の運用支援に貢献した。

（14）気象・地震津波分野

　気象庁は、世界気象機関（WMO）の枠組みの下、気象観測データや予測結果等の国際的な交換や技術協力により各国の気象災害の防止・軽減に貢献しており、令和3年11月にアジア各国の国家気象水文機関を対象に気象レーダーの防災気象情報への活用等に関するワークショップをオンラインで開催した。

　また、国際連合教育科学文化機関（UNESCO）政府間海洋学委員会（IOC）の枠組みの下、北西太平洋における津波情報を各国に提供し、関係各国の津波防災に貢献している。

　更に、国際協力機構（JICA）等と協力して、開発途上国に対し気象、海洋、地震、火山などの様々な分野で研修等を通した人材育成支援・技術協力を行っている。

（15）海上保安分野

　海上保安庁は、世界海上保安機関長官級会合、北太平洋海上保安フォーラム、アジア海上保安機関長官級会合といった多国間会合や、二国間での長官級会合、連携訓練等を通じて、捜索救助、海上セキュリティ対策等の各分野で海上保安機関間の連携・協力を積極的に推進している。

　また、シーレーン沿岸国における海上保安能力向上支援のため、国際協力機構（JICA）や公益財団法人日本財団の枠組みにより、海上保安庁モバイルコーポレーションチーム（MCT）や専門的な知識を有する海上保安官を専門家として各国に派遣しているほか、各国の海上保安機関等の職員を日本に招へいし、能力向上支援に当たっている。

　昨今、新型コロナウイルス感染症拡大により、諸外国との往来が制限されたため、MCTによるオンライン研修等を実施していたが、令和4年1月から被支援国の感染状況にかんがみ可能な範囲で現地への派遣を再開した。

　また、海上保安政策に関する修士レベルの教育を行う海上保安政策プログラムを開講し、アジア諸国の海上保安機関職員を受け入れるなどして各国の連携協力、認識共有を図っている。

　このほか、海上保安庁は国際水路機関（IHO）の委員会等における海図作製に関する基準の策定、コスパス・サーサット計画における北西太平洋地域の取りまとめ、国際航路標識協会（IALA）の委員会等におけるVDESの開発に係る検討、アジア海賊対策地域協力協定（ReCAAP）に基づく情報共有センターへの職員の派遣など、国際機関へ積極的に参画している。

| 図表Ⅱ-9-2-1 | ジブチ沿岸警備隊に対する能力向上支援 |

第3節　国際標準化に向けた取組み

（1）自動車基準・認証制度の国際化

　我が国は、安全で環境性能の高い自動車を早期に普及させるため、国連自動車基準調和世界フォーラム（WP29）等に積極的に参加し、安全・環境基準の国際調和を推進するとともに、その活動を通じ、高度な自動運転技術などの優れた日本の新技術を国際的に普及させていくこととしている。このような活動を推進するため、具体的には、①日本の技術・基準の戦略的国際標準化、②国際的な車両認証制度（IWVTA）の実現、③アジア諸国の国際基準調和への参加促進、④基準認証のグローバル化に対応する体制の整備、の4つの柱を着実に実施し、自動車基準認証制度の国際化を推進している。

（2）鉄道に関する国際標準化等の取組み

　欧州が欧州規格の国際標準化を積極的に推進する中、日本の優れた技術が国際規格から排除されると、鉄道システムの海外展開に当たって大きな障害となる可能性があるなど、鉄道分野における国際競争力へ大きな影響を与えることから、鉄道技術の国際標準化を推進することが重要である。このため、鉄道関係の国際規格を一元的に取り扱う組織である公益財団法人鉄道総合技術研究所「鉄道国際規格センター」において、鉄道の更なる安全と鉄道産業の一層の発展を図るべく、活動を行っている。

　このような取組みの結果、国際標準化機構（ISO）の鉄道分野専門委員会（TC269）では議長として国際標準化活動を主導し、国際電気標準会議（IEC）の鉄道電気設備とシステム専門委員会（TC 9）と併せ、それぞれにおける個別規格の提案・審議等の国際標準化活動で中心的な役割を担い、成果を上げている。引き続き、これら国際会議等における存在感を高め、鉄道技術の国際標準化の推進に取り組むこととしている。

　また、国内初の鉄道分野における国際規格の認証機関である独立行政法人自動車技術総合機構交通安全環境研究所は、鉄道認証室設立以来、着実に認証実績を積み重ね、鉄道システムの海外展開に寄与している。

（3）船舶や船員に関する国際基準への取組み

　我が国は、海運の環境負荷軽減や安全性向上を目指すとともに、我が国の優れた省エネ技術等を普及するため、国際海事機関（IMO）における SOLAS 条約[注2]、MARPOL 条約[注3]、STCW 条約[注4]等による基準の策定において議論を主導している。

　また、海上保安庁は、国際水路機関（IHO）での海図や水路書誌、航行警報等の国際基準に関する議論に参画している。さらに、船舶交通の安全を確保するとともに、船舶の運航能率のより一層の増進を図るため、国際航路標識協会（IALA）e-Navigation 委員会において新たな海上データ通信方式である VDES の国際標準化に関する議論を主導している。

（4）土木・建築分野における基準及び認証制度の国際調和

　土木・建築・住宅分野において、外国建材の性能認定や評価機関の承認等の制度の運用や、JICA 等による技術協力等を実施している。また、設計・施工技術の ISO 制定に参画するなど、土木・建築分野における基準及び認証制度の国際調和の推進に取り組んでいる。さらに、我が国の技術的蓄積を国際標準に反映するための取組みを支援するとともに、国際標準の策定動向を考慮した国内の技術基準類の整備・改定等について検討を進めている。

（5）高度道路交通システム（ITS）の国際標準化

　効率的なアプリケーション開発や国際貢献、国内の関連産業育成のため、ISO 等の国際標準化機関における ITS 技術の国際標準化を進めている。

　特に ISO の ITS 専門委員会（ISO/TC204）に参画し、ITS 関連サービスの役割機能モデルに関する標準化活動を行っている。また、国連の自動車基準調和世界フォーラム（WP29）の自動運転

注2　海上における人命の安全のための国際条約
注3　船舶による汚染の防止のための国際条約
注4　船員の訓練及び資格証明並びに当直の基準に関する国際条約

II

第9章

戦略的国際展開と国際貢献の強化

に係る基準等について検討を行う各分科会等の共同議長等又は副議長として議論を主導している。令和2年6月に成立した自動運行装置（レベル3）や自動車のサイバーセキュリティに関する国際基準について、より高度な自動運転技術に関する国際基準の策定等を進めている。

（6）地理情報の標準化

地理空間情報を異なる地理情報システム（GIS）間で相互利用する際の互換性を確保することなどを目的として、ISOの地理情報に関する専門委員会（ISO/TC 211）における国際規格の策定に積極的に参画している。あわせて、国内の地理情報の標準化に取り組んでいる。

（7）技術者資格に関する海外との相互受入の取決め

APECアーキテクト・プロジェクト、APECエンジニア・プロジェクトでは、一定の要件を満たすAPEC域内の建築設計資格者、構造技術者等に共通の称号を与えている。APECアーキテクト・プロジェクトでは、我が国は、オーストラリア、ニュージーランドとの二国間相互受入の取決めの締結、APECアーキテクト中央評議会への参加等を通じ、建築設計資格者の流動化を促進している。

（8）下水道分野

我が国が強みを有する下水道技術の海外展開を促進するため、現在、「水の再利用」に関する専門委員会（ISO/TC282）、「汚泥の回収、再生利用、処理及び廃棄」に関する専門委員会（ISO/TC275）、「雨水管理」に関するワーキンググループ（ISO/TC224/WG11）等へ積極的・主導的に参画している。

（9）物流システムの国際標準化の推進

コールドチェーン物流への需要の拡大が見込まれるASEAN等を念頭に置いて、我が国の質の高いコールドチェーン物流サービスの国際標準化及び普及を推進している。

具体的には、日本式コールドチェーン物流サービス規格（JSA-S1004）のASEAN各国への普及を推進するため、令和2年度に策定した普及戦略に基づき、ASEAN各国のアクションプランの策定やセミナーの開催等の取組みを実施している。令和4年2月には、マレーシア政府との共催により、現地物流事業者等を対象とした普及啓発セミナーを開催したところである。また、日本提案により3年1月に国際標準化機構（ISO）に設置されたコールドチェーン物流に関する技術委員会（TC315）において、我が国は議長国として、コールドチェーン物流分野の国際標準化に向けた議論を主導している。

（10）港湾分野

日ベトナム間で、平成26年に署名し、29年及び令和2年に更新した「港湾施設の国家技術基準の策定に関する協力に係る覚書（MOC）」に基づき、我が国のノウハウを活用した、ベトナムの国家技術基準の策定協力を実施しており、令和2年3月までに、8項目の国家基準の策定に至った。また、ベトナム政府からの要請に基づき、令和4年までに新たな設計基準（防波堤、浚渫・埋立）について、国家基準原案の作成を行うなど、幅広い分野における取組みを推進している。

ICT の利活用
及び技術研究開発の推進

第1節　ICTの利活用による国土交通分野のイノベーションの推進

　デジタル庁と連携し、「デジタル社会の実現に向けた重点計画」（令和3年12月24日改定）に掲げられた国土交通分野におけるデジタル化施策を推進している。

1　ITSの推進

　最先端のICTを活用して人・道路・車を一体のシステムとして構築する高度道路交通システム（ITS）は、高度な道路利用、ドライバーや歩行者の安全性、輸送効率及び快適性の飛躍的向上の実現とともに、交通事故や渋滞、環境問題、エネルギー問題等の様々な社会問題の解決を図り、自動車産業、情報通信産業等の関連分野における新たな市場形成の創出につながっている。

　また、令和2年7月に閣議決定された「世界最先端デジタル国家創造宣言・官民データ活用推進基本計画」並びに平成26年6月にIT総合戦略本部決定され、直近では令和3年6月に改定された「官民ITS構想・ロードマップ」に基づき、世界で最も安全で環境にやさしく経済的な道路交通社会の実現を目指し、交通安全対策・渋滞対策・災害対策等に有効となる道路交通情報の収集・配信に係る取組み等を積極的に推進している。

①社会に浸透したITSとその効果

（ア）ETCの普及促進と効果

　ETCは、今や日本全国の高速道路及び多くの有料道路で利用可能であり、車載器の新規セットアップ累計台数は令和4年3月時点で約7,833万台、全国の高速道路での利用率は令和4年3月時点で約93.8％となっている。従来高速道路の渋滞原因の約3割を占めていた料金所渋滞はほぼ解消され、CO_2排出削減等、環境負荷の軽減にも寄与している。さらに、ETC専用ICであるスマートICの導入や、ETC車両を対象とした料金割引等、ETCを活用した施策が実施されるとともに、有料道路以外においても駐車場やドライブスルーでの決済等への応用利用も可能となるなど、ETCを活用したサービスは広がりと多様化を見せている。

（イ）道路交通情報提供の充実と効果

　走行経路案内の高度化を目指した道路交通情報通信システム（VICS）対応の車載器は、令和4年3月時点で約7,397万台が出荷されている。VICSにより旅行時間や渋滞状況、交通規制等の道路交通情報がリアルタイムに提供されることで、ドライバーの利便性が向上し、走行燃費の改善がCO_2排出削減等の環境負荷の軽減に寄与している。

【関連リンク】
ＥＴＣ総合情報ポータルサイト（再掲）　出典：一般財団法人ITSサービス高度化機構
URL：https://www.go-etc.jp/

②新たなITSサービスの技術開発・普及

（ア）ETC2.0の普及と活用

　平成27年8月より本格的に車載器の販売が開始されたETC2.0は、令和3年3月時点で約625万台がセットアップされている。

　ETC2.0では、全国の高速道路上に設置された約1,800箇所のETC2.0路側機を活用し、渋滞回避支援や安全運転支援等の情報提供の高度化を図り、交通の円滑化と安全に向けた取組みを進めている。また、収集した速度や利用経路、急ブレーキのデータなど、多種多様できめ細かいビッグデータを活用して、ピ

図表II-10-1-1　ETC2.0による経路上の広域情報や安全運転支援情報の提供

資料）国土交通省

ンポイント渋滞対策や交通事故対策、生産性の高い賢い物流管理など、道路ネットワークの機能を最大限に発揮する取組みを推進している。

（イ）先進安全自動車（ASV）プロジェクトの推進

　産学官の連携により、先進技術を搭載した自動車の開発と普及を促進する「先進安全自動車（ASV）推進プロジェクト」では、第7期ASV推進計画を立ち上げ、車載のカメラやレーダーを活用した安全装置のみでは回避できない出会い頭事故等の削減に向けて、通信や地図を活用した協調型の安全技術の実用化と普及に向けた共通仕様の検討を開始した。

図表II-10-1-2　ドライバー異常時対応システムのイメージ（先進安全自動車（ASV））

資料）国土交通省

② 自動運転の実現

　国土交通省では、交通事故の削減や高齢者の移動支援等に資する自動運転の実現に向けて、「環境整備」、「技術の開発・普及促進」及び「実証実験・社会実装」の3つの観点から取組みを進めている。

　「環境整備」については、自動運転車の国際基準の策定に向けて、国連WP29における議論を官民をあげて主導し、令和3年11月には、令和2年6月に成立した高速道路の渋滞時等に限定した自動運転機能に係る安全基準の適用対象を大型車まで拡大する改正案について国連WP29において合意を得たほか、より高度な自動運転を実現するため、車線変更、高速度域に対応した自動運転機能等について検討を進めた。さらに、自動運転に対応した区画線の要件案や、車載センサでは検知困難な前方の道路情報を車両に提供するための仕様案の作成に向け、令和3年11月から官民連携の共同研究を進めている。

　「技術の開発・普及促進」については、バスのドライバー不足の解決に資する自動運転バス車両の実用化に向け、大型自動車メーカー等と協働し、技術開発・実証実験を実施し、車両制御に関する知見を収集したほか、衝突被害軽減ブレーキ等の安全運転支援機能を備えた車「安全運転サポート車

（サポカー）」の普及啓発、高速道路の合流部等での情報提供による自動運転の支援、自動運転を視野に入れた除雪車の高度化等に取り組んでいる。

　「実証実験・社会実装」については、国土交通省及び経済産業省において「自動運転レベル4等先進モビリティサービス研究開発・社会実装プロジェクト」を立ち上げ、運転者が存在せず、遠隔監視のみにより運行する自動運転移動サービスの事業モデルの検討や、自動運転移動サービスの横展開にあたって車両開発等の効率化を図るための走行環境やサービス環境の類型化などを行った。また、「中山間地域における道の駅等を拠点とした自動運転サービス」では、令和3年4月に「奥永源寺渓流の里」（滋賀県）、7月に「みやま市山川支所」（福岡県）、10月に「赤来高原」（島根県）において、社会実装を開始した。

【動画】
日本初！！秋田県上小阿仁村で自動運転サービス本格導入！（再掲）
URL：https://www.youtube.com/watch?v=mus70syP6yE

【動画】
高速道路におけるトラックの後続車無人隊列走行技術を実現しました技術説明（再掲）
URL：https://www.youtube.com/watch?v=cdLg6QbErms

❸ 地理空間情報を高度に活用する社会の実現

　誰もがいつでもどこでも必要な地理空間情報[注1]を活用できる「G空間社会（地理空間情報高度活用社会）」の実現のため、令和4年3月に閣議決定された「地理空間情報活用推進基本計画」に基づき、地理空間情報のポテンシャルを最大限に活用した多様なサービス創出・提供に向けた取組みを産学官民が一層連携して推進している。

（1）社会の基盤となる地理空間情報の整備・更新

　電子地図上の位置の基準として共通に使用される基盤地図情報[注2]及びこれに国土管理等に必要な情報を付加した国の基本図である電子国土基本図[注3]について、関係行政機関等と連携して迅速な整備・更新を進めている。また、空中写真、地名に関する情報、都市計画基礎調査により得られたデータや国土数値情報等の国土に関する様々な情報の整備、GIS化の推進等を行っている。さらに、今後の災害に備えたハザードマップ整備のための基礎資料となる地形分類等の情報整備、平時からの電子基準点による地殻変動の監視、発災時における空中写真の緊急撮影等、迅速な国土の情報の把握及び提供を可能とする体制の整備等を行っている。

（2）地理空間情報の活用促進に向けた取組み

　各主体が整備する様々な地理空間情報の集約・提供を行うG空間情報センターを中核とした地理

注1　空間上の特定の地点又は区域の位置を示す情報（当該情報に係る時点に関する情報を含む）及びこの情報に関連づけられた情報。G空間情報（Geospatial Information）とも呼ばれる。
注2　電子地図上における地理空間情報の位置を定める基準となる、測量の基準点、海岸線、公共施設の境界線、行政区画等の位置情報。項目や基準等は国土交通省令等で定義される。国土地理院において、平成23年度までに初期整備が行われ、現在は電子国土基本図と一体となって更新されている。
注3　これまでの2万5千分1地形図をはじめとする紙の地図に代わって、電子的に整備される我が国の基本図。我が国の領土を適切に表示するとともに、全国土の状況を示す最も基本的な情報として、国土地理院が整備する地理空間情報。

第10章 ICTの利活用及び技術研究開発の推進

空間情報の流通の推進、Web上での重ね合わせができる地理院地図^{注4}[注4]の充実等、社会全体での地理空間情報の共有と相互利用を更に促進するための取組みを推進している。さらに、近年激甚化しつつ多発する自然災害を受け、地形や明治期の低湿地データ、地形分類図、自然災害伝承碑等の地理院地図を通じて提供する地理空間情報が、地域における自然災害へのリスクを把握する上で極めて有用であることから、防災・減災の実現等につながるそれらの地理空間情報の活用力の向上を意図して、地理院地図の普及活動を行った。具体的には、国土地理院地方測量部等による出前授業や教員研修の支援、教科書出版社への説明会、教育関係者に対してオンライン教育コンテンツの拡充に関する情報発信等を実施した。また、地理空間情報を活用した技術を社会実装するためのG空間プロジェクトの推進のほか、産学官連携による「G空間EXPO2021」の開催（令和3年12月）など、更なる普及・人材育成の取組みを行った。

❹ 電子政府の実現

「デジタル社会の実現に向けた重点計画」（以下「重点計画」）等に基づき、デジタル社会の実現に向けた取組みを行っている。特に、国・地方を通じた行政全体のデジタル化により、国民・事業者の利便性向上を図る施策については、「重点計画」を踏まえ、政府全体で取組みを進めており、国土交通省においても積極的に推進している。

また、「規制改革実施計画」（令和3年6月閣議決定）において、コロナ危機において脆弱性があらわになった「書面・押印、対面」を原則とした制度・慣行・意識を抜本的に見直し、デジタル・ガバメントの実現を目指す観点から、原則として全ての手続について、必要な法令等の改正やオンライン化を行うこととされており、国土交通省所管手続についてもこれに基づき速やかに対応を進めているところである。

自動車保有関係手続に関しては、検査・登録、保管場所証明、自動車諸税の納付等の諸手続をオンラインで一括して行うことができる"ワンストップサービス（OSS）"を平成17年から新車の新規登録を対象として、関係省庁と連携して開始し、以後、対象地域や対象手続の拡大を進めてきた。

OSSの利用は、新規登録手続について令和元年度で121.2万件（28.8%）、令和2年度で131.3万件(32.9%)、継続検査について令和元年度で518.8万件（24.9%）、令和2年度で714.4万件(33.3%)となっている（※）。元年度から新規登録手続については4.1%、継続検査については8.4%利用率が伸びており、利用が拡大しているものの、中間登録についてはほとんど利用されておらず更なる利用促進策を講じることが必要となっている。

令和3年12月10日に「オンライン利用率引上げの基本計画」を改訂し、新規登録手続、中間登録（変更登録・移転登録・抹消登録・輸出の届出・解体の届出）手続、継続検査手続のOSS利用率引上げのための目標及びオンライン利用率引き上げに係る課題とその解決に向けたアクションプランを決定した。アクションプランに基づき、3年度は、OSSの利便性向上の視点からスマートフォンを活用したカードリーダの不要化などに取り組んだ。

また、継続検査については、OSSで手続を行った場合であっても、自動車検査証の受取のための運輸支局等への来訪が必要となっていることが、OSSの更なる利用促進に向けた課題の一つである。

注4　国土地理院の運用するウェブ地図（https://maps.gsi.go.jp/）。国土地理院が整備した地形図、写真、標高、地形分類、災害情報等の地理空間情報を一元的に配信。

これを解消するため、令和元年5月に「道路運送車両法」を改正し、自動車検査証を電子化するとともに、自動車検査証への記録等の事務を国から委託する制度を創設したところである。現在、電子化された自動車検査証を5年1月に確実かつ円滑に導入すべく準備を進めている。

　※「オンライン利用率引き上げに向けた基本計画」（令和3年12月10日）に基づいて算出。

⑤ 公共施設管理用光ファイバ及びその収容空間等の整備・開放

　e-Japan重点計画等を契機として、河川、道路、港湾及び下水道において、公共施設管理用光ファイバ及びその収容空間等の整備・開放を推進している。令和2年3月現在で、国の管理する河川・道路管理用光ファイバの累計延長は約38,000kmあり、そのうち施設管理に影響しない一部の芯線約18,000kmを民間事業者等へ開放し、利用申込みを受け付けた。

⑥ ICTの利活用による高度な水管理・水防災

　近年IoT、AI、5G等の情報通信技術が著しく進歩する中、Society 5.0の実現を目標として、他分野との連携を図りながら、新たな技術を積極的に活用し、水管理・水防災の高度化を進めている。

　河川氾濫・流域監視のため、雨量観測においては、広域的な豪雨や局所的な集中豪雨を高精度・高分解能・高頻度でほぼリアルタイムに把握できるXRAIN（国土交通省高性能レーダ雨量計ネットワーク）を整備し、配信エリアを全国に順次拡大している。また、最新のIoT、ICT技術を活用し、洪水時の観測に特化した低コストな危機管理型水位計や静止画像を無線で伝送する簡易型河川監視カメラの設置、グリーンレーザを搭載し水面下も点群計測が可能なドローンの実装、無人化・省力化を目的とした流量観測機器やドローンの活用による河川巡視の高度化・省人化や砂防関係施設点検の省力化を目的とした技術開発を進めている。

　また、豪雨等により発生する土砂災害に対しては、平常時より広域的な降雨状況を高精度に把握するレーダ雨量計、監視カメラ、地すべり監視システム等で異常の有無を監視している。また、大規模な斜面崩壊の発生に対し、迅速な応急復旧対策や的確な警戒避難による被害の防止・軽減のため、発生位置・規模等を早期に検知する取組みを進めている。

　また、災害時の浸水範囲・土砂崩壊箇所の把握にあたっては、平成29年5月に国土交通省とJAXAで締結した「人工衛星等を用いた災害に関する情報提供協力にかかる協定」に基づき、JAXAの有する陸域観測技術衛星（だいち2号）による緊急観測データを活用する取組みを進めている。

　下水道分野においては、局地的な大雨等に対して浸水被害の軽減を図るため、センサー、レーダー等に基づく管路内水位、雨量、浸水等の観測情報の活用により、既存施設の能力を最大限活用した効率的な運用、地域住民の自助・共助の促進を支援する取組みや、樋門等の自動化・無動力化・遠隔操作化を支援する取組みを進めている。

⑦ オープンデータ化の推進

　公共交通分野におけるオープンデータ化の推進については、オープンデータ化に向けた機運醸成を図ることを目的として、平成29年3月より官民の関係者で構成する「公共交通分野におけるオープンデータ推進に関する検討会」を開催し、同年5月にとりまとめた中間整理の中で、当面、①官民連

携による実証実験、②運行情報（位置情報等）、移動制約者の移動に資する情報のオープンデータ化の検討、③地方部におけるオープンデータ化の推進について取り組むべきとされたことを踏まえ、平成30年度より、公共交通機関における運行情報等の提供の充実を図るため、オープンデータを活用した情報提供の実証実験を官民連携して実施してきた。この実証実験で得られた知見等を活用し、持続可能なオープンデータ化の推進を目的として、対象とするデータの範囲、流通の仕組み等を整理する共通指針の策定を進めている。

⑧ ビッグデータの活用

（1）IT・ビッグデータを活用した地域道路経済戦略の推進

　地域経済・社会における課題を柔軟かつ強力に解決し、成長を支えていくため、ICTやビッグデータを最大限に利活用した地域道路経済戦略を推進している。

　ETC2.0が平成27年8月に本格導入され、道路交通の速度等のビッグデータを収集する体制が構築されており、ETC2.0車載器は、約763万台（令和4年3月時点）まで普及した。こういった中、地域の交通課題の解消に向けて、27年12月より、全国10地域に学官連携で地域道路経済戦略研究会が設立され、各地域での課題を踏まえたETC2.0を含む多様なビッグデータを活用した道路政策や社会実験の実施について検討を進めている。

　例えば、急増する訪日外国人観光客のレンタカー利用による事故を防止するため、外国人レンタカー利用の多い空港周辺から出発するレンタカーを対象に、ETC2.0の急ブレーキデータ等を活用して、外国人特有の事故危険箇所を特定し、多言語注意喚起看板の設置や多言語対応のパンフレットでの注意喚起等のピンポイント事故対策に取り組んでいる。

　また、ETC2.0データを官民連携で活用することで、民間での新たなサービスの創出を促し、地域のモビリティサービスの強化を推進している。

（2）交通関連ビッグデータを活用した新たなまちづくり

　移動に関するビッグデータやスマート・プランニング等のシミュレーション技術等を活用し、都市計画等の基礎となる新たな都市交通調査手法の構築及び調査結果の利活用方策等の都市交通調査体系のあり方を検討するため、令和3年度から「新たな都市交通調査体系のあり方に関する検討会」を開催している。

　検討会では、パーソントリップ調査とビッグデータの組み合わせ等による効果的・効率的な都市交通調査手法や、地域参加のまちづくりに必要となる調査結果の分析・見える化ツールの構築等、新たな都市交通調査の方向性について検討しており、今後も継続して検討を進めていく。

（3）ビッグデータを活用した地形図の修正

　地形図は、国土の基本図として様々な地図のベースとして利用されるとともに、登山者やハイカーにも利用されている。この地形図の登山道をより正確に表示するため、登山者がスマートフォンで取得した経路情報（ビッグデータ）を活用して地形図を修正する取組みを進めている。令和3年度においても、民間事業者との協力協定により提供されたビッグデータを活用して、全国の主な山の登山道を修正してきた。

⑨ 気象データを活用したビジネスにおける生産性向上の取組み

　IoT や AI という急速に進展する ICT 技術をビッグデータである気象データと組み合わせることで、農業、小売業、運輸業、観光業など幅広い産業において、業務の効率化や売上増加、安全性向上などが期待されている。このため、気象庁では、産学官連携の「気象ビジネス推進コンソーシアム（WXBC）」（平成 29 年 3 月設立）等を通じ、産業界のニーズや課題を把握するとともに、これらに対応した新たな気象データの提供等により、気象データの利活用を促進している。

　令和 3 年度は、降雪短時間予報の提供開始や、全球アンサンブル予報システムや季節アンサンブル予報システムの高解像度化など産業界等のニーズを踏まえた新たな気象データの提供等を開始した。また、気象データ等を活用して企業におけるビジネス創出や課題解決ができる人材「気象データアナリスト」を民間講座により育成するために、教育内容等が一定以上の水準を満たすと認められる講座を認定する事とし、複数の講座を認定した。

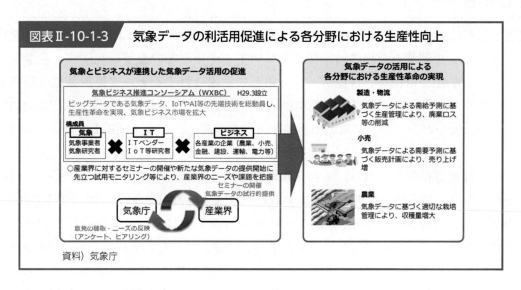

図表Ⅱ-10-1-3　気象データの利活用促進による各分野における生産性向上

⑩ スマートシティの推進

（1）スマートシティの推進

　AI、IoT 等の新技術、官民データをまちづくりに取り込み、地域の抱える課題解決、新たな価値の創出を図るスマートシティについて、内閣府、総務省、経済産業省と共同で、令和元年 8 月に設立した企業、大学・研究機関、地方公共団体、関係府省等を会員とする「スマートシティ官民連携プラットフォーム」を通じて、事業支援、分科会の開催、マッチング支援、普及促進活動等を実施している。国土交通省においては、「スマートシティモデルプロジェクト」として、令和元年度より全国の牽引役となる先駆的な取組みについて、都市サービスの導入に向けた実証実験への支援を行っており、令和 3 年度も 10 地区を追加選定するなど重点的に支援を行った。また、スマートシティモデル事業等推進有識者委員会を開催し、モデル事業から得られた知見等のとりまとめを行った。今後もモデル事業等から得られた知見や、関係府省とともに作成したスマートシティ・ガイドブックの普及展開等を通じて、成功モデルの全国展開を促進し、スマートシティを強力に推進していく。

（2）3D 都市モデル（PLATEAU）

　国土交通省では、令和 4 年 3 月までに、全国約 60 都市で 3D 都市モデルを整備し、多様な分野に

おける 3 D 都市モデルのユースケース開発の実証やオープンデータ化による民間利用の促進に取り組んできた。令和 3 年度には、カーボンニュートラル、モビリティ、建設、エリアマネジメントのテーマを中心に、 3 D 都市モデルの先進的な活用事例を示すためのユースケース開発を行うとともに、データ整備の効率化・高度化の実現に向け、建物や道路の詳細モデルの仕様の拡張や測量マニュアルの作成等に取り組んだ。今後も、都市のデジタル・インフラとなる 3 D 都市モデルの整備・活用・オープンデータ化の取組みを進め、まちづくりのデジタルトランスフォーメーションを一層推進していく。

【関連リンク】
スマートシティ官民連携プラットフォーム
URL：https://www.mlit.go.jp/scpf/

⑪ 国土交通データプラットフォーム

　国土交通省保有のデータと民間等のデータを連携し、フィジカル空間の事象をサイバー空間に再現するデジタルツインを通じた業務の効率化やスマートシティなどの施策の高度化、産学官連携によるイノベーション創出を目指し、各種データの横断的活用に資するデータ連携基盤の整備を進めている。令和 2 年 4 月には、国や地方公共団体の保有する橋梁やトンネル、ダムや水門などの社会インフラ（施設）の諸元やボーリング結果等の地盤データと連携し、API を活用して同一地図上で表示・検索・ダウンロードを可能とした「国土交通データプラットフォーム ver1.0」を公表した。その後も、各種データ連携を拡充しており、令和 3 年度は「国土交通データプラットフォーム ver2.1」まで更新を行っており、電子納品保管管理システムの工事基本情報約 2.8 万件や、BIM/CIM データや 3 次元点群データ、 3 D 都市モデル（PLATEAU）と連携したほか、 3 D 地形図での表示が可能になるとともに、フリーワード検索やクラスタ表示の実装等、さらなるデータの利活用に向けた UI の改良にも取り組んだ。併せて、データプラットフォーム上の多種多様で膨大なデータから、ユーザーが求めるデータを検索するために必要となるメタデータの作成技術の開発にも取り組んでいる。

【関連リンク】
国土交通データプラットフォーム
URL：https://www.mlit-data.jp/platform/

第 2 節　技術研究開発の推進

① 技術政策における技術研究開発の位置づけと総合的な推進

　国土交通省では、「第 4 期国土交通省技術基本計画」（平成 29 年 3 月策定）のもと効果的・効率的な産学官連携を図りながら技術研究開発を推進するとともに、公共事業及び建設・交通産業等への開発成果の社会実装に努めてきた。今般、「科学技術・イノベーション基本計画」（令和 3 年 3 月 26 日閣議決定）等の政府全体の方針に基づき、社会資本整備審議会・交通政策審議会技術分科会技術部会の下に設置した「国土交通技術行政の基本政策懇談会」等での議論を踏まえ、新たな国土交通省技術基本計画（計画期間：令和 4 年度～ 8 年度）の策定に向けた討議を技術部会で実施した。

（1）施設等機関、特別の機関、外局、国立研究開発法人等における取組み

　施設等機関、特別の機関、外局や国土交通省所管の国立研究開発法人等における主な取組みは図表のとおりである。国立研究開発法人においては、我が国における科学技術の水準の向上を通じた国民経済の健全な発展その他の公益に資するため研究開発の最大限の成果を確保することを目的とし、社会・行政ニーズに対応した研究を重点的・効率的に行っている。また、国土強靱化を中心としたインフラに係る革新的技術を公共事業等で活用するために、政府出資による研究委託制度を活用しながら各国立研究開発法人において設定した研究開発課題に関する産・学研究開発を支援している。

図表Ⅱ-10-2-1	施設等機関、特別の機関、外局における令和3年度の主な取組み
機関等	内容
国土地理院	地理地殻活動研究センターにおいて、「南海トラフ沿いの巨大地震発生に対応するための高精度な地殻活動把握手法の研究開発」、「災害に強い位置情報の基盤（国家座標）構築のための宇宙測地技術の高度化に関する研究」、「SGDASの推計精度向上に関する研究」等、地理空間情報高度活用社会の実現と防災・環境に貢献するための研究開発を実施
国土交通政策研究所※	省内各局の施策の企画立案、円滑な実施に資する政策研究として、「インフラシステム海外展開のための関連基準・事業スキーム等の見える化・透明化（競合国・企業の実態調査）」、「地域産業の活性化に資する輸出力強化に向けた航空貨物輸送の市場実態」、「地域の輸送資源を活用した物流ネットワークの最適化」など生産性と成長力の引上げの加速や、「まち・地域づくりを支えるモビリティの高度化・接続改善等」、「地方都市圏におけるモード横断的な公共交通の財務と運営」、「定住性の観点からみた持続可能な都市機能の評価のあり方」など豊かな暮らしやすい地域づくりに関する調査研究を実施
国土技術政策総合研究所	「洪水・豪雨に対する道路構造物の強靱化に関する調査研究」、「中小河川のリスク情報空白域解消に向けた研究」等の国土を強靱化し、国民のいのちとくらしをまもる研究、「公共賃貸住宅ストックを対象としたBIMモデルの活用による維持管理の効率化」、「ICT活用工事の工種・適用技術の拡大」等の社会の生産性と成長力を高める研究、「スマートシティ推進支援による地域活性化」、「都市計画・まちづくりでの3D都市モデルの活用促進」等の快適で安心な暮らしを支える研究の3つを重点分野として、より安全・安心で活力と魅力ある社会をつくるための研究を実施。
気象庁気象研究所	「台風・集中豪雨対策等の強化」、「地震・火山・津波災害対策の強化」及び「気候変動・地球環境対策の強化」に資する気象・気候・地震火山・海洋の現象解明と予測研究等を実施
海上保安庁	海上保安業務に使用する機器・資材及び海上における科学捜査についての試験研究並びに海底地殻変動観測技術の高度化に関する研究等を実施

※政策研究の一環として実施。

Ⅱ
第10章　ICTの利活用及び技術研究開発の推進

図表 II-10-2-2	国土交通省所管の国立研究開発法人等における令和3年度の主な取組み

国立研究開発法人等	内容
土木研究所※	良質な社会資本の効率的な整備及び北海道の開発の推進に資することを目的とし、「安全・安心な社会の実現」、「社会資本の戦略的な維持管理・更新」、「持続可能で活力ある社会の実現」に貢献するための研究開発を実施
建築研究所※	「巨大地震等の自然災害による損傷や倒壊の防止に資する、建築物の構造安全性を確保するための技術開発」、「温室効果ガスの排出削減に資する、住宅・建築・都市分野における環境と調和した資源・エネルギーの効率的利用を実現するための技術開発」等、住宅・建築及び都市計画に係る技術に関する研究開発並びに地震工学に関する研修生の研修を実施
交通安全環境研究所	「次世代大型車開発・実用化促進」、「歩車間通信の要件に関する調査」等、陸上輸送の安全確保、環境保全等に係る試験研究、自動車の技術基準適合性審査、リコールに係る技術的検証を実施
海上・港湾・航空技術研究所※	(分野横断的な研究) 首都圏空港の機能強化に関し、空港内の交通流を円滑にする運用の改善のための交通データ等活用技術に関する研究開発、洋上風力発電施設の安全評価手法等の確立のための研究等、海洋の利用推進と国際競争力の強化といった課題及び大規模災害時に対応した傷病者輸送や被災地への支援物資輸送を効率的に行うためのシミュレーション技術の研究開発等、防災及び減災対策の推進といった課題について、分野横断的な研究開発を実施 (船舶に係る技術及びこれを活用した海洋の利用等に係る技術に関する研究開発) 「先進的な船舶の安全性評価手法及び更なる合理的な安全規制の体系化に関する研究開発」、「船舶のグリーン・イノベーションの実現に資する革新的な技術及び実海域における運航性能評価手法に関する研究開発」、「海洋再生可能エネルギー生産システムに係る基盤技術及び安全性評価手法の確立に関する研究開発」、「海事産業の発展を支える技術革新と人材育成に資する技術に関する研究開発」等、海上輸送の安全の確保、海洋環境の保全、海洋の開発及び海上輸送を支える基盤的な技術開発を実施 (港湾、航路、海岸及び飛行場等に係る技術に関する研究開発) 「地震災害の軽減や復旧に関する研究開発」、「国際競争力確保のための港湾や空港機能の強化に関する研究開発」、「遠隔離島での港湾整備や海洋における効果的なエネルギー確保など海洋の開発と利用に関する研究開発」、「沿岸生態系の保全や活用に関する研究開発」等、沿岸域における災害の軽減と復旧、産業と国民生活を支えるストックの形成、海洋権益の保全と海洋の利活用、海域環境の形成と活用に関する研究開発を実施 (電子航法に関する研究開発) 「全航空機の飛行経路と通過時刻によって航空交通を管理する軌道ベース運用を可能とする技術に関する研究開発」、「衛星航法による進入着陸システムを用いた高度な運航方式等に関する研究開発」、「航空機が持つ位置情報などを地上に伝送して航空交通管理に活用する技術に関する研究開発」、「異種システム間の情報交換において安全性の保証された共通データ基盤の構築に関する研究開発」等、軌道ベース運用による航空交通管理の高度化、空港運用の高度化、機上情報の活用による航空交通の最適化、関係者間の情報共有及び通信の高度化に関する研究開発を実施

※国立研究開発法人

(2) 地方整備局における取組み

技術事務所及び港湾空港技術調査事務所においては、管内の関係事務所等と連携し、建設工事用材料及び水質等の試験・調査、施設の効果的・効率的な整備のための水理実験・設計、施設の維持管理に関する調査・検討等、地域の課題に対応した技術開発や新技術の活用・普及等を実施している。

(3) 建設・交通運輸分野における技術研究開発の推進

建設技術に関する重要な研究課題のうち、特に緊急性が高く、対象分野の広い課題を取り上げ、行

政部局が計画推進の主体となり、産学官の連携により、総合的・組織的に研究を実施する「総合技術開発プロジェクト」において、令和3年度は、「建築物と地盤に係る構造規定の合理化による都市の再生と強靱化に資する技術開発」等、計4課題について、研究開発に取り組んだ。

　また、交通運輸分野においても、安全環境、人材確保難等の交通運輸分野が抱える政策課題解決に資する技術研究開発を、産学官の連携により推進しており、3年度は、「緊急支援物資輸送のデジタル化推進事業」に取り組んだ。

（4）民間企業の技術研究開発の支援

　民間企業等の研究開発投資を促進するため、試験研究費に対する税額控除制度を設けている。

（5）公募型研究開発の推進

　建設分野の技術革新を推進していくため、国土交通省の所掌する建設技術の高度化及び国際競争力の強化、国土交通省が実施する研究開発の一層の推進等に資する技術研究開発に関する提案を公募する「建設技術研究開発助成制度」では、政策課題解決型技術開発公募（2～3年後の実用化を目標）の公募を行い、令和3年度は新規12課題、継続5課題を採択した。

　また、交通運輸分野については、安全安心で快適な交通社会の実現や環境負荷軽減等に資するイノベーティブな技術を発掘から社会実装まで支援する「交通運輸技術開発推進制度」において、新規1課題、継続6課題を実施した。また、令和3年度第1次補正を活用し、短期間で成果が見込まれる研究に対する支援枠を追加し、本制度の充実化を図った。さらに、同制度の成果の普及・促進等を図るため、「交通運輸技術フォーラム」を4年3月に開催した。

❷ 公共事業における新技術の活用・普及の推進

（1）公共工事等における新技術活用システム

　民間事業者等により開発された有用な新技術を公共工事等で積極的に活用するための仕組みとして、新技術のデータベース（NETIS）を活用した「公共工事等における新技術活用システム」を運用しており、令和3年度は公共工事等に関する技術の水準を一層高める画期的な新技術として推奨技術等を4件選定した。

（2）新技術の活用促進

　公共工事等における新技術の活用促進を図るため、各設計段階において活用の検討を行い、活用の効果の高い技術については工事発注時に発注者指定を行うとともに、発注者や施工者が新技術を選定する際に参考となる技術の比較表を、関係業界からの提案も踏まえながらテーマ毎に作成・公表している。また、令和2年度より、一部を除く直轄土木工事において新技術の活用を原則義務化している。

Ⅱ

第10章　ICTの利活用及び技術研究開発の推進

第3節 建設マネジメント（管理）技術の向上

❶ 公共工事における積算技術の充実

　公共工事の品質確保の促進を目的に、中長期的な担い手の育成及び確保や市場の実態の適切な反映の観点から、予定価格を適正に定めるため、積算基準に関する検討及び必要に応じた見直しに取り組んでいる。

　公共工事の土木工事では、建設現場における生産性を向上させ、魅力ある建設現場を目指すi-Constructionの推進のため、「i-Constructionにおける「ICTの全面的な活用」について」に示された実施方針に基づき、ICT活用工事に係わる積算基準等の改定を行い、中小企業を対象とする工事を含めてICTを全面的に活用した工事等を積極的に実施し、建設現場におけるプロセス全体の最適化を図っている。

　積算基準全般においては、法令や設計基準の改定の他、経済社会情勢の変化や市場における労務及び資材等の取引価格を的確に反映し、最新の施工実態や地域特性等を踏まえた見直しを行っている。

```
【関連リンク】
i-Construction（再掲）
URL：https://www.mlit.go.jp/tec/i-construction/index.html
```

❷ BIM/CIMの取組み

　BIM/CIM（Building/ Construction Information Modeling, Management）は、調査・計画・設計段階から施工、維持管理の建設生産・管理システムの各段階において、3次元モデルを連携・発展させ、あわせて事業全体に携わる関係者間で情報を共有することで、生産性向上とともに品質確保・向上を目的とするものである。平成24年度からBIM/CIM活用業務・工事の試行を始め、令和4年3月までに累計2,263件を実施し、活用を拡大している。5年度までに小規模なものを除く全ての公共工事においてBIM/CIM活用へ転換することを目指す。

　令和3年度は、BIM/CIMモデルを活用して複数業務・工事の事業監理を効率的に行うための運用方法等をとりまとめるとともに、プロセス間の円滑なデータ受け渡しのための3次元モデル成果物の作成方法を明確化し、既存基準要領等の見直しを行った。また、BIM/CIMを扱うことのできる技術者を育成するための研修コンテンツを「BIM/CIMポータルサイト」に公開し、今後更なるBIM/CIMの活用拡大を図っていく。

　官庁営繕事業においては、平成22年度～平成24年度にBIM導入の試行を行い、この結果等を踏まえ、26年3月に「官庁営繕事業におけるBIMモデルの作成及び利用に関するガイドライン」を作成した。令和4年3月には、発注者がBIM活用に求める要件に関する記載を拡充するなどの改定を行い、発注者指定によるBIMの試行を実施するなど、更なるBIM活用を図っている。

　また、官民一体となってBIMの推進を図る「建築BIM推進会議」（事務局：国土交通省）を令和元年6月から開催し、BIMを活用した建築生産等の将来像と、その実現に係る工程表をとりまとめたほか、設計・施工・維持管理までのワークフロー等を整理したガイドラインを策定した。その後、モデル事業によりガイドラインの試行・検証を実施し、4年3月にガイドラインの改定を行った。

第4節　建設機械・機械設備に関する技術開発等

（1）建設機械の開発及び整備

　国が管理する河川や道路の適切な維持管理、災害復旧の迅速な対応を図るため、維持管理用機械及び災害対策用機械の全国的な整備及び老朽化機械の更新を実施している。

　また、治水事業及び道路整備事業の施工効率化、省力化、安全性向上等を図るため、建設機械と施工に関する調査、技術開発に取り組んでいる。

（2）機械設備の維持管理の合理化と信頼性向上

　災害から国民の生命・財産を守る水門設備・揚排水ポンプ設備、道路排水設備等は、その多くが高度経済成長以降に整備されており、今後、建設から40年以上経過する施設の割合は加速度的に増加する見込みである。これらの機械設備は、確実に機能を発揮することが求められているため、設備の信頼性を確保しつつ効率的・効果的な維持管理の実現に向け、状態監視型の保全手法の適用を積極的に推進している。

　また、ポンプは従来一品毎に設計、製作、据付を行っていたが、これを小型化・規格化し、かつ、各機器のマスプロダクツ化を徹底して図ることによりメンテナンス性の向上、大幅なコストダウン等を図る必要がある。

　機械設備にかかる大更新時代の到来が必然である中、更新を契機ととらえ、これら機械設備に係わる諸課題について検討することを目的にしたマスプロダクツ型排水ポンプ開発にも着手する。

（3）建設施工における技術開発成果の活用

　大規模水害、土砂災害、法面崩落等の二次災害の危険性が高い災害現場において、安全で迅速な復旧工事を行うため、遠隔操作が可能で、かつ、分解して空輸できる油圧ショベルを開発し、平成26年度までに11台配備した。30年度には、土砂崩落により民家4軒が被災した大分県中津市耶馬渓町や北海道胆振東部地震で河道閉塞した北海道厚真町厚真川に派遣するなど、災害復旧活動に活用している。

（4）AI・ロボット等革新的技術のインフラ分野への導入

　我が国の社会インフラをめぐっては、老朽化の進行、地震及び風水害の災害リスクの高まり等の課題に直面している。そこで、ロボット開発・導入が必要な「5つの重点分野」（維持管理：橋梁・トンネル・水中、災害対応：調査・応急復旧）において、実用性の高いロボットの開発・導入を図ることで、社会インフラの維持管理及び災害対応の効果・効率の向上に取り組んできた。平成26～29年度には、「5つの重点分野」に対応できるロボットを、直轄現場等において検証・評価を実施した。維持管理分野の内、現場検証によって一定の性能が確認された技術については、実際の点検に導入されている。今後は、「人の作業」の支援に加え、「人の判断」の支援が生産性向上のカギであり、建設生産プロセス、維持管理、災害対応分野での人工知能

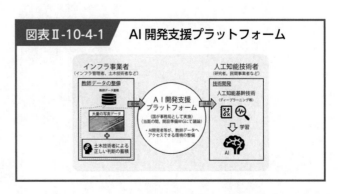

図表Ⅱ-10-4-1　AI開発支援プラットフォーム

Ⅱ

第10章　ICTの利活用及び技術研究開発の推進

（AI）の社会実装を推進する。このために、土木技術者の正しい判断を蓄積した「教師データ」を整備・提供し、民間のAI開発を推進する「AI開発支援プラットフォーム」の開設を目指している。

Ⅱ

第10章　ICTの利活用及び技術研究開発の推進

国土交通白書全文や関連資料は、
国土交通白書のホームページからご覧になれます。

https://www.mlit.go.jp/statistics/file000004.html

国土交通白書2022
令和4年版

令和4年8月31日 発 行
令和5年5月10日 第2刷

編 集　国土交通省

〒100-8918
東京都千代田区霞が関2-1-3
電話 03(5253)8111（代表）

発 行　勝美印刷株式会社

〒113-0001
東京都文京区白山1-13-7
電話 03(3812)5201

発 売　全国官報販売協同組合

〒105-0001
東京都北区田端新町1-1-14
電話 03(6737)1500

乱丁・落丁本はおとりかえいたします。

ISBN978-4-909946-41-6